Perspectives des politiques d'investissement au Moyen-Orient et en Afrique du Nord

OCDE
DES POLITIQUES MEILLEURES
POUR UNE VIE MEILLEURE

Merci de citer cet ouvrage comme suit :
OCDE (2021), *Perspectives des politiques d'investissement au Moyen-Orient et en Afrique du Nord*, Éditions OCDE, Paris, *https://doi.org/10.1787/efcc255a-fr*.

ISBN 978-92-64-94566-1 (imprimé)
ISBN 978-92-64-78852-7 (pdf)

Crédits photo : Cover © Swillklitch/iStock.com.

Les corrigenda des publications sont disponibles sur : *www.oecd.org/about/publishing/corrigenda.htm*.

Préface

Tandis que les gouvernements de la région du Moyen-Orient et de l'Afrique du Nord (MENA) — et du monde entier — s'attellent à remédier aux conséquences sanitaires, économiques et sociales sans précédent de la pandémie de COVID-19, nombreux sont ceux qui, pour soutenir la reprise, concentrent leurs efforts sur l'attraction et la rétention des investissements. L'amélioration du climat de l'investissement est en effet depuis longtemps un objectif prioritaire pour les gouvernements de la région, conscients de l'impact positif que l'investissement direct étranger (IDE) peut avoir en matière de développement — de la création d'emplois à la productivité, en passant par la croissance verte. À cette fin, de nombreuses économies de la région ont engagé des réformes significatives au cours de la dernière décennie, en facilitant notamment l'implantation d'entreprises étrangères et en simplifiant la réglementation applicable aux investisseurs. Il n'en reste pas moins que les gouvernements de la région MENA ont en moyenne moins bien réussi à mobiliser l'investissement en faveur du développement durable que d'autres économies émergentes et en développement.

Aujourd'hui plus que jamais, il est nécessaire d'attirer des investissements dans la région MENA — et de tirer parti des avantages qui en découlent — car la pandémie de COVID-19 exacerbe les problèmes existants et en fait advenir de nouveaux. Les flux d'IDE ont fortement diminué dans le monde, et la baisse dans la région MENA a été particulièrement marquée. Le chômage, en particulier celui des jeunes, contribue dans une large mesure à l'insatisfaction populaire et affiche aujourd'hui des taux plus élevés qu'en 2010 dans de nombreuses économies de la région MENA, tandis que les conflits et l'insécurité continuent d'affecter la région. Dans ce contexte, tout nouveau choc pourrait s'avérer dévastateur. Malgré les efforts ambitieux déjà déployés par les gouvernements de la région afin d'améliorer le climat de l'investissement et de répondre aux défis amenés par la pandémie, des réformes supplémentaires sont nécessaires pour mettre l'investissement au service d'un développement durable et inclusif. Il s'agit notamment de surmonter des défis structurels et de longue date en engageant des réformes audacieuses du secteur privé, en améliorant la mise en œuvre des politiques déjà en place, et en adoptant des stratégies d'investissement repensées pour tirer parti des nouvelles perspectives qu'une possible réorganisation des chaînes de valeur mondiales pourrait ouvrir.

À partir de données inédites et d'analyses comparatives, les *Perspectives des politiques d'investissement au Moyen-Orient et en Afrique du Nord* offrent aux décideurs politiques un panorama complet du climat de l'investissement dans les économies suivantes : Algérie, Autorité palestinienne, Égypte, Jordanie, Liban, Libye, Maroc et Tunisie. Le rapport invite les gouvernements concernés à envisager de nouvelles réformes guidées par l'exigence de quatre objectifs prioritaires : (1) améliorer la clarté, la cohérence et la transparence des règles et procédures en matière d'investissement ; (2) accélérer les réformes visant à stimuler la concurrence et le développement du secteur privé ; (3) cibler les politiques et mesures en faveur de l'investissement pour mieux servir les objectifs de développement durable ; et (4) renforcer les bonnes pratiques de gouvernance et de coordination pour mettre en œuvre de meilleures politiques d'investissement.

Les *Perspectives des politiques d'investissement au Moyen-Orient et en Afrique du Nord* mettent également à profit les relations de longue date entre les économies concernées et l'OCDE, notamment à travers l'adhésion de quatre pays — l'Égypte, la Jordanie, le Maroc et la Tunisie — à la *Déclaration de l'OCDE sur l'investissement international et les entreprises multinationales* ; le soutien, l'expertise et les échanges au sein du *Programme UE-OCDE sur la promotion de l'investissement en Méditerranée* ; ainsi que le partenariat plus large et à long terme instauré dans le cadre du *Programme MENA-OCDE pour la compétitivité*. À travers ces initiatives, les gouvernements de la région MENA ont démontré leur engagement à améliorer les conditions d'investissement et à confronter leurs expériences sur la recherche de solutions créatives.

Alors que les pays du monde entier s'efforcent de surmonter les chocs sans précédent subis en 2020, il est impératif de continuer à nouer des partenariats et à élargir notre expertise afin de nous entraider et de mobiliser l'investissement au service d'une reprise résiliente et inclusive dans les mois et les années à venir.

Angel Gurría
Secrétaire général, OCDE

Avant-propos

Les *Perspectives des politiques d'investissement au Moyen-Orient et en Afrique du Nord* mettent en lumière les avancées considérables accomplies par les économies de la région pour réformer leurs politiques d'investissement au cours de la dernière décennie. Cette dynamique de réforme doit être poursuivie et approfondie afin que les avantages de l'investissement bénéficient à la société dans son ensemble, en particulier à l'aune des bouleversements provoqués par la pandémie de COVID-19 sur le plan sanitaire et économique. La présente publication évalue les tendances et les réformes des politiques d'investissement de l'Algérie, de l'Autorité palestinienne, de l'Égypte, de la Jordanie, du Liban, de la Libye, du Maroc et de la Tunisie, en mettant en lumière les défis communs et en proposant des suggestions de réformes prioritaires. Elle examine différents aspects de politiques publiques susceptibles d'influer sur les conditions d'investissement, et accorde un intérêt particulier à la manière dont les économies de la région peuvent mettre à profit l'investissement pour améliorer la vie de leurs citoyens. Le rapport a pour ambition de servir de référence aux décideurs politiques dans les mesures entreprises en vue de mobiliser l'investissement au service d'un développement inclusif et durable.

Les *Perspectives des politiques d'investissement au Moyen-Orient et en Afrique du Nord* s'appuient sur les travaux d'analyse, dialogues régionaux et séminaires de renforcement des capacités menés dans le cadre du *Programme UE-OCDE sur la promotion de l'investissement en Méditerranée*. Ce programme, débuté en 2016, a bénéficié de la participation active de gouvernements et d'institutions publiques de la région MENA, d'organisations du secteur privé et de la société civile. Cette publication vise à contribuer à améliorer la qualité et la quantité des investissements dans les domaines que les gouvernements de la région ont jugé prioritaires, à l'aide des instruments d'évaluation du climat de l'investissement mis au point par l'OCDE, tels que le *Cadre d'action pour l'investissement*, les *Principes directeurs de l'OCDE à l'intention des entreprises multinationales*, et les *Indicateurs de qualité de l'IDE*. Elle met également à profit le partenariat plus large et de longue durée noué entre l'OCDE et la région MENA dans le cadre du *Programme MENA-OCDE pour la compétitivité*, qui offre depuis 2005 une plateforme de dialogue et de conseils sur les politiques en matière d'investissement.

Les *Perspectives des politiques d'investissement au Moyen-Orient et en Afrique du Nord* sont une publication conjointe de la Direction des affaires financières et des entreprises (DAF) et du Secrétariat des relations mondiales (GRS) de l'OCDE. Elle a été rédigée par une équipe dirigée par Fares Al-Hussami et Sarah Marion Dayan de la Division de l'investissement (DAF) et Marie-Estelle Rey de la Division Moyen-Orient et Afrique (GRS), sous la direction stratégique d'Ana Novik, Cheffe de la Division de l'investissement, et de Carlos Conde, Chef de la Division Moyen-Orient et Afrique. L'équipe de rédaction était composée d'Hélène François de la Division de l'investissement, d'Alin Horj, de Jorge Galvez-Mendez, de Mattia Tomay et d'Iris Monderer de la Division Moyen-Orient et Afrique du Nord, de Coralie Martin et de Nicolas Hachez du Centre pour la conduite responsable des entreprises (DAF), de Diane Pallez de la Division de lutte contre la corruption (DAF), de Cushla Thompson de la Direction de la coopération pour le développement, et d'Emilio Chiofalo, consultant externe.

Le rapport a bénéficié de précieux commentaires des membres du Comité de l'investissement de l'OCDE, des partenaires participant au Comité consultatif du *Programme UE-OCDE sur la promotion de l'investissement en Méditerranée,* et des participants au Groupe de travail MENA-OCDE sur l'investissement et les échanges. Alexander Böhmer, Chef de la Division Asie du Sud — Asie du Sud-Est (GRS), et Stephen Thomsen, Chef de l'Unité Investissement et développement durable (DAF), ont fourni de précieux commentaires en leur qualité de réviseurs principaux. Ont également contribué à l'élaboration de ce rapport Alexandre de Crombrugghe, Emilie Kothe, Fernando Mistura, Baxter Roberts et Martin Wermelinger de la Division de l'investissement, Alessandra Celani du Centre de politique et d'administration fiscales, et Tihana Bule, Benjamin Michel et Frédéric Wehrle du Centre pour la conduite responsable des entreprises. Nadia Kameleddine et Kany Ondzotto ont fourni une assistance administrative. Edward Smiley a préparé le rapport en vue de sa publication.

Table des matières

Tableaux

Graphiques

Encadrés

Abréviations et acronymes

AII	Accord d'investissement international
ALC	Amérique latine et Caraïbes
AMDIE	Agence Marocaine de Développement des Investissements et des Exportations (Maroc)
ANDI	Agence Nationale de Développement de l'Investissement (Algérie)
AP	Autorité palestinienne
API	Agence de promotion de l'investissement
ASEAN	Association des nations d'Asie du Sud-Est
CCG	Conseil de coopération du Golfe
CRE	Conduite responsable des entreprises
CVM	Chaînes de valeur mondiales
ECL	Exigence de contenu local
EMN	Entreprise multinationale
F&A	Fusions et acquisitions
FIPA	Agence de Promotion de l'Investissement Extérieur (Tunisie)
FMI	Fonds monétaire international
GAFI	Autorité générale pour l'Investissement et les zones franches (Égypte)
IDAL	Autorité de Développement des Investissements au Liban
IDE	Investissement direct étranger
IS	Impôt sur les sociétés
JIC	Commission jordanienne des Investissements

MENA	Moyen-Orient et Afrique du Nord
OCDE	Organisation de coopération et de développement économiques
OIT	Organisation internationale du Travail
PCN	Point de contact national
PIB	Produit intérieur brut
PIB	Commission de la Privatisation et de l'Investissement (Libye)
PIPA	Agence Palestinienne de Promotion de l'Investissement
PME	Petites et moyennes entreprises
PPA	Partenariat public-privé
RDIE	Règlement des différends entre investisseurs et États
RSE	Responsabilité sociale des entreprises
SSEI	Initiative des Bourses durables
TBI	Traité bilatéral d'investissement
TIA	Autorité Tunisienne de l'Investissement
TIC	Technologies de l'information et des communications
ZES	Zone économique spéciale

Résumé

Il est aujourd'hui plus que jamais impératif de mettre à profit les bénéfices de l'investissement pour soutenir le développement durable au Moyen-Orient et en Afrique du Nord (MENA). La crise sanitaire et économique provoquée par la pandémie de Covid-19 n'a fait qu'accentuer les problématiques socio-économiques déjà aigues dans la région. Les flux mondiaux d'investissement direct étranger (IDE) ont chuté de 50 % entre le dernier semestre 2019 et le premier semestre 2020, et l'OCDE prévoit une contraction de 4.2 % de la production économique mondiale en 2020. Ces tendances pourraient être encore plus marquées dans les économies MENA. Les entrées d'IDE dans la région se sont inscrites en net recul en 2020, et les prévisions laissent entrevoir pour les années à venir une baisse importante de l'activité économique, doublée d'une forte hausse des niveaux déjà élevés de chômage et de pauvreté, et d'une augmentation du risque d'instabilité macro-économique, politique et sociale.

Bien que les gouvernements de la région MENA aient déjà déployé des efforts ambitieux pour améliorer les conditions d''investissement et apporter des réponses à la pandémie, de plus amples réformes sont nécessaires pour mettre l'investissement au service du développement durable. Le présent rapport couvre un éventail diversifié d'économies de la région MENA. L'Algérie, l'Autorité palestinienne, l'Égypte, la Jordanie, le Liban, la Libye, le Maroc et la Tunisie se caractérisent chacun par des obstacles, des opportunités et des objectifs qui leur sont propres. Certaines difficultés sont néanmoins communes à bon nombre de ces économies. Ce rapport présente des propositions de réforme, en prenant en compte les différentes dimensions de politique publique susceptibles d'influer sur les conditions d'investissement, et accorde un intérêt particulier à la manière dont les économies de la région peuvent mettre à profit l'investissement pour améliorer la vie de leurs citoyens.

Un défi commun : mettre l'investissement au service du développement durable

Reconnaissant le rôle potentiel que peut jouer l'investissement en faveur des objectifs de développement durable, de la diversification économique à la création d'emplois de qualité, les gouvernements de la région MENA ont engagé des réformes conséquentes au cours des dix dernières années pour promouvoir et faciliter l'IDE. Ces gouvernements ont amendé la législation applicable à l'investissement, facilité l'accès au marché, simplifié la réglementation régissant l'activité des entreprises, renforcé le mandat des agences de promotion des investissements (API) et pris des mesures pour orienter l'investissement vers les régions en retard de développement. Si certaines économies ont attiré d'importantes entrées d'IDE, les économies de la région MENA ont globalement moins bien réussi que d'autres économies émergentes et en développement à mobiliser l'investissement en faveur du développement durable. L'instabilité politique, les conflits et les chocs sociaux et économiques qui ont marqué la dernière décennie sont autant de facteurs qui ont nui aux conditions d'investissement. Certaines difficultés structurelles communes aux différentes économies, comme les obstacles à la concurrence, la pénurie de compétences, l'inadéquation des infrastructures, les problèmes de gouvernance et la faiblesse de l'intégration régionale, ont également empêché ces économies de tirer parti des avantages de l'IDE.

Dans une grande partie de la région MENA, l'IDE est resté concentré dans quelques secteurs à forte intensité en capital, comme les industries extractives, l'immobilier et le bâtiment, ou dans les industries légères. Dans la majorité de ces secteurs, la création d'emplois et la diversification économique n'ont pas suffisamment progressé, et la croissance des petites et moyennes entreprises (PME) ou de l'activité économique en dehors des zones côtières et urbaines n'a pas été assez soutenue. Il est souvent perçu, dans la plupart des économies de la région, que l'investissement ne profite pas au citoyen moyen. En dépit des réformes notables engagées, de nombreux aspects du climat d'investissement continuent de peser sur les investisseurs et plus généralement sur la croissance du secteur privé, limitant les retombées positives de l'investissement.

Quatre axes d'action prioritaires pour améliorer les conditions d'investissement et tirer parti de l'IDE :

- **Améliorer la clarté, la cohérence et la transparence des règles et procédures relatives à l'investissement**. Les économies MENA ont entrepris des efforts soutenus pour améliorer la législation régissant les conditions d'investissement. Dans certains cas, cependant, le rythme effréné des réformes récentes a parfois donné lieu à un chevauchement de textes ou à la création de vides juridiques (réels ou perçus comme tels), lesquels peuvent être source de confusion pour les investisseurs. Il est donc essentiel de veiller à la cohérence et à la clarté des différentes lois relatives à l'investissement pour créer des conditions d'investissement attractives et limiter les risques de mise en œuvre incohérente des textes ou de pouvoirs excessivement discrétionnaires laissés à l'administration. Dans la plupart des économies de la région, les autorités compétentes disposent d'une grande marge d'appréciation pour déterminer la nature des avantages fiscaux et, dans certains cas, pour sélectionner les investisseurs qui peuvent entrer sur le marché, ou se voir accorder des licences ou des permis, ou encore accéder à la propriété foncière. Des textes législatifs et réglementaires plus précis, laissant peu de place à l'interprétation, pourraient contribuer à réduire la corruption, les risques de concurrence déloyale et les éventuels différends entre les investisseurs et l'État.
- **Accélérer les réformes pour stimuler la concurrence et le développement du secteur privé.** En moyenne, les économies MENA imposent davantage de restrictions à l'entrée et à l'activité des investisseurs étrangers, en particulier dans les secteurs des services, que les pays comparables. Limiter l'IDE dans les services clés comme les transports a pour effet d'entraver la concurrence et la productivité non seulement dans ces secteurs, mais également dans tous ceux qui en dépendent, dont le secteur manufacturier, ce qui a pour conséquence de freiner les gains de productivité potentiels dans l'ensemble de l'économie. Les restrictions à l'IDE dans les services limitent également la participation aux chaînes de valeur mondiales (CVM). Les bénéfices tirés des CVM, comme le transfert de connaissances, restent en conséquence limités. De manière générale, si plusieurs économies de la région ont supprimé d'importantes restrictions juridiques à l'accès au marché, d'autres obstacles à la concurrence persistent souvent. On peut notamment citer les obstacles institutionnels ou informels à l'investissement (lourdeurs administratives, corruption), l'application incohérente des dispositions prévues par la loi, les distorsions créées par la mainmise de l'État sur des secteurs clés, ou encore l'application d'un traitement préférentiel à certaines entreprises.
- **Cibler les politiques et mesures en faveur de l'investissement pour mieux servir les objectifs de développement durable.** Les économies MENA pourraient avoir à repenser leurs stratégies de promotion de l'investissement, tant pour relever de nouveaux défis, comme le surcroît de prudence dont font preuve les investisseurs, que pour tirer parti de nouvelles opportunités qu'une possible réorganisation des CVM pourrait créer. La dématérialisation des procédures devrait être étendue, et une attention accrue devrait être accordée au suivi et à la rétention des

investisseurs. Il conviendrait de définir des stratégies fondées sur un vaste processus de consultation et guidées par des objectifs clairement énoncés. Les initiatives visant à attirer les investissements ayant un fort impact sur le développement devraient reposer sur des incitations plus ciblées, portant sur les coûts d'investissement et conformes aux priorités de politique publique, afin de favoriser les retombées positives comme le développement des compétences, l'innovation et le renforcement des liens d'affaires avec les PME locales. Dans les situations de fragilité, les pouvoirs publics pourraient chercher à attirer les investisseurs mieux familiarisés avec de tels contextes et donner la priorité aux secteurs en mesure d'accompagner les efforts de reconstruction postérieurs à un conflit ou une catastrophe. En soutenant les investissements susceptibles de servir au mieux les objectifs de développement durable, les gouvernements de la région pourraient également s'attacher davantage à promouvoir et favoriser la conduite responsable des entreprises. Ils pourraient notamment chercher à faire progresser les droits de l'homme et du travail, l'égalité femme-homme et la protection de l'environnement dans le cadre des activités des entreprises et de leurs chaînes d'approvisionnement.

- **Renforcer les bonnes pratiques de gouvernance et la coordination afin de mettre en œuvre de meilleures politiques d'investissement.** Les gouvernements MENA ont considérablement réformé le cadre institutionnel relatif à l'investissement, renforçant ainsi le rôle des API, auxquelles ils ont conféré des mandats étendus, et notamment des fonctions de réglementation et de supervision qui relèvent généralement, dans d'autres pays, de l'autorité des ministères. Une telle approche peut entraîner une confusion des rôles et amoindrir la capacité des API à relayer les préoccupations des investisseurs, dès lors qu'elles sont dans le même temps chargées de réglementer leurs activités. Il appartient aux pouvoirs publics de clarifier les responsabilités et de renforcer la coordination des politiques, ainsi qu'en matière de promotion et de facilitation de l'investissement, et du traitement et de la prévention des différends, afin de réduire les risques de chevauchements institutionnels et de divergence d'objectifs. De plus, l'alignement de la politique de l'investissement sur d'autres politiques qui influent sur les conditions de l'investissement, et notamment en matière de commerce, d'innovation, ainsi que les sujets afférents à la connectivité des infrastructures et à la lutte contre la corruption, favoriserait la cohérence des politiques publiques, tandis qu'un partage des responsabilités entre les organismes nationaux et infranationaux permettrait d'en améliorer la mise en œuvre. Enfin, les économies MENA devraient solliciter plus avant le point de vue des investisseurs et d'autres parties prenantes aux fins de l'élaboration des politiques, afin de favoriser un esprit de confiance et de responsabilité entre les pouvoirs publics et les milieux d'affaires, tout particulièrement en période d'incertitude.

1 Aperçu général et messages clés

Les économies d'Afrique du Nord et du Moyen-Orient ont engagé d'importantes réformes au cours des dix dernières années pour améliorer les conditions d'investissement dans leurs pays. Des efforts supplémentaires seront néanmoins nécessaires pour mobiliser l'investissement en faveur d'un développement plus inclusif et plus durable et favoriser la reprise après la crise économique provoquée par la pandémie mondiale. Ce chapitre présente un tour d'horizon des réformes de libéralisation et des contraintes pesant sur le climat de l'investissement dans la région, en dégageant les problématiques communes auxquelles sont confrontées les huit économies MENA examinées. Il propose un programme de réforme général, qui se fonde sur les principales conclusions et considérations de politique publique des Perspectives des politiques d'investissement pour la région MENA.

Introduction

La région MENA (Moyen-Orient et Afrique du Nord) possède le marché régional, les ressources et le capital humain nécessaires pour attirer un niveau important d'investissement direct étranger (IDE). Si certaines économies de la région sont relativement efficaces pour attirer l'investissement étranger, les entrées d'IDE dans la plupart d'entre elles, et notamment dans les huit économies MENA examinées dans le présent rapport (ci-après désignées « économies examinées »), restent inférieures à ce qu'elles pourraient être. Il en va de même pour les bénéfices qui pourraient découler d'une meilleure intégration au sein de la région et avec le marché européen. De plus, les économies MENA examinées sont moins bien parvenues que d'autres économies émergentes et en développement à mobiliser l'investissement en faveur du développement durable. Les périodes d'instabilité politique, de conflit et de chocs sociaux et économiques qui ont marqué les dix dernières années ont nui aux conditions d'investissement et à la croissance économique de la région. Mais certaines difficultés structurelles communes aux huit économies pèsent également depuis longtemps sur les avantages offerts par l'IDE, ce qui a entravé l'essor d'un secteur privé dynamique, concurrentiel et fondé sur des règles. La pandémie de Covid-19 et la crise économique actuelle sont également sources de défis supplémentaires, qui s'avèrent particulièrement complexes pour certains pays. Afin de pouvoir mobiliser l'investissement à l'appui de la reprise économique, les décideurs publics devront résoudre les difficultés persistantes qui font obstacle à la concurrence sur les marchés et engager des mesures en faveur d'une croissance plus inclusive.

Dans une grande partie de la région MENA, l'activité économique, de même que l'IDE, se concentrent dans quelques secteurs à forte intensité de capital, comme les industries extractives, l'immobilier et le bâtiment, ou encore l'industrie légère. Dans la majorité de ces secteurs, la création d'emploi et la productivité n'ont pas suffisamment progressé, et la croissance des petites et moyennes entreprises (PME) ou de l'activité économique en dehors des zones côtières et urbaines n'a pas été assez soutenue. Selon une idée très répandue dans la plupart des économies de la région MENA, l'IDE, et la croissance économique en général, ne profitent pas au citoyen moyen (OCDE 2016a ; Banque mondiale 2018a). La situation est néanmoins très variable au sein des huit économies à l'étude dans ce rapport. Certains pays ont mieux réussi que d'autres à diversifier leur économie et à soutenir la création d'emplois, tandis que d'autres économies ont davantage été fragilisées par différents chocs tels que les conflits, l'insécurité ou encore les soulèvements populaires.

Les pouvoirs publics des pays de la région MENA sont conscients de l'importance d'engager de nouvelles réformes pour attirer des investissements supplémentaires, à même d'avoir un plus fort impact sur l'investissement, et les huit économies examinées ont réalisé des efforts considérables pour améliorer les conditions de l'investissement au cours des dix dernières années. Certains pays ont déjà vu leurs efforts porter leurs fruits, avec une hausse de l'investissement dans les secteurs susceptibles de faire progresser la création d'emplois, les exportations et la productivité, et avec une diversification accrue des sources d'IDE. Des efforts supplémentaires restent toutefois nécessaires. Les difficultés structurelles continuent de peser, à divers degrés, sur le climat de l'investissement dans les économies examinées, de l'insuffisance de la concurrence aux pénuries de main d'œuvre, en passant par l'inadéquation des infrastructures, l'instabilité politique, les carences institutionnelles, et la faiblesse de l'intégration régionale.

Les investisseurs continuent également de se heurter à des obstacles plus immédiats. La réglementation en matière d'investissement n'est pas toujours claire ni transparente, et la mise en application de nombreuses règles reste excessivement discrétionnaire ou se fait au cas par cas. La coordination entre les organismes publics aux fins de promouvoir et de faciliter l'investissement est souvent insuffisante, ce qui limite l'efficacité de la mise en œuvre des stratégies et leur incidence sur l'amélioration du climat des affaires. Les économies de la région MENA sont mal classées en ce qui concerne bon nombre de mesures relatives à l'intégrité et à la conduite responsable des entreprises. Des politiques d'investissement plus ciblées, centrées notamment sur les incitations fiscales et les liens d'affaires entre PME et entreprises étrangères pourraient servir plus efficacement les objectifs de développement durable de ces pays et favoriser leur intégration dans les chaînes de valeur mondiales (CVM).

L'amélioration du climat de l'investissement dans les économies MENA examinées passera par l'établissement de règles plus transparentes et moins discrétionnaires. La mise en œuvre de stratégies claires, transparentes et ciblées pour attirer l'IDE dans un éventail plus diversifié de secteurs et visant des objectifs de développement spécifiques contribuerait à tirer le meilleur parti de l'investissement. Des réformes supplémentaires s'imposent également pour résoudre les problèmes qui pèsent sur la concurrence et la croissance dynamique du secteur privé. Ainsi, il est nécessaire de lever les obstacles formels et informels à la concurrence, et notamment de réduire les privilèges dont bénéficient certaines entreprises. Ceci est d'autant plus important dans les secteurs des services et des infrastructures, qui jouent un rôle clé dans la participation des pays aux CVM et dans le renforcement de l'intégration régionale.

Les économies MENA ont montré leur engagement à améliorer les conditions d''investissement, même si la mise en œuvre des réformes nécessaires à cet effet ne sera ni rapide ni facile. Mais les défis n'ont jamais été aussi importants. La pandémie de Covid-19 et les chocs économiques et sociaux qu'elle a entraînés n'ont fait que rajouter de nouvelles difficultés, tout en exacerbant celles déjà existantes. On observe déjà un net recul des entrées d'IDE et les projections laissent entrevoir une forte contraction de l'activité économique dans la quasi-totalité des économies examinées. Ces évolutions augmenteront le risque d'aggravation de la pauvreté, du chômage ainsi de l'instabilité politique dans la région (Nations Unies, 2020). Au vu de cette nouvelle réalité, il est d'autant plus impératif pour ces pays de s'engager à mener des réformes audacieuses qui permettront de mettre l'investissement au service du développement durable.

Un groupe diversifié de pays face à un défi commun : mettre l'investissement au service du développement durable

Des réformes économiques précoces ont permis de faire progresser la croissance

Les économies de la région MENA ont connu de nombreuses périodes de réformes économiques. Au début des années 1990, la plupart des économies examinées, dont le développement était jusqu'alors de la responsabilité de l'État, avaient opéré de profondes transitions vers des économies de marché plus ouvertes. Au Maroc, en Tunisie, en Jordanie et en Égypte, ce processus, marqué par des vagues de réformes successives, s'est concrétisé par une réduction drastique des dépenses publiques, la privatisation de nombreuses entreprises publiques et la suppression d'importants obstacles aux échanges et à l'investissement. Quoique moins ambitieuses, les réformes menées en Algérie et en Libye ont également visé à ouvrir partiellement les marchés aux investisseurs étrangers. Au Liban, le développement du secteur privé, notamment par l'ouverture des marchés financiers, a été essentiel dans la stratégie de reconstruction qui a suivi la guerre civile. Des réformes de libéralisation ont également été adoptées par l'Autorité palestinienne après la conclusion des Accords d'Oslo avec Israël en 1993.

Ce processus a contribué à une forte croissance du PIB dans toutes les économies examinées, entre 4 % et 5.4 % de 1995 à 2007 (graphique 1, partie a). La croissance a aussi été soutenue par le relèvement des prix du pétrole, qui s'est traduite par une hausse de revenus pour les pays exportateurs (Algérie et Libye), et a bénéficié aux pays importateurs d'énergie grâce à une augmentation des envois de fonds et des investissements en provenance des États du Golfe. Les exportations ont également augmenté la majorité des économies examinées, et l'IDE a atteint des volumes record dans les années qui ont précédé la crise financière mondiale de 2008 (graphique 1.1, parties c et d). Au total, des gains initiaux de productivité de la main-d'œuvre ont été observés dans plusieurs pays, tirés par une diminution de l'emploi dans les secteurs des services publics et de l'agriculture (graphique 1,1, partie b).

Graphique 1.1. Croissance, productivité, exportations et investissement dans la région MENA et les groupes témoins

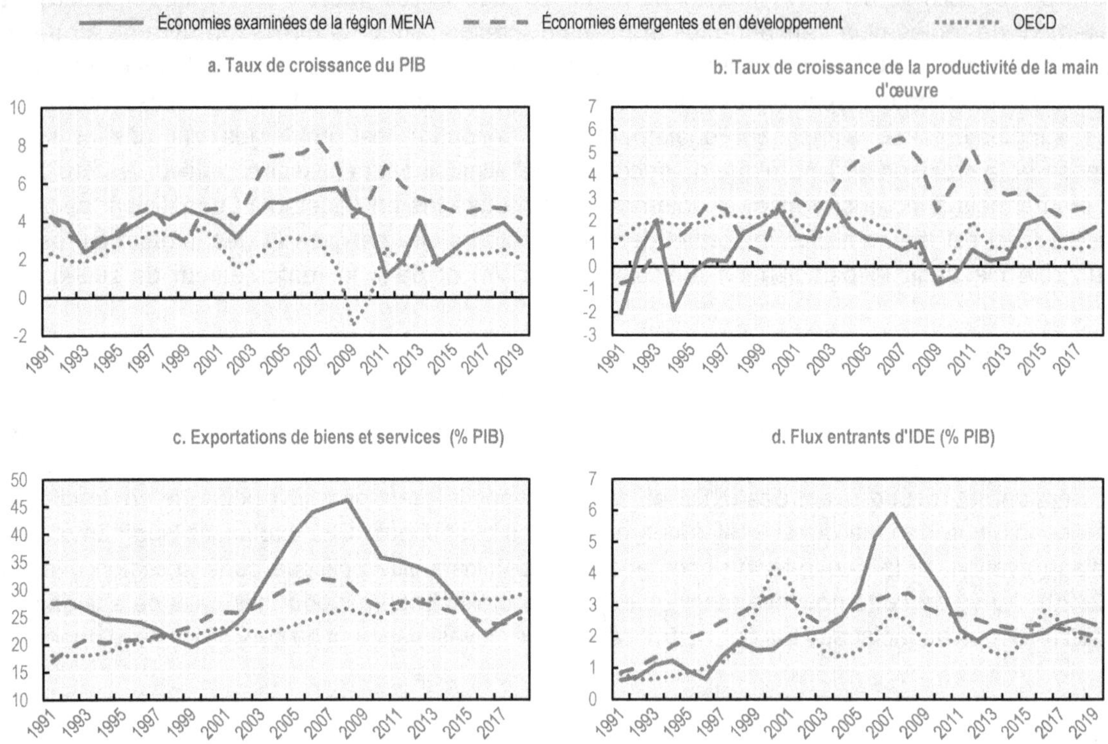

Note : les variables sont exprimées en moyennes mobiles sur deux ans. Les statistiques de l'OCDE sur les entrées d'IDE pour 1990 à 2004 se rapportent aux données non révisées de la 3ème édition de la Définition de référence des investissements directs internationaux (BMD3).
Source : Statistiques de l'OCDE sur les comptes nationaux, Statistiques de l'OCDE sur l'IDE (base de données), Base de données complète sur l'économie du Conference Board, Perspectives de l'économie mondiale du FMI, Statistiques de la CNUCED et données des comptes nationaux de la Banque mondiale.

La crise financière mondiale de 2008, puis les troubles sociaux et l'instabilité politique qui ont frappé la région MENA dès 2010, ont mis un coup d'arrêt à la plupart des gains économique observés au cours des deux décennies précédentes. La croissance moyenne du PIB dans l'ensemble des économies examinées a chuté à 1.6 % entre 2009 et 2011. L'IDE a plongé en particulier dans les pays les plus touchés par les troubles politiques (Égypte et Tunisie) ou les conflits (Libye). L'instabilité et l'incertitude ont toutefois eu des retombées négatives sur les échanges et l'investissement dans l'ensemble de la région MENA. Les conflits en Irak et en Syrie ont lourdement pesé sur les réseaux d'échanges en Jordanie et au Liban, et l'afflux de réfugiés syriens a mis les deux économies à rude épreuve. Les problèmes de sécurité ont pénalisé le secteur du tourisme dans la région. Plusieurs pays ont enregistré un recul marqué des exportations et des réserves de changes, faisant augmenter le risque macroéconomique.

Au cours des dix années qui ont précédé la crise sanitaire et économique mondiale de 2020, la production économique et l'investissement ont commencé à se remettre lentement des deux chocs de 2008 et de 2011. Certains pays, notamment le Maroc et l'Égypte, ont connu une hausse sensible de l'IDE au cours des dernières années. Globalement, l'IDE, exprimé en pourcentage du PIB, a affiché dans les huit économies à l'étude des niveaux comparables à ceux observés dans d'autres pays émergents et en développement. Dans bon nombre des économies examinées pourtant, les entrées d'IDE au cours de la dernière décennie ont stagné, voire diminué, et même cessé dans le cas de la Libye. Cette tendance correspond à l'évolution des entrées d'IDE dans le monde, qui se sont inscrites en baisse au cours des dernières années, avant de s'effondrer suite à la pandémie de Covid-19 et la crise économique qui s'ensuit

(OCDE, 2020a). L'investissement est resté par ailleurs relativement peu diversifié. À quelques exceptions notables près, la majeure partie des flux d'IDE à destination des huit économies examinées est restée concentrée dans les secteurs de l'immobilier, du bâtiment, de l'extraction minière et des combustibles.

Des réformes supplémentaires sont nécessaires pour soutenir l'essor d'un secteur privé dynamique, concurrentiel et réglementé...

Soutenir une reprise durable au sortir de la crise sanitaire nécessitera des réformes plus poussées pour résoudre les difficultés structurelles qui continuent de peser sur la croissance durable dans la région. Malgré les importantes réformes de libéralisation engagées dans les années 1990 et au début des années 2000, la solidité des taux de croissance du PIB et l'expansion notable des échanges et de l'investissement, les mouvements sociaux qui ont secoué la région en 2011 ont confirmé que ces tendances n'ont pas permis d'atteindre une croissance économique inclusive. Surtout, les réformes n'ont pas créé suffisamment d'opportunités pour la majeure partie de la population (OCDE, 2016a ; Banque mondiale, 2018a). Les raisons qui expliquent l'échec des réformes menées avant 2011 sont nombreuses, et dépendent de facteurs propres à chaque pays. Les évolutions au niveau régional, à commencer par les conflits civils et régionaux, de même que le contexte global de hausse de la concurrence en provenance des pays d'Asie et d'Europe orientale et centrale, ont fait obstacle aux progrès. L'ensemble des pays de la région se heurte toutefois au même problème persistant : les réformes engagées n'ont pas suffisamment favorisé l'essor d'un secteur privé dynamique, concurrentiel et fondé sur des règles à même d'engendrer une croissance inclusive.

Si les réformes successives ont réduit la part de l'investissement public et l'emploi associé dans plusieurs pays (et plus particulièrement en Égypte, en Jordanie et en Tunisie), le secteur privé a échoué, à ce jour, à occuper la place laissée vacante par le secteur public. Pendant les vingt années qui ont précédé l'année 2011, le Liban a été la seule économie examinée à avoir porté la croissance de l'investissement à plus de 20 % du PIB. En Égypte, l'investissement privé s'est stabilisé autour de 10 % du PIB depuis la fin des années 90 (OCDE, 2020b). Les réformes engagées dans le secteur privé, notamment, n'ont pas permis de créer suffisamment d'emplois pour absorber la croissance de la population active et des jeunes bien formés en particulier, dont les emplois étaient auparavant fournis par le secteur public (Assad and Krafft, 2016). Quoique la croissance du PIB ait été relativement solide dans les années 1990 et au début des années 2000, la croissance de la population active a été encore plus forte, et l'emploi dans le secteur privé n'a pas réussi à suivre le rythme de l'évolution de l'offre de main d'œuvre. À quelques exceptions près, le chômage dans les économies ciblées s'est stabilisé entre 10 et 20 % de la population active dans la décennie qui a précédé l'année 2011, et celle d'après. Le chômage des jeunes s'est établi durablement à 30 % en moyenne (statistiques de l'OIT). Outre la capacité limitée du secteur privé de créer des emplois, la stimulation de l'emploi des jeunes a également été freinée par l'inadéquation considérable des compétences (OCDE, 2016a).

La concurrence sur les marchés a été entravée par des obstacles de fait et de droit. On peut notamment citer le cadre juridique et réglementaire dans son ensemble, qui a parfois laissé libre cours à des interprétations contradictoires et à une application incohérente des règles. Ces divers obstacles ont contribué au dualisme du secteur privé, qui est dominé par quelques grandes entreprises et une vaste économie informelle, laissant peu de place aux PME pour prospérer. On s'accorde également de plus en plus à penser que l'un des principaux obstacles à la concurrence sur les marchés dans les économies de la région MENA est lié au rôle disproportionné des entreprises qui bénéficient de certains privilèges dans l'économie. Il s'agit notamment de certaines entreprises publiques ainsi que d'entreprises du secteur privé ayant des connexions politiques[1]. Dans de nombreux pays, l'activité économique reste traditionnellement concentrée dans les mains d'une poignée d'entreprises qui bénéficient de réseaux d'influence, au détriment de la croissance d'autres acteurs[2]. Parmi les privilèges accordés à ces entreprises figurent le traitement réglementaire préférentiel (mise en application sélective des règles notamment), la protection des échanges (souvent par le biais d'obstacles non tarifaires), l'accès privilégié au crédit et à la terre, avantages fiscaux, et les subventions énergétiques et traitement préférentiel dans les marchés publics (Atiyas, Diwan, Malik, 2019)[3]. Dans certains cas, les entreprises ayant des connexions politiques réussissent à faire basculer la réglementation en leur faveur et peuvent rester à l'abri de toute concurrence grâce à la mise en place de restrictions applicables aux investisseurs étrangers[4]. Les avantages spécifiques octroyés à certaines entreprises ont entraîné un recul de la productivité globale, de l'emploi et de l'innovation, et ont freiné l'entrée de nouveaux concurrents.

D'autres facteurs transversaux ont limité les possibilités de hausse de la croissance et de l'investissement, et de renforcement de l'inclusivité du développement, dans la région MENA. La qualité de la gouvernance, notamment le respect de la règle de droit, constitue la clé de voûte d'un climat de l'investissement attractif, et la confiance dans l'État et les institutions publiques, qui est essentielle à l'efficacité de la réforme publique, est particulièrement faible dans la région, en particulier parmi les jeunes (OCDE, 2018a). Dans le même temps, la faible qualité des infrastructures et la médiocrité de la logistique restreignent les possibilités d'investissement, ainsi que les connexions vers les régions moins développées. La faiblesse de la gouvernance et la piètre qualité des infrastructures, de même que les obstacles aux échanges et à l'investissement, entravent également l'intégration régionale, entre les pays de la région MENA et avec les pays méditerranéens voisins. Dans les huit économies examinées, la part des échanges intrarégionaux de biens dans le total des échanges s'est établie à 4 % en 2017, soit une part sensiblement inférieure à celle observée dans les communautés économiques régionales d'Afrique de l'Ouest (la part des échanges intrarégionaux entre les pays membres de la Communauté Économique des États de l'Afrique de l'Ouest (CEDEAO) avoisine les 9 %) et d'Asie du Sud-Est (la part des échanges intrarégionaux entre les pays de l'ASEAN est de l'ordre de 23 % environ)[5]. Les flux d'IDE entre les économies examinées de la région MENA sont aussi marginaux, puisqu'ils ne représentent, depuis 2013, que 1 % du total des investissements entièrement nouveaux (fDI Markets).

... Et accroître les avantages de l'IDE pour l'économie et la société

Des conditions d'investissement favorables, permettant aux entreprises de fonctionner efficacement, sont indispensables pour pouvoir mettre à profit les avantages de l'IDE, et les problèmes susmentionnés qui font obstacle à la mise en place d'un secteur privé concurrentiel limitent les possibilités d'entrée sur le marché et de croissance pour les entreprises. Il est également nécessaire de définir des mesures mieux ciblées à même de maximiser les incidences directes et indirectes que peut avoir l'IDE sur le développement durable. Au-delà des gains de productivité, l'IDE peut être un vecteur de création d'emplois, de stimulation des exportations et de diffusion des connaissances, un levier l'innovation et d'amélioration des niveaux de vie et, plus généralement, de progrès en matière de développement inclusif et durable (OCDE, 2019a). Pourtant, la réalisation de ce potentiel reste inégale d'une économie MENA à l'autre : certaines ont davantage bénéficié des entrées d'IDE que d'autres, et des segments de la population ont été laissés pour compte dans chacune d'entre elles.

Les réformes de libéralisation entreprises dans les années 1990 et 2000 ont visé à accélérer la transformation structurelle des économies de la région MENA, concernant la circulation de la main d'œuvre et des capitaux, y compris de l'IDE, des secteurs à faible productivité vers ceux à forte productivité[6]. Malgré une hausse initiale de la productivité globale, les secteurs à forte productivité ont enregistré une croissance limitée. D'autres pays en développement, principalement en Asie de l'Est, ont mieux réussi, en mettant à profit le savoir de source étrangère pour accélérer l'innovation. Dans la plupart des économies MENA, une augmentation de l'emploi et de l'IDE dans l'industrie légère et certains services aux entreprises, s'est traduite par des gains modestes de productivité, quoique à degrés divers selon les pays ; les constructeurs étrangers ont ainsi récemment contribué à l'émergence de secteurs automobile et aéronautique solides au Maroc. Dans les pays exportateurs de pétrole, l'IDE est resté concentré dans le secteur énergétique, limitant la diversification économique.

La croissance dans les industries à forte intensité de main d'œuvre au Maroc et en Tunisie a attiré l'IDE, ce qui a eu essentiellement des effets positifs sur la création d'emplois dans la région au cours des deux dernières décennies, à des niveaux comparables à ceux observés dans d'autres pays situés à un stade de développement économique similaire (Graphique 1.2)[7]. La création d'emplois liée à l'IDE a été moins marquée dans d'autres économies examinées de la région. Les principaux secteurs destinataires de l'investissement étranger, comme les secteurs des ressources naturelles et de l'immobilier, ne sont pas ceux qui ont créé le plus d'emploi, ce qui a limité la capacité de la main d'œuvre, plus nombreuse, de s'orienter vers des emplois plus productifs, mieux rémunérés et plus qualifiés.

Au cours des dix dernières années, certains pays ont réalisé des progrès notables pour attirer l'investissement vers un groupe plus diversifié de secteurs. L'IDE dans le secteur manufacturier, exprimé en pourcentage du total de l'investissement de création, a augmenté en Algérie, en Égypte, en Maroc et en Tunisie depuis 2013, comparé aux années qui ont précédé la crise financière internationale de 2008. Les secteurs des services ont également attiré une plus grande proportion de l'IDE total au Liban, au Maroc et en Tunisie. Dans plusieurs des économies examinées toutefois, le secteur manufacturier reste destinataire d'une part relativement faible de l'investissement étranger, et le secteur des services en perçoit une fraction encore plus réduite.

Graphique 1.2. Création d'emploi liée à l'IDE et PIB par habitant des économies MENA examinées

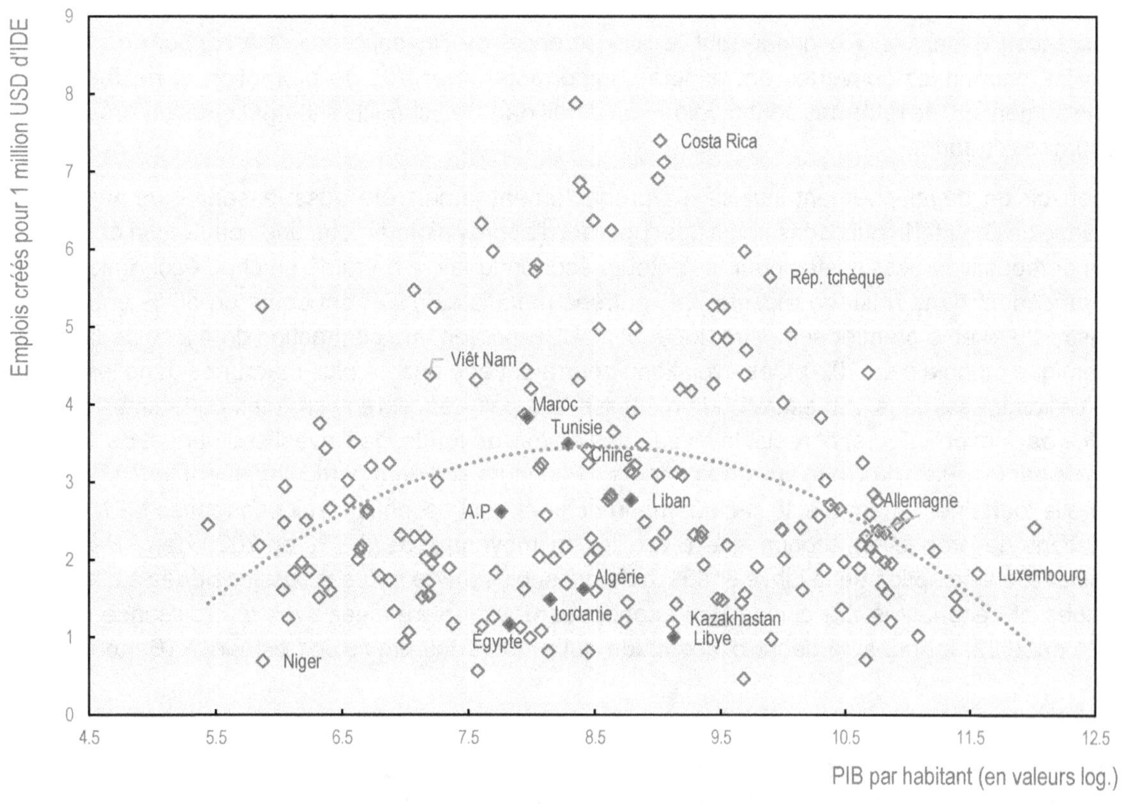

Note : l'IDE investi dans des projets entièrement nouveaux correspond aux dépenses d'investissement annoncées. Les chiffres relatifs au nombre d'emplois et aux dépenses d'investissement reposent en partie sur des estimations pour la période comprise entre janvier 2013 et décembre 2017. Le PIB par habitant correspond à une moyenne calculée entre 2003 et 2017.
Source : calculs réalisés par l'OCDE à partir de la base de données fDi Markets du Financial Times et des Indicateurs du développement dans le monde.

Les entrées d'IDE dans les secteurs de biens exportables comme les ressources naturelles ou l'industrie légère ont aidé la plupart des économies MENA examinées à prendre part aux CVM. L'Algérie et la Libye, par exemple, ont dopé leurs exportations de produits de base, alors que d'autres économies dépendaient, à des degrés divers, des intrants étrangers pour accroître leurs exportations de produits manufacturés. Toutefois, les gains obtenus au titre de la diversification des exportations, du développement des compétences et de la diffusion des technologies ont été insuffisants. En raison de la faible compétitivité du secteur privé, les PME nationales approvisionnent essentiellement les entreprises étrangères en biens et services nécessitant peu de compétences. En outre, les relations entre entreprises étrangères et nationales se cantonnent essentiellement aux zones côtières et aux centres urbains des économies MENA examinées. Ces relations ont aidé ces régions à se connecter aux réseaux économiques mondiaux, mais les liens d'affaires restent limités en dehors de ces centres, qui se caractérisent généralement par une main d'œuvre insuffisamment qualifiée et des infrastructures de médiocre qualité, d'où peu de possibilités d'amélioration de la mobilité de la main d'œuvre. Quoique les disparités régionales ne soient pas propres aux pays de la région, elles ont néanmoins creusé les inégalités à l'intérieur des pays, ce qui constitue un facteur clé de mécontentement populaire dans plusieurs pays.

Mettre à profit les avantages de l'investissement sera essentiel pour stimuler la reprise après la pandémie

Au cours des dix dernières années, bon nombre d'économies de la région MENA ont mis ou remis l'accent sur la poursuite des réformes destinées à favoriser la diversification économique, les gains de productivité et la création d'emplois. Reconnaissant le rôle potentiel de l'investissement à l'appui de ces objectifs, toutes les économies couvertes ont adopté d'importantes mesures de promotion et de facilitation des investissements. Ces réformes sont étudiées en détail dans les chapitres thématiques du présent rapport, et résumées ci-après.

Promouvoir un développement inclusif n'a probablement jamais été aussi essentiel qu'aujourd'hui. La pandémie de Covid-19, qui donne lieu à des ruptures d'approvisionnement, une contraction de la demande et des perspectives pessimistes pour les acteurs économiques, a entraîné un choc économique et social sans précédent dans l'histoire récente. Les entrées mondiales d'IDE ont chuté de 50 % entre le dernier semestre 2019 et le premier semestre 2020, et l'OCDE prévoit une contraction de 4.2 % de la production économique mondiale en 2020. Ces évolutions pourraient être encore plus marquées dans les économies MENA examinées, dans la mesure où la faiblesse des prix pétroliers accroît les contraintes budgétaires pour les pays exportateurs, et réduit le niveau des envois de fonds, de l'investissement et de l'aide directe octroyée par les États du Golfe aux importateurs[8]. Plusieurs secteurs particulièrement touchés par la crise comme le tourisme, l'énergie et le secteur manufacturier sont essentiels aux économies MENA. Selon les estimations, la production économique a reculé, en moyenne, de 5.3 % en 2020 dans les économies examinées, à l'exception de la Libye et du Liban, qui subissent de fortes récessions dues à d'autres chocs politiques et sécuritaires. La plupart des économies devraient renouer avec la croissance du PIB d'ici à 2021 ou 2022, même si le degré d'incertitude qui entoure les prévisions est élevé (Banque mondiale, 2020).

L'investissement dans les huit économies examinées a déjà été fortement touché par la pandémie. Dans ces pays, la valeur totale des investissements entièrement nouveaux au cours du premier semestre 2020 a diminué de 80 % par rapport aux six premiers mois de l'année 2019 (graphique 1.3). Cette réduction est deux fois plus marquée que dans les économies émergentes et en développement dans leur ensemble (42 %) et sensiblement plus forte que celle observée dans les pays de l'OCDE (17 %) ((fDi Markets par le FT). Au moment de la rédaction de ce document, la récente contraction de l'IDE semblait essentiellement le fait de la mise en attente de projets, plutôt que de cessions ou d'annulation de projets (OCDE, 2020e).

Ce repli économique a entraîné l'apparition de nouveaux risques et exacerbé ceux existants. En 2019, soit avant la crise actuelle, le chômage global comme le chômage des jeunes avaient augmenté par rapport à

2010 dans les huit économies examinées (statistiques de l'OIT). Les mesures prises par les pouvoirs publics en réponse à la crise, conjuguées au recul marqué des flux de recettes, ont fortement accentué les niveaux, déjà élevés, de déficit et d'endettement. La pandémie a également mis en lumière la forte fragilité de l'approvisionnement alimentaire dans certains pays. Dans un tel contexte, tout choc supplémentaire, comme l'explosion qui a touché le port de Beyrouth au mois d'août, peut avoir des effets dévastateurs.

Les économies MENA examinées ont mis en place de nombreuses mesures pour atténuer les impacts sanitaires, économiques et sociaux de la crise[9]. Ils ont notamment adopté des dispositifs budgétaires de soutien aux PME et aux secteurs durement touchés, qui ont pu bénéficier de transferts en espèces et en nature, de reports d'impôts, de remboursements de prêts différés ou encore d'un allégement de leurs factures de services publics. Plusieurs pays ont aussi pris d'importantes mesures en faveur de groupes généralement exclus du système de protection sociale, comme les travailleurs informels et saisonniers (OCDE, 2020f; FMI, 2020). Afin de répondre aux préoccupations des investisseurs, la plupart des agences de promotion des investissements de la région se sont recentrées sur les services de suivi afin de soutenir et de retenir les investisseurs existants. Les pouvoirs publics envisagent également de repenser leurs programmes d'incitations afin d'attirer les investisseurs dans les secteurs sensibles aux perturbations de la chaîne d'approvisionnement, et notamment l'agriculture (OCDE, 2020e).

Ces mesures ont été essentielles pour parer aux effets immédiats de la pandémie. Mais à moyen et long terme, bon nombre de pays de la région MENA pourraient avoir à repenser leurs stratégies de promotion de l'investissement, tant pour relever de nouveaux défis que pour tirer parti de nouvelles opportunités. Les économies de la région MENA pourraient attirer de nouvelles entreprises multinationales qui envisagent de diversifier – si ce n'est de raccourcir – leurs circuits d'approvisionnement. Il sera essentiel de mettre à profit les avantages de l'investissement pour favoriser la reprise après la pandémie.

Graphique 1.3. Incidence du Covid-19 sur l'IDE *greenfield*

Dépenses d'investissement annoncées, en millions USD

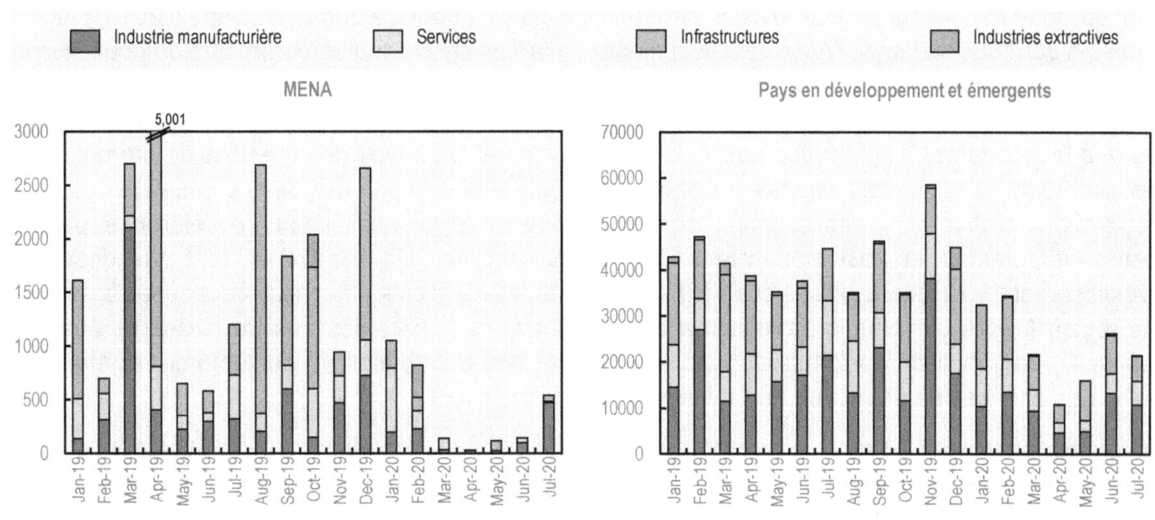

Source : Calculs réalisés par l'OCDE à partir de la base de données fDi Markets du Financial Times, chiffres au 10 septembre 2020.

Priorités en matière de politiques d'investissement pour la région MENA

Bon nombre d'économies de la région MENA ont accéléré les réformes au cours des dernières années dans l'optique d'attirer davantage d'investissements, avec des retombées plus importantes sur le développement. Les pays ont adopté de nouvelles législations en matière d'investissement, facilité l'accès au marché, simplifié la réglementation régissant l'activité des entreprises, renforcé le mandat des agences de promotion des investissements (API) et pris des mesures pour orienter l'investissement vers les régions à la traîne. Dans certains pays, ces réformes commencent déjà à porter leurs fruits, avec notamment une progression de l'investissement dans des secteurs où il peut stimuler la création d'emplois, les exportations et la productivité, et une diversification des pays d'origine de l'IDE (chapitre 2).

Mais de nombreux aspects du climat d'investissement continuent de nuire à la croissance du secteur privé, limitant ainsi les entrées d'IDE et les effets positifs de l'investissement sur le développement économique durable. Les huit économies examinées sont uniques, et chacune d'elle doit faire face à ses propres difficultés. Plusieurs mesures revêtent toutefois un caractère prioritaire dans l'ensemble de la région. La section suivante présente plusieurs des thèmes transversaux à ce rapport, en précisant les domaines dans lesquels ont été adoptées des réformes et ceux dans lesquels des progrès supplémentaires sont nécessaires pour améliorer le climat global d'investissement et tirer pleinement parti des avantages de l'IDE.

Priorité 1 : Améliorer la clarté, la cohérence et la transparence des règles et procédures relatives à l'investissement

Les pays de la région MENA ont adopté de nombreuses réformes en vue d'améliorer la législation dans le domaine de l'investissement

Les huit économies examinées de la région MENA ont adopté de nombreuses réformes visant à améliorer la législation sur l'investissement (chapitre 3). Les pouvoirs publics ont consacré des ressources et un capital politique considérables à la révision des textes législatifs dans ce domaine. Depuis 2010, l'Algérie, l'Égypte, la Jordanie, la Libye, l'Autorité palestinienne et la Tunisie ont toutes promulgué de nouvelles lois sur l'investissement. Ces lois définissent les conditions d'accès au marché pour les entreprises étrangères, les dispositifs de protection de la propriété, ainsi que d'autres dispositions intéressant les investisseurs, telles que les modalités d'application des incitations fiscales et le pouvoir des agences de promotion des investissements. Quoique ces dispositions et garanties puissent être prévues dans d'autres textes de loi, la législation relative à l'investissement constitue souvent le premier point de référence pour un investisseur potentiel, et peut être mise en avant pour promouvoir le pays en tant que destination d'investissement. Les récentes révisions dont a fait l'objet cette législation dans les économies examinées de la région MENA ont permis de lever certaines restrictions applicables aux investisseurs étrangers (chapitre 4), de simplifier les formalités d'enregistrement des entreprises, et de renforcer et étendre la mission des agences de promotion de l'investissement (chapitre 6).

D'autres législations intéressant les investisseurs ont également été récemment révisées ou sont en cours de révision dans ces pays, comme le code de commerce (Maroc et Liban), la législation régissant le régime applicable aux sociétés (Égypte), les lois applicables aux partenariats public-privé (Jordanie, Maroc et Tunisie), la réglementation régissant les marchés publics (Algérie), ou encore le droit des faillites (Égypte et Maroc), le droit de la concurrence (Égypte) et Tunisie) et les lois sur les PME (Libye et Autorité palestinienne). L'établissement de règles claires régissant les conditions d'accès au marché, l'activité des entreprises et l'exécution des contrats est essentiel pour attirer les entreprises.

Les révisions de la législation sur l'investissement peuvent, même si ce n'est pas toujours le cas, améliorer la sécurité juridique

Dans certains cas, cependant, le rythme effréné des modifications réglementaires peut produire une hyperflation législative, d'où un possible chevauchement des textes et des incohérences. Les révisions des lois sur l'investissement ne sont pas automatiquement synonymes d'amélioration par rapport aux versions précédentes. Certains amendements, très médiatisés, peuvent avoir été adoptés pour marquer une nouvelle orientation politique, à la suite de nombreux remaniements gouvernementaux, plutôt que pour combler un vide juridique. De fréquents amendements peuvent aussi rendre complexe la mise en œuvre de la réglementation.

Dans certains cas, l'adoption de nouvelles lois peut aussi ajouter des strates supplémentaires de complexité au cadre réglementaire global de l'investissement, qui englobe toute une série de législations sectorielles et thématiques, ainsi que des traités internationaux sur l'investissement (chapitre 5). Dans de nombreux pays de la région MENA, la réglementation est disséminée dans un large éventail de lois et de décrets ; une conception cloisonnée des textes peut être à l'origine de chevauchements ou de vides juridiques (ou donner cette impression), ce qui peut avoir un effet dissuasif sur les investisseurs, en particulier dans les juridictions où les risques non commerciaux sont supérieurs à la moyenne. Par exemple, l'imposition de restrictions à l'entrée et à l'activité des investisseurs étrangers peut impliquer l'adoption ou la mise à jour fréquente de longues listes positives de secteurs ouverts à ces derniers, qui peuvent ainsi avoir des difficultés à déterminer quelles sont les règles qui prévalent (chapitre 4). Toutes les économies examinées accordent des incitations fiscales et financières par le biais de multiples textes législatifs, décrets et décrets d'application, en plus d'accords ponctuels avec les entreprises, ce qui limite la transparence des incitations proposées (chapitre 7). De même, la réglementation relative aux marchés publics pour les projets d'infrastructure recoupe parfois des textes de loi plus anciens portant sur un secteur ou un projet spécifique (chapitre 9).

De tels écueils peuvent, en étant source de confusion, décourager les investisseurs, mais ils peuvent aussi les inciter à exploiter les incertitudes, empêchant ainsi les pays de tirer parti des avantages potentiels de l'investissement. Il est ainsi essentiel de veiller à la cohérence et à la clarté des différentes lois relatives à l'investissement. Certains pays ont pris des mesures en ce sens. En Jordanie, les secteurs réservés aux investisseurs étrangers sont clairement énoncés dans une liste négative (chapitre 4), tandis que le Maroc a regroupé la plupart de ses incitations fiscales dans son code général des impôts, conformément aux meilleures pratiques internationales (chapitre 7).

Dans la mesure du possible, les dispositions des traités internationaux sur l'investissement devraient également être compatibles avec le droit interne. Les pays de la région MENA ont conclu un nombre important de traités de ce type, ce qui subordonne le traitement de l'investissement à un niveau supplémentaire d'obligations juridiques. Les incohérences entre les traités internationaux sur l'investissement et le droit interne peuvent ouvrir la voie à des différends entre l'État et les investisseurs étrangers bénéficiant de ces traités (chapitre 5).

Lorsqu'ils s'attachent à moderniser leurs cadres législatifs, les pays de la région MENA devraient éviter les solutions de court terme et veiller à ne pas superposer inutilement les réglementations. Pour améliorer l'efficacité législative, il est essentiel de réduire les délais entre l'adoption de nouvelles lois et la promulgation des textes d'application correspondants, et de restructurer les institutions en charge de l'application des règles régissant l'investissement, en leur conférant les pouvoirs nécessaires pour mener à bien leur mission. Il conviendrait également d'envisager une révision de la politique et des pratiques en matière de traités d'investissement, ainsi que des réformes permettant de limiter le risque de procédures d'arbitrage dans ce domaine.

Une clarification du cadre réglementaire de l'investissement réduirait les possibilités de recours à l'arbitraire

Des améliorations notables ont été apportées dans plusieurs pays de la région MENA afin de rationaliser la réglementation applicable aux investisseurs, ou d'assouplir les procédures en centralisant les démarches administratives au sein de guichets uniques (chapitre 6). Le cadre réglementaire régissant l'investissement reste néanmoins souvent imprévisible ou opaque. Outre les lacunes et vides juridiques potentiels évoqués plus haut, le manque de clarté de la réglementation relative à l'investissement ouvre la voie à des décisions discrétionnaires, qui peuvent être appliquées de manière discriminatoire, ou à une mise en œuvre incohérente. Dans la plupart des économies de la région MENA, les autorités compétentes disposent d'une grande marge d'appréciation pour déterminer la nature des avantages fiscaux dont peuvent bénéficier les investisseurs, de même que dans certains cas, pour sélectionner ceux qui peuvent entrer sur le marché, se voir accorder des licences, des permis ou des terres. Des textes législatifs et réglementaires précis contribuent davantage à réduire les risques de corruption et de planification fiscale agressive par les entreprises qu'une formulation laissant place à une libre interprétation de la part des fonctionnaires. En outre, des règles appliquées de façon discrétionnaire et au cas par cas créent une concurrence déloyale entre les contribuables et peuvent décourager les investisseurs.

Les pays de la région MENA ont largement recours aux incitations fiscales et financières pour attirer les investissements et les orienter vers certains secteurs, activités ou zones géographiques (chapitre 7). Le système d'octroi de bon nombres des incitations à l'investissement offertes dans la région est ouvert à l'interprétation et reste à la discrétion des autorités chargées de les mettre en œuvre. Bien souvent, la loi ne précise ni la durée ni le plafond des exonérations ou des abattements fiscaux, et les conditions d'octroi des incitations restent vagues. On peut notamment citer les secteurs ou activités qualifiés au sens large « d'intérêt national ». Certaines agences de promotion des investissements de la région disposent d'une grande marge d'appréciation pour déterminer les bénéficiaires des incitations et le niveau de générosité de celles-ci. Dans d'autres cas, les incitations sont accordées aux entreprises au cas par cas et de manière contractuelle. Les contrats d'investissement peuvent de fait être problématiques, car ils peuvent être incohérents avec le cadre juridique national et international et laisser place à l'arbitraire (chapitre 5).

En particulier, certains gouvernements de la région ont limité le pouvoir d'appréciation pour ce qui est de l'entrée sur le marché (chapitre 4). En 2016, la Tunisie a notamment supprimé l'obligation pour les investisseurs étrangers d'obtenir une autorisation pour les prises de participation supérieures à 50 % du capital d'une entreprise. La Libye est la seule économie examinée à appliquer des mécanismes de sélection à l'échelle de l'économie toute entière pour réguler l'entrée des investisseurs étrangers. En revanche, certains pays conditionnent toujours l'entrée dans certains secteurs à l'obtention d'autorisations ou au respect de critères qui revêtent un caractère discriminatoire. Les critères de sélection peuvent décourager les investisseurs étrangers dès lors qu'ils constituent des obstacles imprévisibles et coûteux à l'entrée, en particulier lorsque les conditions d'autorisation sont mal définies ou opaques. Les mécanismes d'agrément génèrent en outre des coûts administratifs pour les États comme pour les entreprises. Assurer une mise en œuvre claire et effective de la réglementation applicable à l'entrée des investisseurs étrangers et à leurs activités, notamment en limitant le pouvoir discrétionnaire des autorités et en mettant en place des mécanismes de suivi, limiterait les pratiques indésirables et contribuerait à stimuler le dynamisme du secteur privé.

Les gouvernements de la région MENA pourraient accroître leurs efforts pour infléchir la corruption tout au long du processus d'investissement

Lutter contre l'application discrétionnaire des règles et des procédures applicables aux investisseurs, comme celles décrites plus haut, contribuerait à diminuer la corruption tout au long du processus d'investissement. Un investisseur peut recourir à la corruption pour entrer sur un marché étranger ; décrocher ou conserver un marché public, obtenir une licence ou un dédouanement ; avoir accès à des matières premières ou à des devises ; ou encore bénéficier d'incitations ou d'avantages fiscaux spécifiques. Des règles et critères d'entrée sur le marché clairs et sans ambiguïté sont une condition préalable indispensable pour laisser le moins de pouvoir discrétionnaire possible aux autorités dans l'octroi des licences, des permis ou encore des marchés publics.

Bien que certains gouvernements de la région MENA aient récemment adopté de nouvelles stratégies pour renforcer l'intégrité dans le monde des affaires, de nouvelles réformes sont nécessaires pour diminuer la corruption dans les secteurs public et privé (chapitre 11). Les pays examinés figurent dans la moitié inférieure des classements établis par les indices internationaux évaluant la perception de la corruption. Les États pourraient grandement améliorer l'image de leur pays en tant que destination d'investissement en affichant leur volonté de s'aligner sur les normes internationales. Les économies de la région MENA ont tout à gagner à mettre correctement en œuvre les instruments de lutte contre la corruption auxquels elles ont adhéré, dans la mesure où cela leur permet d'envoyer un signal fort de convergence vers les normes internationales à la communauté internationale et aux investisseurs étrangers. Elles peuvent en outre s'appuyer sur d'autres instruments internationaux auxquels elles n'ont pas encore adhéré pour guider les efforts déployés au niveau national pour promouvoir l'intégrité dans les transactions commerciales.

Priorité 2 : Accélérer les réformes pour stimuler la concurrence et le développement du secteur privé

Les économies de la région MENA ont récemment engagé des réformes de libéralisation significatives

Dans le cadre législatif de l'investissement décrit plus haut, les règles applicables à leur accès au marché et à leurs activités constituent un enjeu crucial pour les investisseurs étrangers. Tous les États prévoient des restrictions légales ou réglementaires à l'IDE, souvent dans le souci de protéger certains de leurs secteurs d'activité ou de préserver la sécurité nationale (chapitre 4). Mais ces restrictions ont un coût économique qui peut entraver la concurrence, induire un manque à gagner pour les recettes publiques, et réduire les retombées potentielles liées aux externalités de connaissances.

Les huit économies de la région MENA examinées sont en moyenne plus restrictives que les pays membres et de nombreux pays non membres de l'OCDE qui font partie de l'*Indice de restrictivité de la réglementation de l'IDE établi par l'OCDE*, bien qu'il existe des variations considérables dans la région. En l'état des restrictions statutaires à l'IDE (à savoir celles qui sont expressément prévues par les lois ou les règlements) fin 2019, l'Égypte et le Maroc sont aussi libéraux que les pays de l'OCDE, tandis que la Libye, l'Autorité palestinienne et l'Algérie sont sensiblement plus restrictives que les pays membres et non membres de l'Organisation (Graphique 1.4). La Jordanie, le Liban et la Tunisie imposent des restrictions proches de la moyenne des économies non membres de l'OCDE. Les scores élevés des pays les plus restrictifs de la région MENA résultent principalement de l'application de restrictions horizontales, dans divers secteurs, à la totalité ou la quasi-totalité des investisseurs étrangers. Outre ces mesures, la forme la plus courante de discrimination à l'égard des investisseurs étrangers est l'application de limites sectorielles spécifiques.

Conscients des conséquences négatives de certaines de ces restrictions, plusieurs des pays examinés dans ce rapport ont récemment engagé d'importantes réformes de libéralisation. La Jordanie a supprimé l'exigence de fonds propres pour les investisseurs étrangers, élargi le nombre des secteurs ouverts à un contrôle étranger total, et assoupli certaines restrictions dans quelques secteurs des services. La Tunisie a aboli l'obligation de procéder à un filtrage des projets à contrôle majoritaire étranger. En 2020, l'Algérie a pris une mesure importante en mettant fin à sa restriction la plus significative, à savoir le plafonnement des participations étrangères à 49 %, dans tous les secteurs non stratégiques.

Graphique 1.4. Indice de restrictivité de la réglementation de l'IDE établi par l'OCDE (MENA 2019)

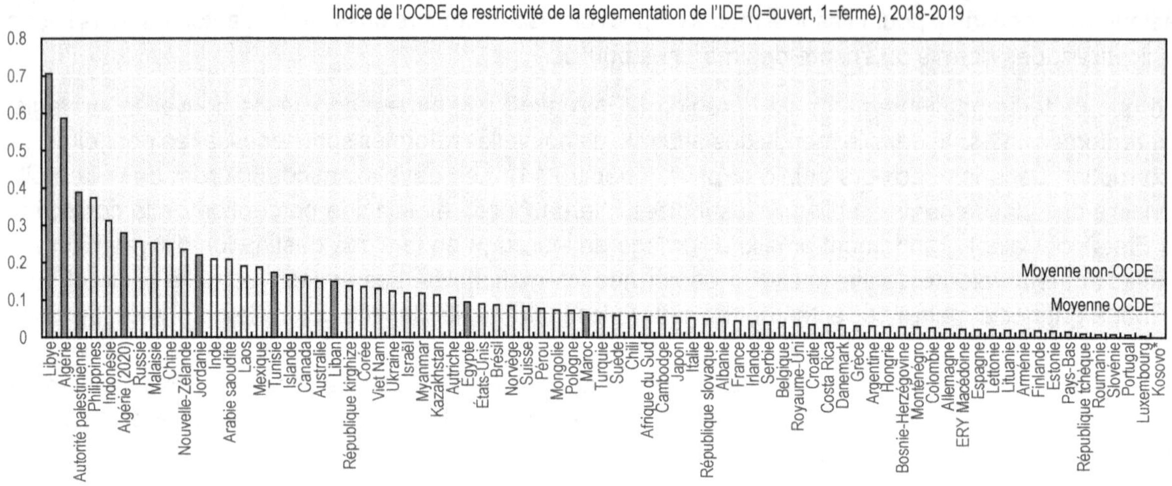

Note : l'Indice de restrictivité de la réglementation de l'IDE établi par l'OCDE s'attache uniquement aux mesures statutaires qui sont discriminatoires pour les investisseurs étrangers. L'application effective des réglementations, les restrictions tenant à la sécurité nationale, les monopoles d'État, les traitements préférentiels octroyés aux investisseurs tournés vers l'exportation et les régimes de zones économiques spéciales ne sont pas pris en considération. Les données rendent compte des restrictions réglementaires au mois de décembre 2019 pour les huit pays de la région MENA, et 2018 pour tous les autres pays.
Source : Indice de restrictivité de la réglementation de l'IDE établi par l'OCDE (base de données), www.oecd.org/investment/fdiindex.htm.

Alléger les restrictions à l'IDE dans le secteur des services pourrait générer des gains de productivité induits par la concurrence

Les restrictions statutaires encore en vigueur dans les économies étudiées de la région MENA peuvent néanmoins entraver la hausse des volumes d'IDE, ainsi que les gains de productivité induits par la concurrence. Comme dans la plupart des pays, les restrictions imposées par les économies MENA examinées frappent davantage le secteur des services que le secteur manufacturier (chapitre 4). Ces restrictions sectorielles sont toutefois plus sévères et plus nombreuses que dans les pays émergents et en développement comparables. Plusieurs des économies MENA examinées limitent les participations étrangères dans les secteurs des services aux entreprises, ainsi que des services financiers, de la distribution et du transport, qui constituent des intrants majeurs pour les autres secteurs. Dans les secteurs des infrastructures, y compris dans le transport maritime et aérien et dans la construction, les restrictions sont aussi en règle générale plus fortes (chapitre 9). Les restrictions à l'IDE dans ces services d'appui entravent la concurrence et la productivité non seulement dans ces secteurs, mais également dans tous ceux qui en dépendent, dont le secteur manufacturier, ce qui a pour effet de limiter les gains de productivité potentiels dans l'ensemble de l'économie.

Les restrictions à l'IDE dans les services notamment freinent le déploiement de projets d'investissements étrangers qui sont essentiels à la participation aux CVM et au renforcement des liens d'affaires (chapitre 8). Les gains apportés par les CVM dans les pays de la région MENA examinés ont été relativement limités au regard des transferts de connaissances et de technologies à des entreprises locales et de la participation à des activités à plus haute valeur ajoutée. Une plus grande ouverture peut contribuer à accroître l'efficacité (et à réduire les coûts des intrants) dans les secteurs dominés par de grands monopoles nationaux, ainsi qu'à améliorer la qualité et la disponibilité des services. L'ouverture dans les services peut s'avérer particulièrement importante pour la compétitivité et la productivité des petits fabricants dans toute la région MENA. Les PME recourent davantage aux services d'appui et à d'autres services de qualité fournis par des prestataires externes en amont.

Les autorités devraient envisager de réexaminer les restrictions à l'IDE à la lumière de leurs objectifs de politique publique (objectifs de diversification économique ou de participation aux CVM, par exemple), et, le cas échéant, de les alléger, voire de les supprimer. Si ces politiques sont considérées comme nécessaires, il convient de veiller à ce que leur degré de restrictivité ne soit pas excessif au regard des risques et enjeux identifiés.

Entreprendre de plus vastes réformes propices à la concurrence encouragerait l'accès des investisseurs et la croissance

Plusieurs pays de la région MENA ont supprimé d'importantes restrictions réglementaires à l'accès au marché. Mais d'autres obstacles à la concurrence peuvent subsister, comme des obstacles institutionnels ou informels à l'investissement (lourdeurs administratives, corruption), une application incohérente des règles statutaires, des distorsions créées par la mainmise de l'État sur des secteurs clés, ou l'application d'un traitement réglementaire préférentiel à certaines entreprises.

Si les programmes de privatisation mis en œuvre dans la plupart des pays étudiés ont sensiblement réduit le poids économique de l'État, les entreprises publiques continuent de jouer un rôle fondamental dans les économies de la région MENA, et occupent une place prépondérante dans de nombreux secteurs. L'actionnariat public induit des risques spécifiques en matière de gouvernance et de réglementation qui peuvent empêcher les entreprises publiques d'optimiser la création de valeur au bénéfice de l'économie et de la société. Lorsque les entreprises publiques fonctionnent de manière inefficiente et sont soumises à des dispositifs de gouvernance défaillants, elles peuvent supplanter des entreprises privées plus productives et, dans le pire des cas, être utilisées à des fins de clientélisme ou d'enrichissement personnel au détriment d'intérêts collectifs (OCDE, 2019b). De nombreuses entreprises publiques de la région MENA bénéficient d'un traitement réglementaire particulier. Elles peuvent par exemple être favorisées dans le cadre de l'attribution de marchés publics ou être exemptées de l'application de certaines lois (Banque mondiale, 2018b). Les *Lignes directrices de l'OCDE sur la gouvernance des entreprises publiques* présentent les règles de bonnes pratiques concernant la manière dont les entreprises publiques peuvent exercer plus efficacement leurs responsabilités, ce qui contribuerait à les rendre plus compétitives, efficientes et transparentes.

Lorsque des entreprises privées, proches du pouvoir politique (et dans certains cas militaire) bénéficient d'un traitement de faveur, qu'il soit officiel ou officieux, cela peut fausser le libre jeu de la concurrence. Dans plusieurs pays de la région MENA, certaines entreprises ont été protégées de la concurrence par des barrières non tarifaires à l'importation, un accès préférentiel à la propriété foncière ou aux marchés publics, un traitement fiscal favorable et une application différenciée de la réglementation des affaires (Banque mondiale, 2015) (Atiyas et coll., 2019) (Diwan et coll., 2015) (El-Haddad, 2020). De telles pratiques de favoritisme ont pour effet d'entraver la concurrence. Les autorités de tous les pays de la région MENA pourraient faire davantage pour promouvoir la concurrence et lutter contre les externalités associées à la présence de quelques entreprises dominantes, l'un des principaux freins au dynamisme de la croissance de l'emploi et des entreprises.

Priorité 3 : Agir sur les politiques d'investissement afin de mieux servir les objectifs de développement durable

Orienter les activités de promotion de l'investissement vers les projets qui ont des effets notables en matière de développement

Les pays attirent davantage d'IDE lorsqu'ils choisissent de donner la priorité à certains types de secteurs, d'investisseurs ou de pays — cette priorisation permet aux API de mieux cibler leurs ressources et d'adapter leurs services. La plupart des agences de la région MENA privilégient l'investissement dans certains secteurs, notamment ceux qui ont le potentiel de diversifier l'économie, de promouvoir le développement régional et de renforcer leur position concurrentielle vis-à-vis d'autres pays. Cette logique traduit le souci de trouver un juste équilibre entre la diversification de l'économie et la mobilisation de capacités dans les secteurs où se trouvent les points forts de la nation selon une démarche analogue à celle des API des pays de l'OCDE. La majorité des agences de la région MENA favorisent aussi certains projets plutôt que d'autres, notamment ceux qui ont des effets positifs sur les capacités de production des entreprises de leur pays, sur son image, sur le développement régional, sur l'emploi et sur l'innovation.

Les priorités des API de la région MENA concordent généralement avec les objectifs de développement de leur pays, encore que l'on puisse regretter que leurs stratégies de promotion des investissements et les objectifs correspondants ne soient pas toujours portés à la connaissance du public. Les priorités sont souvent décidées au plus haut niveau de l'État, mais certaines agences jouissent d'une plus grande autonomie pour le choix des secteurs prioritaires à condition de servir les objectifs de développement à portée plus large qui ont été arrêtés par le gouvernement, à l'instar des pays de l'OCDE. Les efforts de promotion de l'investissement devraient être hiérarchisés en fonction d'une batterie de critères conformes à des objectifs de développement plus larges. Le choix des projets à prioriser devrait obéir à un raisonnement économique mûrement réfléchi, et reposer sur des consultations transparentes avec les agences publiques et le secteur privé, et ne pas être dicté uniquement par des considérations d'ordre politique.

La pandémie de COVID-19 et ses répercussions sur l'économie mondiale pourraient amener les agences de la région MENA à réviser leurs stratégies de promotion des investissements afin d'accompagner la reprise. Face à l'épidémie, les API de la région MENA ont d'ailleurs revu leurs priorités, leur premier souci étant de soigner les investisseurs existants et de diversifier leurs services de suivi. La crise sanitaire les a aussi poussées à innover et à concevoir de nouveaux outils et services numériques qui pourraient être pérennisés. La défense des politiques pourrait revêtir une importance accrue alors que les pouvoirs publics s'attachent à repenser l'ensemble de leurs stratégies économiques et les réformes qui en découlent pour améliorer le climat des affaires. Dans un contexte de recul de l'IDE, les investisseurs seront d'autant plus sensibles à la stabilité de l'environnement économique. Les API sont bien placées pour plaider en faveur de marchés ouverts, transparents et bien réglementés. Les réflexions politiques engagées pour évaluer le choc subi par les chaînes de valeur et le positionnement futur de la région MENA dans les réseaux d'investissement mondiaux ont une importance cruciale (OCDE, 2020e).

Axer les incitations à l'investissement sur l'obtention d'externalités particulières

Comme évoqué précédemment, les pays de la région MENA ont largement recours aux incitations fiscales et financières (chapitre 7). Mais ces incitations, en particulier lorsqu'elles sont de nature fiscale, ont un coût qui pourrait l'emporter sur leurs avantages. Les incitations fiscales peuvent revenir à subventionner des entreprises qui auraient en tout état de cause investi, et se traduire par un coût important sous forme de manque à gagner pour l'État. Lorsqu'elles sont soigneusement conçues et ciblées, elles peuvent en revanche contribuer à corriger les défaillances du marché et à favoriser la réalisation de certains objectifs de développement, tels que la promotion des énergies renouvelables ou l'élévation des niveaux de compétences et de technologie, et renforcer les effets positifs des investissements.

Dans la région MENA, les incitations profitent en règle générale à un large éventail d'investisseurs. Les huit économies examinées dans ce rapport prévoient des incitations fiscales et financières principalement pour les entreprises investissant dans les secteurs de l'agriculture, du tourisme et de l'industrie (au sens large), dans les activités exportatrices et dans les régions en déficit de développement. Les incitations à investir dans des activités favorisant la protection de l'environnement sont également courantes, de même que les avantages fiscaux pour les investissements dans les industries des hydrocarbures. Plusieurs des économies étudiées accordent des allégements d'impôts ou des subventions aux investisseurs dont le projet a pour effet de créer des emplois ou de renforcer les compétences. Quelques-unes offrent des incitations aux entreprises qui utilisent des technologies nouvelles ou favorisent le transfert de technologie et les activités de R-D, ce qui tranche par rapport aux pays de l'OCDE.

Les avantages accordés aux investisseurs éligibles sont souvent généreux. Chacune des huit économies étudiées offre des exonérations fiscales — exemptions totales de l'impôt sur les sociétés (IS) — aux entreprises qui investissent dans certains secteurs d'activité et dans certains territoires. Plusieurs pays ont entrepris de réduire la durée des exonérations fiscales et le nombre de bénéficiaires potentiels. Mais les incitations fondées sur les bénéfices (exonérations fiscales et réductions du taux de l'IS) restent très répandues, et sont souvent aisées à obtenir pour les entreprises, grâce à des critères d'admissibilité définis de façon large. Les incitations fondées sur les bénéfices qui profitent aux entreprises déjà rentables sont plus susceptibles d'être superflues (on parle de « redondance ») que celles axées sur les coûts de l'investissement.

Les autorités des pays de la région MENA devraient identifier l'échelle à laquelle il convient de dimensionner les avantages fiscaux et financiers, évaluer la nécessité de ces incitations pour attirer les investissements et si leur coût — manque à gagner fiscal, distorsions économiques — n'excède pas leur utilité. Une analyse coûts-avantages et un suivi contribueraient à mesurer l'efficacité et l'efficience des incitations. De simples récapitulatifs des incitations fiscales, recensant et décrivant tous les instruments disponibles, leur objectif stratégique et leur fondement juridique, constituent une première étape importante pour créer des conditions de transparence et de responsabilité. Opter pour des avantages temporaires plutôt que permanents serait par ailleurs plus propice à la réalisation d'évaluations.

Les économies examinées devraient aussi envisager de remplacer progressivement les exonérations fiscales à large assiette par des avantages plus ciblés, axés sur les coûts et ajustés aux priorités de la politique publique. Plus l'incitation est ciblée — par exemple pour favoriser des externalités positives comme la formation professionnelle, l'innovation, et les liens avec des entreprises locales —, plus elle a de chances d'atteindre son objectif déclaré. Certains pays accordent déjà de telles incitations ciblées, mais celles-ci constituent une petite minorité des incitations offertes aux investisseurs.

Nombreux sont les pays de la région qui ont étoffé ou modifié leur dispositif d'incitations, ou qui projettent de le faire, afin d'y inclure des mesures visant à soulager les coûts économiques et sociaux liés à la pandémie de COVID-19. Alors que les États cherchent des solutions rapides pour accélérer leur reprise économique, des évaluations de l'efficacité et de l'efficience des incitations seront essentielles pour consolider des finances publiques déjà tendues et pour assurer une conception des incitations qui corresponde aux objectifs.

Des politiques et des programmes ciblés peuvent renforcer les liens entre les PME et les multinationales au sein des CVM

Tirer parti des IDE pour intégrer les PME dans les réseaux de production mondiaux peut permettre aux pays de la région MENA de parvenir à des formes de croissance plus inclusives et plus durables, en particulier dans le contexte de la relance postérieure à la crise du COVID-19 (chapitre 8). Les PME peuvent se connecter aux CVM dans le cadre de la fourniture de biens et de services aux entreprises multinationales établies dans leur pays. Cette approche leur permet de créer des emplois, de développer leurs compétences, de mettre leurs produits ou leurs services en conformité avec les normes mondiales ou d'adopter des processus de production plus durables.

Les fabricants étrangers basés dans les pays de la région MENA, y compris en Égypte et au Maroc, constituent une source importante de recettes pour les fournisseurs locaux. Les relations d'affaires ne consistent souvent qu'en l'approvisionnement en intrants à faible valeur ajoutée, plutôt qu'en des accords contractuels portant sur la R-D ou d'autres activités à forte valeur ajoutée. Les niveaux relativement faibles de productivité des PME des économies de la région MENA diminuent la propension à établir des liens d'affaires avec des entreprises étrangères présentes sur des segments à plus forte valeur ajoutée de la chaîne d'approvisionnement. Ils réduisent également les possibilités de transfert de technologies et de compétences techniques et managériales.

Les économies de la région MENA devraient opter pour des mesures ciblées visant à renforcer les liens d'affaires entre les PME et les entreprises multinationales. Elles pourraient aussi étoffer les services de développement des entreprises (SDE) On peut notamment citer les programmes de développement des fournisseurs comme ceux qui visent à aider les PME à constituer des consortiums (par exemple, dans le but de répondre aux commandes importantes des clients), à gagner en qualité, à renforcer leurs compétences managériales et techniques. Il peut également s'agir de programmes visant notamment à faciliter l'accès des PME aux ressources financières ou technologiques. Les autorités peuvent aussi favoriser les liens entre les entreprises en fournissant des services de mise en relation et en constituant des bases de données de fournisseurs de haute qualité. Toutes les API de la région MENA proposent ce type de services, mais ils sont souvent mis en œuvre de manière ponctuelle, sans s'inscrire dans un programme d'établissement de liens spécifique et plus explicite. Les API pourraient aussi contribuer à maintenir, grâce aux services de suivi renforcés et numérisés qu'elles proposent, des contacts étroits avec des entreprises étrangères ayant établi des relations avec des fournisseurs locaux, l'objectif étant de relever les défis temporaires liés à la perturbation des CVM due à la pandémie de COVID-19.

Renforcer la conduite responsable des entreprises contribuerait à faire progresser les objectifs de développement durable

Afin d'attirer des investissements de qualité, les gouvernements de la région MENA pourraient faire davantage pour promouvoir et mettre en œuvre une conduite responsable des entreprises (CRE) (chapitre 10). Alors que la quasi-totalité des économies examinées ont adopté des mesures destinées à favoriser le développement durable, elles pourraient en faire plus pour créer un environnement incitant le secteur privé à y apporter une contribution positive. Il pourrait notamment s'agir de faire progresser les droits de l'homme et du travail, limiter les possibilités de corruption, et améliorer la protection de l'environnement dans le cadre des activités des entreprises et de leurs chaînes d'approvisionnement. Les autorités sont aussi encouragées à mettre en œuvre des normes de CRE dans le cadre de leurs propres activités économiques, par l'intermédiaire des entreprises publiques, ainsi que dans les procédures de passation des marchés publics.

La notion selon laquelle les entreprises doivent apporter leur contribution à la société prévaut dans toute la région MENA. Dans le sillage des tendances mondiales, la sensibilisation à la CRE et sa compréhension se renforcent dans la région, et les approches fondées sur la philanthropie et les investissements sociaux laissent de plus en plus la place à une appréhension plus complète qui tient compte de l'incidence sur la société des opérations principales des entreprises. Les initiatives prometteuses lancées par certaines entreprises et parties prenantes pourraient être utilisées pour faire connaître clairement les attentes en matière de CRE, et en favoriser une compréhension commune parmi les entreprises, quelles que soient leur taille et leur nature.

Les efforts déployés pour promouvoir la CRE parmi les entreprises de la région MENA ont une importance à la fois sociale et économique. Les demandes en faveur de la CRE se renforçant, les entreprises qui participent aux chaînes d'approvisionnement mondiales doivent connaître les attentes internationales dans ce domaine. Certains des principaux partenaires commerciaux des huit économies MENA examinées, tels que l'UE, ont intégré les principes et les normes en matière de CRE à leurs politiques et législations. Aussi la promotion de CRE s'avère-t-elle particulièrement importante pour garantir l'intégration de la région MENA aux réseaux de chaînes d'approvisionnement.

Les entreprises qui mettent en œuvre les principes et les normes de CRE sont également mieux armées pour résister aux chocs subis par leurs chaînes d'approvisionnement et leurs activités, accroître leur résilience et créer de la valeur de long terme. Cela apparaît d'autant plus important dans le contexte de la pandémie de COVID-19 et ses répercussions sur les chaînes d'approvisionnement et sur la sécurité au travail.

Des engagements importants ont été pris en matière de CRE, même si les approches diffèrent selon les pays. Quatre des pays étudiés — l'Égypte, la Jordanie, le Maroc et la Tunisie — ont adhéré à la Déclaration de l'OCDE sur l'investissement international et les entreprises multinationales, et s'engagent de ce fait à promouvoir les Principes directeurs de l'OCDE à l'intention des entreprises multinationales et à créer des points de contact nationaux (PCN) pour accroître leur efficacité. Les PCN sont des organes mis en place par les États pour faire valoir les Principes directeurs et traiter les affaires en tant que mécanisme de recours non judiciaire. Le PCN du Maroc a notamment joué un rôle majeur dans la promotion de la CRE. Dans la plupart des cas cependant, ce mécanisme demeure sous-utilisé et doit être renforcé afin qu'il remplisse totalement son mandat et encourage la conception et la mise en œuvre des politiques de CRE dans la région.

Les autorités pourraient aussi mettre à profit les initiatives de collaboration déjà en place pour promouvoir activement et faire connaître les instruments de CRE permettant d'exercer le devoir de diligence dans les entreprises des principaux secteurs. Soutenir des initiatives de collaboration, faciliter le dialogue et promouvoir l'application du Guide OCDE sur le devoir de diligence pour des chaînes d'approvisionnement responsables dans le secteur de l'habillement et de la chaussure permettraient en particulier d'améliorer les relations professionnelles et d'accroître la compétitivité du secteur du textile dans les économies MENA.

Priorité 4 : Renforcer les bonnes pratiques de gouvernance et de coordination afin de mettre en œuvre de meilleures politiques d'investissement

Les économies de la région MENA ont entrepris de nombreuses réformes de leur cadre institutionnel relatif à l'investissement...

Une politique d'investissement efficace et un environnement transparent pour les investisseurs s'ancrent dans des institutions solides et une gouvernance publique de qualité. Il est intéressant de constater que la vague régionale de réformes de la législation en matière d'investissement au cours de la dernière décennie a transformé en profondeur le cadre institutionnel régissant les politiques d'investissement dans les économies étudiées de la région MENA. Sous l'effet de ces réformes, les API ont vu leurs responsabilités se renforcer en tant que principales instances responsables des questions d'investissement. La plupart des agences de la région MENA jouissent d'une large autonomie dans leur organisation et sont investies de pouvoirs réglementaires pour améliorer le climat des affaires, alors que cette tâche est souvent du ressort de ministères dans d'autres pays (chapitre 6). Selon l'API concernée, il peut s'agir par exemple du filtrage des projets d'investissement étrangers, de l'octroi d'avantages fiscaux ou de la délivrance de licences commerciales. Le Maroc, et dans une moindre mesure, l'Algérie et le Liban, dissocient plus que les autres économies analysées l'élaboration des politiques d'investissement, une tâche qui incombe aux ministères, de la promotion et de la facilitation de l'investissement.

...mais la clarification des responsabilités et le renforcement de la coordination des politiques d'investissement restent des priorités

Le fait d'associer promotion et facilitation de l'investissement à une responsabilité en matière d'élaboration des politiques, a permis à certaines API d'administrer elles-mêmes les procédures réglementaires afin d'aider les investisseurs à mieux s'y retrouver. La politique d'investissement est cependant un enjeu qui appelle des réponses qui dépassent le champ des compétences d'un seul organisme public ou ministère. Le mandat des API de la région MENA, qui a fréquemment été modifié, est si large que leurs attributions font souvent double emploi avec celles d'autres organismes publics dans une mesure plus grande que dans les autres pays. Cela peut entraîner une confusion des rôles et amoindrir la capacité d'une API de relayer les préoccupations des investisseurs, alors même qu'elle est chargée de réglementer leurs activités. Des mandats aussi étendus affectent également la capacité des agences à remplir correctement leur mission de promotion et de facilitation des investissements.

L'une des priorités des autorités de la région MENA consiste à clarifier les responsabilités et à renforcer la coordination entre les activités d'élaboration des politiques, de promotion et de facilitation de l'investissement afin de réduire les chevauchements institutionnels et les objectifs opposés. Ce point est particulièrement important dans les cadres institutionnels où les API se voient confier de nombreux mandats et où elles assument des fonctions réglementaires, ce qui peut nuire à leur capacité à exercer leurs fonctions essentielles de promotion des investissements. Il est essentiel que la répartition des responsabilités liées à l'investissement entre les différents organes et agences gouvernementaux soit équilibrée, qu'elles soient assorties de financements suffisants et explicites, et comprises de tous les acteurs. À cette fin, des réformes institutionnelles lisibles et ciblées sont préférables à une réorganisation exécutée à la hâte qui serait une source d'incertitudes pour les investisseurs.

Une collaboration entre organismes permettrait d'améliorer les politiques et les services d'investissement

De bonnes pratiques de gouvernance avec des administrations qui travaillent en collaboration sont essentielles pour mettre en œuvre des stratégies d'investissement claires et transparentes. L'élaboration d'une stratégie de promotion de l'investissement nécessite en particulier une approche à l'échelle de l'ensemble de l'administration, car les priorités d'investissement doivent être alignées sur d'autres stratégies majeures — notamment en matière d'échanges, d'innovation, de compétences et d'infrastructures (chapitre 9). Ces stratégies ne sont pas systématiquement définies collégialement et ne sont pas toujours portées à la connaissance du public dans les économies étudiées, même si elles contribuent à améliorer l'image des pays auprès des investisseurs étrangers et à les informer des possibilités d'investissement qui y existent.

Les approches concertées à l'échelle de l'administration s'agissant de la politique de l'investissement consistent également à élaborer des stratégies et des programmes qui améliorent la contribution de l'IDE au développement durable ainsi que la fourniture de services aux entreprises. Dans la plupart des économies de la région MENA, les initiatives déployées afin d'aider les PME à établir des relations commerciales avec des entreprises multinationales souffrent d'une absence de stratégie globale, et sont généralement mises en œuvre par différentes institutions (chapitre 8). Une collaboration étroite entre les API, les agences pour les PME et le secteur privé, entre autres, est cependant nécessaire pour que les programmes de partenariats puissent être exécutés efficacement. Une telle coopération est également indispensable pour mettre en place des mécanismes visant à faciliter la circulation des informations concernant les possibilités offertes par les chaînes d'approvisionnement, tant pour les fournisseurs locaux que pour les investisseurs étrangers. Elle permettra aussi de résoudre les problèmes temporaires liés à la perturbation des CVM en raison de la pandémie de COVID-19.

Jusqu'à présent, les gouvernements de la région ont abordé leurs programmes d'action en faveur de l'intégrité et de l'investissement de manière indépendante, mais la coordination entre les agences est également un élément essentiel pour améliorer l'intégrité dans les affaires (chapitre 11). Ces dernières années, plusieurs des huit économies étudiées ont adopté des lois et se sont dotées de stratégies visant à renforcer le cadre de lutte contre la corruption et à promouvoir l'intégrité des entreprises, et ont aussi mis en place des organismes spécialisés dans la lutte contre la corruption. Mais les liens entre intégrité et investissement exigent une meilleure intégration du cadre d'action et du cadre institutionnel. Les agences de promotion de l'investissement et les organismes chargés de la lutte contre la corruption ainsi que les responsables de l'action publique doivent se coordonner plus étroitement pour faire avancer leurs programmes d'action respectifs de manière à favoriser des effets de synergie.

La coordination entre divers organismes publics est aussi un facteur essentiel pour arbitrer les différends liés à l'investissement et mettre en place des mécanismes de prévention. Les demandes des investisseurs résultent souvent de mesures prises au niveau infranational ou par un ministère sectoriel, qui ne sont pas toujours préparés et compétents pour traiter la question. Les politiques de prévention des litiges nécessitent également des liens institutionnels avec un organe de référence ayant un rôle de coordination (chapitre 5).

Le partage des responsabilités entre les organismes nationaux et infranationaux pourrait améliorer la promotion et la facilitation de l'investissement

Les gouvernements des économies examinées cherchent à orienter les IDE vers les régions les moins développées, mais les politiques publiques ne tiennent pas toujours compte des caractéristiques propres à telle ou telle région qui lui permettent d'attirer les investissements internationaux. Dans la majorité des pays concernés, la promotion et la facilitation des investissements obéissent à une approche centralisée. Environ un tiers des API de la région MENA ne communiquent jamais avec les organismes infranationaux, et seules quelques-unes les consultent pour intégrer les plans de développement local dans leur stratégie nationale destinée à attirer les investissements. Les API préfèrent travailler avec leurs antennes locales, quand elles existent, plutôt qu'avec des organismes régionaux et indépendants d'elles. Ces antennes fournissent des services de facilitation des investissements et de suivi des investisseurs, et font parfois office de guichet unique. L'API marocaine est la seule à ne pas disposer d'antennes au niveau infranational. Elle coopère avec les centres régionaux pour l'investissement, qui sont placés sous l'autorité des gouvernorats et du ministère de l'Intérieur.

La promotion et la facilitation des investissements doivent trouver un juste équilibre entre la centralisation des décisions stratégiques et le souci de laisser aux agences infranationales une marge de manœuvre suffisante pour exercer leur pouvoir. Qu'ils recourent à un réseau d'API nationales disposant d'antennes locales ou à un système d'API infranationales indépendantes, les gouvernements de la région MENA pourraient donner aux organismes infranationaux une plus grande latitude pour exercer des tâches de promotion et facilitation des investissements, en coopération avec l'API nationale. Les institutions régionales ont souvent une meilleure connaissance des atouts et difficultés au niveau local, et elles pourraient contribuer à l'élaboration de stratégies de promotion de l'investissement mieux adaptées au contexte local. Au Maroc, par exemple, une réforme récente a octroyé aux centres régionaux d'investissement une autonomie financière, et la mission de mettre en place un système de guichet unique de services, de mener des activités d'intelligence économique, de promouvoir les régions et d'offrir des services de règlement des différends. La mise en œuvre de cette réforme est en cours.

La facilitation des investissements suppose une approche à l'échelle de l'ensemble de l'administration, ainsi que des services numérisés

La facilitation des investissements est un service aux entreprises qui nécessite une coopération étroite entre les différents organismes publics, notamment au niveau infranational. Toutes les économies examinées de la région MENA offrent une large gamme de services de facilitation des investissements, qui sont pour l'essentiel des services préalables à l'établissement et moins des services de suivi des investisseurs et des activités visant au maintien de l'investissement. Même si des efforts considérables ont été entrepris, les services d'enregistrement des entreprises dans la région sont souvent gérés par des structures administratives cloisonnées.

La généralisation du numérique peut favoriser une approche à l'échelle de l'ensemble de l'administration en matière de facilitation des investissements. Le numérique réduit les risques de corruption tout au long du processus de création d'entreprise et accélère les procédures. En outre, la crise du COVID-19 a montré l'intérêt de procédures dématérialisées pour obtenir des renseignements importants, des licences ou des permis. Pourtant, les progrès en matière de facilitation des investissements ainsi que de dématérialisation des procédures dépassent largement la responsabilité des seules API. La mise en œuvre des ajustements réglementaires nécessaires pour rendre les services publics disponibles en ligne nécessite un effort concerté des pouvoirs publics. La dématérialisation des procédures préalables à l'établissement d'une entreprise peut aussi aider les API de la région MENA à recentrer leurs efforts sur les services de suivi qui sont d'une importance déterminante pour retenir les investisseurs susceptibles de relocaliser leurs activités pendant la phase de reprise faisant suite à la pandémie.

Les discussions avec le secteur privé sur les réformes futures contribuent à la légitimité de l'action publique

Les économies examinées pourraient associer davantage le secteur privé aux consultations publiques sur les réformes prioritaires et les stratégies à venir. La prise en compte du point de vue des investisseurs, comme de celui d'autres parties prenantes, lors de l'élaboration ou de la révision des politiques, contribue à la légitimité et à l'efficacité de l'action publique. Cela contribue également à créer un climat de confiance entre les pouvoirs publics et les entreprises, en particulier en période d'incertitude. Les autorités des pays concernés pourraient revoir la composition du conseil d'administration des API de manière à assurer un meilleur équilibre entre les représentants de l'État et des parties prenantes du secteur privé (chapitre 6). Ils pourraient aussi mettre en place, ou renforcer lorsqu'elles existent déjà, des plateformes de dialogue public-privé à l'échelle de l'administration afin de consulter systématiquement les acteurs du secteur privé. Afin d'éviter toute captation de la réglementation par un petit groupe de grandes entreprises influentes, la participation du secteur privé à ces mécanismes de consultation doit reposer sur des critères de sélection transparents.

La bonne gouvernance de la politique d'investissement implique la transparence dans le contrôle de l'action publique

Les gouvernements de la région MENA sont depuis quelques années confrontés à la vigilance accrue du grand public et doivent faire la preuve de ce que les réformes produisent des effets notables, en raison des contraintes budgétaires, des exigences des citoyens, et de la responsabilité globale des pouvoirs publics. Il est probable que cette tendance s'amplifie suite à l'épidémie de COVID-19, les pouvoirs publics étant soumis à une pression sans précèdent pour attirer des IDE dont la contribution au développement durable est maximisée.

Pour rendre compte de leur action, les pouvoirs publics doivent mettre en place des mécanismes appropriés de suivi et d'évaluation des réformes envisagées, s'efforcer d'améliorer le climat des affaires et de l'investissement, et communiquer de manière adéquate. Ils doivent également disposer d'informations précises sur les activités et l'impact de leurs API. Par exemple, les économies examinées pourraient mieux définir leurs objectifs et leurs cibles en matière d'investissement, et assortir leurs stratégies de promotion de l'investissement d'indicateurs clés de performance afin d'accroître la transparence des objectifs et d'améliorer le suivi et l'évaluation de l'action des API.

Références

ASEAN (2018), *ASEAN Statistical Highlights 2018*, https://www.aseanstats.org/wp-content/uploads/2018/10/ASEAN-Statistical-Highlights-2018.pdf.

Assaad, R. et C Krafft (2016), « Labor market dynamics and youth unemployment in the Middle East and North Africa: Evidence from Egypt, Jordan, and Tunisia », *Working Paper Series*, n° 993, Economic Research Forum.

Atiyas, I., A. Malik et I. Diwan (2019), « Introduction: Crony Capitalism in the Middle East: What Do We Know and Why Does it Matter? », in Atiyas, I., A. Malik et I. Diwan (dir. pub.), *Crony Capitalism in the*

Middle East: Business and Politics from Liberalization to the Arab Spring, Oxford University Press, New York, NY.

Banque mondiale (2020), « Commercer ensemble : Vers une relance de l'intégration de la région Moyen-Orient et Afrique du Nord à l'ère post-COVID », *Bulletin d'information économique de la région MENA*, octobre, Banque mondiale, Washington, D.C., https://openknowledge.worldbank.org/bitstream/handle/10986/34516/211639FR.pdf.

Banque mondiale (2018a), « Eruptions of Popular Anger: The Economics of the Arab Spring and Its Aftermath », *MENA Development Report*, Banque mondiale, Washington, D.C., Https://openknowledge.worldbank.org/handle/10986/28961.

Banque mondiale (2018b), « Privilege-Resistant Policies in the Middle East and North Africa: Measurement and Operational Implications », *MENA Development Report*, Banque mondiale, Washington, D.C., https://openknowledge.worldbank.org/handle/10986/29353.

Banque mondiale (2015), *Jobs or Privileges: Unleashing the Employment Potential of the Middle East and North Africa*, Banque mondiale, Washington, D.C.Cammett, M. et al. (2013), *A Political Economy of the Middle East*, Routledge, New York, NY.

Diwan, I. (2019), « The Future of the Private Sector in an Age of Uncertainty », in Atiyas, I., A. Malik et I. Diwan (dir. pub.), *Crony Capitalism in the Middle East: Business and Politics from Liberalization to the Arab Spring*, Oxford University Press, New York, NY.

Diwan, I., P. Keefer et M. Schiffbauer (2015), « Pyramid Capitalism: Political Connections, Regulation, and Firm Productivity in Egypt », *Policy Research Working Papers*, Banque mondiale, Washington, D.C.

El-Haddad, A. (2020), « Redefining the social contract in the wake of the Arab Spring: The experiences of Egypt, Morocco and Tunisia », *World Development*, n° 127, mars.

Malik, A. et B. Awadallah (2013), « The Economics of the Arab Spring », *World Development*, vol. 45, n° 13, pp. 296-313.

Moreno-Dodson, B. (2020), *Enhancing Mediterranean Integration*, Centre pour l'intégration en Méditerranée, Merseille.

Morsey, H. et A. Levy (2020), « Growing without changing: A tale of Egypt's weak productivity growth », *African Development Review*, vol. 2020, pp. 1-7.

Morsey, H. (2017), *Growing without change: MENA needs structural transformation*, Economic Research Forum, 7 novembre, https://theforum.erf.org.eg/2017/11/07/growth-without-change-mena-needs-structural-transformation/.

Nations Unies (2020), *Note de synthèse : L'impact de la COVID-19 sur la région arabe : Une occasion de reconstruire en mieux*, https://unsdg.un.org/fr/resources/note-de-synthese-limpact-de-la-covid-19-sur-la-region-arabe-une-occasion-de-reconstruire.

OCDE (2020a), *FDI in Figures: October 2020*, Politique de l'investissement, OCDE, Paris, http://www.oecd.org/investment/investment-policy/FDI-in-Figures-October-2020.pdf.

OCDE (2020b), *OECD Investment Policy Reviews: Egypt 2020*, Examens de l'OCDE des politiques de l'investissement, Éditions OCDE, Paris, https://doi.org/10.1787/9f9c589a-en.

OCDE (2020c), *Foreign direct investment flows in the time of COVID-19*, Les réponses de l'OCDE face au coronavirus (COVID-19), https://www.oecd.org/coronavirus/policy-responses/foreign-direct-investment-flows-in-the-time-of-covid-19-a2fa20c4/ (consulté le 9 juillet 2020).

OCDE (2020d), *Perspectives économiques de l'OCDE, Volume 2020 Numéro 2*, Éditions OCDE, Paris, https://doi.org/10.1787/8dd1f965-fr.

OCDE (2020e), *L'investissement dans la région MENA à l'heure du COVID-19*, Les réponses de l'OCDE face au coronavirus (COVID-19), http://www.oecd.org/coronavirus/policy-responses/l-investissement-dans-la-region-mena-a-l-heure-du-covid-19-03cbddc6/ (consulté le 10 juillet 2020).

OCDE (2020f), *Réponse à la crise du COVID-19 dans les pays de la région MENA*, Les réponses de l'OCDE face au coronavirus (COVID-19), http://www.oecd.org/coronavirus/policy-responses/covid-19-dans-la-region-mena-impact-sur-les-inegalites-de-genre-et-reponses-apportees-en-soutien-aux-femmes-f7da7585/ (consulté le 9 juillet 2020).

OCDE (2019a), *FDI Qualities Indicators: Measuring the sustainable development impacts of investment*, OCDE, Paris, http://www.oecd.org/fr/investissement/fdi-qualities-indicators.htm.

OCDE (2019b), *Gouvernance d'entreprise dans la région MENA : Cadre d'action pour la compétitivité et la croissance*, Gouvernement d'entreprise, Éditions OCDE, Paris, https://doi.org/10.1787/f3d4b47c-fr.

OCDE (2018a), *Youth Engagement and Empowerment in Jordan, Morocco and Tunisia*, Programme MENA-OCDE pour la gouvernance, https://www.oecd.org/mena/governance/youth-engagement-and-empowerment-report.pdf.

OCDE (2018b), *Études économiques de l'OCDE : Tunisie 2018 : Évaluation économique*, Éditions OCDE, Paris, https://doi.org/10.1787/eco_surveys-tun-2018-fr.

OCDE (2017), *Examen multidimensionnel du Maroc : Volume 1. Évaluation initiale, Les voies de développement*, Éditions OCDE, Paris, https://doi.org/10.1787/9789264274945-fr.

OCDE (2016a), *Des politiques meilleures au service de la croissance inclusive et de l'intégration économique dans la région MENA : Politiques meilleures*, Éditions OCDE, Paris, https://doi.org/10.1787/9789264266018-fr.

OCDE (2016b), *SMEs in Libya's Reconstruction : Preparing for a Post-Conflict Economy*, The Development Dimension, Éditions OCDE, Paris, https://doi.org/10.1787/9789264264205-en.

Rijkers, B., C. Freund et A. Nucifora (2017), « All in the family: State capture in Tunisia », *Journal of Development Economics*, vol. 124, n° C, pp. 41-59.

UNRISD (2018), « Economic Growth, Youth Unemployment, and Political and Social Instability: A Study of Policies and Outcomes in Post-Arab Spring Egypt, Morocco, Jordan, and Tunisia », *document de travail*, n° 2018-12, Institut de recherche des Nations Unies pour le développement social (UNRISD).

Notes

[1] Voir, entre autres : Banque mondiale, 2015 ; Malik and Bassem, 2013 ; Cammett et al, 2015.

[2] Les connexions politiques peuvent être formalisées par la présence au sein du conseil d'administration de l'entreprise de membres du gouvernement en poste ou plus anciens, ou revêtir un caractère plus informel (relations familiales ou autres proches relations personnelles). Pour plus de précisions sur les entreprises qui bénéficient de certains privilèges et l'incidence de ce phénomène sur la croissance économique, voir Banque mondiale 2015, Atiyas, Diwan, et Malik 2019 (compilation d'une analyse sur la région, l'Égypte, le Maroc, le Liban, la Tunisie et la Jordanie) ; Diwan, Keefer, et Schiffbauer, 2015 (Égypte) ; Rijkers, Freund, et Nucifora, 2017 (Tunisie).

[3] Dans certains pays, les entreprises bénéficiant de privilèges restent concentrées dans quelques secteurs, alors que certains éléments semblent indiquer qu'en Égypte, les entreprises ayant des connexions politiques étaient, avant 2011, présentes dans la moitié des sous-secteurs. La prévalence de ces dernières semble plus marquée dans les secteurs des ressources naturelles et des services, et notamment de la banque, de l'immobilier, du tourisme, des médias, de la distribution et des télécommunications. Certains éléments indiquent également que des entreprises bénéficiant de privilèges

se voient accorder un traitement préférentiel dans le secteur de l'industrie légère (Atiyas, Diwan, et Malik 2019).

[4] En Tunisie, avant 2011, 64 % des entreprises liées au pouvoir politique exerçaient leur activité dans des secteurs dans lesquels l'IDE est soumis à des restrictions, contre seulement 36 % des entreprises sans connexions politiques (Banque mondiale, 2015).

[5] Les données pour les huit économies résultent de calculs effectués par l'auteur à partir de données de la base COMTRADE se rapportant à 2017 (dernière année pour laquelle des données sont disponibles pour la plupart des économies), sauf pour la Libye, pour laquelle les données utilisées se rapportent à 2016 (dernière année pour laquelle des données sont disponibles). Le total des échanges de biens correspond à la somme des exportations et des importations. Les données relatives à la CEDEAO correspondent à la part moyenne sur la période 2016-18 (Banque mondiale 2020) et celles relatives à l'ASEAN se rapportent à 2017 (ASEAN, 2018).

[6] Pour un examen de la croissance de la productivité et de la transformation structurelle dans certaines économies examinées, voir par exemple Morsy et al. (2015) et OCDE (2020b) pour l'Égypte, Morsy (2017) pour la Jordanie, OCDE (2016b) pour la Libye, OCDE (2017) pour le Maroc, et OCDE (2018b) pour la Tunisie.

[7] L'IDE peut également avoir une incidence indirecte sur la création d'emplois. En Jordanie, par exemple, les entrées d'IDE ont eu des retombées positives sur l'emploi pour les prestataires de services nationaux, bien qu'elles aient également entraîné une éviction partielle des entreprises nationales exerçant leur activité dans le même secteur (Banque mondiale, 2015).

[8] Les envois de fonds jouent un rôle important dans plusieurs des économies étudiées. En 2019, elles ont représenté au total entre 10 et 16 % du PIB en Jordanie, au Liban et pour l'Autorité palestinienne, et entre 5 et 9 % du PIB au Maroc et en Égypte (Indicateurs du développement de la Banque mondiale).

[9] Pour en savoir plus sur les réponses à la crise du COVID-19 dans les pays de la région MENA, voir OCDE (2020d) et OCDE (2020e) qui contiennent des informations spécifiques sur les mesures prises par les pouvoirs publics en matière d'investissement.

2 Tendances de l'investissement étranger et retombées sur le développement durable

Ce chapitre porte sur les tendances de l'investissement étranger dans les huit économies du Moyen-Orient et d'Afrique du Nord examinées dans le présent rapport, notamment sur les principaux pays partenaires et sur les pays et secteurs qui attirent le plus d'investissements sur site vierge (greenfield investments). Il analyse également, à partir des indicateurs de qualité de l'IDE définis par l'OCDE, les retombées de l'IDE sur le développement, en particulier son impact sur la productivité, l'emploi, les compétences, l'égalité entre hommes et femmes et l'empreinte carbone.

Résumé

Les huit économies du Moyen-Orient et de l'Afrique du Nord (MENA) étudiées dans le présent rapport (ci-après désignées « économies cibles » ou « économies examinées ») disposent des marchés, des ressources et du capital humain nécessaires pour attirer d'importants volumes d'investissement direct étranger (IDE). Pourtant, elles n'ont pas réussi autant que d'autres économies émergentes et en développement à attirer les investisseurs ou à exploiter l'investissement pour atteindre leurs objectifs socio-économiques. Une dépendance à l'égard de quelques secteurs d'activité, des périodes d'instabilité politique, des problèmes économiques et une situation difficile du marché du travail ont eu et continuent d'avoir une incidence négative sur la croissance de l'économie et de l'investissement[1]. Toutefois, ces dernières années, la plupart des pays de la région ont engagé de vraies réformes pour améliorer le climat de l'investissement. Ces initiatives importantes sont examinées dans les chapitres suivants. Dans certains pays, ces réformes commencent déjà à porter leurs fruits, sous la forme d'une progression de l'investissement dans des secteurs où il peut stimuler la création d'emplois, les exportations et la productivité et d'une diversification des pays d'origine de l'IDE. L'analyse des tendances récentes montre cependant que la région va être confrontée à plusieurs difficultés.

La crise sanitaire et économique provoquée par le coronavirus (Covid-19) a entraîné une forte baisse des flux d'IDE dans le monde entier. Au premier semestre 2020, les flux mondiaux ont chuté de 50 % par rapport aux six mois précédents (OCDE, 2020[1]). Les premières données connues mettent en évidence une lourde chute de l'investissement dans la région MENA. Au cours du premier semestre 2020, les investissements sur site vierge dans les huit économies cibles ont été inférieurs de 80 %, en total de la valeur annoncée, au niveau atteint au premier semestre 2019, soit un repli nettement supérieur à celui observé dans l'ensemble des pays émergents et en développement et dans la zone OCDE (base de données fDi Markets du Financial Times). La pandémie et les perturbations qu'elle a entraînées dans les chaînes d'approvisionnement, la contraction de la demande et le pessimisme des acteurs économiques risquent de peser sur les flux mondiaux d'IDE jusqu'à fin 2021 au moins (OCDE, 2020[1]). La faiblesse de la demande et des prix du pétrole va être particulièrement pénalisante pour les pays de la région exportateurs d'énergie. Peut-être certains pays pourront-ils tirer parti des changements qui pourraient intervenir dans les chaînes d'approvisionnement mondiales dans le sillage de la crise ; certains ont commencé à essayer d'attirer les entreprises multinationales européenne en se présentant comme une alternative aux marchés du travail asiatiques. Plusieurs économies demeurent cependant dépendantes d'un petit nombre de pays d'origine, ce qui renforce encore leur vulnérabilité aux chocs extérieurs. En outre, la dégradation de la situation politique et sécuritaire dans certains pays pourrait aussi avoir une incidence négative sur les flux d'IDE entrants à court ou moyen terme.

Face aux problèmes que connaissent actuellement le monde et la région, il est plus important que jamais de renforcer les retombées positives de l'investissement. Les secteurs qui attirent le plus d'IDE dans la région – notamment l'immobilier, la construction, les mines et les combustibles – ne sont pas ceux qui contribuent le plus à la productivité, à l'emploi ou à la croissance verte. Près de 50 % des emplois créés par les IDE dans les huit économies examinées l'ont été dans le secteur manufacturier ; toutefois, bien que la tendance soit orientée à la hausse, ce secteur ne représente que 25 % du total des IDE, contre 40 % dans la plupart des économies de l'ASEAN (OCDE, 2018[2]). Dans la région MENA, les effets positifs de l'IDE sur la productivité, la situation du marché du travail et l'environnement ne se concrétisent pas toujours et pas toujours autant que ce que pourraient espérer les pays d'accueil. L'ampleur de ces effets varie d'un pays à l'autre, ce qui montre que les politiques et le contexte économique locaux exercent une influence décisive sur les retombées de l'IDE sur le développement durable.

Les tendances en matière d'investissement laissent augurer des difficultés

L'IDE dans les économies MENA demeure inférieur à son niveau potentiel

Avant la pandémie, le niveau d'investissement dans les huit économies cibles examinées stagnait. L'investissement moyen n'avait pas retrouvé le niveau auquel il s'établissait avant la crise financière mondiale de 2008 et les printemps arabes de 2010-11 (Graphique 2.1). Après avoir été faibles en 2011, les entrées d'IDE ont progressé, si bien qu'en 2014, les performances de l'IDE étaient relativement bonnes compte tenu de la taille de l'économie régionale. Elles ont cependant ensuite atteint un plateau et ont légèrement régressé, ce qui reflète le recul global de l'IDE observé au niveau mondial ces dernières années. En 2018, les entrées d'IDE dans les huit économies examinées n'ont représenté que la moitié du niveau enregistré dix ans plus tôt. Certains pays se démarquent cependant dans le bon sens : c'est le cas du Maroc, où l'IDE entrant a été plus élevé en 2019 qu'en 2008, et de l'Égypte, où il a connu une hausse constante jusqu'en 2016. Il n'en reste pas moins que durant les années qui ont précédé la pandémie, l'IDE connaissait une stagnation dans la plupart des pays de la région, diminuait ou, dans le cas de la Libye, était à l'arrêt.

Graphique 2.1. Flux d'IDE entrants dans la région MENA : tendances et performances

Flux d'IDE entrants accueillis par la région MENA en millions USD (axe de gauche) ; flux d'IDE entrants en pourcentage du PIB (axe de droite)

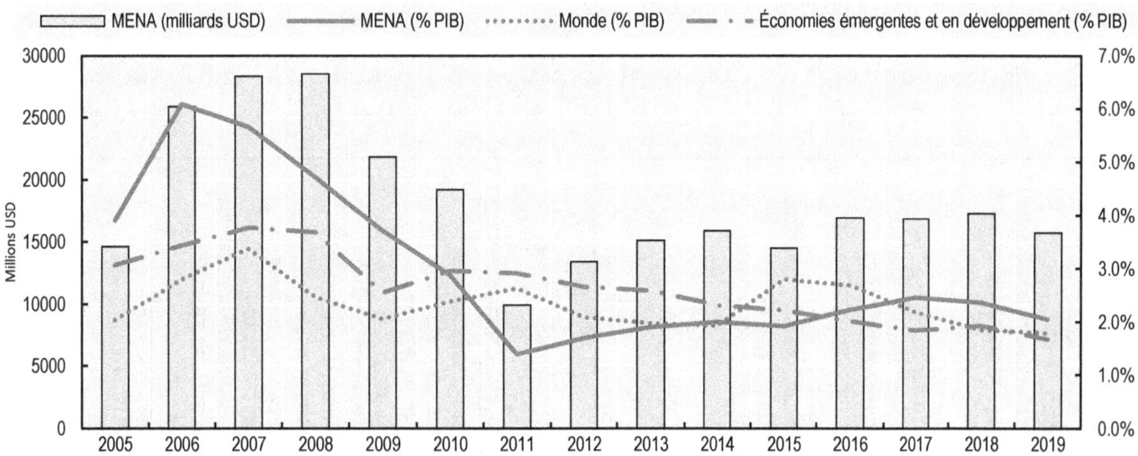

Note : Données relatives aux huit économies couvertes par le rapport. Les entrées d'IDE dans la région MENA en pourcentage du PIB s'entendent hors Autorité palestinienne.
Source : Base de données du FMI sur la balance des paiements, base de données du FMI sur les perspectives de l'économie mondiale et base de données de l'OCDE sur les statistiques de l'IDE.

Dans le sillage de la crise financière de 2008, la concurrence mondiale pour attirer l'investissement a été vive, en particulier entre les économies en développement. La région MENA est restée une destination marginale de l'IDE (Graphique 2.2). En 2019, les flux d'investissements étrangers dans les huit économies examinées ont représenté moins de 1 % des flux mondiaux d'IDE entrants. À titre de comparaison, en 2018, les pays de l'ASEAN ont reçu 11 % de ces flux mondiaux et ceux d'Amérique latine et des Caraïbes également[2]. Néanmoins, pour la région MENA, il s'agissait du chiffre le plus élevé enregistré depuis près d'une décennie, et au cours des années récentes, les économies étudiées ont attiré une part plus importante de l'IDE par rapport à leur poids dans l'économie mondiale.

Graphique 2.2. Capacité de la région MENA à attirer l'IDE par rapport au reste du monde

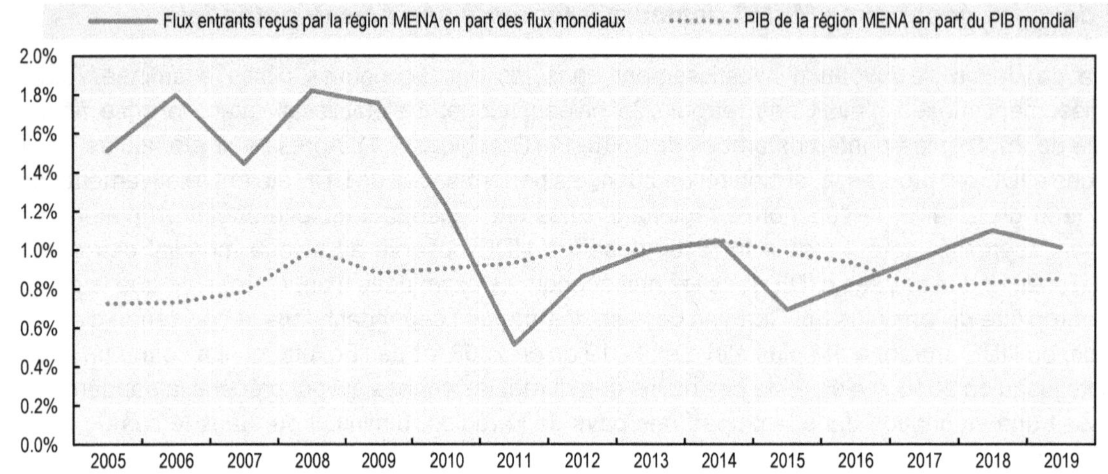

Note : PIB de la région MENA en part du PIB mondial pour les huit économies étudiées, hors Autorité palestinienne.
Source : Base de données du FMI sur la balance des paiements, base de données du FMI sur les perspectives de l'économie mondiale (PIB) et base de données de l'OCDE sur les statistiques de l'IDE.

Graphique 2.3 . Effet du Covid-19 sur l'IDE *greenfield*

Dépenses d'investissement annoncées, en millions USD

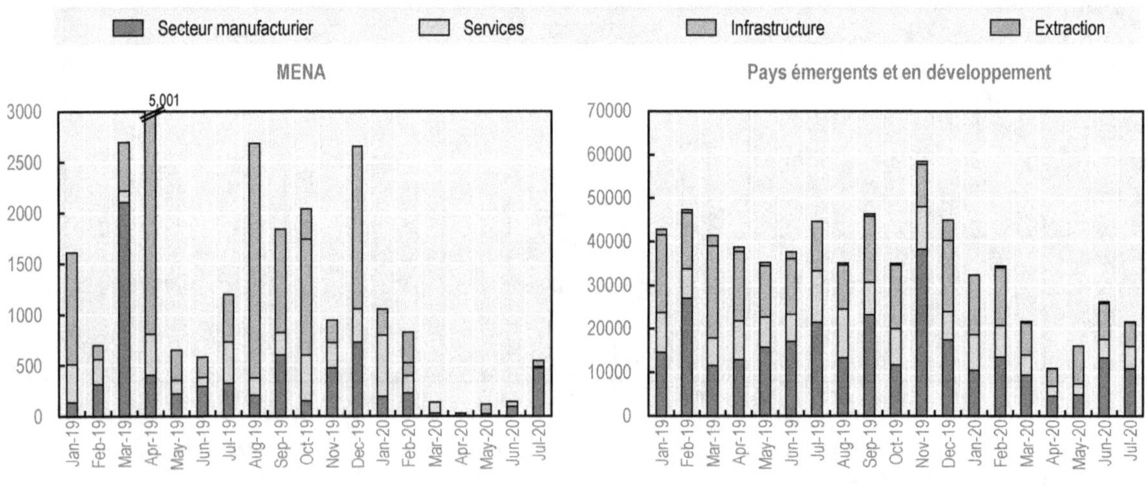

Source : Calculs réalisés par l'OCDE à partir de la base de données fDi Markets du Financial Times, chiffres au 10 septembre 2020.

Les entrées d'IDE ont fortement chuté dans la région MENA comme dans le reste du monde à la suite de la pandémie de COVID-19, ainsi que de la perturbation des chaînes d'approvisionnement mondiales, de la contraction de la demande et du pessimisme des acteurs économiques qu'elle a entraînés. Au début de la pandémie, l'OCDE pronostiquait une diminution de 40 % des flux mondiaux d'IDE en 2020 dans son scénario le plus pessimiste, mais la chute pourrait se révéler plus forte encore parce que les projets d'investissements nouveaux et les résultats des entreprises multinationales sont en berne (OCDE, 2020[1]). Les investissements *greenfield*– qui représentent le principal mode d'entrée de l'IDE dans la plupart des économies MENA examinées – ont été durement touchés. Les premières données montrent que les dépenses d'investissement au titre des projets *greenfield* déjà annoncés ont chuté de 80 % dans les huit économies au cours du premier semestre 2020 comparativement au premier semestre 2019 (Graphique 2.3), soit une baisse nettement plus marquée que celle observée dans les pays émergents et en développement dans leur ensemble et dans la zone OCDE, où la baisse s'est établie à respectivement 42 % et 17 %.

Certaines économies cibles de la région MENA ont fait preuve d'une plus grande résilience aux chocs économiques que d'autres

Malgré la stagnation ou le recul des flux d'IDE, le stock d'IDE entrants a progressé de 80 % dans la région entre 2008 et 2019, soit une hausse similaire à celle observée dans les pays de l'UE mais inférieure à la moitié de la hausse moyenne constatée dans les pays en développement dans leur ensemble (CNUCED, 2020[3]). La part des stocks d'IDE entrants de chaque pays depuis le pic de 2008 a peu évolué ; la Tunisie, dont la part dans le stock régional d'IDE a sensiblement diminué, fait cependant exception (Graphique 2.4). Elle est le seul pays de la région à avoir vu ce stock baisser après le printemps arabe et les changements politiques qui ont suivi. L'Égypte, qui est la première des huit économies examinées en termes de PIB et de population, est aussi le pays qui a toujours attiré le plus d'investissements étrangers et elle détenait un tiers du stock total d'IDE de la région en 2019. Viennent ensuite le Maroc et le Liban, qui détiennent chacun tout près d'un cinquième de ce stock.

Graphique 2.4. Évolution de la répartition du stock d'IDE dans les économies MENA examinées

Part du stock d'IDE entrants à destination des huit économies cibles

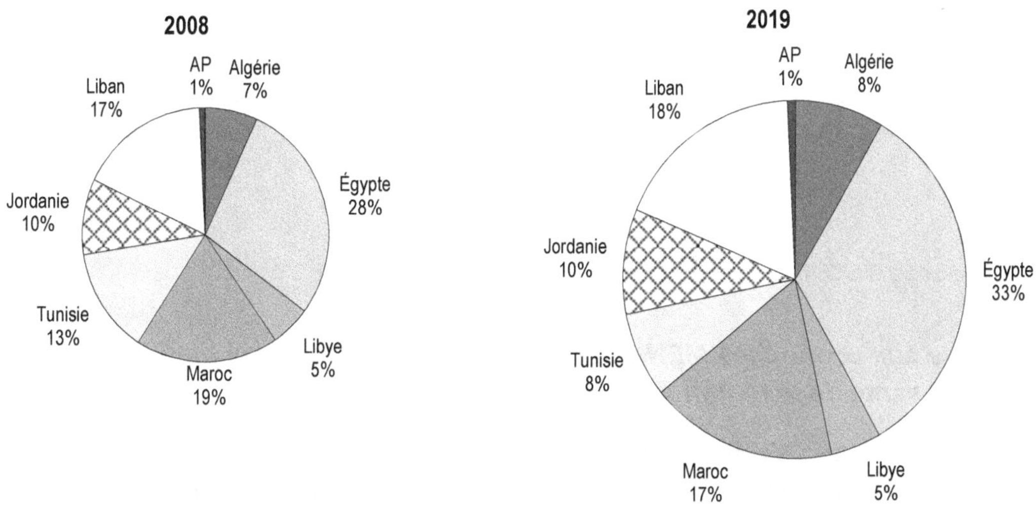

Note : Le graphique n'est pas à l'échelle. En 2019, le stock d'IDE entrants s'établissait à un niveau 1.8 fois supérieur à ce qu'il était en 2008.
A.P. : Autorité palestinienne.
Source : Statistiques de la CNUCED.

La part du stock d'IDE détenu par une économie par rapport aux pays voisins est une indication de sa capacité à attirer les investissements. Cette attractivité relative pourrait cependant s'expliquer par des facteurs locaux, par exemple la taille du marché et la présence de ressources naturelles. La part de l'IDE par rapport à la taille du marché intérieur est un indice plus fiable de l'attractivité du pays pour les investisseurs et de l'importance de l'IDE pour l'économie. Dans les huit économies cibles, le ratio qui rapporte l'IDE au PIB est plutôt élevé par rapport à celui d'autres économies émergentes et à la moyenne obtenue pour les pays de l'OCDE et les pays du G20 (Graphique 2.5) (OCDE, 2020[4]). Cette situation s'explique en partie par la performance du Liban, où l'investissement dans les secteurs immobilier et financier a permis que le stock d'IDE représente 116 % du PIB en 2019. L'Algérie, l'Égypte, la Libye, le Maroc et la Tunisie ont vu l'IDE progresser par rapport à la taille de leur économie ces dix dernières années, tandis que la Jordanie, le Liban et l'Autorité palestinienne l'ont vu régresser. Toutefois, en Libye, la croissance du stock d'IDE en pourcentage du PIB s'explique beaucoup plus par la chute du PIB consécutive au début du conflit armé, en 2010, que par une hausse de l'IDE.

Graphique 2.5. Importance de l'IDE par rapport au PIB dans les économies MENA examinées et dans d'autres économies

Stock d'IDE entrants en pourcentage du PIB

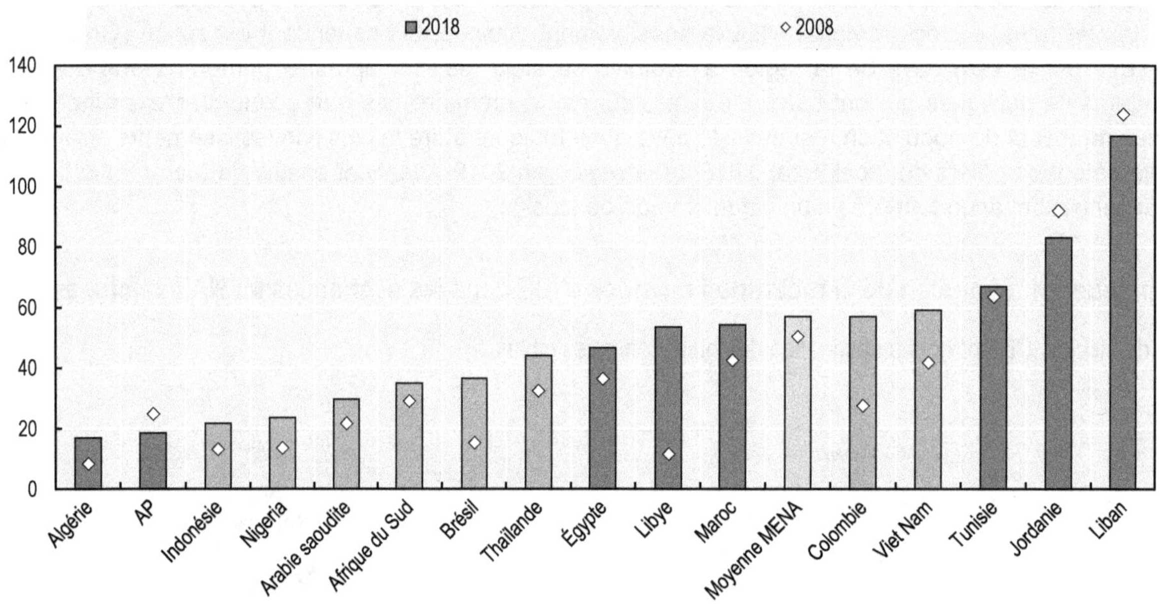

Source : Statistiques de la CNUCED.

L'IDE destiné aux économies MENA provient essentiellement des pays du Golfe et de manière croissante de la région Asie-Pacifique

Les économies de la région MENA n'établissent pas toutes des statistiques ventilant les entrées d'IDE par pays partenaire, et celles qui le font n'emploient pas toujours la même méthodologie et ne se conforment pas toutes autant aux lignes directrices internationales (encadré 2.1). Il existe souvent des différences au niveau de la définition, de la couverture et des méthodes d'estimation employées pour établir ces statistiques[3]. En l'absence de statistiques officielles complètes et comparables sur les flux d'IDE bilatéraux et sectoriels, les données relatives aux projets d'investissements *greenfield* peuvent aider à effectuer une comparaison pour les huit économies examinées[4]. Les investissements *greenfield* constituent le principal mode d'entrée de l'IDE dans la plupart des pays de la région MENA comme dans beaucoup d'économies émergentes (Burger, Ianchovichina and Rijkers, 2013[5]). Les données sur ces projets donnent aussi une idée de la croissance d'un secteur parce qu'elles rendent compte des investissements nouveaux ou d'extension par opposition à des opérations consistant en des changements de propriété ou en la fusion d'activités existantes.

Encadré 2.1. Définition de référence de l'OCDE des investissements directs internationaux, 4e édition

Les investissements directs étrangers ou internationaux (IDE ou IDI) sont l'une des grandes catégories d'investissements incluses dans les statistiques de la balance des paiements et de la position extérieure globale (PEG). Le FMI dans son Manuel de la balance des paiements et de la position extérieure globale, sixième édition (le « MBP6 »), et l'OCDE dans sa Définition de référence des investissements directs internationaux, quatrième édition (la « BMD4 »), fixent les normes internationales pour la compilation des statistiques sur les IDE. La BMD4 est pleinement cohérente avec les recommandations du MBP6, mais fournit des indications plus détaillées pour l'établissement des statistiques sur les IDE, notamment pour la présentation des données ventilées par pays partenaire immédiat et par branche d'activité. Elle donne aussi des conseils pour établir des statistiques sur les IDE entrants qui permettront d'obtenir des indicateurs plus significatifs de l'investissement entrant, par exemple des statistiques sur les IDE entrants ventilées par pays investisseur ultime. Cette présentation renseigne sur le pays de l'investisseur qui exerce le contrôle ultime sur l'investissement. Elle met aussi en évidence le montant des investissements entrants qui résultent d'opérations circulaires – dans lesquelles des fonds précédemment sortis du pays reviennent dans l'économie sous la forme d'investissements directs.

Les statistiques sur les IDE établies sur la base des recommandations préconisées dans la BMD4 s'intègrent dans le référentiel plus large du Système de comptabilité nationale (SCN). Le SCN est un ensemble normatif internationalement accepté de recommandations pour la collecte des données de mesure de l'activité économique, telles que le produit intérieur brut (PIB), le produit national brut (PNB), les échanges commerciaux et les emprunts et les prêts internationaux.

Les statistiques sur les IDE peuvent constituer une importante source d'informations pour l'évaluation de l'impact des réformes engagées afin d'améliorer le climat de l'investissement dans un pays. Pour aider les pouvoirs publics à prendre des décisions éclairées, l'OCDE a entrepris de conduire un examen des statistiques sur l'IDE dans quatre pays de la région MENA (Égypte, Jordanie, Maroc et Tunisie). Ces examens doivent permettre d'apprécier la conformité de ces statistiques aux lignes directrices internationales pour l'établissement des statistiques sur l'IDE, dont la BMD4 de l'OCDE, et de formuler des recommandations en vue de l'amélioration de ces statistiques. Ces examens peuvent être consultés à l'adresse suivante : https://www.oecd.org/investment/foreign-direct-investment-statistics-review-series.htm.

La plupart des investissements *greenfield* réalisés dans les huit économies cibles proviennent d'autres pays de la région MENA (Graphique 2.6). Durant la période 2003-19, 37 % d'entre eux ont été réalisés par des pays membres du Conseil de coopération du Golfe (CCG). Au cours de la même période, l'Europe (Union européenne, Espace économique européen, Royaume-Uni et Suisse) a constitué la deuxième source régionale d'IDE *greenfield*, suivie par la région Asie-Pacifique et l'Europe orientale (en particulier la Russie et la Turquie). L'Amérique du Nord occupe une place beaucoup moins importante en tant que source d'investissement, même s'il est possible que certaines entreprises américaines investissent par l'intermédiaire de filiales implantées dans l'UE.

Les pays d'Asie de l'Est et du Sud ont davantage investi dans la région MENA ces cinq dernières années (Graphique 2.6, partie droite). Depuis 2015, les entreprises implantées en Asie ont plus investi dans les huit économies examinées que dans n'importe quelle autre région, même si ce constat s'explique en grande partie par un énorme projet d'investissement chinois en Égypte, en l'occurrence un accord de 2016 prévoyant un investissement de 20 milliards USD pour la construction d'une nouvelle capitale administrative [5].

Graphique 2.6. IDE *greenfield* à destination des économies MENA examinées, par région d'origine

En pourcentage du total des IDE *greenfield* annoncés au cours des périodes 2003-19 (gauche) et 2015-19 (droite)

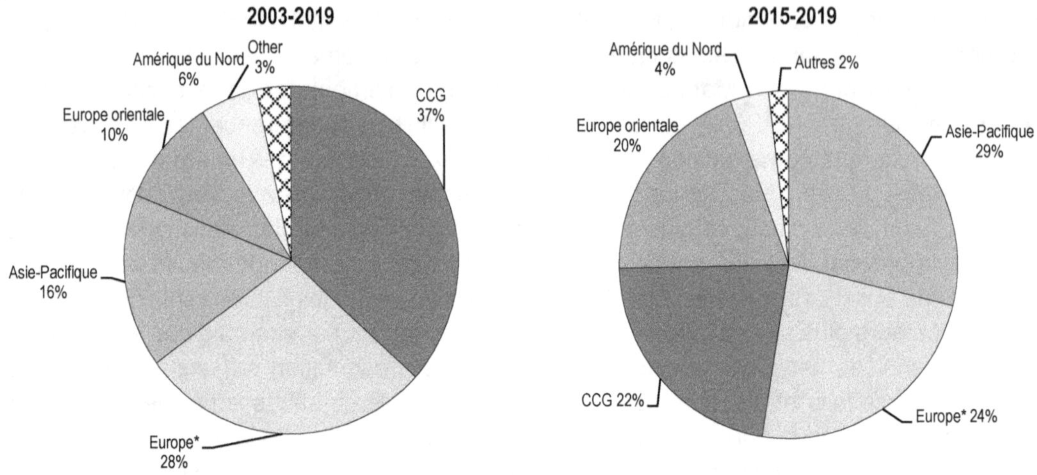

Note : L'Europe* englobe les pays de l'UE et de l'EEE, le Royaume-Uni et la Suisse. L'Europe orientale englobe la Russie, la Turquie, l'Ukraine et le Bélarus. La catégorie Autres englobe les pays de la région MENA non membres du CCG, l'Afrique, l'Amérique latine et les Caraïbes.
Source : Base de données fDi Markets du Financial Times.

Le niveau élevé des investissements *greenfield* venant de la région MENA contraste avec la faiblesse de l'intégration commerciale régionale. Dans les huit économies cibles, la part des échanges intrarégionaux de biens dans le total des échanges s'est établie à 4 % en 2017, soit une part sensiblement inférieure à celle constatée dans les communautés économiques régionales d'Afrique de l'Ouest (la part des échanges intrarégionaux entre les pays membres de la Communauté économique d'Afrique de l'Ouest s'établit à environ 9 %) et d'Asie du Sud-Est (la part des échanges intrarégionaux entre les pays de l'ASEAN s'établit à 23 % environ) [6]. Les restrictions aux échanges (barrières tarifaires et non tarifaires), la mauvaise qualité des infrastructures régionales et les relations géopolitiques sont autant de facteurs qui ont un effet négatif sur l'intégration commerciale (OCDE, 2018[6]), (Kireyev et al., 2019[7]). L'investissement intrarégional est certes plus dynamique, mais il concerne essentiellement le secteur des biens non échangeables et il est unidirectionnel. Les pays du Golfe investissent beaucoup dans les autres pays de la région MENA, mais les flux d'IDE entre économies MENA non membres du CCG sont marginaux, ne représentant que 1 % du total des investissements *greenfield* depuis 2003.

Les Émirats arabes unis sont le pays du CCG qui investit le plus dans les huit économies étudiées. Les entreprises émiraties ont été à l'origine de plus de la moitié des investissements provenant de la région MENA au cours de la période 2003-19. Viennent ensuite le Bahreïn, l'Arabie saoudite et le Qatar, qui sont chacun à l'origine de 10 % à 16 % des investissements *greenfield* réalisés par des pays de la région MENA au cours des 17 années étudiées. L'Arabie saoudite occupe cependant une place plus importante depuis quelques années : environ un tiers des investissements *greenfield* effectués par des pays de la région MENA ces cinq dernières années sont le fait d'entreprises implantées dans le Royaume. Cette évolution s'explique par les mesures prises par l'Arabie saoudite pour diversifier son économie afin de réduire la place des secteurs pétrolier et gazier, notamment pour investir dans son fonds souverain.

Les entreprises des pays du CCG ont principalement investi dans le secteur de l'immobilier et de la construction. Ainsi, près des deux tiers des investissements qu'elles ont réalisés dans les huit économies étudiées au cours de la période 2003-19 concernaient ce secteur, et 70 % des investissements effectués dans ce secteur provenaient d'entreprises du CCG. Les investisseurs d'Europe orientale ont eux aussi privilégié un secteur : près de 80 % de leurs investissements concernaient des projets dans le secteur des mines et des combustibles. À l'inverse, les investissements provenant des régions Asie-Pacifique et Europe ont été un peu plus diversifiés : ils ont été orientés vers le secteur manufacturier, suivi de près par ceux de l'immobilier (investisseurs de la région Asie-Pacifique) et des mines et combustibles (investisseurs européens).

Graphique 2.7. Cinq premiers investisseurs, par économie de la région MENA

En pourcentage du total des investissements *greenfield* annoncés au cours de la période 2003-19

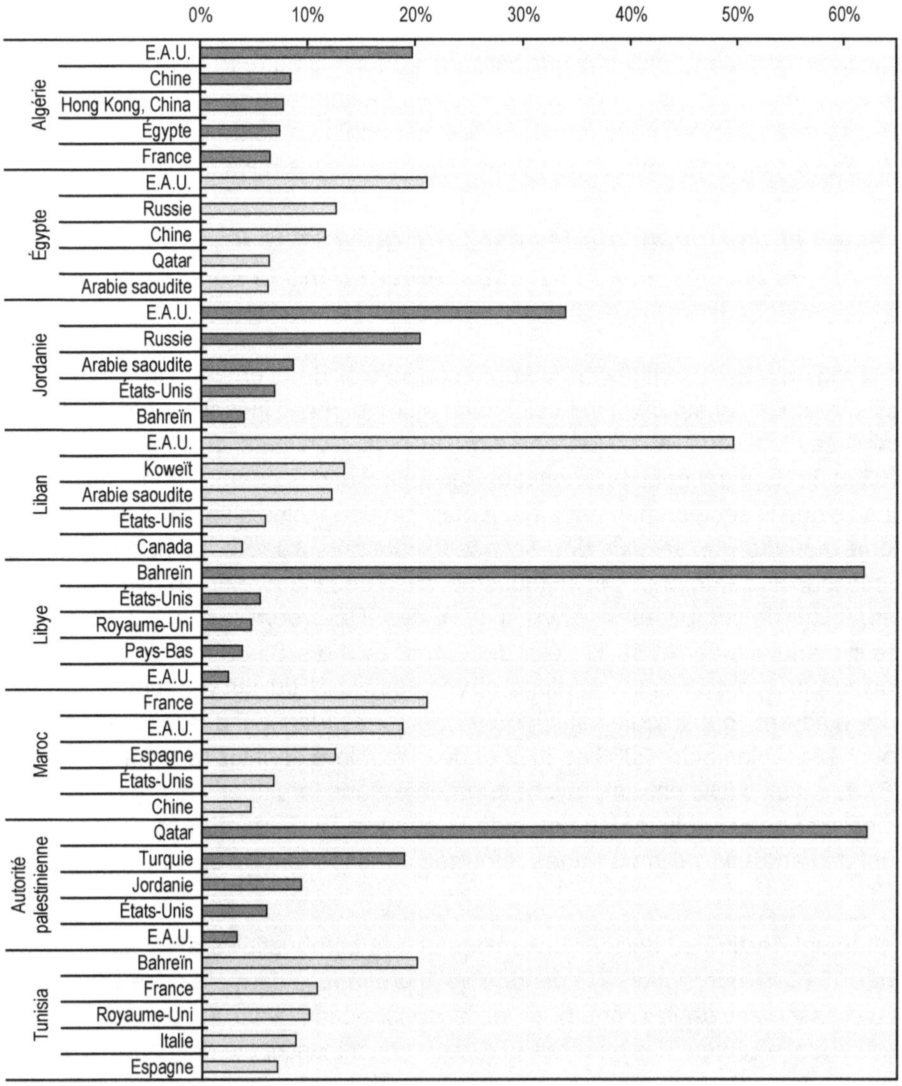

Note : Les pays d'origine des investissements *greenfield* peuvent être sensiblement différents de ce qui ressort des positions bilatérales d'IDE établies par les banques centrales.
Source : Base de données fDi Markets du Financial Times.

En règle générale, les pays du Maghreb ont attiré davantage d'investissements européens que les autres économies MENA examinées ici, ce qui reflète les liens historiques et linguistiques de même que les réseaux commerciaux existant entre l'Europe et l'Afrique du Nord. La Tunisie est, des huit pays étudiés, celui qui dépend le plus d'investisseurs européens : ainsi, quatre des cinq principaux pays qui investissent en Tunisie (d'après les investissements *greenfield* annoncés depuis 2003) sont européens (Graphique

2.7). D'autres économies de la région se caractérisent plutôt par leur dépendance à l'égard d'un seul pays. Au Liban, en Libye et dans l'Autorité palestinienne, au moins la moitié des investissements *greenfield* annoncés depuis 2003 proviennent d'un même pays (respectivement les Émirats arabes unis, Bahreïn et le Qatar). Cette forte dépendance à l'égard d'une économie ou d'un petit groupe d'économies place le pays destinataire dans une position de vulnérabilité en cas d'évolution de la situation économique et géopolitique des pays d'origine.

D'après les données relatives aux investissements *greenfield*, l'Algérie et le Maroc sont les économies les plus diversifiées en termes de pays d'origine des investissements, les cinq premiers investisseurs étant originaires de la région MENA, de la région Asie-Pacifique, d'Europe et, dans le cas du Maroc, d'Amérique du Nord. À noter qu'il peut y avoir une différence sensible avec les positions bilatérales en matière d'IDE établies par les banques centrales, celles-ci prenant en compte d'autres types d'IDE et les entrées historiques. Bien qu'elles ne permettent pas de faire des comparaisons entre pays parce que les méthodes de collecte utilisées diffèrent selon les pays, les données des banques centrales témoignent aussi d'une forte dépendance à l'égard d'investisseurs établis dans l'UE et dans les pays du Golfe.

Le secteur des mines et des combustibles est celui qui a attiré le plus d'investissements greenfield ces dernières années, mais l'investissement dans le secteur manufacturier progresse

Les IDE destinés à la région MENA sont de longue date concentrés dans un petit nombre de secteurs. Le secteur de l'immobilier et de la construction est celui qui a attiré le plus d'investissements *greenfield* dans les économies examinées, puisqu'il a été destinataire de plus d'un tiers du total des IDE *greenfield* annoncés entre 2003 et 2019. Vient ensuite le secteur des mines et des combustibles, qui a attiré environ un quart des IDE, tandis que le secteur manufacturier a attiré un peu moins d'un quart des investissements au cours de la même période. Le secteur des services, notamment les branches du transport et de l'entreposage, des services aux entreprises et du tourisme, a été destinataire de 15 % des investissements *greenfield* annoncés. À titre de comparaison, environ 40 % des IDE *greenfield* dans les pays de l'ASEAN concernent le secteur manufacturier et 40 % celui des services (hors Singapour et la Malaisie (OCDE, 2018[2]))[7]. Une analyse plus précise des variations observées au fil du temps aboutit cependant à un classement sectoriel différent, qui traduit sans doute les conséquences des chocs économiques et politiques qui ont touché la région entre 2009 et 2012 et de la manière dont les marchés ont évolué depuis lors (Graphique 2.8). Les flux d'IDE entrants ayant augmenté dans la plupart des huit économies après 2012, il est utile d'analyser cette évolution au cours de la période 2013-19, durant laquelle beaucoup de pays de la région ont mis en œuvre d'importantes réformes dans les domaines de l'investissement et de l'économie.

La part de l'investissement destiné au secteur des mines et des combustibles a sensiblement augmenté au cours de la période 2013-19 par rapport à la période qui a précédé la dernière crise économique (2003-08), tandis que l'investissement dans l'immobilier et la construction a vu sa part diminuer de moitié (Graphique 2.8). Le fait que le secteur des minerais et des combustibles ait été destinataire d'un plus grand pourcentage des investissements *greenfield* réalisés dans la région que les autres secteurs confirme les résultats des études qui montrent que l'IDE dans les ressources naturelles n'est quasiment pas affecté par l'instabilité politique (Burger, Ianchovichina and Rijkers, 2013[5]). L'augmentation des investissements destinés à ce secteur est en grande partie imputable à un petit nombre de projets géants : l'Égypte a ainsi attiré un investissement de 20 milliards USD dans ses gisements de gaz en mer en 2017, tandis que la Jordanie a conclu en 2013 un accord de 10 milliards USD pour la construction et l'exploitation d'une centrale nucléaire[8]. Des huit économies cibles, l'Égypte est systématiquement celle qui attire la plupart des investissements destinés au secteur des mines et des combustibles.

Graphique 2.8. IDE *greenfield* dans les économies MENA examinées, par secteur

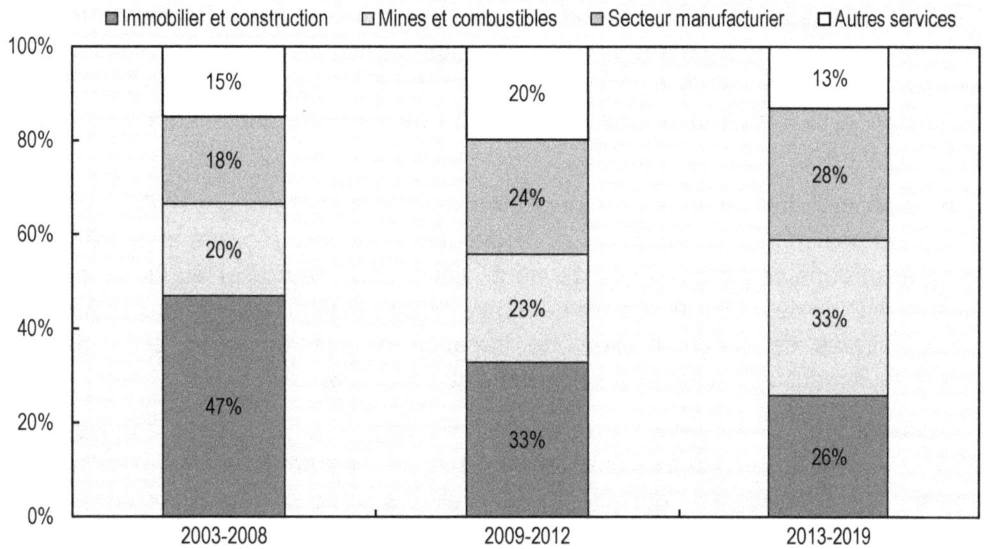

Note : Investissements en pourcentage du total des IDE *greenfield* annoncés dans les huit économies au cours des années indiquées.
Source : Base de données fDi Markets du Financial Times.

À noter que l'investissement dans le secteur manufacturier a aussi progressé ces dernières années, même s'il a plus augmenté dans certains pays que dans d'autres (Graphique 2.9). Il a connu une très forte croissance en part du total des IDE *greenfield* en Algérie, au Maroc et en Tunisie – plus de la moitié des investissements *greenfield*destinés à ces pays ces dernières années ont été réalisés dans le secteur manufacturier. Il a aussi progressé en Égypte, qui se classe en tête des IDE réalisés dans ce secteur du point de vue des dépenses d'investissement. En Algérie, l'investissement *greenfield* dans le secteur manufacturier a certes augmenté en termes relatifs, mais il a reculé en valeur absolue. Au Liban, il a reculé à la fois en valeur absolue et en termes relatifs. En Jordanie et en Libye, il n'a pas augmenté, que ce soit par rapport aux autres secteurs ou en valeur absolue.

Graphique 2.9. IDE *greenfield* dans le secteur manufacturier a progressé ces dernières années

A. IDE manufacturier en pourcentage de l'IDE *greenfield*

B. IDE manufacturier par branche d'activité, 2003-19

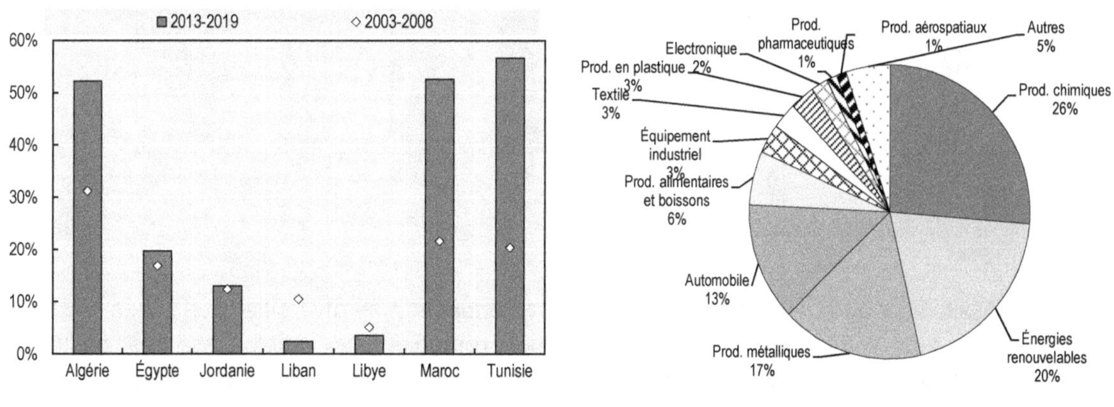

Note : A. L'Autorité palestinienne est exclue en raison de l'absence de données. B. Part de l'IDE manufacturier *greenfield* reçue par chaque branche.
Source : Base de données fDi Markets du Financial Times.

Au sein du secteur manufacturier, les investissements destinés à la région depuis 2003 ont surtout concerné les branches des produits chimiques, des énergies renouvelables, de la fabrication de produits métalliques et de la fabrication de pièces automobiles (Graphique 2.9, partie B). Ces dernières années, les énergies renouvelables sont devenues une branche plus importante du secteur manufacturier dans la région et elles ont été destinataires d'environ un tiers des IDE *greenfield* réalisés dans le secteur manufacturier depuis 2013, attirant ainsi davantage d'IDE que n'importe quelle autre branche du secteur manufacturier.

Dans la région, le secteur des services a toujours été celui qui attirait le moins d'IDE. Hors transport et entreposage, il a été destinataire de seulement 7 % des IDE *greenfield* réalisés entre 2013 et 2019. Il a néanmoins progressé dans certains cas ces dernières années, en particulier au Liban, au Maroc et en Tunisie. Au Liban, un quart des IDE réalisés ces dernières années étaient destinés aux activités de service, notamment aux activités de communication, de transport et d'entreposage, ainsi qu'aux services financiers, contre seulement 5 % avant la crise économique de 2008.

Même si la croissance de l'IDE dans le secteur manufacturier ces dernières années mérite d'être soulignée, dans la plupart des économies examinées, ce secteur n'attire pour l'heure qu'un pourcentage relativement faible de l'investissement et celui des services une part encore plus faible (Graphique 2.10). L'essentiel de l'IDE à destination de la région MENA continue de concerner des secteurs à forte intensité capitalistique. Or, ces secteurs contribuent peu aux gains de productivité et à la création d'emplois, pourtant indispensables à une croissance économique durable.

Graphique 2.10. IDE *greenfield* par secteur et par économie de la région MENA

En pourcentage des IDE *greenfield* annoncés, 2003-19

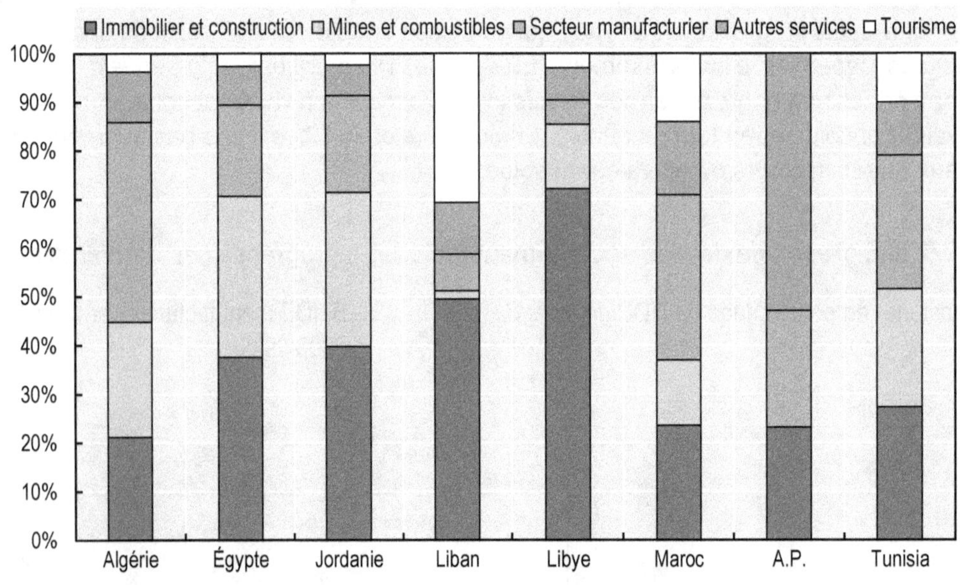

Source : Base de données fDi Markets du Financial Times.

Le présent rapport fait valoir que l'investissement ne pourra continuer à se diversifier que si des réformes sont menées et si des solutions sont apportées pour remédier aux faiblesses des politiques d'investissement. Les chapitres suivants présentent des analyses et des recommandations à cette fin, l'objectif étant de stimuler des investissements favorables à la réalisation des objectifs de développement. Les pouvoirs publics des pays de la région MENA pourraient par exemple réévaluer les restrictions légales qui continuent de s'appliquer aux investisseurs étrangers, en particulier dans le secteur des services (chapitre 4) et apprécier si les stratégies et instruments de promotion des investissements, notamment les mesures incitatives, sont suffisamment clairs, ciblés et cohérents par rapport aux stratégies nationales de développement (chapitres 6 et 7). Favoriser l'investissement dans les infrastructures et l'établissement de liens plus étroits entre les entreprises multinationales et locales pourrait être un moyen de favoriser la diversification géographique et sectorielle de l'IDE et de faire progresser la participation aux chaînes de valeur mondiales (chapitre 8 et 9). La suite de ce chapitre montre que que l'IDE peut aussi être mis au service du développement durable.

Mettre l'IDE au service du développement durable

L'IDE peut apporter une contribution précieuse à la réalisation des Objectifs de développement durable (ODD) dans les pays de la région MENA et faciliter le redressement de ces pays après la pandémie de COVID-19 et la crise économique qui en résulte. Il peut être un moyen de créer des emplois de qualité, de stimuler la croissance de la productivité et l'innovation, de développer le capital humain et d'améliorer le niveau de vie et la durabilité environnementale. Parce qu'il établit des liens entre les entreprises locales et les entreprises multinationales, il est aussi une voie d'accès aux marchés internationaux et d'intégration aux chaînes de valeur mondiales (chapitre 8).

Toutefois, mettre l'IDE au service du développement durable ne va pas de soi. La maximisation des avantages des IDE et la réduction des risques qu'ils peuvent induire ne sont pas nécessairement la préoccupation première d'investisseurs en quête de profits et de pouvoirs publics désireux d'attirer l'investissement. Bien que l'IDE puisse en principe favoriser le développement durable, il faut que les incitations adressées au secteur privé et les politiques adoptées dans les pays d'origine et d'accueil soient conçues avec soin parce qu'elles jouent un rôle déterminant dans la concrétisation de ce potentiel.

Cette partie porte sur le lien entre IDE et résultats en matière de développement durable dans la région MENA. Elle s'appuie sur les constatations reposant sur les indicateurs de qualité de l'IDE définis par l'OCDE (encadré 2.2), qui mesurent le lien entre l'IDE et cinq objectifs liés au développement durable : productivité et innovation ; emploi et qualité de l'emploi ; compétences ; égalité hommes-femmes et empreinte carbone.

Encadré 2.2. Les indicateurs de qualité de l'IDE définis par l'OCDE

Les indicateurs de qualité de l'IDE définis par l'OCDE décrivent les liens entre l'IDE et certains aspects du développement durable dans les pays d'accueil. Leur structure reflète les dimensions économique, sociale et environnementale du développement durable. Les 17 ODD et leurs cibles ont fait l'objet d'une évaluation approfondie qui a permis de définir l'ensemble des qualités de l'IDE – autrement dit les domaines dans lesquels l'IDE peut favoriser la réalisation des ODD. Cette évaluation a également permis d'apprécier dans quelle mesure le Cadre d'action de l'OCDE pour l'investissement, dont les cadres et instruments connexes tels que les Principes directeurs de l'OCDE à l'intention des entreprises multinationales et les Lignes directrices de l'OCDE pour l'investissement dans une infrastructure énergétique propre, tiennent compte de la contribution que l'IDE peut apporter à la réalisation des ODD.

Les indicateurs de qualité de l'IDE reposent sur cinq grands thèmes : productivité et innovation ; emploi et qualité de l'emploi ; compétences ; égalité hommes-femmes et empreinte carbone. Chacun de ces cinq thèmes a été décomposé en un certain nombre de dimensions, et des indicateurs les reliant à l'IDE ou à l'activité des entreprises multinationales ont été définis ; il est possible d'effectuer des comparaisons au sein d'un même thème ou entre les différents thèmes de manière à repérer les interactions potentielles.

Les pouvoirs publics peuvent, en tenant compte des spécificités nationales, utiliser ces indicateurs pour apprécier dans quelle mesure l'IDE peut les aider à atteindre les objectifs des politiques nationales et à repérer les obstacles à surmonter et les domaines dans lesquels ils doivent agir. Les indicateurs permettent aussi de faire des comparaisons entre pays et peuvent être utilisés par un pays pour se comparer à d'autres appartenant à une même région ou au même groupe de revenu afin d'identifier de bonnes pratiques et de prendre des décisions sur la base de données concrètes tout en tenant compte du contexte national.

Source : (OCDE, 2019[8]).

Dans la région MENA, les secteurs qui attirent le plus l'investissement ne sont pas ceux qui créent le plus d'emplois

Les pays de la région MENA consacrent des ressources importantes aux mesures destinées à attirer l'investissement étranger dans l'espoir qu'il sera créateur d'emplois. Le chômage s'est en effet aggravé dans la région depuis 2011 : avant la crise du COVID-19, le taux de chômage moyen s'établissait à 14.6 % et était deux fois plus élevé parmi les jeunes (ILOSTAT, 2020[9]). La contribution de l'IDE à la création d'emplois varie en fonction de la structure économique et du niveau de développement du pays d'accueil. L'IDE dans les secteurs à forte intensité capitalistique, dont les secteurs des ressources naturelles et de l'immobilier, crée moins d'emplois par dollar investi que l'IDE dans les activités ou services à forte intensité de main-d'œuvre (OCDE, 2019[8]).

Comme décrit plus haut, les épisodes d'instabilité politique qu'ont connus beaucoup de pays de la région MENA ont influé sur la composition sectorielle de l'IDE au profit du secteur des ressources naturelles, ce qui a limité les possibilités de création d'emplois. Dans l'ensemble, l'IDE *greenfield* a plus d'impact sur l'emploi dans les pays dotés de secteurs industriels plus développés, comme le Maroc et la Tunisie, que dans ceux où les secteurs à forte intensité capitalistique, tels que celui des ressources naturelles, occupent une place dominante, comme l'Algérie, l'Égypte, la Jordanie et la Libye (Graphique 2.11, partie A). Les IDE ont créé plus d'emplois dans les économies relativement petites que sont le Liban et l'Autorité palestinienne que dans le pays d'accueil moyen.

Dans les huit économies cibles, la moitié des emplois créés par les investissements *greenfield* l'ont été dans le secteur manufacturier, qui n'est pourtant destinataire que d'un quart des IDE destinés à la région (Graphique 2.11, partie B). Dans le secteur manufacturier, la branche des pièces détachées automobiles est celle qui a créé le plus d'emplois liés aux IDE, suivie par les branches du textile, des produits alimentaires et boissons et de la fabrication de produits métalliques. Ces constatations ne fournissent toutefois qu'une image partielle de l'impact des IDE sur l'emploi parce qu'elles ne tiennent compte que des investissements hors fusions et acquisitions. Elles ne rendent pas non plus compte des emplois créés ou détruits indirectement en raison des retombées de l'IDE sur d'autres entreprises. Ainsi, en Jordanie, les IDE ont eu pour effet d'évincer des entreprises locales anciennes ou de petite taille présentes dans le même secteur d'activité, mais ils ont eu des retombées positives sur l'emploi parmi les prestataires de services et les entreprises jeunes (Banque mondiale, 2015[10]).

Graphique 2.11. L'IDE n'est pas concentré dans les secteurs offrant le plus grand potentiel de création d'emplois

Total des IDE *greenfield* annoncés au cours de la période 2003-19 dans les huit économies MENA cibles (gauche)

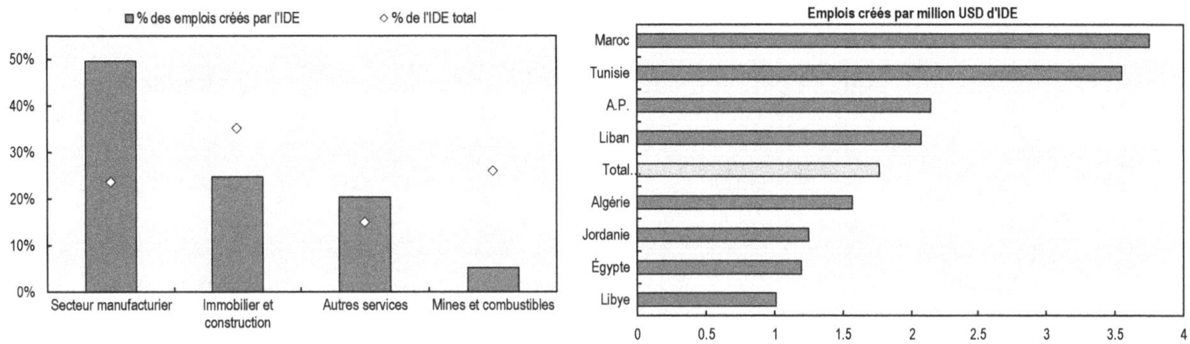

Note : D'après le total des IDE *greenfield* (annoncés) dans les huit économies entre 2003 et 2019. La partie A (gauche) compare les secteurs sur la base des IDE et des emplois créés (d'après le nombre total d'emploi créés par les IDE). La partie B (droite) présente une estimation du nombre d'emplois créés par million USD d'IDE dans chaque pays.
Source : Base de données fDi Markets du Financial Times.

L'IDE peut induire une amélioration des conditions de travail, mais dans la région MENA, il est fréquent que cette possibilité ne se concrétise pas

La création d'emplois est certes capitale, mais la qualité des emplois est tout aussi indispensable à un développement inclusif. La rémunération est une dimension de cette qualité. En moyenne dans les pays de l'OCDE et dans beaucoup de pays non membres de l'OCDE, les filiales étrangères versent des salaires plus élevés que les entreprises locales (Graphique 2.12, partie A). La raison en est qu'elles sont souvent plus productives et plus grandes, et emploient une main-d'œuvre plus qualifiée (voir la sous-partie suivante). Toutefois, Égypte mise à part, il n'existe pas une grande différence de rémunération entre entreprises étrangères et locales dans les économies MENA cibles, ce qui confirme une constatation selon laquelle dans ces économies, les entreprises étrangères ne sont pas plus productives et n'emploient pas des travailleurs plus qualifiés que les entreprises locales (voir les sous-parties suivantes).

Le Maroc constitue une exception intéressante. Les entreprises multinationales y sont en moyenne plus productives, mais elles ne rémunèrent pas mieux leur personnel. Peut-être cela s'explique-t-il par le fait que ces entreprises sont principalement concentrées dans des secteurs à bas coûts de main-d'œuvre. L'autre facteur d'explication possible peut être que les entreprises multinationales sont présentes sur des marchés très concentrés et peu concurrentiels – ce qui peut donner lieu à des rentes. Dans la majorité des pays, les entreprises étrangères ne répercutent pas intégralement leur niveau de productivité plus élevé sur les salaires. En moyenne dans la zone OCDE et les pays non membres de l'OCDE, elles sont deux fois plus productives que les entreprises locales, mais les salaires qu'elles versent ne sont que 50 % plus élevés (OCDE, 2019[8]).

L'IDE est également susceptible de stimuler le renforcement des compétences dans les pays d'accueil. Les entreprises étrangères sont souvent plus avancées sur le plan technologique et recrutent en principe des travailleurs plus qualifiés que les entreprises locales présentes dans le même secteur. Tous secteurs confondus, dans la région MENA, en moyenne, elles n'emploient pas des travailleurs plus qualifiés que les entreprises locales. Ce constat vaut également dans les pays de l'OCDE et les pays non membres (Graphique 2.12, partie B). Comme souligné dans ce chapitre, dans les huit économies MENA examinées, l'IDE *greenfield* est majoritairement concentré dans des secteurs où la proportion de travailleurs qualifiés est relativement faible, notamment dans les secteurs de la construction, des mines et de l'industrie légère (le secteur textile par exemple). En règle générale, les pays où la main-d'œuvre est abondante et les coûts salariaux relativement faibles attirent davantage d'IDE dans les secteurs à forte intensité de main-d'œuvre et dans les branches du secteur manufacturier qui emploient une main-d'œuvre peu qualifiée. Cette situation peut aussi s'expliquer par une pénurie ou une insuffisance de main-d'œuvre disposant des compétences recherchées par les investisseurs étrangers.

Graphique 2.12. Salaire et autres conditions de travail offerts par les entreprises étrangères et locales

Les entreprises étrangères sont-elles plus performantes que leurs homologues locales (la réponse est affirmative si le score est supérieur à 0)

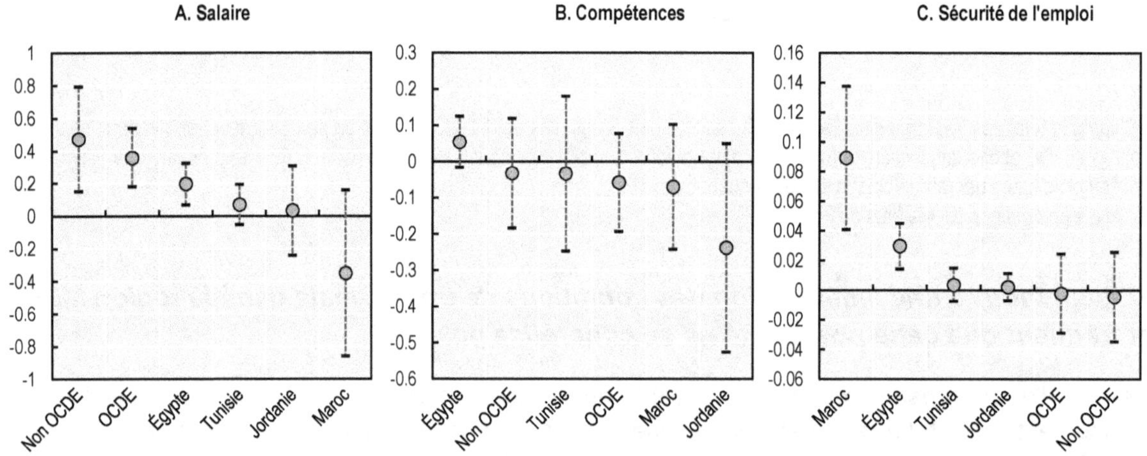

Note : Les graphiques comprennent des intervalles de confiance qui indiquent que les résultats sont statistiquement significatifs au seuil de 95 %. Si l'intervalle de confiance croise la ligne tracée à partir du point 0, la différence entre entreprises étrangères et locales n'est pas statistiquement significative. La sécurité de l'emploi est mesurée par la part de travailleurs titulaires d'un contrat à durée indéterminée. Pour de plus amples informations, voir OCDE (2019a).

Source : D'après OCDE (2019a) et les enquêtes de la Banque mondiale sur les entreprises portant sur l'Égypte (2020), la Jordanie (2019), le Maroc (2019) et la Tunisie (2020). L'indicateur des salaires utilisé pour la Jordanie repose sur l'édition 2013 de l'enquête.

Attirer l'IDE dans des secteurs peu qualifiés n'est pas nécessairement une mauvaise chose parce qu'il arrive que les entreprises étrangères développent et améliorent les compétences des travailleurs dans les secteurs en question. Elles peuvent par exemple contribuer au renforcement des compétences à travers la formation en cours d'emploi. Certains pays de la région MENA ont mis en place des incitations fiscales ou financières à destination des entreprises qui offrent des formations (voir le chapitre 7, consacré aux incitations à l'investissement). Il ressort d'un examen des pays de la région pour lesquels des données sont disponibles qu'en Égypte, en Jordanie et en Tunisie, les entreprises étrangères n'offrent pas nettement plus de formation continue que leurs homologues locales, péhnomène que l'on observe également dans d'autres pays en voie de développement (OCDE, 2019[8]).

D'autres aspects que le salaire sont aussi essentiels pour la qualité de l'emploi. C'est par exemple le cas de la sécurité de l'emploi ou de la santé au travail – cette dernière dimension revêt une importance encore plus grande depuis le déclenchement de la pandémie de Covid-19. Tous pays confondus, les entreprises étrangères font en général plus souvent appel à des travailleurs temporaires que les entreprises locales (Graphique 2.12, partie C). Ce phénomène est cependant moins marqué dans certaines économies de la région MENA, en particulier au Maroc et en Égypte, où les entreprises étrangères recourent davantage à des contrats à durée indéterminée que les entreprises locales. En règle générale, un plus grand recours au travail temporaire peut être le signe que les entreprises multinationales sont surtout présentes dans des secteurs relativement sensibles aux fluctuations des échanges mondiaux ou relèvent de régimes spéciaux prévoyant des règles plus souples en matière de protection de l'emploi, par exemple dans les zones économiques spéciales.

L'IDE peut accroître la productivité, mais les entreprises étrangères présentes dans la région MENA ne sont pas toujours plus productives

Les entreprises étrangères sont en moyenne plus productives et plus innovantes que les entreprises locales (Graphique 2.13), ce qui n'est guère surprenant étant donné que leurs filiales sont en général plus grandes et apportent avec elles des technologies avancées et un savoir-faire en matière de gestion. Il en va ainsi en Égypte et au Maroc, où les entreprises étrangères affichent une productivité du travail nettement plus élevée que les entreprises locales. Elles mènent également plus d'activités de recherche et développement (partie B) et ont davantage recours à des technologies étrangères dans leurs processus de production (partie C). En revanche, en Jordanie et en Tunisie, les entreprises étrangères ne sont pas réellement plus productives et plus innovantes que leurs homologues locales.

Graphique 2.13. Performances des entreprises étrangères et nationales en matière de productivité et d'innovation

Les entreprises étrangères sont-elles plus performantes que leurs homologues locales (la réponse est affirmative si le score est supérieur à 0)

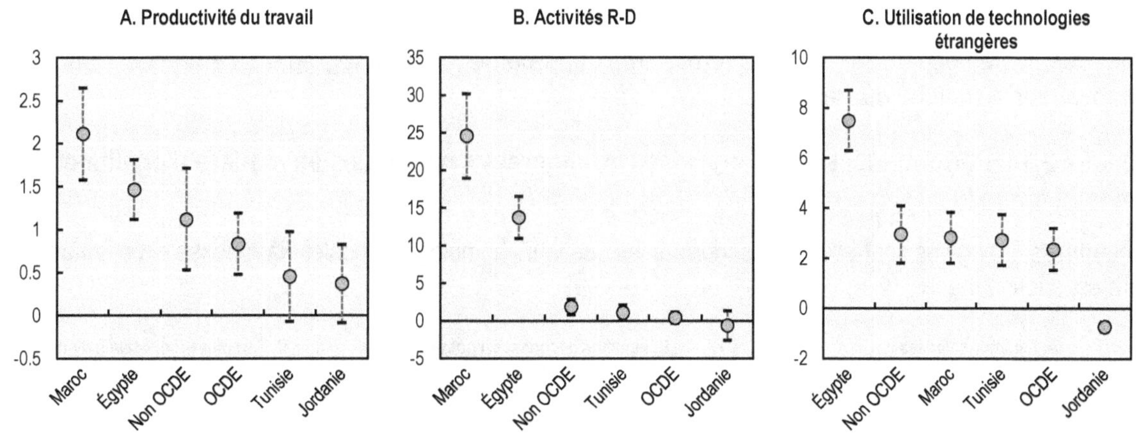

Note : Les graphiques comprennent des intervalles de confiance qui indiquent que les résultats sont statistiquement significatifs au seuil de 95 %. Si l'intervalle de confiance croise la ligne tracée à partir du point 0, la différence entre entreprises étrangères et locales n'est pas statistiquement significative. Pour de plus amples informations, voir OCDE (2019a).
Source : D'après OCDE (2019a) et les enquêtes de la Banque mondiale sur les entreprises portant sur l'Égypte (2020), la Jordanie (2019), le Maroc (2019) et la Tunisie (2020). L'indicateur de la productivité utilisé pour la Jordanie repose sur l'édition 2013 de l'enquête.

Dans certains cas, l'absence de supériorité des entreprises étrangères en matière de productivité s'explique par leur concentration dans des secteurs où la productivité est faible. Dans d'autres, elle peut être due au fait que dans certains secteurs, certaines entreprises locales (entreprises publiques ou entreprises liées) bénéficient d'avantages non négligeables, de mesures de protection du marché et de rentes (OCDE, 2020[11])[9]. Ainsi, en Tunisie, avant 2011, 64 % des entreprises liées au pouvoir politique exerçaient leur activité dans des secteurs dans lesquels des restrictions à l'IDE étaient applicables, contre seulement 36 % des entreprises non liées au pouvoir politique (Banque mondiale, 2015[10]).

Une plus forte productivité des entreprises étrangères est certes une bonne chose pour les pays d'accueil, mais l'existence d'écarts trop grands entre entreprises étrangères et nationales pourrait aussi entraver l'établissement de liens et le transfert de connaissances entre entreprises multinationales et entreprises locales (voir le chapitre 8 sur les liens entre les PME et les entreprises étrangères). Tel pourrait être le cas au Maroc, où les géants mondiaux de l'automobile et de l'aéronautique n'ont établi que des liens partiels avec les PME locales. L'existence d'importants écarts de productivité pourrait aussi évincer les concurrents nationaux du marché.

Dans la région MENA, les entreprises étrangères font généralement mieux que leurs homologues locales s'agissant des indicateurs d'égalité entre hommes et femmes

Dans la région, les femmes sont confrontées à des difficultés particulières en matière d'activité et d'accès à des emplois décents. En moyenne dans les économies MENA examinées, le taux de chômage féminin est supérieur de 12 points au taux de chômage global et l'écart de taux de chômage entre hommes et femmes est supérieur de neuf points à la moyenne mondiale (ILOSTAT, 2020[9]).

L'IDE pourrait influer sur l'égalité entre les sexes dans les pays d'accueil s'il modifie la demande relative de main-d'œuvre féminine. Toutefois, dans la plupart des économies, il est concentré dans des secteurs qui emploient peu de femmes et où l'écart salarial entre hommes et femmes est grand – comme les secteurs de la construction, de la finance et des transports. Dans le secteur manufacturier, l'IDE est néanmoins parfois corrélé positivement avec l'emploi des femmes, en particulier dans les pays où les secteurs du textile et des produits alimentaires, qui emploient généralement davantage de femmes, occupent une place importante. Tel est le cas en Égypte et en Tunisie, où la proportion de femmes est beaucoup plus élevée dans les entreprises étrangères que dans les entreprises locales (Graphique 2.14, partie A). Travailler dans des secteurs à forte intensité de main-d'œuvre et à faible valeur ajoutée a certes permis aux femmes d'être plus représentées sur le marché du travail, mais pourrait les condamner à occuper des postes peu qualifiés et mal rémunérés et perpétuer ainsi la ségrégation entre les hommes et les femmes sur le marché du travail.

Graphique 2.14. Performances des entreprises étrangères et nationales en matière d'égalité entre hommes et femmes

Les entreprises étrangères sont-elles plus performantes que leurs homologues locales (la réponse est affirmative si le score est supérieur à 0)

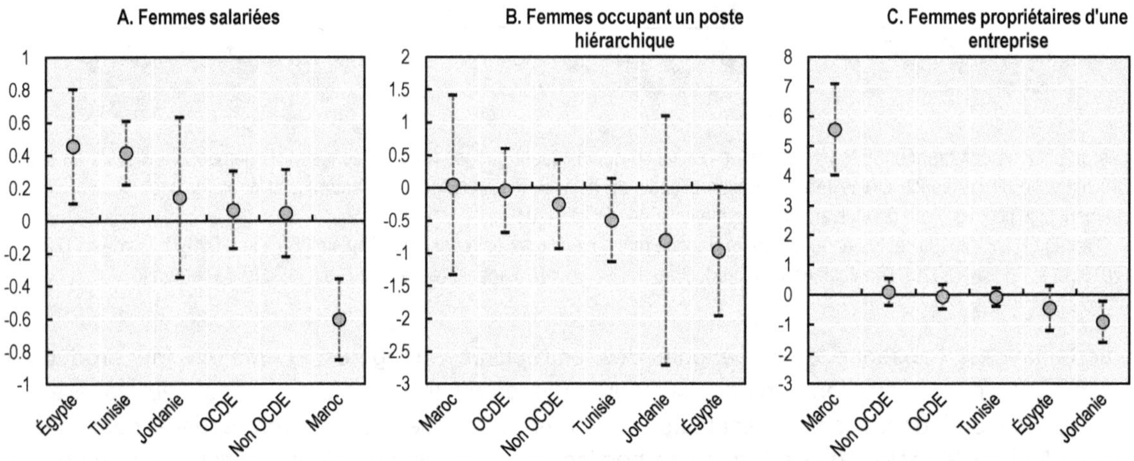

Note : Les graphiques comprennent des intervalles de confiance qui indiquent que les résultats sont statistiquement significatifs au seuil de 95 %. Si l'intervalle de confiance croise la ligne tracée à partir du point 0, la différence entre entreprises étrangères et locales n'est pas statistiquement significative. La sécurité de l'emploi est mesurée par la part de travailleurs titulaires d'un contrat à durée indéterminée. Pour de plus amples informations, voir OCDE (2019a).

Source : D'après OCDE (2019a) et les enquêtes de la Banque mondiale sur les entreprises portant sur l'Égypte (2020), la Jordanie (2019), le Maroc (2019) et la Tunisie (2020).

Les investisseurs étrangers peuvent aussi exercer une influence sur les possibilités d'évolution de carrière qui s'offrent aux femmes dans les pays d'accueil. Les pratiques en matière d'emploi dépendent parfois de la culture d'entreprise, et il est possible que les entreprises originaires de pays relativement égalitaires encouragent les entreprises locales à s'inspirer de leurs pratiques pour attirer et fidéliser des talents féminins. Pour les pays de la région MENA comme pour d'autres, les données laissant penser que les entreprises étrangères font mieux que leurs homologues locales en matière de progression de carrière des femmes ne sont pas concluantes (Graphique 2.14, parties B et C). Le Maroc est le seul pays où les entreprises étrangères du secteur manufacturier sont plus souvent détenues par des femmes que les entreprises locales. Ce constat pourrait aussi s'expliquer par les normes qui ont cours dans le pays d'accueil en matière culturelle et de travail, si bien que davantage d'informations sur le contexte sont nécessaires pour évaluer dans quelle mesure l'IDE améliore (ou dégrade) la situation des femmes sur le marché du travail (OCDE, 2019[8]).

Les entreprises étrangères font généralement mieux que leurs homologues locales en matière d'efficacité énergétique

L'IDE peut également influer sur l'empreinte carbone des pays d'accueil, par exemple s'il accroît l'activité économique ou en modifie la structure, favorise l'adoption de nouvelles technologies permettant d'économiser l'énergie et influe sur le recours à des sources d'énergie non polluantes. Dans la plupart des pays, l'IDE est concentré dans les secteurs les moins émetteurs de carbone (OCDE, 2019[8]). Tel est par exemple le cas au Maroc et en Tunisie. De même, les IDE sont généralement plus nombreux dans les secteurs dont l'efficacité énergétique, mesurée d'après la consommation d'électricité et de chauffage, est meilleure. Ces constats ne valent cependant pas nécessairement pour les pays dont l'économie repose en grande partie sur les énergies fossiles. En dehors des combustibles, la région MENA est riche en minerais non combustibles. L'Algérie, le Maroc, la Tunisie et la Jordanie assurent par exemple plus de 60 % de la production mondiale de phosphate.

Graphique 2.15. Efficacité énergétique des entreprises étrangères et nationales et IDE dans les énergies renouvelables

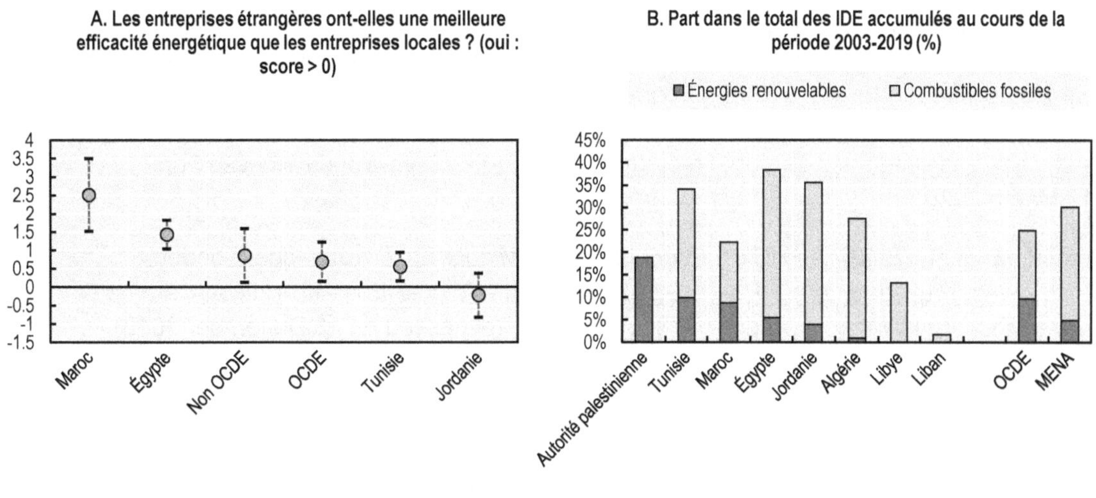

Note : Les graphiques comprennent des intervalles de confiance qui indiquent que les résultats sont statistiquement significatifs au seuil de 95 %. Si l'intervalle de confiance croise la ligne tracée à partir du point 0, la différence entre entreprises étrangères et locales n'est pas statistiquement significative. Pour de plus amples informations, voir OCDE (2019a).

Source : D'après OCDE (2019a) et les enquêtes de la Banque mondiale sur les entreprises portant sur l'Égypte (2020), la Jordanie (2013), le Maroc (2019) et la Tunisie (2020).

Il semble également que les entreprises étrangères aient une meilleure efficacité énergétique que les entreprises locales. L'IDE pourrait donc conduire à des améliorations de l'efficacité énergétique, qui pourraient être amplifiées si les technologies permettant des économies d'énergie étaient diffusées aux entreprises locales. Dans la région MENA les entreprises étrangères sont nettement plus performantes en matière d'efficacité énergétique en Égypte, au Maroc et en Tunisie ; ce n'est en revanche pas le cas en Jordanie (Graphique 2.15, partie A). Le contexte économique local ou des caractéristiques des politiques publiques ou ces deux facteurs pourraient expliquer la différence observée entre les deux groupes de pays (voir le chapitre 9 relatif à l'investissement dans les infrastructures).

Malgré ces indicateurs positifs, les sources d'énergie fossiles attirent davantage d'IDE que les énergies renouvelables, et la différence est plus marquée que dans la zone OCDE (Graphique 2.15, partie B). La région MENA est également celle où l'IDE dans les énergies renouvelables est le plus faible en part de l'investissement total. Il n'y a là rien de surprenant compte tenu de la place qu'occupent les énergies fossiles dans plusieurs économies de la région. La part des investissements dans les énergies renouvelables est cependant plus élevée dans les pays qui ne sont pas exportateurs d'énergies fossiles, comme le Maroc et la Tunisie.

Références

ASEAN (2018), *ASEAN Statistical Highlights 2018*, https://www.aseanstats.org/wp-content/uploads/2018/10/ASEAN-Statistical-Highlights-2018.pdf. [13]

Banque mondiale (2020), *MENA Economic Update: Trading Together, Reviving Middle East and North Africa Regional Integration in the Post-COVID Era*, World Bank, Washington, DC, https://www.worldbank.org/en/region/mena/publication/mena-economic-update-trading-together-reviving-middle-east-and-north-africa-regional-integration-in-the-post-covid-era (accessed on 11 February 2021). [18]

Banque mondiale (2015), *Jobs or Privileges: Unleashing the Employment Potential of the Middle East and North Africa*, Banque mondiale, Washington D.C. [10]

Burger, M., E. Ianchovichina and B. Rijkers (2013), “Risky Business Political Instability and Greenfield Foreign Direct Investment in the Arab World”, *Document de travail de recherche sur les politiques*, No. WPS 6716, Groupe de la Banque mondiale, Washington D.C., http://documents.worldbank.org/curated/en/450971468110956873/Risky-business-political-instability-and-greenfield-foreign-direct-investment-in-the-Arab-world (accessed on 13 March 2020). [5]

Cammett, M. et al. (2013), *A Political Economy of the Middle East*, Routledge, London, https://www.routledge.com/A-Political-Economy-of-the-Middle-East-4th-Edition/Cammett-Diwan-Richards-Waterbury/p/book/9780813349381 (accessed on 13 December 2018). [12]

CNUCED (2020), *World Investment Report 2020: International Production Beyond the Pandemic*, Publications des Nations Unies, New York. [3]

ILOSTAT (2020), *International Labour Statistics*, https://ilostat.ilo.org/fr/. [9]

Kireyev, A. et al. (2019), *L'intégration économique du Maghreb : Une source de croissance inexploitée*, Document du Département Moyen-Orient et Asie centrale n °19/01, https://webcache.googleusercontent.com/search?q=cache:N2zTDXwfh80J:https://www.imf.org/-/media/Files/Publications/DP/2019/French/EIMUSGFA.ashx+&cd=1&hl=fr&ct=clnk&gl=fr (accessed on 13 August 2020). [7]

OCDE (2020), *Examen par l'OCDE des statistiques d'investissement directs internationaux : Tunisie*, OCDE Paris, https://www.oecd.org/investment/Examen-par-l%E2%80%99OCDE-des-statistiques-d%E2%80%99investissement-directs-internationaux-Tunisie.pdf. [4]

OCDE (2020), *FDI in Figures: octobre 2020*, OCDE, http://www.oecd.org/investment/investment-policy/FDI-in-Figures-October-2020.pdf (accessed on 8 December 2020). [1]

OCDE (2020), *OECD Investment Policy Reviews: Egypt 2020*, OECD Investment Policy Reviews, OECD Publishing, Paris, https://dx.doi.org/10.1787/9f9c589a-en. [11]

OCDE (2020), *OECD Review of Foreign Direct Investment Statistics: Egypt*, http://www.oecd.org/investment/OECD-Review-of-Foreign-Direct-Investment-Statistics-Egypt.pdf. [15]

OCDE (2020), *OECD Review of Foreign Direct Investment Statistics: Jordan*, http://www.oecd.org/investment/OECD-Review-of-Foreign-Direct-Investment-Statistics-Jordan.pdf. [16]

OCDE (2020), *OECD Review of Foreign Direct Investment Statistics: Tunisia*, http://www.oecd.org/investment/OECD-Review-of-Foreign-Direct-Investment-Statistics-Tunisia.pdf. [17]

OCDE (2019), *FDI Qualities Indicators: Measuring the sustainable development impacts of investment*, OCDE Paris, http://www.oecd.org/fr/investissement/fdi-qualities-indicators.htm. [8]

OCDE (2018), *Examen des statistiques d'investissements directs internationaux au Maroc*, http://www.oecd.org/investment/Report-on-FDI-statistics-of-Morocco-FR.pdf. [14]

OCDE (2018), *OECD Investment Policy Reviews: Southeast Asia*, https://www.oecd.org/investment/oecd-investment-policy-review-southeast-asia.htm. [2]

OCDE (2018), *Trends in trade and investment policies in the MENA region*, OCDE, http://www.oecd.org/mena/competitiveness/WGTI2018-Trends-Trade-Investment-Policies-MENA-Nasser-Saidi.pdf (accessed on 13 August 2020). [6]

Notes

[1] Voir, entre autres, (OCDE, 2020[11]), (Cammett et al., 2013[12]), (Burger, Ianchovichina and Rijkers, 2013[5]).

[2] Données issues de la base de données du FMI sur la balance des paiements et de la base de données de l'OCDE sur les statistiques de l'IDE.

[3] Voir les examens des statistiques de l'IDI de la Jordanie, de la Tunisie, du Maroc et de l'Égypte pour une évaluation approfondie des méthodes statistiques employées dans ces pays (OCDE, 2020[16]), (OCDE, 2020[17]), (OCDE, 2018[14]), (OCDE, 2020[15]).

[4] Les données relatives aux investissements *greenfield* citées dans ce chapitre proviennent de la base de données fDi Markets du Financial Times. Cette base de données contient des informations sur le pays d'origine de tous les projets d'investissements, établi d'après le lieu d'implantation du siège de la société mère. Ces données diffèrent de celles sur l'IDE *greenfield* recueillies selon la BMD4.

[5] A l'exception d'un très important investissement chinois en Égypte et d'un investissement russe de 30 milliards USD dans le secteur gazier égyptien en 2017 (qui sont les deux seuls investissements supérieurs à 10 milliards USD effectués au cours des cinq années écoulées), l'Europe est la région qui a effectué le plus d'investissements *greenfield* ces dernières années dans les huit économies cibles.

[6] Les données pour les huit économies résultent de calculs effectués par l'auteur à partir de données de la base COMTRADE se rapportant à 2017 (dernière année pour laquelle des données sont disponibles pour la plupart des économies), sauf pour la Libye, pour laquelle les données utilisées se rapportent à 2016 (dernière année pour laquelle des données sont disponibles). Le total des échanges de biens correspond à la somme des exportations et des importations. Les données relatives à la CEDEO correspondent à la part moyenne sur la période 2016-18 (Banque mondiale, 2020[18]) et celles relatives à l'ASEAN se rapportent à 2017 (ASEAN, 2018[13]).

[7] D'après les IDE *greenfield* annoncés au cours de la période 2000-16, tels qu'enregistrés dans la base de données fDi Markets du Financial Times.

Les indicateurs de qualité de l'IDE fournissent une moyenne, calculée entre plusieurs secteurs, de la productivité supplémentaire enregistrée ; il est donc possible qu'une productivité plus forte soit enregistrée dans des secteurs où les distorsions du marché sont plus faibles.

[8] Le projet de centrale nucléaire est comptabilisé dans la rubrique charbon, pétrole et gaz naturel.

3 Modernisation des cadres législatifs pour l'investissement

La prévisibilité réglementaire et la sécurité juridique sont des conditions essentielles au développement d'environnements propices à l'investissement. Afin de réduire les risques réputationnels en tant que juridictions d'accueil pour les investissements, les gouvernements de la région MENA ont déployé des efforts considérables pour moderniser et renforcer le corpus réglementaire régissant les investissements et les activités commerciales, et ont de manière croissante accordé une place centrale à la législation propre à l'investissement au sein de leurs programmes de réforme réglementaire. Le présent chapitre offre un tour d'horizon des récentes modifications législatives opérées dans la région MENA et examine les similitudes et les différences des cadres législatifs nationaux, aussi bien en termes de contenu que de structure. Il décrit également les mécanismes sous-jacents aux processus de réforme et propose des pistes de réforme en vue de poursuivre les progrès en matière de modernisation de la réglementation.

Résumé et considérations intéressant l'action publique

Pour renforcer la confiance des investisseurs et limiter les risques perçus d'atteinte à la réputation pour les pays d'accueil des investissements, il est essentiel d'assurer aux investisseurs une protection juridique fiable, claire et prévisible. La mise en œuvre de réformes réglementaires visant à garantir des conditions saines et propices aux investissements est l'une des principales priorités des huit économies de la région MENA étudiées dans le présent rapport (ci-après appelées « économies cibles »), dans lesquelles le climat des affaires a souffert, à des degrés divers, des bouleversements économiques et politiques survenus au cours des dix dernières années. Au lendemain de la crise mondiale du COVID-19, cet enjeu constituera un axe essentiel des programmes de réforme mis en place par les pouvoirs publics pour stimuler le redressement de l'économie.

Ces dernières années, près de l'ensemble des économies cibles de la région MENA ont mené des réformes législatives à long terme afin d'améliorer les cadres destinés à protéger et faciliter les opérations d'investissement. Qu'elles aient déjà abouti ou qu'elles soient en cours, les réformes réglementaires en faveur de l'investissement ont souvent été accompagnées d'une refonte des institutions régissant les investissements, de l'adoption de mesures d'incitations fortes, d'une simplification des procédures administratives et d'une série de modifications législatives affectant plus globalement le climat des affaires. Ces différents aspects seront examinés dans la présente section et dans les chapitres suivants du rapport. Pour permettre le développement de cadres plus propices à l'investissement, les autorités de la région MENA doivent entretenir la dynamique enclenchée et redoubler d'efforts pour initier des réformes dans les domaines où la situation est bloquée.

La majorité des économies cibles de la région MENA se caractérisent par une longue et forte tradition légaliste, et disposent donc d'une solide base juridique. En témoignent notamment l'exhaustivité générale des régimes nationaux d'investissement *de jure* adoptés dans les pays de la région MENA et les normes élevées de protection qui en découlent. Parallèlement à cela, d'autres dispositions ont une incidence directe sur les opérations réalisées par les investisseurs, comme le régime de faillite, les mesures de protection de la propriété intellectuelle, les restrictions à l'investissement direct étranger (IDE), le régime d'incitation ou encore le régime des zones économiques spéciales, lesquels importent autant que les principaux textes législatifs sur l'investissement. La qualité de la réglementation sur les investissements doit être évaluée de manière globale et pas uniquement sur la base du fond de chaque disposition applicable.

La refonte de la législation en matière d'investissement a permis aux pays concernés d'établir des cadres réglementaires plus solides et d'afficher une position favorable à l'investissement, même si cette refonte n'est qu'un moyen parmi d'autres de créer des cadres réglementaires nationaux à la fois fiables et efficaces. Engagés dans cette dynamique de réforme et animés par une volonté de créer des environnements favorables aux affaires, les gouvernements ont accéléré le rythme d'adoption des révisions réglementaires, frôlant dans certains cas une situation d'inflation législative. La multiplication de nouvelles lois peut également ajouter des niveaux non nécessaires de complexité au cadre réglementaire général pour l'investissement, lequel couvre un large éventail de lois sectorielles et thématiques, de décrets ou de traités internationaux sur l'investissement.

Pour créer un environnement propice aux affaires et améliorer l'efficacité législative, il est essentiel d'assurer la cohérence entre différents textes législatifs, de réduire les délais entre l'adoption de nouvelles lois et la promulgation des textes d'application correspondants, et de restructurer les institutions responsables de l'application des règles en matière d'investissement et leur donner les pouvoirs nécessaires pour remplir ce faire. Au-delà de la modernisation de leurs cadres juridiques respectifs, les gouvernements devront à terme également harmoniser le traitement réservé aux investisseurs nationaux et étrangers afin d'éliminer les différences de traitement qui ne seraient pas justifiées par des stratégies nationales de développement, mais aussi réévaluer les restrictions imposées aux investissements étrangers qui ne seraient pas en cohérence avec leurs objectifs de développement affichés.

La difficulté est alors double : l'objectif des gouvernements de la région MENA est désormais de proposer aux investisseurs les normes de protection les plus sûres possible, mais aussi de trouver un juste équilibre entre les intérêts potentiellement divergents des investisseurs et des pays d'accueil. Les pouvoirs publics doivent ainsi garantir que les entreprises privées sont à l'abri d'éventuelles décisions arbitraires ou de changements de politiques, et ce, tout en conservant un espace réglementaire suffisant pour permettre l'adoption des politiques publiques pertinentes.

Considérations intéressant l'action publique

- Limiter le délai entre l'adoption de nouvelles lois et l'introduction des textes d'application correspondants. Pour atteindre leurs objectifs, les efforts de réforme de la législation doivent être rapidement suivis par la promulgation de textes d'application et mis en œuvre de manière diligente par les autorités compétentes, et ce, à tous les niveaux d'administration. L'écosystème institutionnel responsable de l'application des règles en matière d'investissement devrait également être restructuré et se voir confier les pouvoirs nécessaires pour traduire ces réformes réglementaires en mesures concrètes pour l'amélioration du climat des affaires.
- Éviter les solutions de court terme et veiller à ne pas superposer inutilement des réglementations lors du processus de modernisation des cadres législatifs.
- Améliorer la clarté et l'intelligibilité générales de l'architecture législative nationale. Dans la majorité des huit économies cibles de la région MENA, les régimes réglementaires ont tendance à se fonder sur différentes sources normatives. Celapeut donner lieu à des doubles emplois et à des vides juridiques (ou à tout le moins donner cette impression), ce qui peut avoir un effet dissuasif sur les investisseurs et empêcher certains pays de tirer parti des bienfaits découlant d'éventuels investissements. La cohérence des différents instruments juridiques applicables aux investissements est une condition essentielle à l'établissement d'un cadre réglementaire réellement transparent. La législation joue par ailleurs un rôle important en ce qu'elle permet d'envoyer de signaux forts, notamment dans les juridictions où les risques non commerciaux sont élevés. Lorsqu'un cadre réglementaire est jugé trop complexe par les entreprises, il peut avoir un effet dissuasif non négligeable sur les investissements.
- Aborder la réforme de la législation sur l'investissement comme entrant à part entière dans l'équation plus large des politiques de développement. Même si les garanties juridiques doivent respecter des normes strictes pour protéger les droits des investisseurs, l'objectif principal d'un régime d'investissement consiste à créer de saines conditions d'investissement à l'appui de processus de développement durables et inclusifs. Les normes rigoureuses de protection des investissements et autres mesures d'action publique doivent par ailleurs être mises en œuvre de manière équilibrée. Les gouvernements doivent quant à eux veiller à conserver un espace réglementaire suffisant pour permettre l'introduction de telles mesures tout en respectant des exigences élevées en matière de protection des droits de propriété.

L'élaboration des lois sur l'investissement au cœur de l'environnement réglementaire des entreprises

Une loi sur l'investissement n'est en soi pas indispensable, et de nombreuses économies avancées ne disposent pas d'une telle législation dédiée. Plus d'une centaine d'économies émergentes et en développement ont toutefois adopté cette approche pour l'établissement d'un cadre juridique global spécifique à l'investissement (OCDE, 2015). Beaucoup ont opté pour une loi sur l'investissement (dont la portée varie selon les pays), en partie pour envoyer des signaux forts aux investisseurs et promouvoir la transparence. Une loi sur l'investissement peut également être un moyen pour les autorités des pays d'accueil d'afficher leurs attentes en matière de conduite responsable des entreprises, en imposant aux investisseurs un certain nombre d'obligations. Ces facteurs expliquent pourquoi, d'une part, une loi sur l'investissement est souvent le premier point de référence pour un investisseur potentiel et, d'autre part, les gouvernements de la région MENA consacrent des ressources importantes et engagent leur capital politique pour réexaminer et amender régulièrement leur législation en matière d'investissement.

Les législations consacrées à l'investissement incluent généralement un ensemble de garanties fondamentales pour la protection des droits de propriété des investisseurs, ainsi qu'une description détaillée des mandats des institutions en charge de l'investissement, qu'il s'agisse d'une simple mission de promotion ou d'un mandat réglementaire (chapitre 6). Le plus souvent, ces législations et les textes d'application afférents définissent également le niveau d'ouverture aux investissements et les règles relatives à l'entrée sur le marché, proposent une liste des secteurs dans lesquels des restrictions seront imposées aux investisseurs (chapitre 4) et établissent les conditions des dispositifs fiscaux et non fiscaux d'incitation à l'investissement (chapitre 7). Les législations dédiées les plus récentes contiennent généralement une section consacrée au règlement des différends entre investisseurs et États (chapitre 5).

La portée et l'objet des législations en matière d'investissement demeurent variables : il n'existe donc pas de formule unique pour l'élaboration d'un cadre réglementaire national propice aux investissements. Certains pays ont ainsi mis en place différentes législations relatives à l'investissement, tandis que d'autres ont préféré opter pour une loi globale unique. Les économies de la région MENA ont en grande partie choisi cette seconde approche et ont adopté une loi dédiée dont ils ont progressivement renforcé les dispositions liées à la protection des droits des investisseurs.

Les récentes réformes de la législation en matière d'investissement opérées par la Jordanie et la Libye (respectivement en 2014 et en 2010) visaient à regrouper en une même loi unifiée les régimes applicables aux investisseurs nationaux et étrangers, établissant ainsi le cadre juridique pour un traitement non discriminatoire de tous les investissements réalisés, quelle que soit le pays d'origine. L'existence d'une législation unifiée sur l'investissement (ou « loi générale » en matière d'investissement) est une caractéristique commune aux juridictions de la région MENA. Celle-ci vise à encadrer les investissements nationaux et étrangers selon les mêmes dispositions principales et selon un principe général de non-discrimination.

Au Liban et au Maroc, la loi sur l'investissement ne définit pas les normes fondamentales de protection. Celles-ci sont néanmoins énoncées par le biais de différentes lois séparées. La loi libanaise de promotion de l'investissement a pour objet de fixer le mandat et les pouvoirs des agences de promotion de l'investissement et de détailler les dispositifs d'incitation, alors que la charte marocaine sur l'investissement est principalement axée sur les dispositifs d'incitations et les mesures fiscales. Les législations récemment adoptées en Égypte (2017), dans l'Autorité Palestinienne (2014) et en Tunisie (2016) ont quant à elles un champ d'application plus large et plus en adéquation avec les pratiques modernes observées au niveau international. Elles contiennent ainsi des dispositions importantes, notamment liées à l'accès à des mécanismes de règlement des litiges, au mandat institutionnel des agences de promotion de l'investissement ou encore aux régimes d'incitations. De son côté, la Libye a adopté une approche hybride qui assure aux investisseurs des garanties fondamentales tout en mettant l'accent sur le régime d'incitations et d'avantages à destination des investisseurs. Enfin, en Algérie, en Jordanie et au Liban, le régime des zones économiques spéciales, qui joue un rôle essentiel dans les stratégies d'investissement des économies de la région MENA, est directement intégré à la législation sur l'investissement. En Égypte, le régime des zones économiques spéciales s'appuie sur différentes lois distinctes, dont la loi sur l'investissement (OCDE, 2020).

Quelle que soit son étendue matérielle, une législation claire sur l'investissement permet d'envoyer des signaux forts aux investisseurs et d'ainsi faire du pays une destination d'investissement potentielle. La plupart des gouvernements de la région MENA ont dû faire face à d'importantes difficultés liées à leur réputation, en raison de l'instabilité politique persistante des dix dernières années. Face à cette situation, ils ont entamé des réformes de grande ampleur pour améliorer les conditions d'investissement par une réorganisation de leurs infrastructures institutionnelles (par exemple en Égypte, en Jordanie, au Maroc et en Tunisie, grâce à une refonte du cadre institutionnel pour la promotion et la facilitation des investissements) et par une révision non seulement de la législation sur l'investissement au sens strict, mais aussi d'autres instruments législatifs importants, comme les législations relatives aux faillites, aux PME ou aux partenariats public-privé (encadré 3.1). La grande majorité des pays de la région MENA ont opté pour des programmes agressifs d'incitation à l'investissement et cette tendance devrait se poursuivre une fois passée la crise liée à la pandémie de Covid-19. Certains pays ont progressivement levé les restrictions à l'investissement direct étranger qui n'étaient pas conformes à leurs objectifs déclarés de développement économique (liés à la diversification économique, par exemple), comme cela a pu être le cas en Algérie notamment.

Rien ne permet de dire qu'une approche législative serait meilleure qu'une autre pour l'ensemble des économies et quel que soit leur niveau de développement. Les économies libérales et avancées (comme Singapour) et la plupart des pays de l'OCDE n'ont généralement pas adopté de loi dédiée à l'investissement et ont préféré réglementer les investissements à travers un cadre législatif plus vaste. Toutefois, pour de nombreuses juridictions, et notamment celles où les activités des entreprises sont perçues comme particulièrement compliquées, une loi sur l'investissement permet de renforcer la transparence et la prévisibilité, à condition que le contenu de la loi sur l'investissement et son champ d'application s'inscrivent dans l'esprit des autres législations pertinentes. Bien que la plupart des économies de la région MENA disposent d'une législation spécifique aux investissements, certaines d'entre elles, comme le Liban et le Maroc, s'appuient sur différentes lois pour assurer les garanties nécessaires de protection des investissements et les réglementations y afférentes.

Encadré 3.1. Le cadre législatif global en faveur de l'investissement dans les pays de la région MENA

Tel que souligné dans le *Cadre d'action pour l'investissement*, un environnement propice à l'investissement s'appuie sur la somme d'un large spectre de politiques publiques et sur leurs interactions. Il ne peut pas se réduire à une seule variable spécifique, qu'il s'agisse de l'indicateur « *Doing Business* » de la Banque mondiale ou de l'*indice de restrictivité réglementaire aux IDE* établi par l'OCDE. Le cadre législatif global en faveur de l'investissement dépendra par ailleurs d'un large éventail de législations, souvent associées d'une manière idiosyncratique qui varie grandement d'un pays à l'autre. L'une des législations les plus fondamentales dans bon nombre d'économies émergentes et en développement reste la loi sur l'investissement. Celle-ci peut couvrir les investissements nationaux et étrangers dans une même loi ou prévoir des dispositions distinctes pour chaque type d'investisseur, définir les conditions d'accès au marché pour les entreprises étrangères, et proposer un traitement national pour les investisseurs établis. La loi peut également inclure des dispositifs d'incitation et des garanties de protection spécifiques pour les actifs des investisseurs. Même s'il est tout à fait possible de mettre en œuvre ces conditions par le biais d'autres mécanismes ou réglementations, une loi sur l'investissement demeure l'approche la plus souvent retenue car elle permet d'envoyer des signaux forts aux investisseurs, notamment étrangers, et de leur montrer qu'une économie donnée est à la fois ouverte et favorable aux investissements. Une loi sur l'investissement constitue ainsi souvent le premier point de référence pour un investisseur potentiel.

Des dispositifs d'incitations peuvent être intégrés à la loi sur l'investissement (comme au Liban ou en Égypte) ou dans la législation fiscale, selon une approche généralement considérée comme une bonne pratique. De la même manière, les règles afférentes aux zones économiques spéciales peuvent soit être incluses dans la loi sur l'investissement, soit s'appuyer sur des législations ou décrets distincts (par exemple, la loi sur les zones économiques spéciales adoptée par l'Égypte). La liste des secteurs dans lesquels les investissements étrangers sont soumis à des restrictions peut être directement intégrée à la loi sur l'investissement ou figurer dans un décret séparé, comme en Jordanie. Les engagements en matière d'accès aux marchés pour un ensemble spécifique d'investisseurs peuvent également être définis dans des accords internationaux signés par les gouvernements concernés.

D'autres lois présentent également un intérêt pour les investisseurs, parmi lesquelles les lois relatives aux partenariats public-privé, le code du commerce, les lois sur les sociétés (qui établissent notamment les procédures de création d'une entreprise et les règles de gouvernance d'entreprise), les lois sur les valeurs mobilières ou encore les lois en matière de comptabilité. Indépendamment de toute législation, les pratiques des entreprises peuvent également avoir une influence non négligeable sur les conditions d'entrée, aussi bien pour les investisseurs nationaux qu'étrangers, au même titre que le recours à des actions spécifiques (« *golden shares* ») ou que des obligations de résidence et de nationalité pour les membres des conseils d'administration. Le droit de la concurrence (ou l'absence d'une telle législation) permet également de déterminer la contestabilité éventuelle des marchés. D'autres dispositions ayant une certaine pertinence pour les investisseurs potentiels peuvent figurer dans les législations sectorielles, et plus particulièrement dans le secteur financier et le secteur des ressources naturelles.

Le cas échéant, la protection des droits de propriété des investisseurs est souvent intégrée aux lois sur l'investissement, même si elle est plus couramment garantie directement dans la constitution. Les lois sur l'arbitrage peuvent également prévoir des procédures pour le règlement de litiges. Dans certains pays, les gros investisseurs dans des secteurs de premier plan (comme le secteur minier ou celui des infrastructures) ont également la possibilité de conclure des accords directs avec les pouvoirs publics afin de définir les droits spécifiques des investisseurs. Pour compléter ou renforcer ces dispositifs de protection, les gouvernements ont signé des accords internationaux d'investissement, voire des accords plus généraux octroyant des droits aux investisseurs de pays partenaires. Certains d'entre eux, et plus particulièrement l'Égypte, ont conclu un très grand nombre d'accords internationaux d'investissement, grâce auxquels ils offrent un niveau de protection supplémentaire et des garanties renforcées à un large éventail d'investisseurs (chapitre 5).

Au-delà des questions de législation et de conventions, les investisseurs peuvent également craindre des difficultés liées à la gouvernance publique et s'inquiéter ainsi de la manière dont ces lois seront concrètement appliquées ou de la qualité générale de la règle de droit et des institutions dans le pays d'accueil. Ce large ensemble législatif encadre la procédure d'élaboration des lois, y compris par le biais de consultations publiques et d'analyses d'impact de la réglementation.

Source : sur la base du *Cadre d'action pour l'investissement* (OCDE, 2015)

L'égale importance d'un cadre réglementaire général et d'une législation sur l'investissement

Le degré d'ouverture auquel sont confrontés les investisseurs qui cherchent à s'établir dans un pays d'accueil et les conditions qui sont réservées à leurs activités existantes ne sont que des aspects isolés du paysage de l'investissement au sens large. La protection des droits de propriété, les droits contractuels et autres garanties juridiques assurées pour les investisseurs, associés à des dispositifs efficaces d'application du droit et d'accès à des mécanismes performants de règlement des différends (chapitre 5) sont des piliers essentiels pour la création d'un climat propice aux investissements, lequel s'articule souvent autour d'une loi sur l'investissement dédiée. Lorsque les procédures d'investissement, d'exploitation des activités et de mise en œuvre des contrats sont perçues comme laborieuses et offrant un faible niveau de prévisibilité, les investisseurs pourraient choisir de limiter leurs activités dans les pays concernés, voire décider de ne plus y investir. Les pays ayant adopté des législations dédiées à l'investissement sont par conséquent plus à même d'apparaître comme des destinations sûres pour les investisseurs, tout en minimisant les effets préjudiciables que peut avoir sur leur réputation une éventuelle instabilité politique.

Dans les pays de la région MENA, le corpus juridique qui régit les investissements se compose généralement de différents niveaux réglementaires, lesquels couvrent différents domaines spécifiques (encadré 3.1). La qualité de la législation en matière d'investissement ne doit donc pas être abordée de manière isolée par rapport au cadre réglementaire global. En effet, ce qui importe le plus est la cohérence du cadre juridique général, l'application de la règle de droit et la clarté de l'arsenal d'instruments juridiques qui s'appliquent dans une juridiction donnée.

Le moindre obstacle réglementaire superflu peut décourager les investisseurs et porter atteinte à la diversification sectorielle de l'économie. Dans certaines juridictions, dont le Liban et l'Autorité palestinienne, le climat de l'investissement souffre également du caractère obsolète d'une série de législations et de réglementations, mais aussi de l'absence d'un certain nombre de textes clés (comme des lois relatives à la concurrence ou à la protection de la propriété intellectuelle). Dans l'ensemble de la région toutefois, la législation relative à l'intégrité et à la lutte contre la corruption fait souvent défaut ou ne s'avère que très partielle (chapitre 11).

Bien qu'indispensable, le cadre réglementaire n'est à lui seul pas suffisant pour créer les conditions favorables à un bon climat des affaires. Les carences des capacités institutionnelles, qu'il est souvent possible d'observer au niveau infranational dans certaines économies cibles de la région MENA, peuvent également avoir un effet dissuasif sur la mise en œuvre pratique du cadre réglementaire.

Une vague régionale de réformes de la législation en matière d'investissement

Tel qu'illustré dans le tableau 3.1, l'ensemble des huit économies cibles de la région MENA ont récemment accéléré le rythme des réformes afin que leur législation nationale offre un cadre propice à l'investissement et au développement du secteur privé. En raison d'une quasi-absence d'intégration réglementaire au niveau régional (contrairement à ce que l'on peut observer dans d'autres blocs régionaux, comme l'Asie du Sud-Est), chaque économie cible de la région MENA a réformé son cadre réglementaire à un rythme différent et en fonction de ses propres priorités. Aucune norme juridique n'a ainsi été adoptée ou déployée au niveau régional et aucun des programmes de réforme des économies cibles de la région MENA n'a pour priorité une harmonisation juridique à échelle régionale. À titre de comparaison, les pays d'Asie du Sud-Est ont progressivement aligné leurs législations nationales respectives, sur la base des dispositions de l'Accord-cadre relatif à l'investissement de l'ANASE, de manière à tirer le meilleur parti de la création d'une entité régionale en tant que destination d'investissement à la fois attractive et dynamique. Les différentes tentatives visant à adopter une approche supranationale du même type dans les économies cibles de la région MENA se sont globalement avérées infructueuses.

L'**Algérie** a promulgué une nouvelle loi sur l'investissement en 2016, abrogeant la plupart des dispositions de l'ordonnance nº 01-03 relative au développement de l'investissement. Cette loi a dans l'ensemble permis d'instaurer une certaine sécurité juridique et constituait une amélioration significative du cadre réglementaire des investissements, notamment en supprimant un certain nombre de contraintes réglementaires, en protégeant les garanties fondamentales accordées aux investisseurs étrangers et en confiant au ministère des Finances la responsabilité du régime des incitations à l'investissement. C'est dans le contexte de la pandémie de Covid-19 et de la baisse des prix du pétrole que l'Algérie a adopté en juin 2020 sa Loi de finance pour l'année en cours. Cette loi consacre la réouverture de l'Algérie aux investissements directs étrangers en définissant divers secteurs stratégiques (inaccessibles aux investisseurs étrangers), et ce, d'une manière relativement limitée et en abrogeant les droits de préemption et de rachat de l'État (voir le chapitre 3 pour plus d'informations sur les réformes visant à libéraliser les échanges dans la région).

Au cours des quatre dernières années, le gouvernement **égyptien** s'est attelé à adopter une législation et des réglementations modernisées en matière d'investissement. La loi de 2017 sur l'investissement, suivie d'une révision de la loi sur les sociétés, a marqué une étape importante dans l'établissement d'un cadre réglementaire plus sûr et plus cohérent pour les investissements nationaux et étrangers (OCDE, 2020). Les récentes réformes ont mis l'accent sur la rationalisation des procédures de création d'entreprise et la restructuration des services de l'autorité générale de l'investissement et des zones franches (*General Authority for Investment and Free Zones*, GAFI) responsables de l'entrée des investissements, de leur facilitation et des dispositifs d'incitation.

De son côté, la **Libye** a levé une grande partie des restrictions à l'investissement direct étranger et introduit un certain nombre de garanties à l'intention des investisseurs par l'adoption de la loi de 2010 sur l'investissement, qui faisait suite à la création en 2009 du *Privatisation and Investment Board* (PIB), un nouvel organisme de promotion de l'investissement. En parallèle à l'adoption de loi de 2010 sur l'investissement, ont également été introduites différentes lois concernant les entreprises, parmi lesquelles un code du commerce en 2010 (révisé en 2012), ainsi qu'une loi sur l'immatriculation des sociétés. Depuis lors, aucune réforme importante n'a toutefois été entreprise.

L'Autorité **Palestinienne** a également réalisé d'important progrès grâce à l'adoption en **2014** d'une législation sur l'investissement dont le contenu correspondait globalement aux normes internationales. L'Autorité palestinienne a depuis concentré son programme de réforme sur d'autres réglementations clés concernant les entreprises, et ce, avec plus ou moins de réussite. L'efficacité de son cadre réglementaire général demeure gravement entravée par le fait qu'un certain nombre de lois obsolètes sont toujours en vigueur.

Respectivement depuis l'adoption de la Charte de l'investissement de 1995 et de la loi sur la promotion de l'investissement de 2001, le **Maroc** et le **Liban** n'ont plus fait de la législation sur l'investissement au sens strict une priorité de leurs programmes de réforme, qui de ce fait demeure moins exhaustive que dans la plupart des autres pays de la région. Ces deux pays ont toutefois fait preuve d'une approche particulièrement proactive dans la réforme du cadre réglementaire général des affaires. Le Maroc a ainsi procédé à une révision de son code du commerce, avec l'introduction d'un nouveau régime pour les sociétés privées à responsabilité limitée. Le régime de concurrence a également été actualisé, accompagné d'une modification des dispositions relatives aux partenariats public-privé et de la mise en place d'un projet de révision de la législation sur les faillites.

Enfin, la **Tunisie** a entamé une refonte complète de son cadre légal pour l'investissement, initiée par l'adoption en 2016 d'une loi sur l'investissement qui fut le fruit de nombreuses consultations avec les parties prenantes privées et publiques. Ce processus de réforme s'appuyait sur des exigences de transparence et de responsabilité qui restent à ce jour sans précédent dans les pays de la région MENA. Le pays a depuis continué ses efforts de réforme, introduisant des amendements successifs afin de renforcer progressivement les droits des investisseurs, de créer un environnement plus favorable aux investisseurs et réduire les écarts de traitement entre les investisseurs nationaux et étrangers. Ce fort élan réformateur a parfois pu frôler l'excès de zèle dans la refonte du cadre institutionnel pour la promotion et la facilitation de l'investissement, dans la mesure où il rassemble aujourd'hui plusieurs organismes dont les missions peuvent en partie faire doublon dans certains domaines (chapitre 5).

Au cours des dernières années, les pays de la région MENA ont dans l'ensemble été particulièrement actifs dans la réforme de leurs législations, et de nombreuses réglementations font encore actuellement l'objet de révisions. Chaque version de la législation en matière d'investissement a été élaborée afin de remédier aux faiblesses de la législation existante, même si les différentes versions ne constituent pas nécessairement une amélioration à tous les niveaux. Certains amendements particulièrement médiatisés pourraient en effet avoir été adoptés pour lancer un message politique fort, dans un contexte où les remaniements gouvernementaux sont fréquents, plutôt qu'à des fins d'amélioration stricte de la législation.

La multiplication des amendements a également l'inconvénient de créer temporairement une certaine insécurité juridique pour les investisseurs en attente de la publication des textes d'application correspondants. Cette situation s'est ainsi produite en Égypte immédiatement après le vote de la loi de 2015 sur l'investissement, dont les textes d'application ne furent adoptés que tardivement, laissant les entreprises dans l'expectative pendant une période prolongée (OCDE, 2020). Les révisions importantes de la législation qui ne seraient pas menées de manière cohérente et complète peuvent s'avérer contre-productives à court terme. En Jordanie, par exemple, la succession de modifications et d'abrogations de réglementations existantes au début des années 2000 a entraîné l'apparition de vides juridiques, lesquels perdurèrent jusqu'à l'adoption d'une loi unifiée sur l'investissement en 2014 (OCDE, 2018).

Dans une région où les efforts pour une coordination intergouvernementale en matière de réglementation sont pour ainsi dire inexistants et où quasiment aucun processus d'intégration de la réglementation au niveau régional n'est mis en place (tel que mentionné précédemment), les programmes de réforme volontaristes de différents pays isolés témoigne d'une situation de concurrence croissante entre les pays. Bien que cette concurrence puisse générer des résultats positifs sur le plan de la qualité des législations, elle est également susceptible d'entraîner une inflation réglementaire qui serait alors contre-productive. Elle pourrait par ailleurs donner lieu à un phénomène de surenchère intenable, notamment si les pouvoirs publics ont recours à des stratégies d'incitation agressives dans le cadre de leurs programmes de réforme. Cet effet pourrait en outre être renforcé dans un contexte de sortie de crise du Covid-19, puisque certains pays comme l'Égypte ont déjà décidé d'étendre leurs dispositifs d'incitations fiscales et leurs programmes d'exonération temporaire (voir le chapitre 7 consacré aux dispositifs d'incitation à l'investissement). Une telle tension concurrentielle dans la région risque également de niveller vers le bas les normes environnementales ou relatives aux droits des travailleurs, surtout dans les zones franches et dans les zones économiques spéciales qui bénéficient déjà de dérogations aux dispositions générales du droit (voir le chapitre 10 consacré à la conduite responsable des entreprises).

Tableau 3.1. Législation applicable aux investissements dans les économies de la région MENA

Économie	Historique des modifications apportées à la législation sur l'investissement	Réformes récentes liées à l'investissement
Algérie	• Loi de 2016 sur la promotion de l'investissement (loi nº 2016-09) • Décrets d'application du 5 mars 2017 • Loi de finance de 2020 portant révision de la liste des secteurs faisant l'objet de restrictions	• Réglementation de 2015 applicable aux marchés publics (décret présidentiel nº 15-247 du 16 septembre 2015 portant réglementation des marchés publics et des délégations de service public)
Égypte	• Loi de 1997 sur l'investissement • Loi de 2015 sur l'investissement et textes d'application correspondants • Loi de 2017 sur l'investissement • Amendement de 2017 à loi sur l'investissement	• Loi sur les registres des garanties de 2015 et textes d'application de 2016 relatifs à la loi sur les garanties sur valeurs mobilières • Loi de 2016 sur la taxe sur la valeur ajoutée • Loi de 2017 sur la simplification de l'homologation des établissements industriels • Loi de 2018 sur les sociétés • Loi de 2018 sur les faillites
Jordanie	• Loi d'octobre 2014 sur l'investissement (nº 30) • Réglementation de 2016 sur les investissements étrangers (nº 77)	• Révision de 2018 de la loi sur l'arbitrage • Loi de 2014 sur les partenariats public-privé
Liban	• Loi du 16 août 2001 sur la promotion des investissements (nº 360) • Décrets du 21 décembre 2002 (nos 9311 et 9326)	• Loi de 2018 sur les partenariats public-privé • Révision de 2019 du Code du commerce • Loi de 2020 sur le capital-investissement

Économie	Historique des modifications apportées à la législation sur l'investissement	Réformes récentes liées à l'investissement
Libye	• Loi de 2010 sur la promotion de l'investissement national et étranger • Décrets d'application de 2012 et 2013 sur les investissements directs étrangers (décrets nº 22 de 2013, nº 207 de 2012, nº 103 de 2012 et nº 186 de 2012)	• Projet de loi sur les PME
Maroc	• Charte de l'investissement de 1995 (loi-cadre nº 18-95 de 1995) → Réforme suspendue de la Charte de l'investissement de 1995	• Loi de 2014 sur la concurrence • **Réforme de 2017 de la loi sur les opérations boursières** (loi 19-14 relative à la Bourse des valeurs de Casablanca, aux sociétés de bourse ainsi qu'aux conseillers en investissement financier du 25 août 2016, publiée le 31 mars 2017) • **Réforme de 2016 du Code du commerce - Loi sur les sociétés à responsabilité limitée** (loi nº 78-12 modifiant et complétant la loi nº 17-95 relative aux sociétés anonymes au Maroc) • **Loi de 2014 sur les partenariats public-privé** • Réforme (en cours depuis 2018) du régime des changes • Réforme (en cours) du régime de faillite
Autorité palestienne	• Amendements de 2014 à la loi de 2018 sur la promotion des investissements (loi nº 1 de 1998, modifiée par les décrets présidentiels nº 2 de 2011 et nº 7 de 2014)	• Projet de loi (en préparation) sur les PME
Tunisie	• Loi de 2016 sur l'investissement (loi nº 2016-71 portant Loi de l'investissement), décret gouvernemental nº 2017-388 relatif à (i) la fixation de la composition du Conseil supérieur d'investissement et les modalités de son organisation ; et (ii) l'organisation administrative et financière de l'Instance tunisienne de l'investissement et du fonds tunisien de l'investissement • Décret gouvernemental nº 2017-389 relatif aux incitations financières au profit des investissements réalisés dans le cadre de la loi de l'investissement • Décret gouvernemental nº 2017-390 relatif à la création d'une unité de gestion par objectif • Règlement d'application de 2018 sur l'autorisation et le contrôle des investissements (décret gouvernemental nº 2018-417 du 11 mai 2018 relatif à la publication de la liste exclusive des activités économiques soumises à autorisation et de la liste des autorisations administratives requises pour la réalisation de projets)	• Loi bancaire de 2016 (loi relative aux banques et aux institutions bancaires nº 2016-48 du 15 juillet 2016) • Loi de 2015 sur les partenariats public-privé (loi 2015-49 sur les partenariats public-privé (PPP) du 27 novembre 2015), décrets de 2016 sur les partenariats public-privé • Loi de 2015 sur la concurrence (loi nº 2015-36 du 15 septembre 2015 relative à la réorganisation de la concurrence et des prix) • Loi de 2017 sur les incitations fiscales (loi nº 2017-8 du 14 février 2017, portant refonte du dispositif des avantages fiscaux) • Loi de 2019 sur l'amélioration du climat d'investissement, portant amendement aux sections de la loi de 2015 sur les partenariats public-privé (loi nº 2019-47 du 29 mai 2019 sur l'amélioration du climat des investissements)

Bien qu'une réforme approfondie de la législation existante puisse être l'occasion de réviser certaines approches stratégiques adoptées depuis longtemps, ayant notamment trait aux dispositifs d'incitation ou à la discrimination exercée à l'encontre des investisseurs étrangers, la seule ancienneté d'une législation ne justifie pas nécessairement qu'elle doive être réformée. La Charte marocaine de l'investissement de 1995 est la plus ancienne loi sur l'investissement en vigueur dans la région. Après plus de dix ans pendant lesquels se sont succédés les projets d'amendement, le gouvernement a récemment pris la décision de ne pas modifier la Charte et d'axer son programme de réforme sur les lois sectorielles, dont l'incidence sur le climat des affaires sera tout aussi importante dans les domaines correspondants.

Malgré des approches stratégiques différentes, certains modèles dominants de réforme de la législation peuvent être identifiés au sein de la région MENA. Ceux-ci sont par ailleurs souvent observables dans les législations nationales d'économies présentant un niveau de développement équivalent, comme en Asie du Sud-Est. Les récentes réformes visant les réglementations liées aux investissements ont principalement eu pour objet de faciliter ce type d'opération, et ce, en rationnalisant la création d'entreprise, en renforçant et en développant les mandats des agences de promotion de l'investissement (p. ex. : loi de 2017 sur l'investissement en Égypte ou loi de 2016 sur l'investissement en Tunisie), et en révisant le régime des incitations à l'investissement (p. ex. : loi de 2016 sur l'investissement en Tunisie ou textes d'application de 2017 en Jordanie), même si les dispositifs d'incitation sont encore largement utilisés et facilement accessibles pour les entreprises grâce à des conditions d'octroi relativement larges (chapitre 7). Concernant les normes fondamentales de protection qui constituent la clé de voûte historique de la législation sur l'investissement, elles n'ont subi aucune modification significative lors de la dernière vague de réformes. Les droits fondamentaux de propriété étaient déjà consacrés dans le droit, que ce soit par le biais d'une réglementation sur les investissements ou sur la base d'autres législations ou de la Constitution.

La protection des droits des investisseurs dans les législations nationales des économies de la région MENA

Le traitement réservé aux investisseurs dans les pays de la région MENA est régi par un ensemble de normes de protection fondamentales qui figurent dans la législation sur l'investissement et dans d'autres instruments réglementaires pertinents. La notion de protection des droits des investisseurs couvre non seulement les garanties contre les expropriations illicites, mais aussi les droits fonciers, les droits de propriété intellectuelle, le rapatriement des capitaux des investisseurs étrangers ou encore l'application des dispositions contractuelles, y compris par le biais d'un accès garanti à des mécanismes de règlement des différends (chapitre 5).

À quelques exceptions près, les législations sur l'investissement en vigueur dans la région MENA assurent *de jure* de solides normes de protection, lesquelles sont généralement conformes aux pratiques reconnues à l'échelon international. Même si réaffirmer ces normes de protection dans la loi sur l'investissement peut constituer un signal rassurant, aucun instrument juridique ne semble être à privilégier pour assurer ces garanties fondamentales. Rien n'indique en effet qu'il est préférable qu'elles figurent dans une législation dédiée aux investissements plutôt que dans toute autre loi d'application générale. Par exemple, les dispositions relatives aux expropriations pourraient tout aussi bien être incluses dans des lois d'application plus générale, ou dans la Constitution.

Ainsi, la législation libanaise sur l'investissement ne définit aucune norme de protection des droits des investisseurs ; ces normes figurent toutefois dans d'autres textes législatifs. La législation libanaise ne prévoit en effet aucune garantie de traitement national ou de non-discrimination après la phase d'établissement, ou encore de libre transfert des capitaux, de protection contre l'expropriation ou de règlement des différends. Ces normes de protection fondamentales peuvent également figurer dans les accords internationaux sur l'investissement, lesquels assurent un niveau supérieur de protection pour les investisseurs étrangers couverts par ces traités.

En l'absence de garanties de protection dans la loi sur l'investissement, une protection contre les expropriations est prévue dans la Constitution, ainsi que dans différents accords internationaux relatifs à l'investissement. La Constitution du Liban, appuyée par la loi de 1991 sur les expropriations (modifiée en 2006), régit le régime des expropriations, lesquelles peuvent uniquement survenir pour des raisons d'intérêt général, et prévoit un système d'indemnisation à la valeur de marché d'origine. Par ailleurs, bien qu'aucune mention explicite du principe de non-discrimination ne figure dans la loi, la nationalité des investisseurs n'est pas non plus abordée.

De la même manière, la Charte de l'investissement adoptée au Maroc n'inclut qu'un nombre limité de mesures de protection, ce qui ne signifie pas pour autant que la protection contre les expropriations illicites sera moindre puisqu'elle est assurée par d'autres dispositifs législatifs distincts. La Charte prévoit néanmoins une garantie de libre de transfert de fonds et donne ainsi aux investisseurs étrangers la possibilité de transférer librement leurs bénéfices et capitaux.

En Égypte, sur le fondement du cadre juridique national, les investisseurs bénéficient *de jure* de mesures de protection des droits de propriété qui sont conformes aux normes élevées de protection modernes. La protection des droits des investisseurs est reconnue aussi bien au niveau législatif que constitutionnel et, nonobstant l'application des dispositions spécifiques de certains traités bilatéraux d'investissement, les mêmes protections juridiques et incitations (le cas échéant) seront accordées aux investisseurs nationaux et étrangers.

La loi égyptienne sur l'investissement contient toutes les garanties et normes de protection des investissements qui sont nécessaires pour offrir aux investisseurs un régime *de jure* sûr et efficace. Elle inclut ainsi une disposition assurant un traitement juste et équitable pour les investisseurs, qu'ils soient égyptiens ou étrangers, ainsi que la garantie que les capitaux investis ne pourront faire l'objet de mesures contraignantes ou discriminatoires. La loi offre également une protection contre les nationalisations et les expropriations, mais aussi des garanties contre la saisie et l'annulation de crédits, ou encore la confiscation et le blocage des biens (sauf sur décision d'un tribunal). L'État n'est par ailleurs autorisé à exproprier des biens qu'à des fins d'utilité publique, contre une juste indemnisation et avec diligence. La loi précise que la valeur de cette indemnisation « devra correspondre à la valeur économique réelle du bien frappé d'expropriation, établie la veille de la décision d'expropriation ». Ces dispositions sont complétées par la loi de 1990 (modifiée en 2018) relative à l'expropriation de biens immobiliers à des fins d'intérêt général, laquelle établit les règles d'indemnisation. La notion d'« utilité publique » n'est toutefois définie ni dans la loi sur l'investissement ni dans cette dernière loi relative à l'expropriation de biens immobiliers à des fins d'intérêt général.

La loi algérienne sur l'investissement offre quant à elle des garanties d'indemnisation juste et équitable en cas d'expropriation, des garanties de traitement juste et équitable des investissements étrangers, mais aussi des garanties de libre transfert de capitaux. La loi inclut par ailleurs une disposition sur son caractère intangible, précisant que toute révision ultérieure de la législation sur l'investissement ne pourra s'appliquer aux projets mis en œuvre sur la base de la législation en vigueur au moment où sont réalisés les investissements, à moins que l'investisseur n'en fasse lui-même la demande expresse. La section relative aux expropriations est relativement brève : bien qu'elle garantisse une indemnisation juste et équitable, elle ne précise aucunement les critères d'expropriation ni les procédures d'indemnisation. Il est ainsi considéré que ces questions sont couvertes par les conventions internationales (le cas échéant), réservant ainsi aux investisseurs étrangers un traitement plus protecteur. Concernant le règlement des différends liés aux investissements, la loi de 2016 reconnaît la compétence des tribunaux nationaux, nonobstant l'applicabilité d'accords ou de traités internationaux sur l'investissement incluant une clause compromissoire.

En Jordanie, la loi sur l'investissement inclut des garanties de protection pour les investisseurs, mais sans dispositions détaillées sur les garanties procédurales. La loi définit par ailleurs une norme pour le traitement national, un principe d'égalité de traitement, des garanties contre les expropriations et des droits de libre transfert des capitaux et des bénéfices, y compris relativement à la convertibilité des devises et au rapatriement des bénéfices. L'une des dispositions importantes introduites par cette loi a trait au règlement des différends. Même si la loi provisoire sur l'investissement de 2003 ne contenait pas à proprement parler de dispositions sur le règlement des différends et renvoyait uniquement à des conventions internationales, la nouvelle loi donne aux investisseurs étrangers l'accès à des dispositifs d'arbitrage en cas de litige entre un investisseur étranger et les autorités gouvernementales jordaniennes.

La loi palestinienne sur l'investissement de 2014 définit un ensemble complet de normes de protection. Elle établit également un principe de juste indemnisation et de non-discrimination pour les investisseurs, sauf dans des conditions exceptionnelles motivées par l'intérêt public et en conformité avec l'application régulière de la loi. Cette loi garantit par ailleurs, d'une part, que les investissements ne pourront être visés par une procédure de nationalisation, d'expropriation ou de confiscation (sauf à des fins publiques, auquel cas une indemnisation devra être versée à une valeur de marché réelle) et, d'autre part, l'établissement d'un principe de libre transfert de fonds.

De la même manière, en Tunisie, la principale législation sur l'investissement établit un ensemble complet de normes de protection, conformes aux bonnes pratiques généralement admises. Elle intègre en outre une garantie d'indemnisation juste et équitable en cas d'expropriation, le libre transfert de fonds vers l'étranger et un principe de non-discrimination.

L'annexe 3.A compare les dispositions prévues dans la législation sur l'investissement de chaque pays et examine si les pays ont adopté une approche de liste positive ou négative pour l'entrée des investissements étrangers. L'accès à des mécanismes d'arbitrage et l'adhésion à des traités internationaux sur l'investissement sont également pris en compte.

Bien que ce chapitre soit consacré aux cadres juridiques nationaux, il est important de ne pas négliger les interactions qui existent entre les législations nationales et les traités internationaux sur l'investissement, lesquels jouent un rôle essentiel dans la protection des investissements étrangers (chapitre 5). Leurs objectifs et leurs champs d'application diffèrent à bien des égards, et le contenu de certaines dispositions conventionnelles de plus en plus controversées (comme les principes de traitement juste et équitable, et de nation la plus favorisée traitement) n'a pas vocation à être reproduit au niveau législatif. Par ailleurs, même si l'objectif principal des traités d'investissement est d'assurer un niveau élevé de protection pour les investisseurs étrangers, le champ d'application des législations en matière d'investissement est bien plus étendu.

Des possibilités de réforme élargies par l'intégration progressive d'obligations imposées aux investisseurs

Afin d'atteindre les objectifs environnementaux et autres objectifs d'utilité publique, les réglementations de l'investissement élaborées aujourd'hui imposent de plus en plus souvent des obligations juridiques aux investisseurs. Bien que la nécessité de promouvoir et de mettre en œuvre des principes de conduite responsable des entreprises soit reflétée dans des stratégies nationales qui vont bien au-delà du cadre juridique (chapitre 10), la législation en matière d'investissement pourrait jouer un rôle important dans l'introduction d'obligations contraignantes pour les investisseurs. Cette évolution dans l'élaboration des réglementations peut également être observée dans les législations nationales de certaines économies avancées ou en développement, lesquelles législations intègrent de plus en plus régulièrement des dispositions visant à soumettre les investisseurs à des obligations de conduite responsable. Cette approche a pour objectif d'établir un meilleur équilibre entre les garanties offertes aux investisseurs et les obligations qui leurs sont imposées afin de pouvoir bénéficier desdites garanties et des dispositifs d'incitation. À quelques exceptions près, les économies de la région MENA n'ont pas encore clairement opté pour cette approche (tableau 3.2). De manière générale, leurs législations sur l'investissement ne prévoient pas d'obligations pour les investisseurs, à l'exception des conditions requises pour bénéficier des incitations et avantages prévus. Les mesures adoptées par les gouvernements de la région MENA pour garantir des normes de protection minimales pour les travailleurs nationaux et promouvoir l'égalité hommes-femmes sont le plus souvent reprises dans d'autres types de réglementations, comme les codes de gouvernance d'entreprise ou le droit du travail, ce qui est le cas de nombreux pays de l'OCDE. La Jordanie et le Maroc, par exemple, ont adopté des codes de gouvernance d'entreprise qui traitent de la parité hommes-femmes dans les conseils d'administration (OCDE, 2020).

La législation en matière d'investissement pourrait néanmoins constituer un moyen de promotion de la participation des femmes aux conseils d'administration des entreprises et de l'accès aux plus hautes fonctions d'encadrement. De solides arguments plaident en faveur de la promotion de l'égalité hommes-femmes par le biais des réformes réglementaires pour l'investissement, dans la mesure où l'investissement direct étranger a la capacité d'améliorer l'équilibre hommes-femmes à la tête des entreprises. De manière générale, la part d'entreprises étrangères dans lesquelles les femmes occupent des hautes fonctions d'encadrement et la part des femmes à des postes d'encadrement dans des entreprises étrangères sont bien supérieures à celles observées dans les entreprises nationales, y compris dans certains pays de la région MENA (voir le chapitre 2 sur les tendances relatives à l'investissement direct étranger et les avantages au développement). Les entreprises nationales pourraient s'inspirer des pratiques adoptées par les entreprises étrangères (OCDE, 2019).

L'Égypte a ainsi commencé à introduire certaines dispositions visant à établir un meilleur équilibre entre les droits et les obligations des investisseurs. La loi de 2017 sur l'investissement incluait des dispositions sur la responsabilité sociale des entreprises, définies en des termes relativement larges et sans valeur contraignante pour les investisseurs. En son article 2, la loi interdit ainsi toute discrimination à l'investissement, y compris sur la base du sexe, et encourage le recours aux petits investisseurs. La GAFI (agence égyptienne de promotion de l'investissement) a également ouvert un guichet spécial au centre de services pour investisseurs auprès duquel les femmes investisseurs peuvent obtenir toutes les informations nécessaires et soumettre tous les documents requis au même endroit. De son côté, le Maroc a mis en place un organe opérationnel dont le rôle est de veiller à l'application des obligations des investisseurs en matière de responsabilité sociale (chapitre 9). En comparaison à d'autres blocs géographiques, les efforts des pays de la région MENA pour imposer aux investisseurs des obligations en matière de développement durable n'en sont encore qu'à leurs débuts.

L'intégration de telles dispositions dans la législation spécifique à l'investissement d'un pays pourrait être vue comme un moyen d'atteindre un meilleur équilibre entre les droits et les obligations des investisseurs, tout rapprochant cette législation des normes internationales en matière de conduite responsable des entreprises, à l'instar de celles figurant dans les *Principes directeurs de l'OCDE à l'intention des entreprises multinationales*. Tel qu'abordé plus en détail dans le chapitre 10, ces Principes directeurs sont l'instrument d'action publique pour la promotion et la mise en œuvre de la conduite responsable des entreprises le plus largement reconnu dans le monde. Ils constituent par ailleurs l'une des parties de la Déclaration de l'OCDE sur l'investissement international et les entreprises multinationales, laquelle crée un climat d'investissement ouvert et transparent et favorise la contribution positive que les entreprises peuvent apporter au progrès économique et social. Parmi les économiescibles de la région MENA, l'Égypte, la Jordanie, le Maroc et la Tunisie ont déjà adopté ces instruments.

Références

CNUCED (2017), *Investment Policy Review of Lebanon,* publication de la CNUCED, Genève.

OCDE (2020), « OECD Investment Policy Reviews: Egypt 2020 », *Examens de l'OCDE des politiques de l'investissement*, Éditions OCDE, Paris, https://doi.org/10.1787/9f9c589a-en.

OCDE (2020), *Changer les lois et éliminer les obstacles à l'autonomisation économique des femmes : Égypte, Jordanie, Maroc et Tunisie*, Éditions OCDE, Paris.

OCDE (2018), *Enhancing the legal framework for sustainable investment: Lessons from Jordan*, https://www.oecd.org/mena/competitiveness/Enhancing-the-Legal-Framework-for-Sustainable-Investment-Lessons-from-Jordan.pdf.

OCDE (2015), *Cadre d'action pour l'investissement : édition 2015*, Éditions OCDE, Paris, https://doi.org/10.1787/9789264235441-fr.

OCDE (2013), « OECD Investment Policy Reviews: Jordan 2013 », *Examens de l'OCDE des politiques de l'investissement*, Éditions OCDE, Paris, https://doi.org/10.1787/9789264202276-en.

Annexe 3.A. Cadres d'investissement adoptés dans les économies de la région MENA

Tableau d'annexe 3.A.1. Tableau comparatif des cadres d'investissement adoptés dans les économies de la région MENA

	Loi sur l'investissement couvrant les investissements nationaux et étrangers	Modifications récentes apportées à la législation sur l'investissement	Dispositions relatives aux effets redistributifs des investissements : incidences sur l'environnement, développement durable, égalité hommes-femmes, etc.	Principe de non-discrimination après la phase d'établissement, inscrit dans la législation nationale	Approche des restrictions à l'investissement direct étranger reposant sur une liste négative	Protection contre les expropriations	Libre transfert de fonds garanti par la loi	Recours possible à l'arbitrage en matière d'investissement prévu dans la législation	Adhésion aux conventions internationales sur l'arbitrage (convention du CIRDI et convention de New York)	Traités internationaux sur l'investissement
Algérie	✓	✓	Non	✓	À déterminer (examen en cours)				✓	✓
Égypte	✓	✓	Oui (principes généraux)	✓		✓	✓	✓	✓	✓
Jordanie	✓	✓	Non	✓	✓	✓	✓	✓	✓	✓
Liban	✓		Non	✓		Oui (non spécifique aux investisseurs)		✓	✓	✓
Libye	✓		Non	✓		✓		✓	État non-membre du CIRDI et non-signataire de la convention de New York	✓

	Loi sur l'investissement couvrant les investissements nationaux et étrangers	Modifications récentes apportées à la législation sur l'investissement	Dispositions relatives aux effets redistributifs des investissements : incidences sur l'environnement, développement durable, égalité hommes-femmes, etc.	Principe de non-discrimination après la phase d'établissement, inscrit dans la législation nationale	Approche des restrictions à l'investissement direct étranger reposant sur une liste négative	Protection contre les expropriations	Libre transfert de fonds garanti par la loi	Recours possible à l'arbitrage en matière d'investissement prévu dans la législation	Adhésion aux conventions internationales sur l'arbitrage (convention du CIRDI et convention de New York)	Traités internationaux sur l'investissement
Maroc	✓		Pas dans la Charte de l'investissement / Dispose toutefois d'un point de contact national actif	✓		Oui (non spécifique aux investisseurs)	✓	✓	✓	✓
Autorité Palestinienne	✓		Oui (par le biais des critères d'octroi des dispositions incitatives)	✓		✓	✓		État non-membre du CIRDI, mais signataire de la convention de New York en 2015	✓
Tunisie	✓	✓	✓	✓	À déterminer	✓	✓	✓	✓	✓

Source : compilation de données réalisée par les auteurs

Note : les points de contact nationaux sont des organismes publics chargés, d'une part, de promouvoir les Principes directeurs de l'OCDE à l'intention des entreprises multinationales et les guides sur le devoir de diligence correspondants, et, d'autre part, de traiter les affaires (également appelées « circonstances spécifiques ») par le biais d'un mécanisme non judiciaire de résolution des différends. Les pays adhérents sont tenus d'établir un point de contact national afin de promouvoir l'application efficace des Principes directeurs (chapitre 9).

4 Ouverture à l'investissement étranger et réformes récentes de libéralisation

Ce chapitre livre une vue d'ensemble des principales restrictions réglementaires à l'investissement dans les économies MENA examinées en s'appuyant sur l'Indice de l'OCDE de restrictivité de la réglementation de l'IDE. Cet indice, qui mesure le degré de restrictivité des règles en matière d'IDE, couvre 22 secteurs d'activité et plus de 70 pays. Malgré d'importantes réformes, les économies MENA restent en moyenne plus restrictives que celles des autres régions, avec pour effet potentiel de limiter les entrées d'IDE et les gains de productivité pour l'ensemble de l'économie. Cela peut avoir des conséquences quant aux objectifs de diversification économique affichés par ces pays et à leur participation aux chaînes de valeur mondiales.

Résumé et considérations intéressant l'action publique

L'attractivité des économies MENA pour les investisseurs étrangers dépend de nombreux facteurs tels que la taille du marché, la situation géographique et, surtout, le soutien apporté par les politiques publiques et les institutions à la création d'un climat d'investissement cohérent et prévisible. Comme l'expliquent d'autres chapitres de ce rapport, le cadre juridique de l'investissement (chapitre 3), la qualité de l'infrastructure (chapitre 9) et les politiques visant à promouvoir l'IDE (chapitre 6) et à favoriser l'établissement de liens entre les investisseurs étrangers et nationaux (chapitre 8) sont autant de domaines d'intervention qui permettraient aux pouvoirs publics de contribuer non seulement à attirer davantage d'IDE, mais également à accroître ses retombées positives pour la société. Autre domaine de politique publique qui a son importance pour les investisseurs étrangers : les règles applicables à leur entrée et à leurs activités dans le pays d'accueil. Tous les États prévoient des restrictions légales ou réglementaires à l'IDE, souvent dans le souci de protéger certains de leurs secteurs d'activité ou de préserver la sécurité nationale. Mais les restrictions à l'IDE ont un coût économique qui peut, par ricochet, entraver la concurrence, induire un manque à gagner pour les recettes publiques, et réduire les retombées potentielles pour la productivité.

Le degré d'ouverture aux investisseurs étrangers diffère fortement suivant les économies MENA étudiées dans le présent rapport (ci-après désignées « économies cibles » ou « économies examinées »). En l'état des restrictions statutaires à l'IDE (à savoir celles qui sont expressément prévues par les lois et règlements) fin 2019, l'Égypte et le Maroc sont aussi libéraux que les pays de l'OCDE, tandis que la Libye et l'Autorité palestinienne imposent un large éventail de restrictions de droit. En moyenne, les huit économies MENA examinées ont tendance à être plus restrictives que les membres de l'OCDE et que de nombreux pays non membres. Néanmoins, conscients du soutien apporté par l'IDE à la création d'emplois, à la diversification économique et à la participation aux chaînes de valeur mondiales, plusieurs d'entre elles ont récemment procédé à d'importantes réformes de libéralisation. Ainsi, en 2016, la Jordanie a supprimé l'exigence de capital minimal pour les investisseurs étrangers et étendu les secteurs ouverts à un contrôle étranger total. En 2019, l'État a encore assoupli certaines restrictions dans quelques secteurs de services. En 2016, la Tunisie a supprimé l'obligation pour les investisseurs étrangers d'obtenir une autorisation pour les prises de participation supérieures à 50 % du capital d'une entreprise. Et en 2020, l'Algérie a mis fin à sa restriction la plus significative, à savoir le plafonnement des participations étrangères à 49 %, tous secteurs confondus.

Il subsiste toutefois des restrictions statutaires susceptibles de limiter les volumes d'IDE ainsi que les gains de productivité induits par la concurrence, des éléments essentiels pour une reprise résiliente suite à la crise de Covid-19. Comme dans la plupart des pays, les restrictions imposées par les économies MENA examinées frappent davantage les secteurs des services que le secteur manufacturier. Ces restrictions sectorielles sont plus sévères et plus répandues que dans les pays comparables, notamment d'Asie du Sud-Est et d'Amérique latine. Plusieurs économies MENA limitent les participations étrangères dans les secteurs des services aux entreprises ainsi que des services financiers, de la distribution et du transport, qui constituent des intrants majeurs pour les autres secteurs. Les restrictions à l'investissement étranger dans ces services d'appui entravent la concurrence et la productivité non seulement dans ces secteurs mais également dans tous ceux qui en dépendent, dont le secteur manufacturier, ce qui a pour effet de limiter les gains de productivité potentiels dans l'ensemble de l'économie.

Même lorsque les restrictions statutaires à l'IDE ont été levées, il peut subsister des restrictions de fait, qui ne sont pas couvertes par ce chapitre. Il peut s'agir d'obstacles informels ou institutionnels à l'investissement (lourdeurs administratives, corruption), de monopoles d'État, ou d'une application incohérente du cadre juridique. Dans certaines économies MENA, ces obstacles de fait profitent de manière disproportionnée à un petit nombre d'entreprises ayant des connections politiques (Diwan, Keefer et Schiffbauer, 2015[1]). Lorsque les restrictions sont utilisées pour favoriser les pratiques de copinage, elles faussent la concurrence tant entre les investisseurs étrangers et nationaux qu'entre les entreprises nationales. Un environnement plus respectueux de la concurrence permettrait une meilleure allocation des ressources au profit des entreprises les plus productives et permettrait à de nouveaux acteurs d'insuffler des idées et d'innover.

Considérations intéressant l'action publique

- Envisager de réévaluer les restrictions statutaires à l'investissement étranger qui subsistent, notamment les restrictions horizontales et celles qui frappent les secteurs des services, à la lumière des objectifs de politique publique qu'elles poursuivent et, le cas échéant, de les rationaliser ou de les supprimer. Ces restrictions devraient également être réexaminées au vu des objectifs de développement national des économies MENA examinées (par exemple, de diversification économique ou de participation aux chaînes de valeur mondiales). Si ces politiques sont considérées comme nécessaires, veiller à ce que leur degré de restrictivité ne soit pas excessif au regard des risques et enjeux identifiés.
- Envisager d'améliorer la lisibilité et la transparence du cadre juridique de l'investissement étranger. Les mesures discriminatoires étant rarement détaillées en anglais ou prenant la forme d'une liste longue et fréquemment modifiée des secteurs ouverts, les investisseurs potentiels peuvent éprouver des difficultés à comprendre les règles en vigueur. Les méthodes consistant à établir des listes négatives (comme en Jordanie), dans lesquelles les secteurs concernés par des restrictions sont clairement indiqués, peuvent contribuer à une meilleure lisibilité.
- Veiller à la mise en œuvre claire et effective de la réglementation applicable à l'entrée des investisseurs étrangers et à leurs activités. Réduire les mesures discrétionnaires, de fait et de droit, qui frappent l'entrée sur le marché des entreprises étrangères limiterait les pratiques indésirables, comme la corruption et le copinage, et stimulerait le dynamisme du secteur privé.

Les restrictions à l'IDE peuvent entraver l'investissement et ses retombées économiques

Un cadre de l'investissement international ouvert et non discriminatoire comporte plusieurs avantages à long terme. L'investissement est essentiel pour soutenir la croissance économique et le développement durable. Il augmente la capacité de production de l'économie et stimule la création d'emplois ainsi que la croissance des revenus. L'investissement international permet en outre d'injecter des capitaux supplémentaires dans l'économie du pays d'accueil et peut aider à améliorer l'affectation des ressources, les capacités de production, et l'accès aux marchés internationaux. Il peut également contribuer à la diffusion dans le pays de compétences techniques et managériales (pour des preuves empiriques de la contribution de l'IDE au développement durable, voir le chapitre 2 sur les tendances et les bénéfices de l'IDE dans la région MENA).

D'une manière générale, les États sont conscients des bienfaits potentiels de l'IDE, et ils sont désormais nombreux à utiliser des mesures de politique publique visant à attirer les investisseurs étrangers en vue de financer le développement. Il n'en reste pas moins que la quasi-totalité prévoit des restrictions légales ou réglementaires à l'entrée et aux activités des investisseurs étrangers, souvent dans le souci de protéger les investisseurs nationaux contre la concurrence étrangère, et ce pour des motifs purement économiques. La crainte d'une atteinte à la souveraineté nationale et la volonté de protéger des intérêts essentiels tenant à la sécurité constituent d'autres motivations fréquentes des restrictions à l'IDE. Enfin, les pays les justifient souvent par la nécessité de préserver le bon fonctionnement de l'économie et d'éviter toute interruption ou perturbation dans la fourniture de biens et de services essentiels pour l'économie (Moran, 2009[2]). Si la sécurité nationale est une préoccupation légitime, elle ne doit pas servir de prétexte à des politiques protectionnistes (voir Encadré 4.1 pour un aperçu des lignes directrices de l'OCDE concernant les restrictions fondées sur la sécurité nationale) (OCDE, 2008[3]) (OCDE, 2020[4]).

Encadré 4.1. Principes et lignes directrices de l'OCDE sur les politiques d'investissement des pays d'accueil relatives à la sécurité nationale

Le Comité de l'investissement de l'OCDE fournit un forum pour un dialogue intergouvernemental sur la manière dont les États peuvent concilier la nécessité de préserver et de renforcer l'ouverture de l'environnement d'investissement international avec le devoir de sauvegarder les intérêts de sécurité essentiels de leurs citoyens. Gardienne d'instruments majeurs relatifs à l'investissement international que sont le *Code de libération des mouvements de capitaux* et la *Déclaration sur l'investissement international et les entreprises multinationales*, l'Organisation suit les progrès effectués sur le plan de la libéralisation depuis plus de 40 ans.

Ces instruments prônent trois principes fondamentaux : la transparence, la libéralisation et la non-discrimination. Le principe de non-discrimination garantit à tous les investisseurs d'être soumis à un même traitement dans des circonstances similaires, quelle que soit la composition de leur capital. **Le traitement national** impose à un État de traiter les entreprises détenues ou contrôlées par des entités étrangères d'une façon non moins favorable que les entreprises nationales dans des situations analogues.

Les membres de l'OCDE ainsi que d'autres pays participants ont élaboré des lignes directrices spécifiques pour la seule exception au caractère non-discriminatoire des politiques d'investissement autorisée par ces instruments : la possibilité pour un État de prendre des mesures qu'il « estime nécessaires à la protection des intérêts essentiels de sa sécurité » et « au maintien de l'ordre public ou à la protection de la santé, de la moralité et de la sécurité publiques ». Les mesures des politiques d'investissement destinées à protéger des intérêts essentiels de la sécurité du pays doivent respecter trois principes :

1. Transparence et prévisibilité : les informations sur les restrictions visant l'investissement étranger doivent être complètes et accessibles à tous. Il est certes dans l'intérêt des investisseurs et des gouvernants d'assurer la confidentialité des informations sensibles, mais les objectifs et les pratiques réglementaires doivent être aussi transparents que possible afin d'améliorer la prévisibilité des résultats de l'action publique.
2. Proportionnalité : les restrictions à l'investissement ou les conditions attachées à une transaction ne doivent pas être plus sévères que nécessaire pour protéger la sécurité nationale, et doivent être évitées si d'autres mesures existantes permettent de répondre de manière suffisante et appropriée à des préoccupations de sécurité nationale.
3. Reddition de comptes : pour que les autorités chargées de l'application des politiques d'investissement soient effectivement tenues de rendre des comptes, il convient d'envisager d'instaurer des procédures de supervision parlementaire, un contrôle juridictionnel, des évaluations périodiques d'impact et l'obligation que les décisions de blocage d'un investissement soient prises à un échelon hiérarchique élevé.

Source : (OCDE, 2008[3])

Les restrictions à l'IDE doivent être utilisées avec parcimonie, et uniquement en dernier recours, c'est-à-dire si d'autres mesures non discriminatoires ne suffisent pas à atténuer les risques ou préoccupations identifiés. D'autant que les politiques discriminatoires ne sont pas toujours optimales pour y remédier. Les restrictions à l'investissement étranger ont en effet un coût économique qui peut entraver la concurrence et la productivité, induire un manque à gagner pour les recettes publiques, et limiter les éventuelles retombées positives.

Les restrictions à l'IDE qui font l'objet de ce chapitre sont les mesures discriminatoires expressément prévues par la législation ou la réglementation. Mais les investisseurs étrangers peuvent également se heurter à des restrictions de fait comme des obstacles institutionnels ou informels à l'investissement (lourdeurs administratives, corruption), une application incohérente des règles statutaires, des distorsions créées par la mainmise de l'État sur des secteurs clés, ou l'octroi d'un traitement réglementaire préférentiel à certaines entreprises. Dans la région MENA, de nombreux secteurs sont dominés par des entreprises publiques (civiles ou militaires) qui bénéficient souvent d'un traitement réglementaire préférentiel ce qui peut, en cas d'abus, avoir un effet d'éviction sur l'activité du secteur privé (Banque mondiale, 2018[5]) (OCDE, 2019[6]).

La loyauté de la concurrence est également compromise lorsque des entreprises privées bénéficient d'un traitement de faveur, officiel ou officieux, qui fait obstacle à l'entrée d'entreprises étrangères ou nationales.[1] Ainsi, des éléments montrent que jusqu'en 2011, en Égypte, certaines entreprises ayant des connexions politiques étaient protégées contre la concurrence par des barrières non tarifaires à l'importation, comme l'obligation de détenir une licence exclusive (Diwan, Keefer et Schiffbauer, 2015[1]). Dans plusieurs économies de la région MENA, les entreprises proches du pouvoir sont également favorisées par un accès préférentiel à la propriété foncière ou aux marchés publics, un traitement fiscal généreux, ou une application différente de procédures concernant l'exercice de l'activité (Banque mondiale, 2015[7]) (Atiyas, Diwan et Malik, 2019[8]). Ces restrictions, qui ne sont pas couvertes par ce chapitre, et notamment l'application effective des restrictions statutaires, influent fortement sur le climat d'investissement (Kalinova, Palerm et Thomsen, 2010[9]).

Les principales restrictions statutaires à l'IDE et leur coût économique

Dans la plupart des pays, la principale forme de restriction à l'IDE consiste à limiter les prises de participation étrangères au capital des entreprises, généralement dans des secteurs spécifiques. C'est le cas des économies de la région MENA examinées, à l'exception de l'Algérie, de la Libye et de l'Autorité palestinienne (plus de détails ci-dessous) qui prévoient des restrictions plus importantes et couvrant la majorité voire la totalité des secteurs. Au-delà des préoccupations touchant à la sécurité nationale, la limitation de la participation étrangère au capital des entreprises est généralement justifiée par la volonté de préserver les investisseurs nationaux de la concurrence étrangère, ou de les inciter à progresser grâce à l'établissement de liens entre les investisseurs étrangers et le pays d'accueil. De fait, les avantages que présente l'IDE pour les pays d'accueil sont en partie liés à leurs retombées pour les entreprises nationales, et notamment au transfert de connaissances. Les États espèrent favoriser ces retombées en limitant la participation étrangère au capital des entreprises ou en imposant des formes de co-entreprises afin de renforcer les interactions entre les entreprises nationales et étrangères (se reporter au chapitre 8 pour d'autres politiques visant à promouvoir ces liens).

Pourtant, la limitation des prises de participation étrangères ne permet pas nécessairement d'atteindre le but escompté. Le contrôle de leurs opérations étrangères est l'un des principaux déterminants de l'investissement étranger par les entreprises multinationales. En limitant la capacité des investisseurs à exercer ce contrôle, les restrictions à la participation étrangère peuvent influer sur la décision même d'investir. Elles sont également susceptibles de limiter les gains économiques et financiers potentiels d'un projet. En outre, les investisseurs étrangers peuvent rechigner à s'associer à des investisseurs locaux dans le cadre de co-entreprises, notamment s'ils ont des difficultés à trouver localement des partenaires qui possèdent les capacités et les compétences recherchées. Sans compter que certains investisseurs ne souhaiteront pas partager leurs nouvelles technologies et leurs techniques de production avec ces partenaires locaux, ce qui aura pour effet de limiter les retombées (Moran, Graham et Blomström, 2005[10]).

Les procédures de filtrage et d'agrément constituent un autre moyen couramment employé pour réguler l'entrée et les opérations des investisseurs étrangers, bien que le recours à ces mécanismes ait fortement baissé au cours des trente dernières années (Mistura et Thomsen, 2017[11]). Le filtrage discriminatoire peut par exemple consister à soumettre l'approbation des investisseurs étrangers à des conditions qui vont au-delà des règles de délivrance d'autorisations ou de permis applicables aux investisseurs nationaux. Certains pays, comme la Tunisie avant ses réformes de 2016, procèdent à un filtrage horizontal des projets d'IDE, dans tous les secteurs ; d'autres limitent le filtrage à des secteurs stratégiques ou aux projets d'envergure (au-delà d'un seuil d'investissement défini). Pour justifier cette sélection préalable, les États tirent argument de ce qu'elle permettrait d'écarter les projets potentiellement néfastes pour les consommateurs ou l'environnement, et de ne retenir que les projets qui contribuent le plus à l'économie locale sur les plans de l'emploi, de la recherche et du développement, des technologies ou des techniques managériales. Le filtrage se distingue des mécanismes d'autorisation ou de délivrance de licences par sa nature discriminatoire pour les entreprises étrangères désireuses d'investir. Les procédures de filtrage basées sur des critères économiques figurent donc dans la liste des exceptions au traitement national dans les accords internationaux et la Déclaration de l'OCDE et les Décisions sur l'investissement international et les entreprises multinationales, et dans la liste des réserves au titre du Code de libération des mouvements de capitaux de l'OCDE. À des fins de transparence, les mécanismes de filtrage qui reposent exclusivement sur des considérations tenant à la sécurité nationale sont également recensés en vertu de la Déclaration (Encadré 4.1).

Les obligations imposées à des fins de filtrage peuvent décourager les investisseurs étrangers dès lors qu'elles constituent des obstacles imprévisibles et coûteux à l'entrée. Les critères d'approbation des investisseurs, comme l'intérêt national, sont souvent vagues voire non définis. Parfois arbitraires, incohérentes et dénuées de transparence, les conditions imposées peuvent créer des restrictions discrétionnaires et parfois relativement sévères, comme des limitations des prises de participation étrangères, ou des obligations de transfert de technologies ou de cessions d'actifs. Les mécanismes d'agrément génèrent en outre des coûts administratifs pour les États comme pour les investisseurs.

D'autres obstacles à l'IDE, comme les restrictions à l'emploi de personnel étranger à des postes clés, à l'accès des étrangers à la propriété foncière ou au rapatriement des bénéficies et de capitaux, affectent en outre la rentabilité ou la structure de l'activité. Par conséquent, même lorsque ces restrictions sont justifiées par les États par des considérations de politique publique, elles alourdissent les coûts de transaction pour les entreprises sous contrôle étranger par rapport à d'autres pays et peuvent avoir une incidence négative sur les décisions d'investissement des entreprises (Mistura et Roulet, 2019[12]). D'autres instruments d'action peuvent être mieux adaptés pour atteindre certains objectifs.

En ayant pour conséquence potentielle de dissuader les investisseurs étrangers, les restrictions à l'IDE entravent la concurrence et, partant, réduisent les gains de productivité du secteur concerné, voire de l'économie tout entière. Dans la région MENA, la faible concurrence dans le secteur privé, dominé par quelques grandes entreprises, est l'un des premiers freins au dynamisme de la croissance de l'emploi et des entreprises.[2] Les restrictions à l'IDE peuvent limiter l'entrée d'entreprises nationales comme étrangères et asseoir davantage la position dominante de quelques entreprises. Ainsi, dans la Tunisie d'avant 2011, les entreprises ayant des liens avec le gouvernement étaient plus actives dans les secteurs dont l'accès était restreint par le Code de l'investissement de 1993 pour les investisseurs étrangers. En outre, ces entreprises enregistraient de meilleures performances que leurs pairs en matière de parts de marché et de bénéfices, et ce principalement en raison de conditions d'entrée qui faisaient obstacle à toute concurrence (Rijkers, Freund et Nucifora, 2017[13]).

Au-delà des types de restrictions en vigueur, le manque de lisibilité et de transparence des lois et réglementations applicables à l'IDE peut également affecter l'entrée des investisseurs (voir le chapitre 3 pour plus de précisions sur l'importance d'un cadre de l'investissement cohérent). Dans la région MENA, le détail des mesures discriminatoires est souvent présenté dans des listes longues et fréquemment modifiées des secteurs non concernés par des restrictions, ce qui ne facilite pas la compréhension des règles en vigueur pour les investisseurs, notamment les petites entreprises dont les moyens sont limités. Dans un souci de transparence et de prévisibilité, il serait plus opportun d'établir une liste « négative », c'est-à-dire que tous les projets d'investissement étranger seraient autorisés sans aucune condition discriminatoire, hormis dans quelques secteurs ou segments d'activité expressément mentionnés dans la liste en question. Parmi les économies MENA considérées, seule la Jordanie a fait le choix d'une liste négative, tandis que la Tunisie et l'Algérie sont en passe d'adopter cette méthode. Néanmoins, si le pays opte pour ce type de liste, il importe qu'elle soit accessible à tous, suffisamment précise quant aux secteurs concernés, et facile à comprendre. En outre, un temps de latence important entre la publication de la législation autorisant une liste négative et celle des détails de cette liste, comme ce fut le cas en Tunisie, peut créer de la confusion, freiner les investisseurs, et ajouter un obstacle à la restriction proprement dite.

Les économies MENA ont tendance à être plus restrictives que leurs pairs

Malgré le coût économique de ces mesures, la quasi-totalité des États imposent des restrictions aux investisseurs étrangers. L'Indice de restrictivité de la réglementation de l'IDE établi par l'OCDE permet de comparer les restrictions statutaires à l'IDE réparties en quatre grandes catégories, dans plus de 70 pays (Encadré 4.2). Dans la région MENA, l'Égypte, la Jordanie, le Maroc et la Tunisie ont adhéré à la *Déclaration sur l'investissement international et les entreprises multinationales* de l'OCDE. À ce titre, ces pays se sont engagés à appliquer le traitement national, c'est-à-dire à ce que les entreprises opérant sur leur territoire et détenues ou contrôlées par des ressortissants étrangers ne connaissent pas un traitement moins favorable que les entreprises nationales, sous réserve d'une liste d'exceptions. Le score de ces pays au regard de l'indice reflète la liste des exceptions au traitement national qu'ils ont communiquée en vertu de l'Instrument relatif au Traitement national de l'OCDE, qui fait l'objet d'une mise à jour annuelle.[3] Les scores de l'Algérie, du Liban, de la Libye et de l'Autorité palestinienne sont quant à eux basés sur les réponses fournies par les autorités compétentes dans le cadre d'un questionnaire, et sur un examen exhaustif par le secrétariat de l'OCDE de la législation en vigueur dans chacune de ces économies.

La restrictivité en matière d'IDE varie fortement selon les pays et les régions (Graphique 4.1). Les pays de l'OCDE figurent parmi les moins restrictifs, tandis que les grands pays, les pays riches en ressources et les pays de la région Asie-Pacifique ont tendance à être les plus restrictifs. Les huit économies MENA examinées sont en moyenne plus restrictives que la plupart des pays couverts par l'indice, avec des disparités considérables entre elles. Le Maroc et l'Égypte prévoient des restrictions à l'investissement étranger qui se rapprochent du niveau de restrictivité affiché par les pays de l'OCDE. En revanche, l'Algérie, la Libye et l'Autorité palestinienne présentent les plus hauts niveaux de restrictivité parmi toutes les économies couvertes par l'indice. Les restrictions imposées par la Jordanie se situent dans le rang supérieur de l'indice, tandis que le degré de restrictivité de la Tunisie et du Liban est proche de la moyenne des pays non membres de l'OCDE couverts par l'indice.

Les scores élevés des économies les plus restrictifs de la région MENA résultent principalement de l'application de restrictions horizontales, dans divers secteurs, à la totalité ou la quasi-totalité des investisseurs étrangers. L'une des mesures les plus strictes est l'interdiction faite par l'Autorité palestinienne de prises de participation étrangères majoritaires dans tous les secteurs, à quelques exceptions près (comme les secteurs manufacturier, bancaire, de l'hôtellerie et de la restauration). Jusqu'à une date récente, l'Algérie plafonnait les participations étrangères à moins de 50 % du capital d'une entreprise dans tous les secteurs, mais cette restriction a été levée en 2020. La Libye interdit les investissements étrangers dans des secteurs relativement nombreux. Elle limite également l'entrée des investisseurs étrangers en leur imposant d'exercer leurs activités par le biais de co-entreprises dans lesquelles la participation étrangère doit rester minoritaire, ou d'utiliser des véhicules d'investissement de création détenus à 100 %, et sous réserve de l'approbation de l'État et d'exigences minimales discriminatoires en matière de capitaux propres. À l'exception de la Libye, aucune des économies MENA examinées ne régule l'entrée d'investisseurs étrangers par des mécanismes de filtrage dans l'ensemble des secteurs ; en revanche, quelques économies soumettent leur entrée dans certains secteurs à un agrément et/ou à des critères discriminatoires.

Encadré 4.2. Indice de l'OCDE de restrictivité de la réglementation de l'IDE

L'Indice de restrictivité de la réglementation de l'IDE est un indicateur de l'OCDE qui mesure le caractère restrictif des règles d'un certain nombre de pays en matière d'IDE. Cet indice, qui est actuellement disponible pour plus de 70 pays, dont les membres de l'OCDE et du G20, permet de comparer les politiques en matière d'IDE et d'identifier les domaines de réforme potentiels. Il est souvent utilisé seul pour mesurer la restrictivité des politiques d'IDE lors de l'examen des candidats à l'adhésion à l'OCDE ainsi que dans le cadre des Examens de l'OCDE des politiques d'investissement, notamment aux fins de l'évaluation des nouveaux adhérents à la *Déclaration sur l'investissement international et les entreprises multinationales*.

En ne s'intéressant pas à la mise en œuvre effective des restrictions formelles ni à d'autres aspects du cadre réglementaire de l'investissement, comme la prévalence d'entreprises sous contrôle de l'État ou les restrictions institutionnelles et officieuses susceptibles d'affecter le climat d'IDE, cet indicateur ne rend pas compte de manière exhaustive du climat d'investissement d'un pays donné. Néanmoins, la réglementation de l'IDE constitue un élément déterminant de l'attractivité d'un pays pour les investisseurs étrangers ; associé à d'autres indicateurs mesurant les différents aspects du climat d'IDE, l'indice peut donc contribuer à expliquer les différences d'attractivité des pays en matière d'IDE.

L'indice IDE couvre 22 secteurs dont l'agriculture, l'industrie minière, l'électricité, le secteur manufacturier et les principaux services (transport, construction, distribution, communications, immobilier, services financiers et services aux entreprises). Pour chaque secteur, le score est établi en fonction des éléments suivants :

- seuils autorisés pour les participations étrangères ;
- mécanismes de filtrage ou d'agrément appliqués aux entrées d'investissement direct étranger ;
- restrictions à l'emploi de personnel étranger à des postes clés (par ex., directeur général, expert technique) ;
- restrictions à l'exploitation (par ex., restrictions concernant l'accès à la propriété foncière, l'établissement de filiales ou de succursales, ou le rapatriement des bénéfices).

Les restrictions sont évaluées sur une échelle de 0 (ouvert) à 1 (fermé). L'indice de restrictivité global du pays est obtenu en calculant la moyenne des 22 scores sectoriels. Le critère d'évaluation principal des mesures est leur nature discriminatoire, à savoir le fait qu'elles s'appliquent exclusivement aux investisseurs étrangers. Les entreprises publiques et les monopoles d'État, dans la mesure où ils ne sont pas discriminatoires pour les étrangers, ne sont pas pris en compte. Pour les pays de l'OCDE et hors OCDE qui ont adhéré à la *Déclaration sur l'investissement international et les entreprises multinationales* de l'OCDE, l'indice ne tient compte que des restrictions statutaires à l'IDE figurant dans leur liste d'exceptions au traitement national et des mesures signalées pour des raisons de transparence au titre des instruments de l'OCDE, sans considération de leur application effective.

Pour les pays non membres de l'OCDE, les informations sont collectées dans le cadre d'examens des politiques d'investissement ou, si le pays ne fait pas l'objet d'une procédure d'examen, au moyen d'un questionnaire. Les informations réglementaires sont actualisées tous les ans, suite au contrôle des mesures relatives à l'investissement effectué dans le cadre d'une Table ronde de l'OCDE sur la liberté d'investissement pour les pays participants, et sur la base d'un contrôle *ad hoc* pour les autres pays.

Source : (Kalinova, Palerm et Thomsen, 2010[9])

Graphique 4.1. Indice de l'OCDE de restrictivité de la réglementation de l'IDE (MENA 2019)

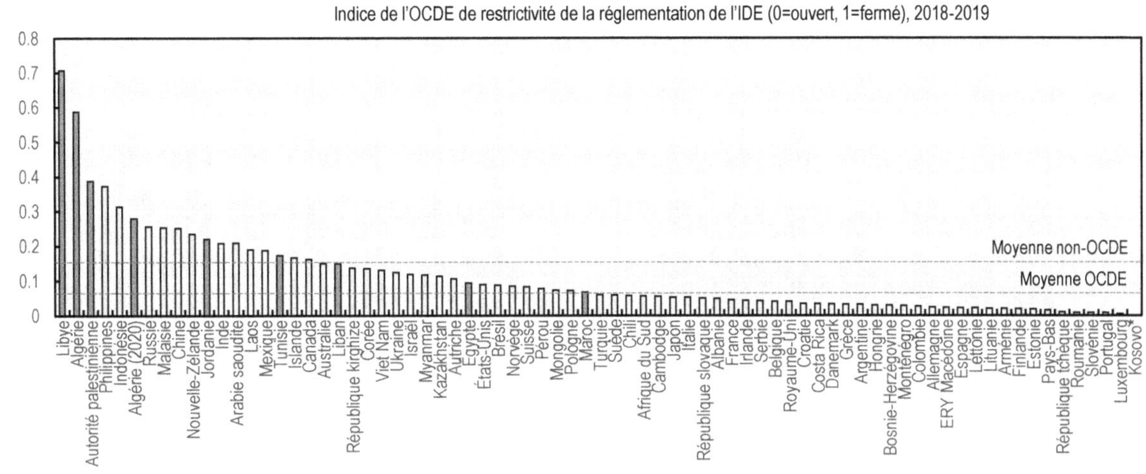

Note : l'Indice de restrictivité de la réglementation de l'IDE établi par l'OCDE s'attache uniquement aux mesures statutaires qui sont discriminatoires pour les investisseurs étrangers. L'application effective des réglementations, les restrictions tenant à la sécurité nationale, les monopoles d'État, les traitements préférentiels octroyés aux investisseurs tournés vers l'exportation et les régimes de zones économiques spéciales ne sont pas pris en considération. Les données rendent compte des restrictions réglementaires au mois de décembre 2019 pour les huit pays de la région MENA et 2018 pour tous les autres pays.
Source : Indice de l'OCDE de restrictivité de la réglementation de l'IDE (base de données), www.oecd.org/investment/fdiindex.htm.

Les économies MENA examinées appliquent également d'autres types de restrictions horizontales, comme limiter l'accès des étrangers à la propriété foncière (à l'image du Liban et de la Jordanie qui soumettent à autorisation l'achat par des étrangers de biens fonciers pour un usage commercial) ou accorder la préférence aux entreprises nationales pour l'accès aux marchés publics (c'est le cas de l'Algérie, de la Jordanie et de l'Autorité palestinienne). L'Algérie pose en outre des conditions au rapatriement des bénéfices par les investisseurs étrangers en ne garantissant le libre transfert des capitaux qu'aux investissements supérieurs à un seuil déterminé.

Au-delà de ces restrictions horizontales, la forme la plus courante de discrimination à l'égard des investisseurs étrangers dans les économies MENA examinées est l'application de limites spécifiques aux secteurs (Graphique 4.2) C'est également la restriction la plus répandue dans la plupart des pays couverts par l'indice. En outre, comme la majorité des économies, ceux examinées imposent davantage de restrictions dans les secteurs des services que dans le secteur manufacturier, qui est le plus souvent ouvert aux investisseurs étrangers (sauf lorsque des restrictions horizontales s'appliquent). Toutefois, les restrictions sectorielles y sont plus sévères et plus répandues que dans d'autres pays comparables, y compris d'Asie du Sud-Est et d'Amérique latine. Or, les restrictions concernant l'accès des investisseurs étrangers à certains secteurs peuvent limiter les gains de productivité potentiels dans l'ensemble de l'économie.

Graphique 4.2. Indice de l'OCDE de restrictivité de la réglementation de l'IDE par secteur (MENA 2019)

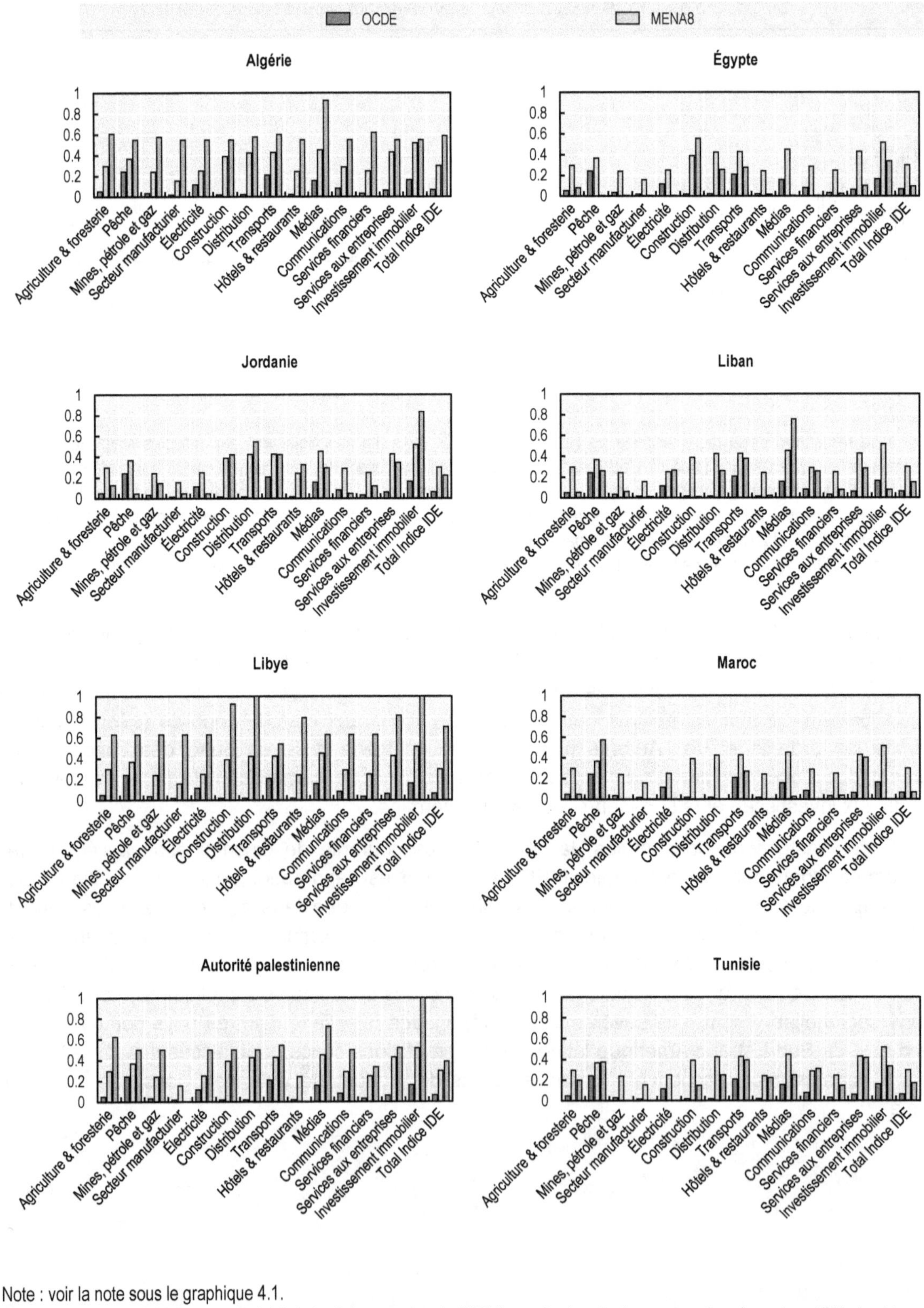

Note : voir la note sous le graphique 4.1.

Source : Indice de l'OCDE de restrictivité de la réglementation de l'IDE (base de données), www.oecd.org/investment/fdiindex.htm.

En entravant la concurrence dans le secteur des services, les restrictions alourdissent le coût des intrants de services, notamment financiers ou de logistique, pour les autres secteurs économiques. Des études empiriques ont mis en évidence une corrélation négative entre les niveaux de productivité du secteur manufacturier et les obstacles à la concurrence ou à la participation étrangère dans les secteurs des services (OCDE, 2015[14]) (OCDE, 2018[15]). Réformer l'accès au marché renforce la concurrence dans le secteur des services et accroît par conséquent la productivité. Les activités en aval bénéficient alors d'intrants de services de meilleure qualité, ou moins onéreux, ce qui se révèle essentiel pour faire progresser le secteur manufacturier dans la chaîne de valeur (voir le chapitre 8 sur l'encouragement de l'établissement de liens entre les PME et les entreprises étrangères dans les chaînes de valeur mondiales). Parmi les économies MENA examinées, les restrictions sont courantes dans les secteurs des services aux entreprises ainsi que des services financiers, de la distribution et des transports, qui constituent des intrants clés pour les autres secteurs. Au sein de l'OCDE ainsi que dans de nombreux pays d'Amérique latine, ces secteurs sont le plus souvent ouverts aux investisseurs étrangers, sous réserve de restrictions limitées dans les transports. Les restrictions à l'investissement étranger dans ces services sont plus importantes dans la région MENA que dans d'autres marchés émergents comme les pays de l'ASEAN, et plus particulièrement dans les services aux entreprises et de distribution, même si l'on constate d'importantes disparités dans les restrictions appliquées par les membres de l'ASEAN (OCDE, à paraître[16]).

Les restrictions sectorielles qui frappent les participations étrangères dans les économies MENA examinées sont les suivantes.

- Services aux entreprises et financiers : le Liban et la Tunisie limitent les prises de participation étrangères dans les services juridiques. La Tunisie et la Jordanie prévoient des restrictions dans l'ingénierie, la Jordanie limitant en outre le contrôle étranger des entreprises de conseil scientifique et technique. Les prises de participation étrangères dans les services d'architecture, de comptabilité et d'audit sont limitées au Maroc. L'Algérie, le Liban, la Jordanie et la Tunisie restreignent la participation étrangère dans certains services financiers.
- Distribution : le commerce de gros et de détail n'est ouvert qu'aux entreprises nationales en Égypte, en Libye et dans l'Autorité palestinienne. La Jordanie et le Liban plafonnent les prises de participation étrangères dans les services de distribution à moins de 50 %. En Tunisie, les participations étrangères majoritaires dans les entreprises de distribution sont soumises à une autorisation préalable de l'État.
- Transport : l'Algérie, l'Égypte, la Jordanie, le Liban, le Maroc et la Tunisie ont instauré des limites à la participation étrangère dans les entreprises de transport aérien et maritime. La Jordanie plafonne à moins de 50 % la participation étrangère dans les transports ferroviaire et routier, tandis que le Liban limite la participation étrangère dans le transport de fret par voie terrestre. La Libye interdit tout investissement étranger dans le transport routier et les services de transport auxiliaires dans les ports.
- Agriculture : l'Algérie et l'Autorité palestinienne interdisent toute possession étrangère de terres agricoles (mais l'Autorité palestinienne autorise les baux à long terme). L'Algérie interdit également tout investissement étranger dans la production, l'utilisation, le transport, l'importation et l'exportation de certains produits agricoles. Le Maroc autorise la location de terres agricoles par les investisseurs étrangers mais en interdit la propriété directe ; toutefois, un projet de loi envisage de revenir sur cette restriction.
- Immobilier : les investissements immobiliers étrangers sont interdits dans de nombreux cas de figure en Jordanie, en Libye et dans l'Autorité palestinienne.
- Construction : les participations étrangères dans le secteur de la construction doivent être inférieures à 50 % en Égypte et en Jordanie. En Tunisie, les prises de participation majoritaires sont soumises à l'autorisation préalable de l'État.
- Pêche : les investissements étrangers dans le secteur de la pêche sont interdits au Maroc et limités à une participation minoritaire au Liban.

Certaines des économies MENA examinées prévoient également des restrictions à l'emploi de personnel à des postes clés ainsi qu'à l'exploitation. Ainsi, le Liban exige que la majorité des voix aux conseils d'administration des sociétés par actions soit détenue par des nationaux, sachant que cette forme de société est obligatoire dans plusieurs secteurs des services comme les assurances, la banque et la finance. Les services aux entreprises, notamment les services d'audit, de comptabilité et d'assurances, sont visés par des exigences touchant au personnel et soumis à des accords de réciprocité dans plusieurs économies MENA, notamment l'Algérie, la Tunisie et l'Autorité palestinienne.

Plusieurs économies MENA ont levé d'importantes restrictions à l'IDE

Si les restrictions à l'IDE restent prédominantes dans les économies MENA examinées, certains gouvernements ont mené des réformes d'envergure au cours des dernières années afin d'assouplir les mesures discriminatoires frappant l'investissement étranger. L'Algérie a récemment entrepris de supprimer sa restriction la plus lourde, à savoir le plafonnement à 49 % des prises de participation étrangères au capital d'une entreprise, tous secteurs confondus. La loi de finances 2020 stipule désormais que les restrictions aux prises de participation étrangères ne s'appliquent que dans les secteurs qui revêtent un intérêt stratégique national ainsi que dans les services de distribution. Parmi les secteurs stratégiques cités par la loi figurent les minerais, l'énergie, l'industrie militaire, les aéroports, le ferroviaire, les ports et les produits pharmaceutiques (Gouvernement d'Algérie, 2020[17]).

La Jordanie a également allégé certaines de ses restrictions horizontales à l'IDE en supprimant notamment, en 2016, l'exigence de capital minimal pour les investisseurs étrangers (Règlement n° 77). La restriction plaçait les investisseurs étrangers dans une situation moins favorable que leurs concurrents jordaniens dans les secteurs à faible intensité de capital, notamment ceux fondés sur la connaissance, et a probablement nui à la compétitivité de la Jordanie par rapport à d'autres pays dont les exigences en matière de capitaux étaient le plus souvent inexistantes, sinon bien moindres. Auparavant, ces exigences étaient beaucoup plus sévères que les exigences non discriminatoires (visant tant les investisseurs nationaux que les investisseurs étrangers) en matière de capitaux prévues dans les pays de l'OCDE et les grands pays émergents comme la Chine, l'Indonésie, l'Inde et la Russie (OCDE, 2018[18]). La réforme de 2016 a également élargi les secteurs ouverts à un contrôle total par des non-Jordaniens. En 2019, la Jordanie a encore assoupli les restrictions visant les investisseurs étrangers dans certaines activités de services, notamment dans les secteurs de la construction, de la distribution, des transports et des médias (Règlement n° 80 de 2019).

La Tunisie a également levé une restriction significative à l'IDE dans sa Loi d'investissement de 2016. Auparavant, l'investissement étranger était soumis à autorisation préalable dès lors que la participation étrangère était supérieure à 50 % du capital de la société ; seules les activités entièrement tournées vers l'exportation étaient exemptées de cette obligation (OCDE, 2012[19]). En supprimant cette exigence, la loi de 2016 garantit le traitement national aux investisseurs étrangers à quelques exceptions près ; ainsi, dans certains secteurs, il subsiste des conditions aux participations étrangères ou l'obligation d'obtenir une carte de commerçant étranger (Gouvernement de Tunisie, 2018[20]). D'autres réformes ont récemment été entreprises dans la région, par exemple au Liban, qui a récemment adopté un amendement modifiant le Code du commerce et assouplissant la restriction concernant la présence de membres étrangers au conseil d'administration des sociétés par action libanaises (Loi n° 126 du 26/03/2019).

Ces réformes signent des avancées importantes vers un cadre d'investissement plus ouvert et plus prévisible pour les entreprises étrangères (voir le chapitre 3 consacré aux réformes du cadre juridique pour d'autres exemples de réformes législatives en matière d'investissement dans la région MENA). Les mesures de libéralisation ont modifié les positions de la Jordanie et de la Tunisie dans L'indice, et sont désormais plus proches de la moyenne non-OCDE. La position de l'Algérie devrait également évoluer dans celui de 2020 comme le suggère la simulation ci-dessous (Graphique 4.3). Il n'en reste pas moins que, dans ces trois pays, les obstacles à l'IDE continuent d'être plus importants que dans la moyenne des pays membres et non membres de l'OCDE. De même, l'Algérie et la Jordanie comptent toujours parmi les pays MENA examinés les plus restrictifs. Or, même dans les économies MENA qui font preuve d'une plus grande ouverture vis-à-vis de l'investissement étranger, les effets des restrictions encore en vigueur sur l'investissement en provenance de l'étranger et sur le développement économique sont mesurables.

Graphique 4.3. Suivi des réformes en matière d'IDE en Algérie, en Jordanie, au Liban et en Tunisie

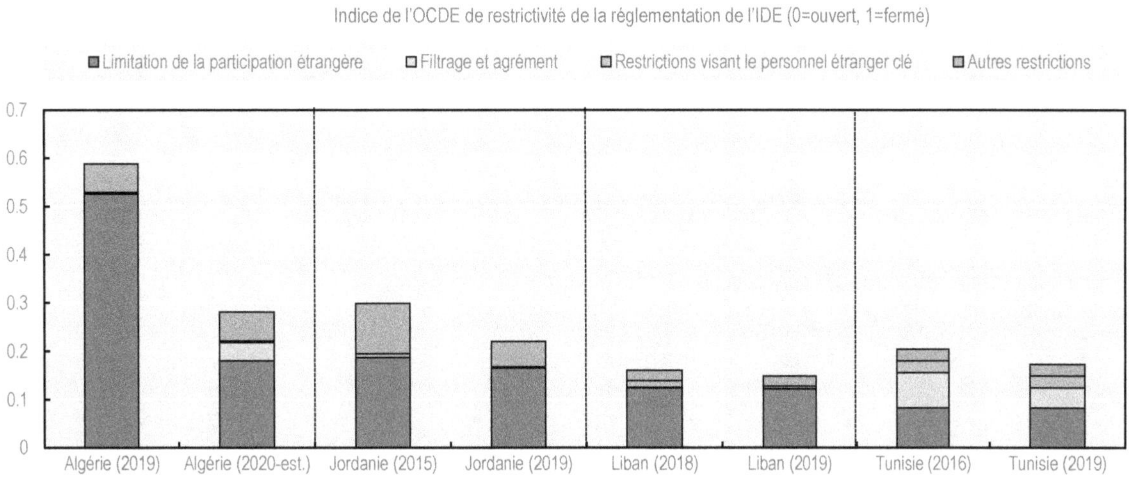

Note : les résultats ci-dessus reflètent principalement les modifications réglementaires intervenues dans les pays suivants : (1) Algérie : Loi de finances n° 20-07 de 2020 ; (2) Jordanie : Règlement n° 77 de 2016 relatif aux investisseurs non-jordaniens, et sa modification par le Règlement n° 80 de 2019 ; (3) Liban : Loi n° 126 de 2019 portant modification de certaines dispositions du Code de commerce libanais (n° 304 de 1942) ; (4) Tunisie : Loi sur l'investissement n° 2016-71 de 2016 et Décret gouvernemental n° 2018-407 de 2018 relatif à la publication de la liste exclusive des activités économiques soumises à autorisation et de la liste des autorisations administratives requises pour la réalisation de projets, les dispositions y afférentes et leur simplification.
Source : Indice de l'OCDE de restrictivité de la réglementation de l'IDE (base de données), www.oecd.org/investment/fdiindex.htm.

Le cas de l'Égypte semble confirmer que les investisseurs étrangers répondent favorablement aux réformes réglementaires uniformisant les règles du jeu pour tous les investisseurs. Les réformes de libéralisation du début des années 2000 coïncident en effet avec une hausse significative des entrées d'IDE même si, dans la même période, les flux mondiaux d'IDE ont également augmenté (Graphique 4.4).

Même partielles, les restrictions à l'IDE sont susceptibles de freiner l'investissement. Des travaux de recherche menés récemment par l'OCDE indiquent que les réformes de libéralisation peuvent produire des effets quantifiables et significatifs sur l'IDE (Mistura et Roulet, 2019[12]). Une baisse de 10 % du niveau de restrictivité en matière d'IDE tel que mesuré par l'indice pourrait accroître de 2,1 % en moyenne les stocks bilatéraux d'IDE entrant, toutes choses égales par ailleurs. Si cet effet moyen venait à se vérifier dans l'ensemble des pays et de manière uniforme, les économies plus restrictives pourraient espérer une hausse de 7 à 95 % des stocks d'IDE, moyennant un assouplissement des restrictions qui les porterait au niveau moyen de l'OCDE. Le stock d'IDE de l'Égypte pourrait par exemple connaître une hausse allant jusqu'à 37 % (OCDE, 2020[21]). En pratique, l'ampleur des effets des réformes de libéralisation de l'IDE serait appelée à varier suivant les pays, mais cette estimation donne une indication de la mesure dans laquelle les restrictions freinent l'investissement. Parmi elles, la limitation des participations étrangères est celle qui semble avoir la plus grande incidence sur l'IDE, suivie par les procédures de filtrage (Mistura et Roulet, 2019[12]). La persistance de ces deux formes de restrictions dans les économies MENA examinées suggère l'existence d'une marge importante de progression de l'IDE si les gouvernements poursuivent leurs réformes de libéralisation.

Graphique 4.4. Corrélation entre les réformes de libéralisation et le stock d'IDE en Égypte

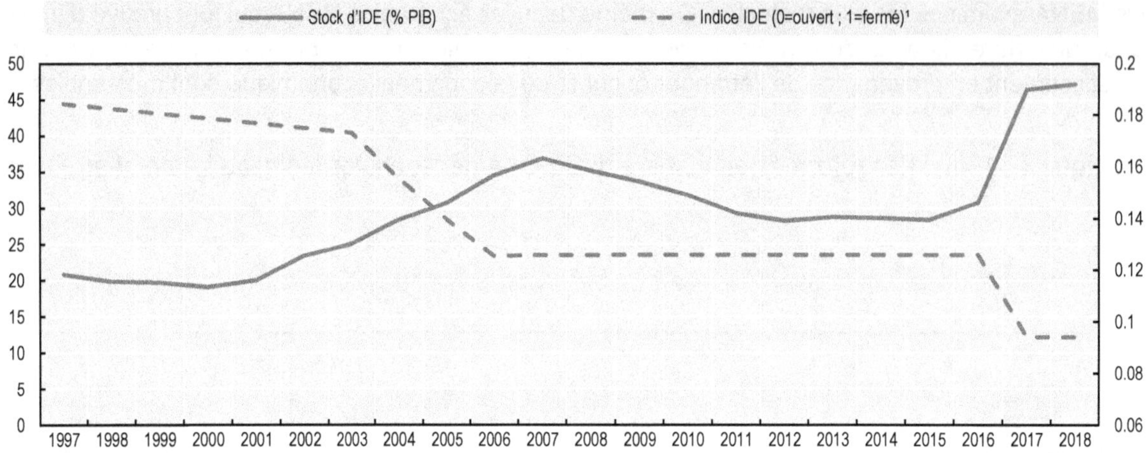

Note : interpolation linéaire des scores de l'index pour les périodes manquantes
Source: (OCDE, 2020[21])

Références

Atiyas, I., I. Diwan et A. Malik (2019), « Introduction », dans *Crony Capitalism in the Middle East*, Oxford University Press, http://dx.doi.org/10.1093/oso/9780198799870.003.0001. [8]

Banque mondiale (2018), *Privilege-Resistant Policies in the Middle East and North Africa: Measurement and Operational Implications*, Banque mondiale, Washington D.C., http://dx.doi.org/10.1596/978-1-4648-1207-1. [5]

Banque mondiale (2015), *Jobs or Privileges: Unleashing the Employment Potential of the Middle East and North Africa*, Banque mondiale, Washington D.C. [7]

Diwan, I., P. Keefer et M. Schiffbauer (2015), « Pyramid Capitalism: Cronyism, Regulation, and Firm Productivity in Egypt », *Center for International Development Working Paper*, n° 291, Harvard University, Cambridge. [1]

Gouvernement d'Algérie (2020), « Loi n° 20-07 du Chaoual 1441 correspondant au 4 juin 2020 portant loi de finances complémentaire pour 2020 », *Journal officiel de la République algérienne* 33, https://www.douane.gov.dz/IMG/pdf/loi_no20-07_du_04_juin_2020_portant_loi_de_finances_complementaire_pour_2020.pdf (consulté le 14 août 2020). [17]

Gouvernement de Tunisie (2018), *Décret gouvernemental n° 2018-417 du 11 mai 2018 relatif à la publication de la liste exclusive des activités économiques soumises à autorisation et de la liste des autorisations administratives requises pour la réalisation de projets*, http://www.legislation.tn/fr/detailtexte/D%C3%A9cret%20Gouvernemental-num-2018-417-du-11-05-2018-jort-2018-038__20180380041732 (consulté le 27 mai 2020). [20]

Kalinova, B., A. Palerm et S. Thomsen (2010), « OECD's FDI Restrictiveness Index : 2010 Update », *Documents de travail de l'OCDE sur l'investissement international*, n° 2010/3, Éditions OCDE, Paris, https://dx.doi.org/10.1787/5km91p02zj7g-en. [9]

Malik, A. et B. Awadallah (2013), « The Economics of the Arab Spring », *World Development*, vol. 45, pp. 296-313, http://dx.doi.org/10.1016/j.worlddev.2012.12.015. [22]

Mistura, F. et C. Roulet (2019), « The determinants of Foreign Direct Investment: Do statutory restrictions matter? », *Documents de travail de l'OCDE sur l'investissement international*, n° 2019/01, Éditions OCDE, Paris, https://dx.doi.org/10.1787/641507ce-en. [12]

Mistura, F. et S. Thomsen (2017), *Is investment protectionism on the rise? Evidence from the OECD FDI Regulatory Restrictiveness Index*, OCDE, https://www.oecd.org/investment/globalforum/2017-GFII-Background-Note-Is-investment-protectionism-on-the-rise.pdf (consulté le 28 mai 2020). [11]

Moran, T. (2009), *Foreign acquisitions and national security: what are genuine threats? What are implausible worries?*, http://www.oecd.org/investment/globalforum/44231367.pdf. [2]

Moran, T., E. Graham et M. Blomström (2005), « Conclusions and Implications for FDI Policy in Developing Countries, New Methods of Research, and a Future Research Agenda », dans Moran, G. et Magnus Blomström (dir. pub.), *Does Foreign Direct Investment Promote Development?*, Institute for International Economics, Washington, D.C. [10]

OCDE (2020), *Acquisition- and ownership-related policies to safeguard essential security interests: current and emerging trends, observed designs, and policy practice in 62 economies*, OCDE, Paris, http://www.oecd.org/investment/OECD-Acquisition-ownership-policies-security-May2020.pdf (consulté le 28 mai 2020). [4]

OCDE (2020), *OECD Investment Policy Reviews: Egypt 2020*, Examens de l'OCDE des politiques de l'investissement, Éditions OCDE, Paris, https://dx.doi.org/10.1787/9f9c589a-en. [21]

OCDE (2019), *Gouvernance d'entreprise dans la région MENA : Cadre d'action pour la compétitivité et la croissance*, Éditions OCDE, https://doi.org/10.1787/20776535. [6]

OCDE (2018), *Enhancing the legal framework for sustainable investment: Lessons from Jordan*, Jordan Competitiveness and Investment Project, OCDE, https://www.oecd.org/mena/competitiveness/Enhancing-the-Legal-Framework-for-Sustainable-Investment-Lessons-from-Jordan.pdf (consulté le 26 mai 2020). [18]

OCDE (2018), *OECD Investment Policy Reviews: Southeast Asia*, https://www.oecd.org/investment/oecd-investment-policy-review-southeast-asia.htm. [15]

OCDE (2015), *The Future of Productivity*, http://www.oecd.org/economy/growth/OECD-2015-The-future-of-productivity-book.pdf. [14]

OCDE (2012), *Examens de l'OCDE des politiques de l'investissement : Tunisie 2012*, Examens de l'OCDE des politiques de l'investissement, Éditions OCDE, Paris, https://dx.doi.org/10.1787/9789264179431-fr. [19]

OCDE (2008), « Freedom of investment, national security and 'strategic' industries », *Progress report published following the 7th Roundtable on Freedom of Investment, National Security and 'Strategic' Industries*, OCDE, Paris, http://www.oecd.org/investment/investment-policy/40473798.pdf (consulté le 28 mai 2020). [3]

OCDE (à paraître), *OECD Investment Policy Review of Indonesia 2020*, Éditions OCDE. [16]

Rijkers, B., C. Freund et A. Nucifora (2017), « All in the family: State capture in Tunisia », *2017*, vol. 124, pp. 41-59. [13]

Notes

[1] Les liens avec l'État peuvent se traduire par la présence de membres actuels ou anciens du gouvernement dans le conseil d'administration de l'entreprise, ou par l'existence de liens plus informels (par exemple de relations familiales ou personnelles). Pour plus de précisions sur les entreprises ayant des connections politiques et leurs impact sur la croissance économique, voir (Banque mondiale, 2015[7]), (Atiyas, Diwan et Malik, 2019[8]) (compilation d'analyses sur la région, Égypte, Maroc, Liban, Tunisie et Jordanie) ; (Diwan, Keefer et Schiffbauer, 2015[1]) (Égypte); (Rijkers, Freund et Nucifora, 2017[13]) (Tunisie).

[2] Voir, notamment : (OCDE, 2020[21]), (Banque mondiale, 2018[5]), (Banque mondiale, 2015[7]), (Malik et Awadallah, 2013[22])

[3] Le traitement national impose aux pays adhérents de notifier leurs exceptions au traitement national et définit des procédures de mise en œuvre de ces exceptions au sein de l'OCDE.

5 Accords internationaux d'investissement et règlement des différends

Au cours des dix dernières années, les économies MENA étudiées ont conclu un nombre important d'accords internationaux sur l'investissement et ont connu une augmentation du nombre de différends entre investisseurs et État. Le présent chapitre fait le point sur ces évolutions. Il met en avant la nécessité de considérer et d'engager des réformes, notamment sur la révision de la politique de traités, la clarification des dispositions juridiques et la mise en œuvre de mesures etde mécanismes de prévention des différends.

Résumé et considérations intéressant l'action publique

Les pays de la région MENA étudiés sont liés par un grand nombre d'accords internationaux d'investissement (AII). D'après des données publiques, les huit économies ont conclu au moins 420 traités bilatéraux d'investissement (TBI), dont 309 sont en vigueur (ce qui représente environ 13 % du total des TBI entrés en vigueur dans le monde), deux accords régionaux sur l'investissement (l'Accord unifié pour l'investissement du capital arabe dans les États arabes et l'Accord d'investissement de l'Organisation de coopération islamique), ainsi que plusieurs accords sur le commerce et l'investissement et d'autres accords internationaux se rapportant à l'investissement. Nombre de ces accords présentent les caractéristiques des traités dits de première génération, notamment des dispositions de fond relativement vagues et un manque de clarté qui peut donner lieu à t une interprétation large par les tribunaux d'arbitrage. S'inscrivant en cela dans une tendance internationale, certaines des huit économies étudiées ont entrepris une démarche de révision des politiques et pratiques en matière de traités d'investissement, mais des réformes plus poussées doivent être encouragées dans l'objectif d'assurer l'équilibre entre protection des investisseurs et droit des États à légiférer.

La région MENA a connu une forte augmentation des cas de règlement des différends entre investisseurs et États (RDIE) au cours de la dernière décennie. Le nombre connu de cas de RDIE visant un pays MENA sur le fondement d'un traité est de 84 (8.2 % du total mondial) – la majorité d'entre elles datant moins de dix ans. Les mécanismes de RDIE protègent les États et les investisseurs contre des comportements inadéquats, mais leur mise en œuvre, effets, coût, complexité, opacité et légitimité sont sujets à débats. Cette évolution et les préoccupations qu'elle suscite sont à l'origine d'un large mouvement de réformes internationales et nationales. Les économies MENA étudiées dans ce rapport sont encouragées à participer aux débats internationaux sur le RDIE et à réfléchir aux moyens de limiter l'exposition aux litiges et d'éviter la survenue de différends relatifs aux investissements.

La vague de demandes d'arbitrage émises par des investisseurs étrangers à l'encontre des États de la région MENA dans le sillage des soulèvements sociaux et politiques qui ont secoué ces pays à partir de 2011 semble montrer l'existence d'une corrélation entre crises politiques et économiques et multiplication des procédures de RDIE. Même s'il est sans doute trop tôt pour établir une telle corrélation dans le cas de cette nouvelle crise qu'est la pandémie de Covid-19, les États de la région MENA doivent rester vigilants, faire œuvre de sensibilisation et de pédagogie, et faire montre d'anticipation dans la prévention et la gestion des différends. Quelques-uns possèdent déjà des mécanismes de prévention des différends, et les cellules de crise formées par certaines agences de promotion des investissements (API) en réponse à la pandémie assurent aussi un rôle préventif. Ces initiatives devraient continuer d'être encouragées, et s'inspirer des bonnes pratiques existantes, afin d'accélérer leur mise en œuvre effective.

Considérations intéressant l'action publique

- Réviser la politique et la pratique en matière de traités d'investissement : prendre la mesure du réseau de traités, évaluer les coûts et les avantages des principales dispositions et leur effet potentiel et, le cas échéant, étudier les possibilités de révision des dispositions principales pour les mettre en conformité avec les priorités en cours ; ajouter de nouvelles précisions et assurer un meilleur équilibre entre la protection des investisseurs et le droit souverain de réglementer. Selon le contexte et la formulation du traité, il peut être possible d'atteindre ces objectifs par des interprétations communes convenues par les contractants. Dans d'autres cas, il peut être nécessaire de modifier le traité. Remplacer d'un commun accord les anciens traités peut également être approprié dans certains cas.
- Participer aux discussions multilatérales et régionales concernant les accords sur l'investissement et les mécanismes de règlement des différends, afin de sensibiliser aux enjeux, d'éviter les incohérences avec le réseau de traités bilatéraux, d'assurer l'homogénéité (notamment avec les lois et les conventions sur les investissements) et d'élaborer des réformes qui répondent à l'intention des États sans pour autant supprimer la protection des investisseurs. À cette fin, il est nécessaire de communiquer avec les parties aux traités et les secrétariats des organisations régionales concernées, de suivre les discussions en cours dans les enceintes internationales (OCDE, CNUDCI et CIRDI) et de participer activement à l'élaboration des prochains traités actuellement négociés, tels que le Protocole sur l'investissement de l'accord relatif à la Zone de libre-échange continentale africaine (ZLECAf).
- Envisager des réformes qui limiteraient l'exposition aux demandes d'arbitrage, en particulier en temps de crise – par exemple, l'introduction de dispositions juridiques plus claires et plus précises pour une meilleure cohérence de l'interprétation des tribunaux arbitraux, mais aussi des mécanismes de prévention et de gestion des litiges. S'inspirer pour cela des initiatives de certaines API de la région MENA en réponse à la crise du COVID-19 pour améliorer la communication avec les investisseurs et repérer les problèmes éventuels, et renforcer la coordination intra-gouvernementale et les mécanismes internes permettant de prévenir et de gérer les différends.

Les pays MENA sont signataires de très nombreux AII

Contenu et objet des accords internationaux sur l'investissement

Comme de nombreux autres de par le monde, les États de la région MENA ont pris des engagements internationaux garantissant aux investisseurs étrangers un traitement spécifique au travers d'un grand nombre d'accords internationaux sur l'investissement (AII), également appelés « traités d'investissement ». Ces engagements, pris dans le cadre de traités bilatéraux d'investissement (TBI), d'accords régionaux sur l'investissement ou des chapitres pertinents d'accords sur les échanges et l'investissement, confèrent certaines protections aux investisseurs qu'ils couvrent, en plus et indépendamment de celles offertes par la législation interne. Les investisseurs nationaux ne sont généralement pas couverts par ces instruments.

Les traités d'investissement contiennent généralement des garanties substantielles contre l'expropriation ou la discrimination des investisseurs couverts. Les dispositions garantissant un « traitement juste et équitable » (TJE) sont également courantes – et ont pu donner lieu à des interprétations très diverses. Malgré quelques exceptions récentes non négligeables, généralement, les traités d'investissement donnent aussi aux investisseurs protégés l'accès à des mécanismes de RDIE qui leur permettent de recourir à l'arbitrage international pour demander une compensation monétaire dans les cas où ils estiment que le pays d'accueil n'a pas respecté ses obligations. Si le droit national ne prévoit généralement pas d'indemnisation au-delà de situations clairement définies, telles que des cas d'expropriation, les traités offrent une grande latitude en la matière et, dans les affaires de RDIE, les investisseurs obtiennent souvent réparation par la voie d'une indemnisation.

La protection des investissements prévue par les traités peut jouer un rôle important pour promouvoir un environnement réglementaire propice aux investissements. Il arrive en effet que les États pratiquent l'expropriation ou la discrimination. En signant le traité, l'État accepte des contraintes légitimes sur ses politiques, offrant aux investisseurs une certitude et une prévisibilité plus grandes, et réduisant les risques injustifiés et le coût du capital. Les systèmes judiciaires et administratifs nationaux n'offrent aux investisseurs qu'un moyen pour se protéger. L'accès à l'arbitrage international en vertu des traités d'investissement donne aux investisseurs étrangers un levier supplémentaire important dans leurs relations avec les États d'accueil.

Les traités d'investissement sont souvent présentés comme un moyen d'attirer les investissements directs étrangers (IDE), ce qui est un objectif pour de nombreux pays. Toutes les études réalisées à ce jour n'ont pas permis d'établir clairement l'existence d'un tel lien (Pohl, 2018[1]). Certaines montrent que les traités ou les instruments qui abaissent les obstacles et les restrictions aux investissements étrangers ont plus d'effet sur les flux d'IDE que les TBI axés uniquement sur la protection post-établissement (Mistura et Roulet, 2019[2]). L'examen de ces hypothèses se poursuit, dans un nombre croissant d'études empiriques sur les objectifs des traités d'investissement et leurs résultats obtenus.

Traités bilatéraux d'investissement

Les pays MENA sont des signataires actifs de traités bilatéraux d'investissement (TBI). D'après les informations disponibles dans le domaine public, à la date de septembre 2020, les États MENA étudiés avaient conclu 420 TBI, dont 309 étaient considérés en vigueur (Graphique 5.1)[1]. Cela correspond à 13.1 % du total des TBI en vigueur dans le monde (2 340). À noter qu'un tiers de ces TBI conclus par des pays MENA (plus d'une centaine de traités au total) ne sont pas entrés en vigueur, c'est-à-dire qu'ils ont été signés, mais pas ratifiés, et n'ont donc pas de valeur juridique. Par ailleurs, certains TBI ont été dénoncés, tandis que d'autres ont été renégociés.

Au niveau mondial, l'Égypte se classe cinquième parmi les pays qui ont signé le plus de TBI, après l'Allemagne (129 traités), la Chine (125), la Suisse (112) et la Turquie (109), et à égalité avec le Royaume-Uni (100). Si l'Égypte n'a pas signé de TBI depuis 2014, le Maroc continue d'être actif, et a signé en janvier 2020, avec le Japon, son soixante-douzième TBI.

Le nombre des TBI conclus par les économies MENA a fortement augmenté dans les années 90, beaucoup moins par la suite. Ce ralentissement des signatures et, depuis peu, le recul du nombre de traités d'investissement en vigueur, constituent un phénomène global qui résulte de la politique de nombreux États. Pour les autres pays comme pour les économies MENA étudiées, il s'agit peut-être d'une conséquence de leur expérience du RDIE et du grand nombre d'affaires vécues en tant que partie défenderesse. Pour l'essentiel, les TBI signés par ces huit États l'ont été avec les pays de l'OCDE et le reste du monde, plus, en proportion, qu'avec les autres pays de la région MENA. La signature des Accords d'Abraham en septembre 2020 pourrait ouvrir la voie à des négociations de TBI entre le monde arabe et Israël, qui aurait déjà convenu avec les Émirats arabes unis de signer un accord bilatéral sur les investissements – le tout premier traité de ce type entre Israël et un pays arabe .

Graphique 5.1. Nombre total de TBI conclus par les huit économies, y compris avec d'autres pays MENA (juillet 2020)

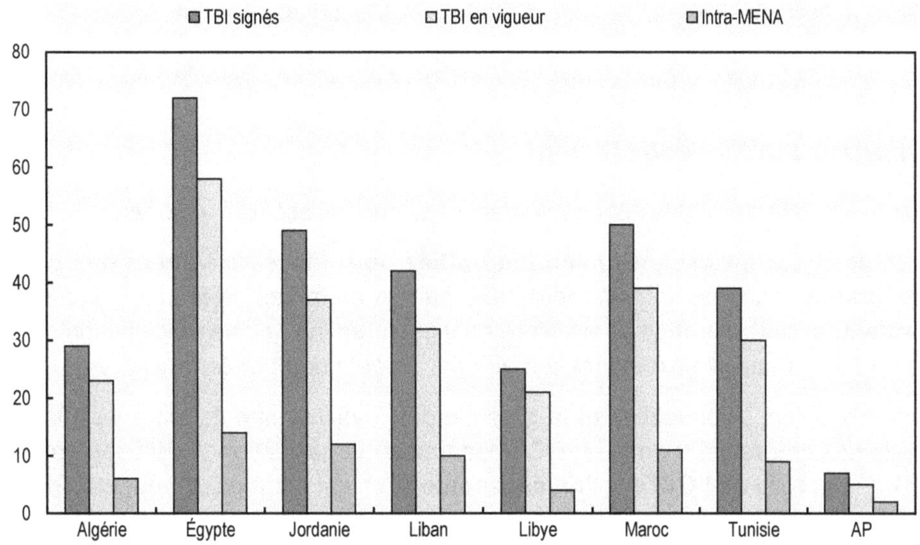

Source : site Web « Investment Policy Hub » de la CNUCED / Programme MENA-OCDE pour la compétitivité, 2020.

Les huit économies MENA étudiées ont également conclu des **accords économiques bilatéraux**, qui contiennent certaines dispositions concernant l'investissement – généralement axées sur la promotion des investissements et (ou) le commerce des services –, mais pas l'ensemble des dispositions de protection des investissements que l'on trouve généralement dans les TBI.

- Six des huit économies (c'est-à-dire, hors Libye et Autorité palestinienne) ont conclu des **accords d'association avec l'Union européenne**, qui ne contiennent pas de dispositions spécifiques sur l'investissement. À la suite des événements de 2011 dans la région, et dans l'optique de soutenir les transitions démocratique et économique qu'ils ont engendrées, la Commission européenne a obtenu un mandat pour négocier des accords de libre-échange approfondi et complet (ALEAC) avec le Maroc et la Tunisie. Ces accords, destinés à promouvoir progressivement une intégration économique plus poussée entre ces deux pays et l'UE, devraient couvrir un éventail complet de domaines réglementaires d'intérêt mutuel et, pour la première fois dans les accords de l'UE, l'accès au marché des investissements. Cependant, les négociations sont au point mort depuis quelques années ; seuls quelques cycles ont été menés, mais ils n'ont abouti à aucun résultat concret. Outre les obstacles politiques et techniques, on constate une résistance générale de la société civile et du patronat, ainsi qu'un manque de soutien politique.
- Plusieurs **accords de libre-échange** (ALE) ont été signés par des États de la région MENA, mais seul l'ALE entre le Maroc et les États-Unis contient un chapitre consacré à l'investissement intégrant des dispositions substantielles relatives à la protection des investissements. L'Égypte, la Jordanie, le Liban, le Maroc et la Tunisie ont conclu des ALE avec l'Association européenne de libre-échange (AELE : Suisse, Norvège, Islande et Liechtenstein). L'Égypte, le Maroc et la Tunisie ont chacun signé des ALE avec la Turquie ; l'ALE entre la Jordanie et la Turquie a été suspendu. La Jordanie a également conclu des ALE avec Singapour et les États-Unis.
- Quatre pays (Algérie, Égypte, Liban et Libye) ont signé des **accords-cadres sur le commerce et l'investissement** (TIFA) avec les États-Unis, avec lesquels ils n'ont pas d'ALE ; ces accords-cadres ne sont pas entrés en vigueur et ils visent uniquement à promouvoir les investissements.

- Plusieurs pays ont conclu avec le Royaume-Uni, en conséquence du Brexit et de l'accord de retrait négocié avec l'UE, des « accords de continuité » visant à maintenir des échanges commerciaux bilatéraux après le 31 décembre 2020 – qui ne contiennent toutefois pas de dispositions pour la protection des investissements. Ces accords ont été ratifiés par les pays concernés (Autorité palestinienne, Égypte, Jordanie, Maroc et Tunisie) au cours de l'année 2020 et sont entrés en vigueur le 1er janvier 2021 ; les négociations sont en cours pour l'accord avec l'Algérie (UNCTAD, 2020[3]).

Accords régionaux sur l'investissement

Les huit économies MENA de l'étude sont également liées par des accords régionaux sur l'investissement.

Un de ces accords régionaux est la **Convention unifiée pour l'investissement des capitaux arabes dans les pays arabes**, adoptée en novembre 1980 par les membres de la Ligue des États arabes (ci-après la « **Convention arabe unifiée** ») et entrée en vigueur en 1981. Une modification de la Convention a été adoptée en 2013, mais elle n'a été ratifiée que par un petit nombre de pays.

L'Accord sur la promotion, la protection et la garantie des investissements entre les États membres de l'Organisation de la Conférence islamique (OCI, désormais "Organisation de la coopération islamique"), conclu en 1981 (l'« **Accord de l'OCI sur l'investissement** »), est entré en vigueur en 1988 ; à ce jour il a été ratifié par 29 des 36 États signataires.

Ces deux textes présentent des caractéristiques semblables à celles de nombreux traités d'investissement plus anciens. Ils comprennent plusieurs dispositions de protection des investissements telles que l'interdiction de l'expropriation directe ou indirecte (hormis dans des cas prévus par la loi), la protection et la sécurité, et le traitement de la nation la plus favorisée (NPF), qui veut que chacun des États contractants traite les investisseurs ressortissants de l'autre État contractant non moins favorablement que les investisseurs d'autres pays en vertu de traités similaires. Toutefois, contrairement à de nombreux traités d'investissement, ces accords ne contiennent pas de dispositions sur le traitement juste et équitable ou de dispositions stipulant que les investisseurs étrangers ne doivent pas recevoir un traitement moins favorable que les investisseurs nationaux. Ils contiennent des dispositions relatives au règlement des différends entre investisseurs et État qui, jusqu'à une date relativement récente, étaient rarement invoquées. Lorsqu'elles sont interprétées par un tribunal arbitral, certaines dispositions de ces accords peuvent se révéler problématiques. Quoiqu'il en soit, la réforme de ces deux textes fait actuellement l'objet de discussions entre leurs États parties respectifs. Les tentatives de réforme de la Convention arabe unifiée peinent à réunir un consensus, nombre des signataires n'ayant pas ratifié la convention modifiée de 2013. Un projet de protocole relatif à la création d'un mécanisme permanent de l'OCI pour le règlement des différends liés aux investissements est actuellement examiné (voir ci-dessous).

D'autres initiatives d'intégration économique régionale, qui concernent seulement quelques-unes des économies MENA examinées, traitent de certaines questions touchant aux investissements, mais ne contiennent pas de protections substantielles des investissements ou de RDIE. La Libye et l'Égypte sont membres du Marché commun de l'Afrique orientale et australe et ont intégré la zone d'investissement commune du COMESA en 2007. L'Agence régionale d'investissement du COMESA est hébergée par l'Autorité générale pour l'investissement et les zones franches (GAFI) de l'Égypte. L'Algérie, la Libye, le Maroc et la Tunisie ont signé l'Accord sur l'investissement de l'Union du Maghreb arabe en 1990, qui n'est pas entré en vigueur – principalement pour des raisons politiques.

La Jordanie, avec le Yémen, sont les seuls pays de toute la région MENA à avoir ratifié le **traité sur la Charte de l'énergie (TCE)**. Le TCE est un accord multilatéral et sectoriel qui établit un cadre pour le commerce et l'investissement en vertu duquel les 53 États signataires offrent certaines garanties aux investisseurs dans le domaine de l'énergie. Les parties contractantes discutent actuellement de différentes options de réforme pour la modernisation du TCE. Ces discussions revêtent notamment de l'importance pour la Jordanie et le Yémen.

Une autre initiative ambitieuse est la **Zone de libre-échange continentale africaine** (ZLECAf), dont l'accord fondateur porte principalement sur des questions commerciales, mais devrait à terme se voir adjoindre un protocole sur l'investissement. L'Algérie, l'Égypte, la Libye, le Maroc et la Tunisie ont signé l'accord portant création de la ZLECAf, mais seuls le Maroc et l'Égypte l'ont ratifié. L'accord, qui est entré en vigueur en mai 2019, pourrait être l'occasion pour la région MENA de développer sensiblement les échanges commerciaux et les investissements avec le reste de l'Afrique. La crise du COVID-19 risque toutefois de retarder sa mise en œuvre (FAO, 2020[4]). L'ouverture du marché pour le commerce des biens et des services, initialement prévue pour juillet 2020, a été reportée (Signé et van der Ven, 2020[5]). Les négociations sur les protocoles relatifs aux investissements, à la concurrence et aux droits de propriété intellectuelle, qui devaient initialement s'achever en décembre 2020, pourraient également subir des retards. Le protocole sur l'investissement vise à promouvoir, protéger et faciliter les investissements durables et, à terme, à permettre la création de chaînes de valeur régionales qui stimuleront les investissements intra-africains.

Autres accords internationaux ayant trait à l'investissement

Les États de la région MENA ciblés sont parties à des accords internationaux contenant un volet sur l'investissement qui traite, par exemple, du règlement des différends relatifs aux investissements, de l'assurance des investissements et du commerce.

Tous à l'exception de la Libye sont parties à la convention de Washington instituant le Centre international pour le règlement des différends relatifs aux investissements (CIRDI) – la « **Convention de Washington** », dont le Maroc et la Tunisie ont été parmi les premiers signataires en 1965. Le CIRDI fournit un appui institutionnel en vue de la conciliation et de l'arbitrage de différends internationaux relatifs à l'investissement et a administré la majorité des affaires connues relatives à des investissements internationaux. Les économies de la région MENA, à l'exception de la Libye, ont également ratifié la Convention de 1958 pour la reconnaissance et l'exécution des sentences arbitrales étrangères (« **Convention de New York** »), qui est l'un des instruments clés de l'arbitrage international.[2]

Les économies de la région MENA sont membres de l'Agence multilatérale de garantie des investissements (la **MIGA**), qui a pour mission de promouvoir les apports d'investissement direct étranger en fournissant des garanties (assurance contre les risques politiques et rehaussement de crédit) aux investisseurs et aux créanciers.

L'Égypte, la Jordanie, le Maroc et la Tunisie sont membres de l'Organisation mondiale du commerce (**OMC**) et, à ce titre, doivent respecter certaines obligations relatives aux investissements. L'Algérie, le Liban et la Libye ont le statut d'observateur auprès de l'OMC[3]. L'Accord sur l'OMC et les Accords de l'OMC comprennent des dispositions relatives aux investissements. L'Accord général sur le commerce des services (AGCS), qui s'applique à tous les services entrant dans le commerce international, définit, parmi les façons d'échanger des services, l'installation d'une entreprise étrangère en vue de la fourniture de services dans un autre pays. L'accord sur les aspects des droits de propriété intellectuelle qui touchent au commerce (accord sur les ADPIC) étend aux services fournis par des entreprises étrangères la protection des brevets, du droit d'auteur et des marques. L'accord sur les mesures concernant les investissements et liées au commerce (MIC) vise à faciliter les investissements étrangers en prohibant certaines mesures liées au commerce qui concernent les investissements, telles que les exigences de contenu local. L'OMC a, par ailleurs, lancé des discussions structurées dans le but d'élaborer un cadre multilatéral pour la facilitation de l'investissement.

Il convient de noter que quatre pays de la région MENA ont adhéré à la Déclaration de l'OCDE sur l'investissement international et les entreprises multinationales ; il s'agit de l'Égypte (2007), du Maroc (2009), de la Tunisie (2012) et de la Jordanie (2013) (voir les chapitres 4 et 10 pour plus d'informations sur la Déclaration).

Vers une nouvelle génération de traités d'investissement

La majorité des traités d'investissement conclus par les économies MENA étudiées présentent les caractéristiques des accords de première génération conclus en nombre dans les années 1990 et au début des années 2000 – dispositions de fond relativement vagues, manque de clarté autorisant une interprétation au sens large par les tribunaux arbitraux, orientations limitées pour les procédures d'arbitrage. De nombreux pays, y compris ceux étudiés ici (en particulier le Maroc), ont entrepris de réformer leur politique et leur pratique en matière de traités d'investissement. Outre plus de précision dans la définition et la portée des normes et obligations de protection, les TBI de nouvelle génération reflètent un contrôle plus attentif des États sur l'équilibre entre la protection des investisseurs et le droit souverain de réglementer.

Dans ce contexte, les économies MENA étudiées sont encouragées à évaluer, individuellement et collectivement, et le cas échéant, à mettre à jour leur modèle de TBI et les traités d'investissement existants afin de les aligner sur les priorités actuelles. Les responsables de la politique devraient évaluer les coûts et les avantages des principales dispositions des anciens traités d'investissement telles qu'elles sont conçues et leur incidence possible sur les investisseurs étrangers et nationaux, en regard des intérêts légitimes de l'État en matière de réglementation et de son exposition potentielle aux actions en dommages-intérêts au titre du RDIE. Cette analyse peut être particulièrement judicieuse dans le contexte de la crise du COVID-19 (voir ci-dessous), et fournir l'occasion d'aborder la question des responsabilités des investisseurs (voir le chapitre 10 pour plus d'informations sur le comportement responsable des entreprises). Selon le contexte et la formulation du traité, il peut être possible d'expliciter le sens des anciens traités par des interprétations communes convenues entre les contractants. Dans d'autres cas, il peut être nécessaire de recourir à une modification du traité. La solution peut aussi consister à remplacer d'un commun accord les anciens traités dans le cadre de la négociation de nouveaux traités avec les mêmes parties (Encadré 5.1).

Encadré 5.1. Évolution récente des politiques relatives aux traités d'investissement et du RDIE

De nombreux États ont révisé et sensiblement modifié leur politique relative aux traités d'investissement au cours des dernières années.

- Le rejet par l'Union européenne du principe de l'arbitrage entre investisseurs et États a transformé la politique de l'UE sur les investissements, qui continue d'évoluer dans un cadre fait d'une remise en cause croissante par la société civile et les milieux universitaires et de contraintes elles aussi croissantes imposées par le droit européen. Les États membres de l'UE sont convenus en mai 2020 d'un accord portant extinction de tous les traités bilatéraux d'investissement conclus entre États membres de l'Union européenne (plus de 150 TBI au total) ; cet accord est entré en vigueur pour certains États membres en août 2020.
- Des partisans de longue date des traités d'investissement comme les États-Unis ont récemment exprimé des préoccupations sérieuses concernant la protection des investisseurs prévue dans les traités et ont soit supprimé les dispositions de fond relatives au RDIE, soit fortement réduit leur portée, notamment dans l'accord Canada–États-Unis–Mexique (ACEUM) entré en vigueur en juillet 2020.
- La politique de la Chine en matière de traités d'investissement continue d'évoluer, avec, d'un côté la nécessité de renforcer la protection des investisseurs alors que les investissements à l'étranger vont croissant, et de l'autre, les craintes concernant la réputation des entreprises chinoises à l'étranger et l'exposition éventuelle à des litiges – qui reste, à ce jour, mineure.
- L'Accord de Partenariat transpacifique global et progressiste (PTPGP) illustre l'extension d'un modèle de traité d'investissement modernisée, inspiré de l'Accord de libre-échange nord-

américain (ALENA), à un plus large éventail de parties – en l'occurrence, onze pays, dont plusieurs économies avancées. Depuis septembre 2020, le PTPGP est en vigueur entre l'Australie, le Canada, le Japon, le Mexique, la Nouvelle-Zélande, Singapour et le Viet Nam.

- Des pays du G20 grands importateurs de capitaux comme l'Inde, l'Indonésie et l'Afrique du Sud, ainsi que d'autres pays comme la Bolivie, l'Équateur, la Namibie, la Tanzanie et le Venezuela, excluent certaines dispositions protectrices des traités sur l'investissement ou dénoncent unilatéralement des accords existants. La Bolivie, l'Équateur et le Venezuela sont allés plus loin, en se retirant de la Convention de Washington, élément central du cadre institutionnel de nombreuses affaires de RDIE. Le Brésil a élaboré un nouveau modèle de traité d'investissement axé sur la facilitation des investissements et le règlement des litiges entre États sans recours au RDIE.
- La réforme multilatérale du RDIE a commencé. À l'issue d'une consultation de ses États membres et des contributions reçues des gouvernements, la Commission des Nations unies pour le droit commercial international (CNUDCI), par la voie de son organe directeur, a confié en juillet 2017 à son Groupe de travail III un large mandat pour élaborer des solutions de réforme du RDIE. Les 60 États membres de la CNUDCI ainsi que les nombreux États non membres disposant du statut d'observateur ont adopté par consensus le principe d'une réforme plurielle pour répondre aux préoccupations suscitées par onze aspects du RDIE.
- Les parties au traité sur la Charte de l'énergie (TCE), accord multilatéral entre une cinquantaine d'États qui établit un cadre pour le commerce et l'investissement dans le domaine de l'énergie, discutent actuellement de différentes options de réforme visant à « moderniser » le TCE. Ces négociations sont potentiellement très importantes, car le TCE est le traité d'investissement le plus fréquemment invoqué dans les affaires de RDIE : les investisseurs ont engagé plus de 130 affaires connues de RDIE sur le fondement du TCE depuis la première demande de ce type en 2001. Les négociations officielles dans le cadre du processus de modernisation du TCE ont débuté en novembre 2019. Une liste approuvée de sujets de discussion comprend toutes les dispositions substantielles sur la protection des investissements et le règlement des différends entre investisseurs et États. Le Secrétariat de la Charte de l'énergie a publié en octobre 2019 la liste de points à moderniser sur lesquels les parties contractantes au TCE se sont mises d'accord ; de son côté, l'UE a publié un ensemble détaillé de propositions en mai 2020.

Affaires de RDIE engagées dans la région au cours des dix dernières années

Les accords bilatéraux et régionaux d'investissement contiennent généralement des dispositions relatives au RDIE qui permettent à un investisseur étranger protégé d'intenter une action contre un pays d'accueil et de réclamer des dommages-intérêts en cas de violation des dispositions de l'accord, en plus ou à la place des recours prévus par le droit interne.

La majorité des traités d'investissement signés par les économies MENA examinées prévoient des mécanismes de RDIE. Ces mécanismes sont confiés à des tribunaux d'arbitrage sélectionnés au cas par cas pour trancher les litiges, une approche dérivée de celle de l'arbitrage commercial international. À l'instar de nombre de traités de première génération, la plupart des traités signés par ces huit États de la région MENA disposent en matière de RDIE en laissant un pouvoir décisionnel important aux arbitres, ou aux demandeurs et à leurs avocats. Par exemple, ils ne comportent généralement pas d'indications précises sur le champ d'application et les délais utiles (la « période de réflexion », pendant laquelle un règlement à l'amiable est censé être recherché) pour les actions que pourraient intenter les investisseurs protégés ; ils ne sont pas toujours cohérents sur les autres possibilités de règlement des litiges, le recours aux juridictions locales et l'arbitrage international ; ils ne mentionnent pas toujours le droit applicable dans les affaires de RDIE ; ils donnent aux demandeurs et à leurs avocats un pouvoir substantiel sur des points essentiels de procédure, notamment l'octroi aux parties du droit de nommer des arbitres ; enfin, ils n'abordent pas la question de la transparence du processus.

Les principales normes évoquées dans les requêtes sur le fondement d'un traité sont celles qui concernent la non-discrimination, le traitement juste et équitable (TJE) et l'expropriation indirecte – motifs juridiques les plus utilisés – ; immédiatement derrière viennent celles qui portent sur la protection et la sécurité intégrales des investisseurs et de leur investissement et sur le traitement national. Toutefois, ces normes font l'objet d'approches diverses dans les traités et, de même, sont diversement interprétées par les tribunaux arbitraux. Les dispositions imprécises et incohérentes telles qu'en contiennent de nombreux traités d'investissement ont une incidence sur les responsabilités juridiques et la défense des États dans les affaires fondées sur un traité.

Alors que les réformes de fond des AII et des mécanismes de RDIE font l'objet de discussions dans les enceintes internationales, certains États commencent à réviser les mécanismes de RDIE, tandis que d'autres proposent de s'en passer et de les remplacer par d'autres procédés.

Analyse de l'activité de RDIE

La multiplication des accords internationaux d'investissement s'est accompagnée d'une augmentation concomitante des affaires de RDIE sur le fondement d'un traité, faisant naître un certain nombre d'inquiétudes. Les économies de la région MENA, étant signataires de nombreux AII, ont été parties dans beaucoup d'affaires, notamment au cours de la dernière décennie (Graphique 5.2). Avec 37 affaires, l'Égypte est au cinquième rang mondial des États les plus souvent mis en cause dans les procédures connues de RDIE. Les affaires connues de RDIE sur le fondement d'un traité impliquant l'un des huit pays MENA étudiés étaient au nombre de 84 au 1er janvier 2020, soit 8.2 % du total mondial (1 023 affaires)[4]. La majorité (60 affaires) ont été engagées au cours de la dernière décennie.

Graphique 5.2. Nombre de litiges connus impliquant un pays MENA

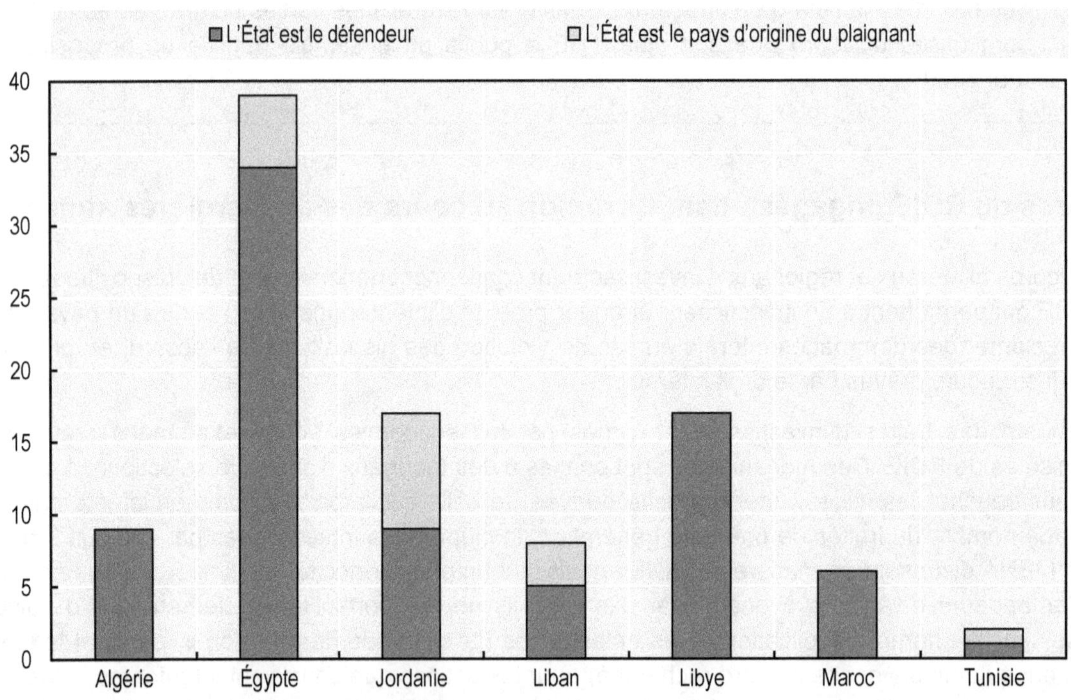

Source : site Web « Investment Policy Hub » de la CNUCED (2020)

Pour ce qui est des **résultats des procédures**, la région suit les tendances mondiales, à savoir qu'une majorité d'affaires se concluent en faveur de l'État : 37 % de tous les différends traités ont été tranchés en faveur de l'État, 29 % ont été tranchés en faveur de l'investisseur et assortis d'une indemnisation, et 21 % se sont soldés par un accord amiable (avant la saisie des arbitres) (Graphique 5.3)[5]. Parmi les actions récentes engagées par des investisseurs contre des États de la région MENA, certaines ont été rejetées pour des raisons de compétence (p. ex., *National Gas c/ République arabe d'Égypte*[6]), ou ont abouti à des décisions en responsabilité en faveur de l'État (p. ex., *Veolia Propreté c/ République arabe d'Égypte*[7]).

Graphique 5.3. Statut des affaires connues impliquant un des huit pays MENA étudiés

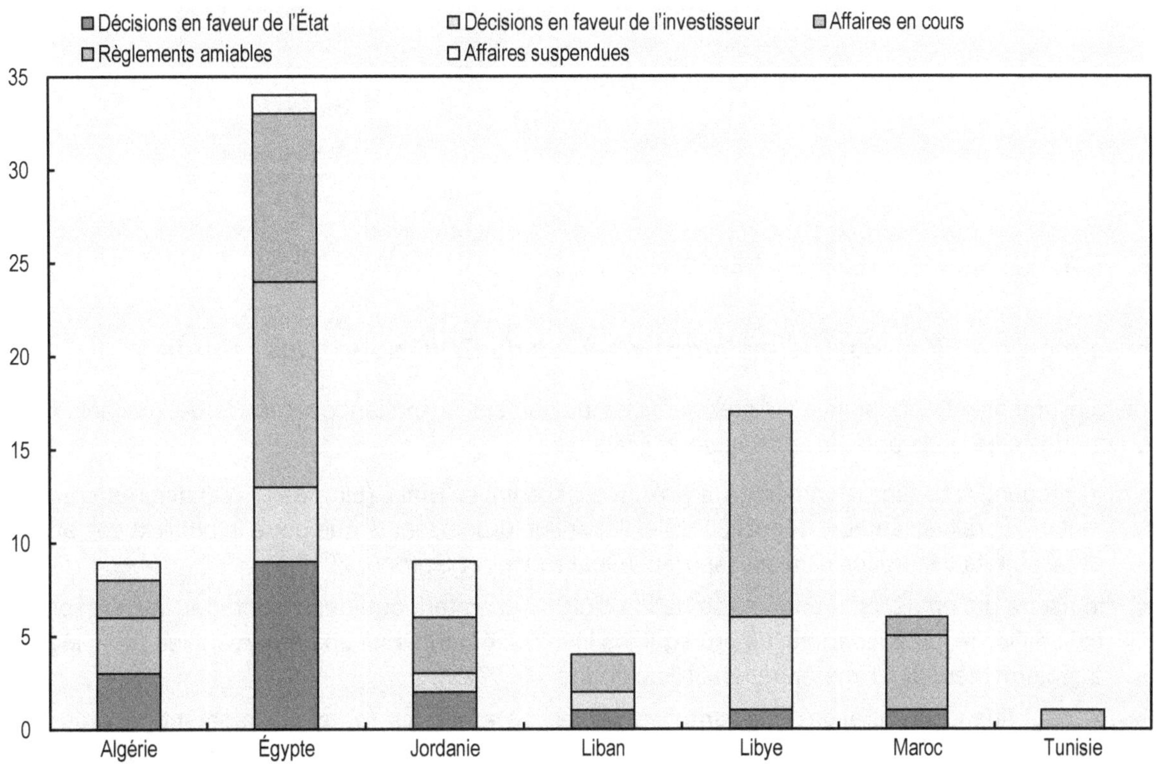

Source : site Web « Investment Policy Hub » de la CNUCED (2020)

Pour ce qui est du **choix du for**, les instances saisies sont diverses, notamment pour les affaires fondées sur l'Accord de l'OCI sur l'investissement et celles fondées sur la Convention arabe unifiée. Depuis la première procédure engagée sur le fondement de l'Accord de l'OCI sur l'investissement en 2011 par M. Al Warraq, un investisseur saoudien, à l'encontre la République d'Indonésie, une dizaine d'autres procédures d'arbitrage ont été intentées sur le fondement de cet accord (Hamida, 2013[6]).[8] [9] Aux termes de la Convention arabe unifiée, la Cour arabe de l'investissement est compétente pour régler les litiges en matière d'investissement – même si elle n'a plus instruit d'affaire depuis près de vingt ans. Depuis la première affaire (*Tanmiah c/ République tunisienne*, décision rendue en 2004), la Cour arabe de l'investissement ou un tribunal nommé en vertu de la Convention arabe unifiée a statué sur six affaires au moins (Hamida, 2006[7]) (Blanke, 2018[8]). Il convient de noter qu'il y a peu de données publiques disponibles sur ces affaires et les juridictions qui ont eu à en connaître.

Pour la **répartition des affaires par secteur économique** de l'investissement en cause, on constate, sans surprise, que la moitié des affaires connues dans la région MENA se concentrent dans deux grands secteurs : construction et infrastructures, et industrie des hydrocarbures (Graphique 5.4).

Graphique 5.4. Affaires de RDIE dans les pays MENA étudiés, par secteur d'activité

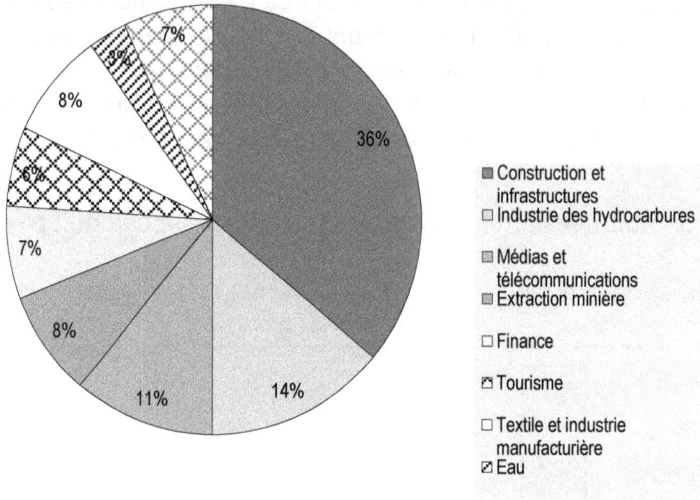

Source : site Web « Investment Policy Hub » de la CNUCED (2020)

Dans la région MENA aussi, la méfiance vis-à-vis du RDIE nourrit les réformes

Un certain nombre de constats et d'interrogations alimentent la méfiance vis-à-vis du mécanisme de règlement des différends entre investisseurs et États :

- le recours croissant à l'arbitrage entre investisseurs et États (plus de 1 000 affaires connues, malgré un ralentissement depuis 2015) et l'attention grandissante que porte le public à ces affaires et aux effets des traités d'investissement (Gaukrodger et Gordon, 2012[9]);
- le risque qui en découle pour la réputation d'un pays en tant que destination de l'investissement, et la difficulté, pour les États, de protéger les investissements tout en préservant leur droit légitime à réglementer dans l'intérêt général (Gaukrodger, 2017[10]);
- le coût financier engendré par certaines sentences arbitrales (p. ex., le montant accordé dans l'affaire *Unión Fenosa Gas c/ République arabe d'Égypte*, soit plus de 2 milliards USD en faveur de l'investisseur, ou dans l'affaire *Olin c/ État de Libye*, 18 millions USD). Voir les encadrés 5.3 et 5.4 ci-dessous pour plus d'informations ;
- le coût élevé de la conduite des procédures, notamment les frais de conseil juridique et de tribunal (évalués en moyenne à 10 millions USD par affaire en 2014) (Pohl, 2018[1]);
- la légitimité, la cohérence et la transparence du système (par exemple, l'impartialité des arbitres, la présence ou l'absence de mécanismes d'appel, le financement par des tiers, la confidentialité des litiges et des procédures, l'accès aux documents, les audiences publiques, les demandes reconventionnelles, l'exécution et la mise en œuvre des sentences arbitrales) ;
- la complexité technique croissante du RDIE et la capacité des pays en développement à préparer leur défense et à gérer les différends relatifs aux investissements ;
- les interactions entre les traités bilatéraux, les lois internes et les contrats d'investissement (Encadré 5.2).

Encadré 5.2. Interactions entre traités d'investissement, droit interne et contrats d'investissement

Une complexité supplémentaire des mécanismes de RDIE dans les traités d'investissement est l'existence de dispositions sur le règlement des différends dans deux autres types d'instruments : les lois nationales sur l'investissement et les contrats d'investissement entre l'investisseur étranger et l'État d'accueil. Dans la plupart des économies MENA examinées, le droit interne fait référence aux accords internationaux sur l'investissement. Pour déterminer la portée des réformes à envisager, il convient de prendre dûment en considération l'interaction de ces traités avec le droit interne. Les législateurs doivent chercher à assurer l'homogénéité de ces mécanismes, en évitant les incohérences.

Voici un bref récapitulatif des dispositions relatives au règlement des différends dans le droit interne des économies MENA étudiées (objet du chapitre 3).

- En **Algérie** et en **Libye**, la loi prévoit que le règlement des différends relève de la juridiction des tribunaux nationaux compétents, à l'exception des questions régies par des conventions multilatérales (ou par les obligations au titre d'accords spécifiques dans le cas de l'Algérie). La réforme de la loi algérienne en juin 2020 ne porte pas sur le RDIE, mais sur l'abrogation de la « règle 51/49 % » pour les secteurs non stratégiques.
- Au **Liban**, la loi sur les investissements ne mentionne que les cas de litiges entre l'Agence pour le développement des investissements (IDAL) et un investisseur à propos du « contrat global d'incitations », et les procédures d'accord amiable et d'arbitrage y associées.
- La loi-cadre de 1995 portant charte de l'investissement au **Maroc** n'évoque le règlement des différends que dans le contexte des possibilités offertes par le régime contractuel des grands projets d'investissement. Des dispositions plus étendues et plus détaillées figureront peut-être dans la nouvelle charte qui devrait bientôt remplacer le texte de 1995 (dont la période d'application était initialement fixée à dix ans, et dont la révision est en cours depuis quelques années).
- En **Tunisie**, la loi sur l'investissement stipule que les parties peuvent recourir à des procédures de conciliation ou à une institution d'arbitrage prévue par une convention telle que, au premier chef, le TBI conclu entre la Tunisie et l'État dont l'investisseur est ressortissant.
- En **Jordanie**, la loi de 2014 sur l'investissement prévoit la possibilité de recourir à l'arbitrage pour régler les éventuels litiges commerciaux pour les investisseurs nationaux et étrangers, et, pour les seconds, la possibilité de porter les différends relatifs aux investissements devant une instance d'arbitrage internationale par accord mutuel avec l'État.
- Depuis les révisions successives (2015 et 2017) de sa loi sur les investissements de 1997, l'**Égypte** offre une réglementation détaillée en matière de RDIE. En réponse à l'exposition croissante du pays aux actions d'investisseurs étrangers, un nouveau titre consacré à ce sujet a été ajouté à la Loi ; il encourage le règlement à l'amiable des litiges entre les investisseurs privés et les institutions publiques en prévoyant le « règlement alternatif des différends », ainsi qu'un examen administratif mené par trois comités spécialisés. Toutefois, « malgré la création de nouveaux organes de règlement des différends, le cadre institutionnel pour la résolution des différends investisseur-État reste excessivement complexe et pourrait de ce fait ne pas remplir sa fonction de la manière la plus efficace » (OCDE, 2020[11]).

Les investisseurs peuvent aussi parfois recourir à l'arbitrage fondé sur un contrat d'investissement, plutôt que sur une loi ou sur une convention bilatérale sur l'investissement. Les contrats d'investissement ne sont généralement pas réglementés par la loi sur l'investissement dans les pays de la région MENA, sauf, au Liban, en Jordanie et au Maroc dans le cadre de l'octroi d'incitations. Ces contrats peuvent être particulièrement problématiques, car ils ne sont généralement pas dans le domaine public ; on ne connaît pas leur contenu, qui peut être incompatible avec les traités bilatéraux d'investissement. En outre, ils sont souvent négociés sous la pression de gros enjeux associés à un projet d'investissement particulièrement volumineux ou hautement stratégique pour le pays d'accueil.

Dans les économies MENA étudiées, les imbrications entre les accords internationaux, le droit interne et les contrats relatifs aux investissements étrangers doivent faire l'objet d'une grande attention de la part des pouvoirs publics et être traités de manière cohérente et interinstitutionnelle. Les clauses-parapluie contenues dans nombre de traités et la pratique de chalandage des traités, par laquelle des investisseurs recherchent le bénéfice du traité le plus favorable créent des risques pour les États, qui doivent gérer correctement les différends relatifs aux investissements et défendre leurs droits dans le cadre d'un arbitrage.

La communauté internationale et les organisations multilatérales (CNUDCI, CIRDI, OCDE, CNUCED, UE) en particulier ont engagé des discussions sur la réforme du mécanisme du RDIE puis sur celle du système des AII. L'objectif est d'accroître la transparence, de renforcer l'économie judiciaire, de promouvoir des résultats robustes et cohérents, et de créer une prévisibilité pour les États concernés (encadré 5.1).

Au sein de la région MENA, certains pays ont commencé à réformer le système de RDIE. Deux exemples illustrent ce mouvement.

Le Maroc s'est attaché à réviser son approche des traités bilatéraux d'investissement ; publié en décembre 2019, son nouveau modèle de TBI contient certains éléments de réforme qui font écho aux obligations contenues dans d'autres AII[10]. Concernant le règlement des différends entre investisseurs et État, le modèle : 1) limite la gamme de différends pouvant être renvoyés au RDIE et délimite la portée de celui-ci, 2) établit un délai de prescription de trois ans pour l'accès au RDIE, 3) autorise l'État d'accueil à présenter une demande reconventionnelle si l'investisseur n'a pas respecté ses obligations (notamment celles relatives à l'interdiction de la corruption) et 4) exige l'épuisement des voies de recours internes avant la saisine de l'organe d'arbitrage. Le TBI Maroc-Nigeria, signé en 2016, introduit des dispositions visant la prévention des différends (voir ci-dessous) ; le TBI Maroc-Brésil, signé en 2019, en revanche, ne contient pas de dispositions prévoyant un mécanisme de RDIE, conformément à la volonté politique du Brésil. D'autres pays assez nombreux, dont l'Égypte, commencent aussi à exclure le RDIE ou à en limiter considérablement la portée.

Fin 2019, l'OCI disposait d'un projet de protocole relatif à la création d'un mécanisme permanent pour le règlement des différends liés aux investissements, qu'elle devait soumettre à ses membres. L'article 17 de l'Accord de l'OCI sur l'investissement de 1981 envisageait la création d'un organe permanent pour le règlement des différends découlant dudit accord et prévoyait, en attendant la création d'un tel organe, que les litiges pouvant survenir entre un investisseur et un État soient tranchés par voie d'arbitrage *ad hoc*. Comme indiqué ci-dessus, plusieurs investisseurs se sont effectivement prévalus de cet article pour soumettre une demande d'arbitrage. Or, dans certains cas, l'État défendeur a refusé de nommer des arbitres et le secrétaire général de l'OCI s'est abstenu de procéder à la formation du tribunal arbitral « parce qu'aucun délai n'avait été fixé pour la nomination des arbitres et que des États membres auraient exercé des pressions en affirmant n'avoir jamais consenti à l'arbitrage sur le fondement du traité »[11]. La création de cet organe permanent, qui fait écho à certaines évolutions dans d'autres régions comme l'UE, facilitera les procédures (encadré 5.1). Les États membres examinent également une proposition visant à rattacher le mécanisme à la Banque islamique de développement, à l'instar de ce qui a été fait pour le CRDI avec la Banque mondiale. Le mécanisme envisagé restreindra l'accès à l'arbitrage de l'OCI en matière d'investissements, car il impose plusieurs étapes préliminaires – épuisement des voies de recours internes devant les tribunaux nationaux, déni de justice, accord amiable entre les deux États – avant que puisse être engagée la procédure entre l'investisseur et l'État. Une commission d'appel est également prévue. Ces conditions préalables sont susceptibles de limiter le nombre d'arbitrages en RDIE portés devant l'OCI. La raison d'être de la réforme est donc de limiter les demandes d'arbitrage et de permettre à l'OCI de contrôler davantage le processus judiciaire, grâce à l'ajout d'une étape de négociation et d'un organe de règlement des différends comportant une instance d'appel.

La suite donnée à ce projet de protocole dans le cadre de l'OCI montrera l'étendue de la volonté de réforme des membres de l'Organisation et de leur ralliement au processus. Concernant les instruments de la Ligue des États arabes, la modification de la Convention arabe unifiée, en 2013, ainsi que les statuts de la Cour arabe de l'investissement, sont restés lettre morte, très peu de membres les ayant ratifiés.

Encadré 5.3. Étude de cas : l'affaire *Al-Kharafi c/ État de Libye*

Cette étude de cas donne un exemple de litige, son contexte, les montants accordés et ses résultats à travers les procédures d'annulation.

En 2006, le ministère libyen du tourisme a conclu un bail de 90 ans avec un investisseur koweïtien aux fins de la construction et de l'exploitation d'un complexe touristique. En 2010, constatant que la construction n'avait toujours pas démarré, le ministère libyen de l'économie a annulé le projet et a résilié le bail. En 2011, l'investisseur a introduit une procédure d'arbitrage sur le fondement de la Convention arabe unifiée. Le tribunal arbitral a été constitué et le Caire a été choisi comme for de l'arbitrage. Le tribunal arbitral a rendu une sentence arbitrale définitive et a ordonné à la Libye de payer ce qui suit :

- 5 millions USD au titre des pertes et des dépenses ;
- 30 millions USD au titre du préjudice moral ;
- 900 millions USD au titre du manque à gagner pour les 83 années de la durée du bail restant à courir ;
- 1.94 million USD au titre des frais d'arbitrage ;
- 4 % d'intérêts sur tous les montants à compter de la date de la sentence et jusqu'au règlement complet.

À l'énoncé de la sentence arbitrale, la Libye a introduit un recours en annulation devant la Cour d'appel du Caire, mais a été déboutée par cette juridiction. L'arrêt de la Cour d'appel a ensuite été contesté devant la Cour de cassation, laquelle a statué que, si la Convention arabe unifiée interdit en effet de contester la décision d'une juridiction arbitrale devant les tribunaux nationaux, elle n'interdit pas aux parties d'exercer un recours en annulation. Après une deuxième cassation, la Cour de cassation a renvoyé l'affaire devant la Cour d'appel afin qu'il soit statué au fond.

Dans un nouvel arrêt rendu en juin 2020, la Cour a annulé la sentence arbitrale sur le motif d'une grave erreur de droit ayant entraîné un manquement aux règles d'ordre public ainsi qu'en se fondant sur les notions d'équité et de justice. En outre, et c'est important, la Cour a exprimé son désaccord avec la méthode de calcul des dommages-intérêts, et a qualifié d'« excessivement injuste » et « inique » l'indemnisation de 900 millions USD fixée par le tribunal arbitral au titre d'un « manque à gagner résultant d'une perte de chances réelle et certaine », alors que le demandeur n'avait en tout et pour tout investi que 5 millions USD.

La Cour a conclu que, quoique n'ayant qu'une capacité très limitée pour réviser une sentence arbitrale, elle pouvait le faire lorsque cette dernière est contraire aux grands principes d'ordre public international tels que la proportionnalité des dommages et intérêts, et lorsque les arbitres excèdent leurs pouvoirs par une décision « irrationnelle » prise au « mépris manifeste du droit ».

Source : https://www.italaw.com/cases/2185 ; Kluwer Arbitration Blog, 19 juillet 2020, http://arbitrationblog.kluwerarbitration.com/2020/07/19/egypt-court-annuls-award-against-libya-on-the-substantive-ground-of-fundamental-error-of-law/?doing_wp_cron=1595496916.5686450004577636718750

Les crises peuvent être des périodes prospères pour le RDIE

Les mesures prises par les pouvoirs publics pendant les crises économiques et politiques, quand bien même elles sont d'utilité publique et non discriminatoires, peuvent favoriser une éclosion de différends opposant investisseurs et État. C'est en tout cas ce qui s'est produit après la vague de bouleversements sociaux et politiques survenus dans de nombreux pays MENA à partir de 2011. Dans la même veine, il est possible que les mesures adoptées durant la crise du COVID-19 aient un effet similaire sur la politique en matière de traités d'investissement. Si les conséquences à long terme de la crise du COVID-19 sur la politique relative aux traités d'investissement restent incertaines, le contexte pourrait inciter les États à reconsidérer le rapport dialectique entre la protection des investisseurs et le droit souverain de réglementer, y compris en temps de crise, le cadre national et international de l'investissement, afin de promouvoir la constance dans l'interprétation des dispositions clés et, en fin de compte, d'éviter de futurs litiges.

Lien entre périodes de crise et évolution des demandes d'arbitrage dans la région MENA

La région MENA a enregistré un nombre relativement important de litiges en matière d'investissement, ainsi qu'une augmentation de la fréquence des litiges au cours de la dernière décennie dans les pays touchés par des crises politiques et économiques. L'Égypte a été partie dans 37 affaires connues à l'encontre d'investisseurs étrangers, dont 24 survenues après les soulèvements de 2011 (six affaires en 2013) (encadré 5.4). Pour la Libye, la hausse a été substantielle, avec 17 affaires connues, dont 16 postérieures à 2011[12]. Il est à noter que nombre d'affaires sont confidentielles et ne sont pas rendues publiques et donc, pas enregistrées. Dans les autres pays, l'augmentation n'a pas été aussi forte. On remarque toutefois que, sur les neuf demandes d'arbitrage concernant l'Algérie, trois ont été déposées en 2017-2018 – une tendance qui pourrait s'accentuer dans un contexte d'agitation sociale. Au Liban, l'effondrement du système financier et l'incapacité dans laquelle se trouvent les investisseurs de rapatrier ou de convertir les fonds pourraient faire le lit d'une hausse du nombre des demandes de RDIE dans les années à venir[13].

Encadré 5.4. Tour d'horizon des affaires de RDIE touchant l'Égypte

Depuis 2011, l'Égypte a fait l'objet de 22 procédures d'arbitrage sur le fondement de la Convention de Washington, ce qui représente 65 % du total des affaires à son encontre depuis son adhésion à la Convention.

Dans sa précédente loi sur l'investissement, l'Égypte énonçait son consentement unilatéral à l'arbitrage du CIRDI. Le nombre de TBI se plaçant ainsi sous l'égide de la Convention de Washington (l'Égypte en a signé une centaine) peut également expliquer pourquoi le pays a été défendeur dans un tel nombre de procédures d'arbitrage.

Les TBI les plus fréquemment invoqués sont le traité Égypte-États-Unis d'Amérique (six affaires) et le traité Égypte-Royaume-Uni (cinq affaires). Les parties en présence incluaient dans la majorité des cas un État d'Europe occidentale (17 affaires), du Moyen-Orient (9 affaires) ou d'Amérique du Nord (7 affaires). L'Égypte a négocié et conclu la plupart de ces TBI sans en anticiper les implications futures. Les derniers TBI conclus stipulent que les différends doivent être d'abord soumis aux procédures administratives internes avant de passer à l'arbitrage. La plupart des actions étaient fondées sur le grief de l'expropriation directe ou indirecte (78 %), une clause commune aux TBI de l'Égypte. Dans les secteurs d'activité des investissements représentés venait, en tête, celui des hydrocarbures, suivi des industries extractives et du tourisme.

Le montant total des indemnisations réclamées s'élève à quelque 22.760 milliards USD. La majorité des sentences rendues l'ont été en faveur de l'Égypte et certaines affaires se sont soldées par un accord amiable.

Graphique 5.5. Nombre de cas CIRDI portés contre l'Egypte depuis 1972

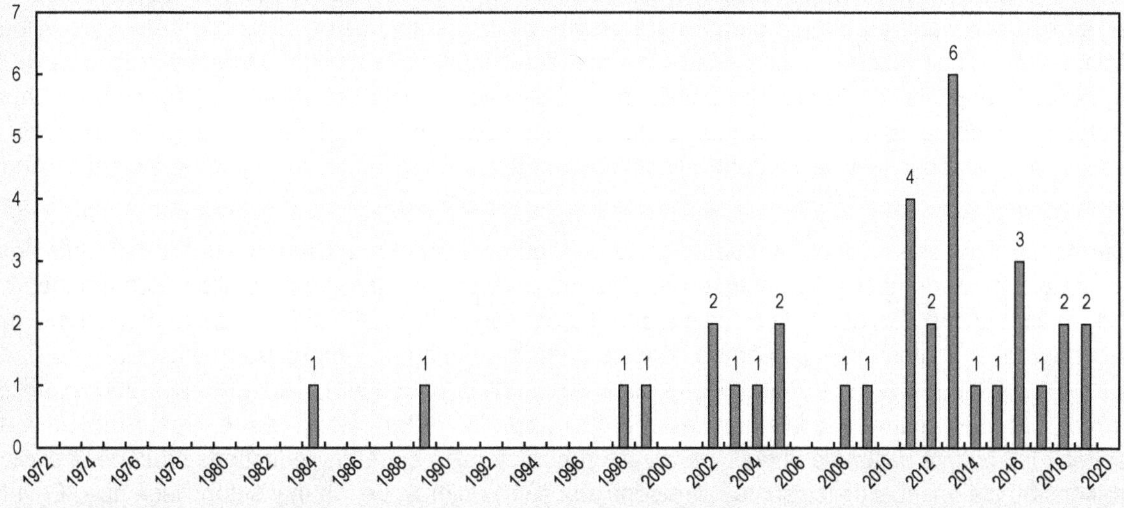

Source : OCDE et Kluwer Arbitration Blog, 15 mars 2020, http://arbitrationblog.kluwerarbitration.com/2020/03/15/after-48-years-at-icsid-1972-2020-an-overview-of-the-status-of-egypt-in-icsid-arbitrations/?doing_wp_cron=1593525394.4075820446014404296875

L'instabilité politique et les troubles sociaux ont été invoqués dans des affaires d'arbitrage concernant plusieurs pays MENA depuis 2011 (encadré 5.5) – même si, d'une part, tous les détails ne sont pas connus et, d'autre part, un tiers de ces affaires sont toujours en cours. Quelques actions introduites sur l'argument des troubles politiques et des turbulences économiques en ayant résulté ont été jugées recevables et ont abouti à une sentence en faveur de l'investisseur, mais les États défendeurs ont aussi bénéficié de décisions favorables, fondées soit sur des motifs de compétence juridictionnelle, soit sur le rejet de l'indemnisation demandée. Si, parmi les demandes d'indemnisation pour le préjudice subi du fait des événements politiques de 2011, certaines étaient légitimes, d'autres en revanche sont apparues infondées ou résultant seulement d'une tactique pour amener la partie adverse à un accord amiable[14].

Ce qui a découlé des printemps arabes ou de la crise argentine[15] tend à montrer que les crises économiques et politiques peuvent exposer les États à une flambée de demandes de RDIE fondées sur les TBI de première génération – même lorsque les mesures publiques qui constituent le grief étaient non discriminatoires et prises dans l'intérêt général. Dans certains cas, les investisseurs ont pu considérer le RDIE comme une occasion de se faire indemniser pour des pertes subies, que ce soit par le biais de l'arbitrage proprement dit, ou grâce au moyen de pression ainsi exercé sur l'État pour qu'il accepte un règlement à l'amiable, au lieu de s'engager dans une procédure longue et coûteuse.

Encadré 5.5. Études de cas : l'instabilité politique et sociale du « printemps arabe » devant l'arbitrage international

Dans les deux affaires étudiées ci-dessous, les défendeurs (en l'espèce, des États) avaient tiré argument de l'instabilité politique et des événements connexes pour introduire des revendications sur le fondement d'un traité.

L'affaire ***Unión Fenosa Gas c/ République arabe d'Égypte*** dont l'arbitrage s'est déroulé sous l'égide du CIRDI, concerne une requête en indemnisation introduite par un investisseur espagnol (usine de gaz naturel liquéfié à Damiette) s'estimant lésé par l'arrêt des approvisionnements en gaz que devait lui assurer une entreprise publique égyptienne aux termes d'un contrat d'achat de gaz. L'État égyptien a fait valoir que sa décision de donner la priorité à l'alimentation en gaz des centrales électriques nationales au détriment des exportations convenues avec l'investisseur était un acte de nécessité visant à rétablir la sécurité, l'ordre public et la stabilité du pays, à maintenir des services de base et à préserver les intérêts nationaux essentiels d'un « péril grave et imminent ». Selon l'État, des émeutes et des affrontements d'une violence sans précédent « menaçaient [alors] le fonctionnement élémentaire de la société et le maintien de la stabilité intérieure ». Ces événements étaient à l'origine d'une « chute spectaculaire de la production de gaz naturel destinée au marché intérieur et à l'exportation », responsable des coupures de courant à répétition qui avaient provoqué un regain de violences et de troubles.

Néanmoins, dans sa sentence rendue en 2018, le tribunal a estimé qu'il manquait des éléments pour étayer l'argument de nécessité invoqué par l'Égypte pour sa défense. La révolution a commencé en 2011, mais l'Égypte n'invoquait la force majeure qu'à partir de 2013. En outre, le tribunal a estimé que les événements ne pouvaient pas être à l'origine de la diminution de l'approvisionnement en gaz de la centrale, laquelle diminution s'était produite sur une période commençant avant et se poursuivant après la révolution. Le tribunal a également estimé que l'acte de l'État n'était pas le « seul moyen » de maintenir la sécurité nationale et qu'il y avait disproportionnalité entre les réductions pratiquées sur les livraisons au plaignant et celles sur les livraisons aux autres clients. Le tribunal a donc jugé que l'Égypte n'avait pas prouvé la nécessité fondant sa défense de selon le droit international coutumier. Le tribunal a rendu une sentence en faveur de l'investisseur, lui accordant une indemnisation de plus de 2 milliards USD. L'État s'est pourvu en annulation, procédure qui est toujours en cours.

Dans l'affaire ***Olin Holdings Ltd. c/ État de Libye***, confiée à un tribunal de la Chambre de commerce internationale (CCI), un investisseur chypriote réclamait à l'État de Libye une indemnisation pour expropriation illicite du terrain sur lequel il avait construit une usine de produits laitiers et de jus fruits. La Libye a fait valoir que le préjudice que l'investisseur avait pu subir après février 2011 était le résultat des désordres nés de la révolution, et non d'actes imputables à l'État.

Les arguments de l'État libyen n'ont pas convaincu le tribunal, qui a estimé que, si les événements de la révolution et de la guerre civile avaient pu influer sur le climat de l'investissement en Libye après 2011 et contribuer à la dégradation des résultats économiques de l'investisseur, ces événements ne sauraient suffire à expliquer les difficultés économiques de l'exploitation avant 2011. Le tribunal a retenu l'argument de la proportionnalité, ayant établi qu'un concurrent de l'investisseur avait, lui, connu une activité florissante au cours de la même période malgré les événements. Le tribunal a conclu que les événements de la crise libyenne ne pouvaient « être considérés comme un événement brisant le lien de causalité entre les violations du TBI par l'État de Libye et les difficultés d'exploitation d'Olin après 2011 ». La sentence rendue en 2018 fixait à 18.2 milliards USD (contre 105 millions USD initialement réclamés) le montant de l'indemnisation due à l'investisseur.

Source : *Unión Fenosa Gas c/ République arabe d'Égypte*, https://www.italaw.com/cases/2456, *Olin Holdings Ltd. c/ État de Libye*, https://www.italaw.com/cases/6667, Kluwer Arbitration Blog, 26 juillet 2019, http://arbitrationblog.kluwerarbitration.com/2019/07/26/impact-of-the-arab-spring-on-the-international-arbitration-landscape/

Crise du COVID-19 et activité de RDIE : une causalité incertaine

La crise du COVID-19 et ses retombées économiques créent un nouveau contexte aux implications incertaines pour la politique relative aux traités d'investissement. Les prophéties d'une nouvelle vague d'actions en RDIE naissant de cette crise n'ont pas été confirmées à ce jour, mais les conséquences de la crise à plus long terme restent incertaines.

La situation de pandémie mondiale a des implications importantes pour les investisseurs étrangers. L'arrêt des activités, la réorganisation des chaînes de production, le confinement des salariés, les nouvelles restrictions à l'exportation et les fermetures de frontières sont autant de mesures qui ont bouleversé ou interrompu les activités des entreprises multinationales (OCDE, 2020 a et b). Depuis le début de la crise, certains investisseurs ont notifié aux États la possibilité de litiges résultant des mesures d'urgence décidées par les gouvernements[16]. Toutefois, aucune demande n'a encore été enregistrée, mais certaines actions restent confidentielles et toutes les périodes de réflexion prévues dans les traités d'investissement concernés ne sont peut-être pas écoulées, même si les investisseurs les ont enclenchées à la première occasion. Il faut tenir compte, également, des appels à suspendre les demandes d'arbitrage liées aux investissements afin de ne pas entraver les efforts de redressement des économies lancés par les milieux universitaire et de la société civile[17].

La crise du COVID-19 a peu à voir avec les autres crises. La pandémie n'est pas le fait de décisions politiques, mais elle nécessite que les gouvernements prennent des mesures d'urgence dans des domaines de la politique publique qui touchent les investisseurs. Dans des circonstances aussi extraordinaires, d'une part, les investisseurs hésiteront probablement à intenter des actions au beau milieu d'une crise sanitaire indépendante du fait public – les arbitres peuvent être enclins à faire preuve de déférence à l'égard des mesures gouvernementales, tandis que l'opinion publique risque d'être sans pitié pour les investisseurs qu'elle verrait comme des profiteurs de guerre. D'autre part, le souci majeur des États sera peut-être de gérer la crise. Les évaluations de la nature et de la proportionnalité des mesures prises pendant la crise pourraient dans ce cas fournir une batterie d'arguments de poids aux investisseurs.

Par conséquent, même s'il est encore tôt pour cerner les effets définitifs de la crise sur l'utilisation du RDIE, le potentiel d'une augmentation des litiges ne doit pas être négligé ; pour les économies MENA étudiées, la vigilance doit donc être de mise. Leurs gouvernants sont encouragés à initier et sensibiliser tous les niveaux de l'administration (ministères, agences et administrations locales ou infranationales) aux enjeux en présence, à se rapprocher des investisseurs étrangers pour maintenir le dialogue et détecter les problèmes potentiels – comme le font déjà la plupart des API de la région – et à veiller à la bonne coordination des moyens internes pour prévenir et gérer les litiges éventuels. La crise peut également représenter une chance d'expérimenter, évaluer et exploiter les mérites des réformes envisageables pour les traités d'investissement et le système de RDIE, en suivant les discussions mondiales et en s'inspirant des dernières pratiques nationales. Les discussions sur les réformes pourraient se recentrer sur une problématique actuelle : sauvegarder la marge de manœuvre législative des États et leur mission de santé publique, sans renoncer à la protection effective des investissements et en fermant autant que possible la porte au risque de litiges entre investisseurs et État (Gaukrodger, 2017[12]) (Gaukrodger, 2017[10]). Les décideurs pourraient également explorer plus avant les options pour une approche régionale et une meilleure efficacité des accords régionaux, afin de promouvoir la cohérence des niveaux de protection, des droits et des obligations dans tout l'ensemble géographique, à l'instar de ce qui a été fait dans d'autres régions, notamment en Asie. Dernier objectif à ne pas perdre de vue : le renforcement des mécanismes de prévention et de gestion des différends.

Faire preuve d'anticipation dans la prévention et la gestion des différends

Les modes de règlement autres que l'arbitrage, les politiques de prévention et les mécanismes de gestion des différends sont des moyens utiles pour éviter les litiges potentiellement longs et coûteux. Les gouvernements des économies MENA examinées sont donc encouragés à étoffer les mécanismes de prévention et de règlement rapide des différends liés aux investissements, ainsi qu'à assurer une gestion efficace des affaires de RDIE, en s'inspirant de l'expérience d'autres États souvent mis en cause dans les affaires de RDIE.

Stratégies de prévention des différends

Les stratégies de prévention des différends sont des politiques et des mesures mises en œuvre à l'initiative des gouvernements pour limiter les possibilités de contentieux entre l'investisseur étranger et l'État d'accueil. L'objectif est de traiter les problèmes rencontrés par l'investisseur à un stade précoce, d'assurer le respect de procédures clairement énoncées, afin de retenir l'investissement sur le territoire du pays d'accueil et de prévenir la survenance de litiges. Le but est aussi, pour l'État concerné, de préserver sa réputation de pays d'accueil sûr et attrayant pour les investissements.

En fonction des objectifs, des besoins et de l'expérience du pays, une stratégie de prévention des différends comprend généralement :

- des systèmes de détection précoce – pour anticiper les problèmes – et de communication avec les investisseurs – pour en discuter avant qu'ils ne se transforment en différends (encadré 5.6) ;
- une formation des fonctionnaires des organismes et agences intervenant dans les projets d'investissement, afin de les sensibiliser aux obligations internationales et aux répercussions potentielles de leurs actes ;
- une coordination des institutions et une communication entre les organismes concernés ;
- un organe spécial chargé de la mise en œuvre des mesures et du suivi des litiges.

Encadré 5.6. Bonnes pratiques du Système de réponse aux réactions des investisseurs (SIRM) du Groupe de la Banque mondiale

- Organisme principal : un organe administratif créé ou désigné pour coordonner les informations et piloter la réponse aux griefs des investisseurs.
- Partage de l'information : permet à l'organisme principal de coordonner la diffusion des informations pertinentes aux organismes compétents les plus susceptibles d'être la source ou la cible de conflits (griefs) liés aux risques politiques ; ces informations peuvent concerner, notamment, les obligations prévues par les accords internationaux sur l'investissement.
- Mécanisme d'alerte précoce : permet à l'organisme principal d'être au courant de l'existence d'un grief le plus tôt possible.
- Méthodes de résolution des problèmes : permettent aux parties de rechercher une solution au conflit axée sur l'investissement.
- Prise de décision politique : toute solution trouvée doit recevoir l'approbation de l'autorité politique compétente, indispensable pour garantir qu'elle sera effectivement mise en œuvre.
- Exécution des décisions : garantit que la solution consensuelle convenue par les représentants de l'État et l'investisseur est connue et respectée par tous les autres organismes concernés.

Source : (Banque mondiale, 2019[13])

De nombreux pays ont adopté des stratégies de prévention des différends, y compris au sein de la région MENA. Les bonnes pratiques devraient inspirer la mise en œuvre de ces politiques. Certains pays, tels que la Colombie et le Pérou, ont établi un cadre législatif et réglementaire complet pour encourager la détection et la résolution précoces des différends relatifs aux investissements (OCDE, 2019[14]) (Joubin-Bret, 2015[15]). D'autres, comme le Chili, ont opté pour un système de prévention informel dans le cadre duquel des organismes sectoriels gèrent directement les différends avec les investisseurs. Certains gouvernements ont créé des comités interministériels pour conseiller les organismes de tutelle sectorielles sur les réclamations des investisseurs et superviser la défense de la personne publique dans les affaires de RDIE. Le Brésil a fait disparaître de ses accords bilatéraux sur l'investissement les dispositions relatives au RDIE, les remplaçant par un système de « points focaux nationaux » (ou médiateurs) désignés par chacune des parties au sein de son gouvernement pour traiter les griefs des investisseurs, et de « comités conjoints » composés des représentants des gouvernements des deux parties et chargés de l'administration de l'accord. Ce nouveau système est mis en pratique dans le TBI Maroc-Brésil signé en 2019, mais pas encore entré en vigueur[18]. La Corée obtient aussi de bons résultats en matière de résolution précoce des différends avec son Médiateur pour les investissements étrangers depuis la création de cet organe en 1999 (Nicolas, Thomsen et Bang, 2015[16]). Enfin, l'Ukraine a son Conseil du médiateur au service des entreprises, auquel les investisseurs peuvent s'adresser pour soumettre des griefs.

Certains États qui ont souvent été défendeurs dans des affaires de RDIE (tels que l'Argentine, l'Espagne, les États-Unis, le Canada et le Mexique) ont également mis en place, au sein du gouvernement, des équipes spécialisées de juristes qui s'occupent exclusivement de toutes les actions en RDIE contre leur pays sans recourir à des conseillers juridiques externes. Malgré les coûts que cela implique et le travail de coordination nécessaire, les économies MENA étudiées qui font face à un nombre élevé de litiges pourraient peut-être s'inspirer de ces expériences et envisager une voie similaire.

La Convention des Nations unies sur les accords de règlement internationaux issus de la médiation (Convention de Singapour sur la Médiation), qui est entrée en vigueur en septembre 2020 et que seule la Jordanie a signé à ce jour, pourrait également jouer un rôle central dans le règlement par la médiation des actions relatives à la protection des investissements.

Mécanismes de prévention des différends dans la région

Les économies MENA examinées avaient commencé à mettre en œuvre des politiques et des mécanismes de prévention des litiges, et la réaction des investisseurs à la crise du COVID-19 semble avoir accéléré le processus. En effet, plusieurs agences de promotion des investissements (API) de la région ont mis en place des cellules de crise en réponse à la pandémie et aux mesures d'urgence qu'elle a imposées (voir le chapitre 6 pour plus d'informations sur les API des pays MENA). Ces structures renseignent les investisseurs, répondent aux questions, collectent des informations sur les activités des investisseurs étrangers, coordonnent les réponses aux problèmes rencontrés par les investisseurs et apportent leur soutien à la mise en œuvre de solutions[19]. Il leur faut aussi interagir avec les structures de prévention et de résolution des différends qui existent déjà dans certains pays afin d'anticiper les griefs qui pourraient être faits.

En réaction à la vague de différends avec des investisseurs engendrée par les troubles politiques, l'**Égypte** a pris les devants en se dotant du dispositif le plus évolué de la région, et en proposant, de plus en plus, d'autres modes de règlement des différends pour résoudre des litiges commerciaux ou relatifs à des investissements. La modification de la loi sur l'investissement (2015) contient un nouveau titre portant création de trois comités pour le règlement extra-judiciaire des différends : un Comité des griefs, un Comité (ministériel) pour le règlement des différends relatifs à l'application de la loi sur l'investissement, et un Comité (ministériel) pour le règlement des différends relatifs aux contrats d'investissement. La nouvelle loi sur l'investissement (2017) a apporté des clarifications supplémentaires et a mis l'accent sur l'importance de l'accès à des mécanismes de règlement extrajudiciaire des différends pour les investisseurs. L'Autorité générale pour l'investissement et les zones franches (la GAFI) joue un rôle important dans la prévention des différends à un stade précoce, comme le reconnaissent les milieux d'affaires. Cependant, il faudrait peut-être clarifier davantage le rôle, le fonctionnement et le rattachement de chacun de ces organes et communiquer à leur propos, car ces différentes couches institutionnelles pourraient constituer un surcroît de complexité pour les investisseurs (OCDE, 2020c). Il convient également de noter l'initiative de l'Egyptian State Lawsuits Authority (ESLA), qui a créé un service pour gérer les litiges d'investissement entre des ressortissants étrangers et l'État égyptien, suivant en cela la tendance déjà mentionnée de nombreuses autorités à de doter d'une équipe spécialisée dans les affaires de RDIE.

En **Algérie**, l'Agence nationale de développement de l'investissement (ANDI) est responsable des stratégies et des priorités en matière d'investissement. Outre clarifier les rôles des différents intervenants dans le processus d'investissement, elle a également pour mission d'instaurer une commission interministérielle de recours chargée de recevoir et de statuer sur les doléances des investisseurs.

En **Jordanie**, la Commission de l'investissement (JIC) a récemment lancé une initiative ambitieuse en créant un Comité des griefs (dont le fonctionnement est précisé dans le texte *Grievance Hearing Instructions No. 1 of 2020*)[20]. Tout investisseur peut soumettre une demande d'examen de griefs au Comité, à condition de respecter les délais prévus pour la recherche d'un règlement à l'amiable dans le TBI ou le contrat d'investissement sur lesquels il fonde son action. Le Comité détermine dans les deux jours si la demande est urgente ou non (p. ex., si les faits allégués perturbent considérablement le fonctionnement ou la production de l'entreprise ou sont cause de l'interruption de l'activité). Le Comité peut rejeter ou accepter la demande. S'il l'accepte, il analysera les griefs, s'entretiendra avec l'investisseur, rédigera ses recommandations et les communiquera à l'administration concernée pour que celle-ci prenne les mesures appropriées, avec copie au demandeur. De plus, le Comité transmet au Premier ministre les demandes qu'il a examinées, en précisant si elles doivent être soumises au Conseil des ministres. Enfin, le Comité mettra en œuvre, le moment venu, le système informatisé de traitement des griefs dont la Commission a lancé la réalisation et qui doit faciliter les procédures. Ce Comité des griefs est une initiative très intéressante, même s'il est encore trop tôt pour évaluer sa mise en œuvre et vérifier son efficacité.

Un modèle intéressant vient du **Maroc**, avec le mécanisme contenu dans le TBI Maroc-Nigeria signé en 2016. Ce traité d'investissement prévoit une procédure innovante de pré-arbitrage pour la prévention et la résolution des différends, par la création d'un Comité conjoint et des dispositions de prévention des litiges. Le traité stipule qu'avant d'engager une éventuelle procédure d'arbitrage, tout différend doit être évalué par le biais de consultations et de négociations menées par le comité conjoint avec la participation de représentants de l'investisseur et de l'État d'accueil. Si le différend ne peut être résolu dans un délai de six mois, l'investisseur peut, après avoir épuisé les recours internes, recourir à un arbitrage international. Tel qu'il est défini dans le TBI Maroc-Nigeria, le rôle du Comité conjoint dans la prévention des différends est novateur par rapport à ce que l'on trouve dans d'autres accords existants comme l'Accord économique et commercial global (AECG) signé entre l'UE et le Canada, par exemple. Il reste à voir comment ce comité fonctionnera en pratique, car le traité n'a pas encore été ratifié par le Nigeria[21].

Références

Banque mondiale (2019), *Retention and Expansion of Foreign Direct Investment: Political Risk and Policy Responses*, World Bank Group, Washington, DC, http://documents1.worldbank.org/curated/en/387801576142339003/pdf/Political-Risk-and-Policy-Responses.pdf. [13]

Blanke, G. (2018), *Investment arbitration in the Middle East: basic trends and developments (Part 2)*, Thomson Reuters: Practical Law Arbitration Blog, http://arbitrationblog.practicallaw.com/investment-arbitration-in-the-middle-east-basic-trends-and-developments-part-2/ (consulté le 12 février 2021). [8]

FAO (2020), *Intra-African trade, the African Continental Free Trade Area (AfCFTA) and the COVID-19 pandemic*, Food and Agriculture Organziation of the United States (FAO), http://www.fao.org/3/ca8633en/ca8633en.pdf. [4]

Gaukrodger, D. (2017), « Addressing the balance of interests in investment treaties: The limitation of fair and equitable treatment provisions to the minimum standard of treatment under customary international law », *OECD Working Papers on International Investment*, n° 2017/3, OECD Publishing, Paris, https://dx.doi.org/10.1787/0a62034b-en. [10]

Gaukrodger, D. (2017), « The balance between investor protection and the right to regulate in investment treaties: A scoping paper », *OECD Working Papers on International Investment*, n° 2017/2, OECD Publishing, Paris, https://dx.doi.org/10.1787/82786801-en. [12]

Gaukrodger, D. et K. Gordon (2012), « Investor-State Dispute Settlement: A Scoping Paper for the Investment Policy Community », *OECD Working Papers on International Investment*, n° 2012/3, OECD Publishing, Paris, https://dx.doi.org/10.1787/5k46b1r85j6f-en. [9]

Hamida, W. (2013), « A Fabulous Discovery: The Arbitration Offer under the Organization of Islamic Cooperation Agreement Related to Investment », *Journal of International Arbitration*, vol. 30/6, pp. 637-663. [6]

Hamida, W. (2006), « The first Arab investment court decision », *Journal of World Investment and Trade*, vol. 7/5, pp. 699-721, http://dx.doi.org/10.1163/221190006X00360. [7]

Joubin-Bret, A. (2015), « Establishing an International Advisory Centre on Investment Disputes? », *E15Initiative (E1) Working Paper*, the International Center for Trade and Sustainable Development and the World Economic Forum, http://e15initiative.org/publications/establishing-an-international-advisory-centre-on-investment-disputes/. [15]

Mistura, F. et C. Roulet (2019), « The determinants of Foreign Direct Investment: Do statutory restrictions matter? », *OECD Working Papers on International Investment*, n° 2019/01, OECD Publishing, Paris, https://dx.doi.org/10.1787/641507ce-en. [2]

Nicolas, F., S. Thomsen et M. Bang (2015), « Lessons from Investment Policy Reform in Korea », *OECD Working Papers on International Investment*, n° No. 2013/0, OECD Publishing, Paris, https://doi.org/10.1787/18151957. [16]

OCDE (2020), *Investment in the MENA region in the time of COVID-19*, OECD Policy Responses to Coronavirus (COVID-19), http://www.oecd.org/coronavirus/policy-responses/investment-in-the-mena-region-in-the-time-of-covid-19-da23e4c9/ (consulté le 11 février 2021). [17]

OCDE (2020), *OECD Investment Policy Reviews: Egypt 2020*, OECD Investment Policy Reviews, OECD Publishing, Paris, https://dx.doi.org/10.1787/9f9c589a-en. [11]

OCDE (2019), *OECD Investment Policy Review of Southeast Asia*, https://www.oecd.org/investment/oecd-investment-policy-review-southeast-asia.htm. [14]

Pohl, J. (2018), « Societal benefits and costs of International Investment Agreements : A critical review of aspects and available empirical evidence », *OECD Working Papers on International Investment*, n° 2018/1, OECD Publishing, Paris, https://dx.doi.org/10.1787/e5f85c3d-en. [1]

Signé, L. et C. van der Ven (2020), *How the AfCFTA will improve access to 'essential products' and bolster Africa's resilience to respond to future pandemics*, Brookings: Africa in Focus, https://www.brookings.edu/blog/africa-in-focus/2020/04/30/how-the-afcfta-will-improve-access-to-essential-products-and-bolster-africas-resilience-to-respond-to-future-pandemics/ (consulté le 12 février 2021). [5]

UNCTAD (2020), *IIA Issues Note: The changing IIA landscape: New treaties and recent policy developments*, UNCTAD, https://unctad.org/en/PublicationsLibrary/diaepcbinf2020d4.pdf. [3]

Notes

[1] Il est difficile d'être précis sur le statut exact de ces traités d'investissement en raison de certaines incohérences dans les données publiques disponibles et du manque de sources gouvernementales, en particulier concernant les dates d'entrée en vigueur. Les chiffres présentés dans ce chapitre s'appuient sur le contenu du site Web « Investment Policy Hub » de la CNUCED, https://investmentpolicy.unctad.org/international-investment-agreements/by-economy.

[2] La Jordanie a par ailleurs signé en 2019 la Convention des Nations unies sur les accords de règlement internationaux issus de la médiation (« Convention de Singapour sur la Médiation »), qui s'applique aux litiges commerciaux. Aucun des pays MENA étudiés n'a signé la Convention des Nations unies sur la transparence dans l'arbitrage entre investisseurs et États fondé sur des traités (dite « Convention de Maurice sur la transparence ») depuis son adoption en 2014. Parmi tous les États de la région Moyen-Orient et Afrique du Nord, seuls deux l'ont signée : l'Irak et la Syrie,

[3] Les négociations en vue de l'accession de ces trois pays à l'OMC sont au point mort. Le groupe de travail pour l'Algérie, créé en 1987 et a tenu sa douzième réunion en 2014. Le groupe de travail pour la Libye, créé en 2004, ne s'est jamais réuni. Le groupe de travail pour le Liban, créé en 1999, s'est réuni pour la septième fois en 2009.

[4] CNUCED, Investment Dispute Settlement Navigator https://investmentpolicy.unctad.org/investment-dispute-settlement

[5] Données du site Investment Dispute Settlement Navigator de la CNUCED, d'après les données publiques concernant les procédures connues d'arbitrage international investisseur-État sur le fondement d'un AII (données de facto non exhaustives, puisque certaines procédures demeurent confidentielles), classées en trois catégories selon la conclusion de la procédure d'arbitrage originelle :
- Décision en faveur de l'État : le tribunal a déclaré la demande irrecevable pour défaut de compétence ou a statué que l'État défendeur n'avait pas agi en violation de l'AII applicable.
- Décision en faveur de l'investisseur : le tribunal a statué que l'État défendeur avait commis une ou plusieurs violations de l'AII applicable et a accordé une indemnisation pécuniaire ou non pécuniaire à la partie demanderesse.
- Règlement amiable : les parties ont réglé le litige par la voie d'un règlement amiable et mis fin, de ce fait, à la procédure arbitrale.

[6] https://www.italaw.com/cases/2494

[7] https://www.italaw.com/cases/2101 ; Kluwer Arbitration Blog, 22 janvier 2020, http://arbitrationblog.kluwerarbitration.com/2020/01/22/2019-in-review-a-view-from-north-africa/

[8] *Hesham T.M. al Warraq c/ République d'Indonésie*, https://www.italaw.com/cases/1527

[9] *Investment Arbitration Reporter*, 11 août 2020, https://www.iareporter.com/articles/oic-round-up-an-update-on-pending-arbitration-cases-lodged-under-the-oic-investment-agreement/

[10] International Institute for Sustainable Development, *Investment Treaty News*, 20 juin 2020, https://www.iisd.org/itn/2020/06/20/moroccos-new-model-bit-innovative-features-and-policy-considerations-hamed-el-kady-yvan-rwananga/

[11] Kluwer Arbitration Blog, 29 décembre 2019, http://arbitrationblog.kluwerarbitration.com/2019/12/29/investment-dispute-settlement-body-of-the-organisation-of-islamic-cooperation-a-dead-end-for-claims-under-the-oic-investment-agreement/

[12] IAReporter, 11 août 2020, https://www.iareporter.com/articles/libya-round-up-new-tribunals-a-discontinuation-and-further-details-about-a-number-of-investment-arbitrations-against-the-state/

[13] Kluwer Arbitration Blog, 8 mars 2020, http://arbitrationblog.kluwerarbitration.com/2020/03/08/the-ongoing-lebanese-financial-crisis-is-there-potential-for-investor-state-arbitration/

[14] Kluwer Arbitration Blog, 26 juillet 2019, http://arbitrationblog.kluwerarbitration.com/2019/07/26/impact-of-the-arab-spring-on-the-international-arbitration-landscape/

[15] Les mesures prises pour enrayer la crise – plan économique d'urgence, dévaluation du peso, programme de privatisations – ont entraîné une forte augmentation des demandes de RDIE (sur 62 affaires connues, la plupart ont débuté après la crise).

[16] Kluwer Arbitration Blog, 30 mars 2020, http://arbitrationblog.kluwerarbitration.com/2020/03/30/covid-19-and-investment-treaty-claims/?doing_wp_cron=1595244086.3971068859100341796875, 13 avril 2020, http://arbitrationblog.kluwerarbitration.com/2020/04/13/pandemics-emergency-measures-and-isds/

[17] E.g. Columbia Center on Sustainable Investment, (2020), https://mailchi.mp/law/call-for-isds-moratorium-covid-19?e=17b57bf90f; IISD, 14 avril 2020, https://www.iisd.org/articles/protecting-against-investor-state-claims-amidst-covid-19-call-action-governments

[18] TBI Maroc-Brésil, articles 14 à 19, https://investmentpolicy.unctad.org/international-investment-agreements/treaty-files/5889/download

[19] Voir les exemples de la Tunisie, du Maroc, de la Jordanie et de l'Égypte dans (OCDE, 2020[17]).

[20] https://www.jic.gov.jo/en/investors-grievance-scope/

[21] Le TBI 2016 Maroc-Nigéria, article 26, https://investmentpolicy.unctad.org/international-investment-agreements/treaty-files/5409/download, Thomson Reuters, Arbitration Blog, 16 novembre 2017, http://arbitrationblog.practicallaw.com/the-morocco-nigeria-bit-a-new-breed-of-investment-treaty/

6 Stratégies de promotion et de facilitation des investissements

Ce chapitre dresse l'inventaire des pratiques auxquelles recourent les agences de promotion des investissements (API) de huit économies de la région MENA afin que praticiens et décideurs puissent comparer au moyen d'indicateurs leurs institutions avec celles d'autres pays, tant dans la région qu'à l'extérieur. Il porte sur l'environnement institutionnel et les mandats des API, leurs priorités stratégiques et les activités formant le cœur de leur action de promotion et de facilitation des investissements. Il livre en outre des enseignements sur la promotion et la facilitation des investissements à l'échelon infranational dans les économies de la région.

Résumé et considérations intéressant l'action publique

Les pays du Moyen-Orient et d'Afrique du Nord (MENA) pourraient tirer profit de leur localisation stratégique, de la taille considérable de leur marché et de la jeunesse de leur population active pour attirer des IDE. Les gouvernements des huit économies MENA examinées dans le présent rapport (ci-après appelées « économies MENA examinées ») ont accéléré les réformes depuis dix ans pour y rendre le climat des affaires plus propice en réponse à la concurrence de plus en plus âpre que se livrent les pays émergents et en développement pour accueillir les investissements. Plusieurs réformes confient aux agences de promotion des investissements (API) des responsabilités accrues pour sensibiliser les investisseurs aux possibilités existant dans ces économies, les y attirer et faciliter leur implantation et le développement de leurs activités.

Si les API sont souvent les interlocuteurs de référence pour la promotion et la facilitation des investissements, il est rare qu'elles se cantonnent exclusivement à cette fonction qui est au cœur de leur mandat. Des réformes récentes ont élargi les attributions de la plupart des API de la région MENA dans des proportions plus importantes que ce n'a été le cas pour la plupart de leurs homologues des autres régions. L'Algérie, l'Égypte et la Jordanie ont les organisations les plus larges; loin d'être circonscrit à la promotion des investissements, le mandat de leurs API inclut diverses missions, notamment dans les domaines de la réglementation et de contrôle, comme la gestion des zones franches et la négociation des traités internationaux. Bien que leur taille soit sensiblement plus faible, les API du Liban, de la Libye et de l'Autorité palestinienne ont aussi un mandat étendu. L'AMDI marocaine et la FIPA tunisienne, plus spécialisées, ressemblent à leurs homologues des pays de l'OCDE en ce qu'elles se consacrent prioritairement à la promotion des investissements étrangers. Toutefois, le paysage institutionnel tunisien comprend d'autres agences telles que l'Instance tunisienne de l'investissement (TIA).

La plupart des agences MENA examinées jouissent d'une large autonomie dans leur organisation et sont investies de pouvoirs réglementaires de manière à disposer de la marge de manœuvre nécessaire pour améliorer le climat des affaires alors que cette tâche est souvent du ressort de ministères dans les autres pays. Cependant, l'étendue de leur mandat, qui a été soumis à de fréquents changements, pourrait affecter la capacité des API des économies examinées à s'acquitter efficacement de leur mission principale de promotion et facilitation des investissements. La variété des tâches qui leur sont confiées signifie aussi que leurs attributions font souvent double emploi avec celles d'autres organismes dans une mesure plus grande que dans les autres pays. Si le fait que ces agences se soient dotées d'un conseil pour superviser leurs activités, les conseiller sur leur stratégie ou améliorer la coordination inter-gouvernementale est une bonne chose, les représentants des parties prenantes autres que l'État y ont généralement un poids limité.

Les priorités des API examinées concordent généralement avec les objectifs de développement de leurs économies. Toutefois, leurs stratégies pour promouvoir les investissements et les objectifs de performances correspondants pourraient être davantage portés à la connaissance du public. La première préoccupation de l'Égypte, du Liban et de la Libye est de se construire une image en tant que destination de choix pour les investissements, tandis que l'Algérie et l'Autorité palestinienne consacrent une bonne part des moyens de leur API à faciliter l'installation des investisseurs. Les priorités données à la correction des perceptions négatives et à combler les lacunes en matière d'information sont motivées par une conjoncture peu propice à l'investissement ainsi qu'une instabilité politique et sécuritaire qui règnent dans plusieurs économies. Sauf au Maroc et en Tunisie, toutes les API jouent un rôle de guichet unique mais en pratique le degré de centralisation des procédures varie d'une agence à l'autre. La Jordanie et le Maroc consacrent une part considérable de leurs moyens à la prospection des investisseurs, notamment en ciblant certains secteurs, le but étant de développer la participation de l'économie nationale aux chaînes de valeur mondiales.

Face à l'épidémie de Covid-19, les API des économies MENA examinées ont révisé leurs priorités, leur premier souci étant de répondre aux besoins des investisseurs existants et de diversifier leur service de suivi. La crise sanitaire les a aussi poussées à innover et à concevoir de nouveaux outils et services numériques qui pourraient être pérennisés. Plaidoyer pour des politiques favorables à l'investissement pourrait revêtir une importance accrue alors que les pouvoirs publics s'attachent à repenser l'ensemble de leurs stratégies économiques et entreprendre les réformes qui en découlent pour améliorer le climat des affaires. La pandémie et ses répercussions sur l'économie mondiale pourraient également amener les API examinées à réviser leurs stratégies de promotion des investissements pour accompagner la reprise. Les réflexions engagées pour évaluer les perturbations subies par les chaînes de valeur et le positionnement futur de la région MENA dans les réseaux d'investissement mondiaux ont une importance cruciale.

La configuration des institutions d'un pays influe aussi sur la manière dont il assure la promotion des investissements et les facilite à l'échelon infranational. Les économies MENA examinées se sont efforcées d'attirer les IDE vers les régions les moins favorisées mais, jusqu'à présent, les outils et stratégies qu'elles ont mis en œuvre (notamment des incitations fiscales) sont le plus souvent conçus au niveau national, ne tenant parfois pas compte de la spécificité de chaque région dans la façon dont elle est en concurrence pour attirer l'investissement. Dans la plupart des économies MENA examinées, la promotion des investissements obéit à une approche centralisée et en général les API collaborent avec leurs propres succursales (quand elles existent) plutôt qu'avec des organismes décentralisés qui ne font pas partie de leur propre structure. La priorité des succursales est de faciliter l'investissement, ce que se justifie au vu de la lourdeur des procédures de création d'entreprise. Mais il pourrait être tout aussi utile pour ces succursales de concevoir des outils sur mesure de promotion de l'investissement qui permettent d'attirer des IDE soutenant le développement local.

Considérations intéressant l'action publique

- Clarifier les responsabilités et renforcer la coordination dans le domaine de la promotion et facilitation des investissements pour réduire les chevauchements entre institutions et les objectifs incompatibles, notamment dans les cas où de nombreux mandats sont confiés aux API et où elles assument des fonctions réglementaires. Il faudrait que la répartition des responsabilités soit équilibrée, qu'elles soient assorties de financements suffisants, explicites et connues de tous les acteurs. Des réformes lisibles et ciblées sont préférables à un réagencement des institutions exécuté à la hâte car il perturberait le fonctionnement quotidien des API et serait une source d'incertitudes pour les investisseurs.
- Énoncer les missions, activités et objectifs de l'API dans une stratégie de promotion des investissements bien définie et mise à la disposition du public qui soit élaborée en consultant les autres services concernés de l'État et qui concorde avec les objectifs de développement nationaux. Assortir cette stratégie d'indicateurs clefs de performances pour rendre les objectifs plus transparents et améliorer le suivi et l'évaluation de l'action des agences.
- Examiner si les moyens financiers et humains alloués sont bien répartis entre les activités de promotion et de facilitation des investissements. La numérisation des procédures préalables à l'établissement d'une entreprise peut aider les agences à recentrer leurs efforts sur les services de suivi pour accompagner les investisseurs existants pendant la phase de reprise faisant suite à la crise du Covid-19. Envisager de maintenir en service définitivement les outils numériques conçus pendant la crise.
- Revoir la composition du conseil de l'API de manière à assurer un meilleur équilibre entre les représentants de l'État et des parties prenantes du secteur privé. Il est indispensable que des représentants du secteur privé et des autres parties prenantes siègent au conseil de l'API pour mieux prendre en compte leurs priorités dans sa stratégie et se tenir au fait de leurs préoccupations. Afin d'éviter un phénomène de capture réglementaire, il est nécessaire que soient énoncés des critères de sélection transparents et que les attributions des membres du conseil soient claires.

- Laisser aux succursales de l'API à l'échelon infranational (ou, dans le cas du Maroc, aux API créées à cet échelon) une certaine latitude pour exercer des activités de promotion et facilitation des investissements conjointement ou en coopération avec l'API nationale et les faire participer à l'élaboration de la stratégie nationale d'investissement et des plans de développement régional.
- Améliorer les compétences du personnel de l'API en développant les possibilités d'accroissement des capacités et en promouvant l'apprentissage entre pairs et le partage des bonnes pratiques avec d'autres agences par la participation aux forums internationaux (ex. : Réseau OCDE des API, Programme UE-OCDE sur la promotion de l'investissement en Méditerranée, réseau ANIMA, et Association mondiale des organismes de promotion de l'investissement (WAIPA)).

Mandats et choix institutionnels

De grandes différences existent entre les API en termes de cadre institutionnel, de politique de gouvernance, de priorités stratégiques, et d'outils à leur disposition. La manière dont, dans le monde entier, les gouvernements conçoivent le cadre institutionnel de la promotion et de la facilitation des investissements reflète leurs objectifs d'action publique et le degré de priorité qu'ils attribuent aux investissements. Ces choix peuvent influer considérablement sur l'efficacité et l'efficience des efforts consentis pour attirer des investissements.

Les principales institutions chargées de la promotion et la facilitation des investissements dans les huit économies MENA examinées sont : en Algérie, l'Agence nationale de développement de l'investissement (ANDI), en Égypte, la General Authority for Investment and Free Zones (Autorité générale pour l'investissement et les zones franches – GAFI), en Jordanie, la Jordan Investment Commission (Commission jordanienne des investissements – JIC), au Liban, l'Autorité de développement des investissements au Liban (IDAL), en Libye, le Privatisation and Investment Board (Conseil de privatisation et d'investissement – PIB), au Maroc, l'Agence nationale de développement des investissements et des exportations (AMDIE), dans l'Autorité palestinienne, la Palestinian Investment Promotion Agency (PIPA), en Tunisie, l'Agence de Promotion de l'Investissement Extérieur (FIPA). La Tunisia Investment Authority (TIA) a été créée récemment dans le cadre d'une réforme de l'État portant sur le cadre institutionnel et juridique de l'investissement.[1]

Dans le cadre du Programme UE-OCDE sur la promotion de l'investissement en Méditerranée, les agences MENA mentionnées ci-dessus ont participé en 2018 à une enquête de l'OCDE sur les API. Ses résultats sont à la base de l'analyse comparative présentée dans le présent chapitre, qui compare les API avec leurs homologues d'autres régions en fonction de certains indicateurs et développe les conclusions du rapport *Cartographie des agences de promotion de l'investissement : Moyen-Orient et Afrique du Nord* (Encadré 6.1).

Encadré 6.1. Cartographie des agences de promotion des investissements : Moyen-Orient et Afrique du Nord

Le rapport intitulé *Cartographie des agences de promotion des investissements : Moyen-Orient et Afrique du Nord* (OCDE, 2019[1]) dresse l'inventaire des pratiques actuelles des API au Moyen-Orient et en Afrique du Nord. Il couvre huit économies MENA : Algérie, Autorité palestinienne, Égypte, Jordanie, Liban, Libye, Maroc et Tunisie. Cet exercice de cartographie couvre un large éventail de domaines concernant la promotion et la facilitation des investissements dans le but d'améliorer l'apprentissage par les pairs entre praticiens.

Cette cartographie a pour but d'aider les dirigeants des API et les décideurs de la région MENA à comprendre les diverses possibilités qui s'offrent à eux pour bâtir des stratégies efficaces de promotion et facilitation des investissements en se fondant sur une analyse comparative avec les autres agences et sur des statistiques sur leur propre cadre organisationnel. Elle doit les aider à progresser dans leur rôle de défense de politiques, à prendre leurs décisions sur la base d'éléments probants et à réfléchir aux futures orientations stratégiques en s'inspirant d'idées et connaissances nouvelles.

Cette cartographie est basée sur une enquête exhaustive conçue par l'OCDE et la Banque interaméricaine de développement (BID) en vue de mettre en évidence les grandes tendances à l'œuvre chez les API et d'effectuer des comparaisons entre régions. Les API de 69 pays ont participé à l'enquête ; elles se trouvent dans la zone OCDE (32 pays), l'Amérique latine et les Caraïbes (ALC) (19), le Moyen-Orient et l'Afrique du Nord (MENA) (8), l'Europe de l'Est, le Sud Caucase et l'Asie centrale (Eurasie) (10) et l'Asie du Sud-Est (2).

L'enquête se compose de neuf parties : (1) Profil de base des API ; (2) Budget ; (3) Effectifs ; (4) Bureaux (dans le pays et à l'étranger) ; (5) Activités ; (6) Stratégie de priorisation ; (7) Suivi et évaluation ; (8) Interactions institutionnelles ; et (9) Perception de l'API dans le domaine de l'IDE.

Source : (OCDE, 2018[2]) (OCDE, 2019[1])

Gouvernance des API : la composition de leur conseil pourrait être plus inclusive

Les autorités des gouvernements MENA ont entrepris de nombreuses réformes couplées à une réorganisation de leurs API depuis la création de ces dernières afin de les adapter à un environnement changeant et à de nouveaux défis. Ces réformes ont généralement fait suite à l'adoption d'une nouvelle législation sur l'investissement (pour le cadre légal de l'investissement, voir le chapitre 3). Les réformes organisationnelles de certaines agences leurs ont conféré un poids politique accru dans le but d'améliorer le climat des affaires. Par exemple, toutes les API de la région MENA ont le statut d'agence publique autonome et sont généralement rattachées organiquement au Président ou au Premier ministre. La plupart rendent compte directement au chef du gouvernement alors que leurs homologues des zones OCDE et ALC sont subordonnées à leur ministère fonctionnel (OCDE, 2018[2]) (Volpe Martincus et Sztajerowska, 2019[3]).

Le conseil d'administration est essentiel pour la gouvernance des API parce qu'il permet à une instance extérieure indépendante de la superviser ou de la conseiller. Le pouvoir de décision et la composition du conseil varient fortement d'une agence à l'autre (OCDE, 2018[2]). Dans la plupart des cas, le cadre juridique établissant les API de la région MENA précise aussi le rôle et la composition de son conseil. La taille (une dizaine de personnes) et la composition (représentants des secteurs public et privé) des conseils d'administration de la majorité des API MENA sont similaires à celles de la plupart des API des zones OCDE et ALC. Seules deux des agences MENA examinées ont à leur conseil des représentants de la société civile ou du monde universitaire (Égypte et Maroc), cette présence limitée s'observant aussi dans d'autres régions.

Le secteur privé est moins fortement représenté au conseil des API dans la région MENA que dans les autres régions. Il existe deux exceptions : au Liban, le conseil de l'API est exclusivement composé de représentants du secteur privé et, au Maroc, la moitié de ses membres en sont issus. La présence de représentants du secteur privé au conseil d'une API garantit que le point de vue des entreprises est pris en considération dans les orientations stratégiques. Ils doivent être choisis en fonction de critères transparents et leurs attributions doivent être clairement définies parce qu'ils pourraient être tentés de demander des privilèges fiscaux ou de s'opposer à l'entrée de nouveaux concurrents, en particulier s'ils représentent des grandes entreprises ou des sociétés ayant des connections politiques. Les API ne doivent pas se préoccuper uniquement de la composition de leur conseil, mais procéder en outre à des enquêtes périodiques pour appréhender les défis auxquels le secteur privé est confronté (OCDE, 2020[4]).

La plupart des API de la région MENA combinent des fonctions réglementaires avec la promotion des investissements

Les API de la région MENA ont un mandat plus large que celles des autres régions (Graphique 6.1). Elles sont fréquemment investies de responsabilités très étendues qui vont bien au-delà de la promotion et la facilitation des investissements étrangers. Ce peuvent être, selon l'API concernée, des fonctions d'investissement telles que la présélection des projets d'investissement étranger ou l'octroi d'avantages fiscaux voire, si leur mandat est encore plus large, des tâches liées à la promotion des exportations ou à la gestion des zones franches. Dans les autres régions du globe, quoique ce cas soit moins fréquent qu'au Moyen-Orient et en Afrique du Nord, les API de nombreux pays ont de multiples responsabilités et leurs activités, loin de se cantonner à la promotion des investissements étrangers, incluent aussi la promotion des exportations et de l'innovation. À titre d'illustration, les API de plus de la moitié des pays de l'OCDE combinent l'une de ces deux grandes attributions avec leur mission de promouvoir les investissements en provenance de l'étranger (OCDE, 2018[2]).

Graphique 6.1. Nombre de mandats par agence

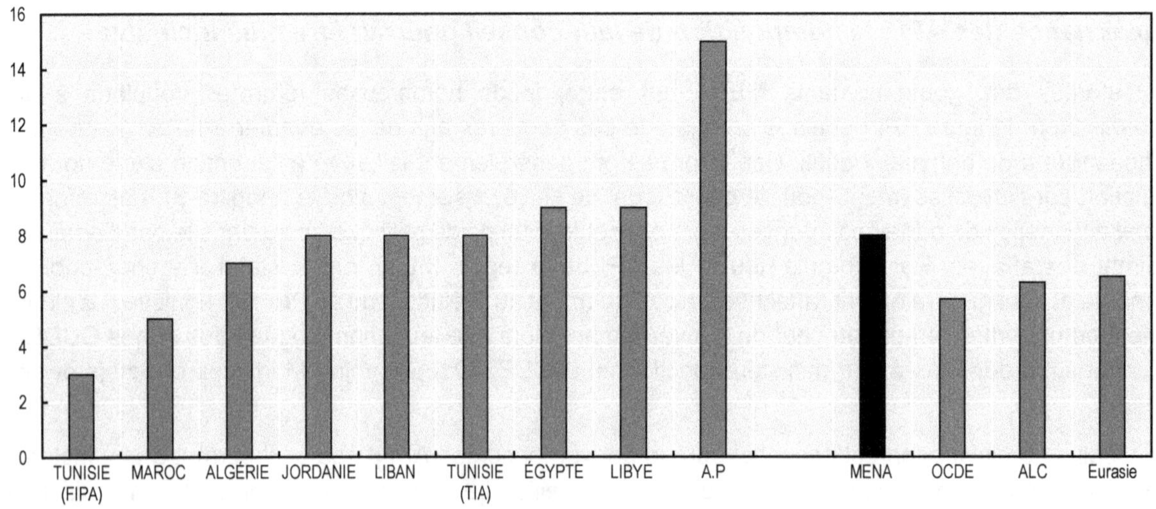

Note : A.P : Autorité palestinienne.
Source : Enquête OCDE-BID sur les organismes de promotion de l'investissement.

Les agences de la région MENA se distinguent en outre les unes des autres par l'étendue de leur mandat. Des réformes récentes ont confié de nouvelles responsabilités à quelques API, comme la mise à disposition d'un guichet unique (Égypte), ou les ont élargies de manière à inclure la promotion des exportations (Maroc) ou la gestion des zones franches (Jordanie). Les missions de l'API n'ont été resserrées par les réformes récentes que dans un seul cas : le pouvoir d'accorder des avantages fiscaux a été retiré à l'API de l'Algérie et transféré au ministère des Finances conformément aux bonnes pratiques. En Tunisie, la FIPA n'a que trois missions conformément à son rôle d'agence spécialisée dans la promotion des investissements étrangers, mais le mandat confié à la TIA récemment créée est plus large et comprend des fonctions réglementaires et de facilitation des investissements. L'API des économies de plus petite tailles, comme l'Autorité palestinienne, a généralement des attributions plus étendues que celles des économies plus grandes, qui ont tendance à répartir les missions entre elle-même et d'autres agences (OCDE, 2018[2]).

L'API de plusieurs économies MENA combine avec sa mission de promotion des investissements des fonctions réglementaires ou de supervision telles que la présélection des projets d'investissements étrangers, la délivrance de permis d'exploitation, la négociation de traités internationaux, l'octroi d'avantages fiscaux ou la gestion de zones franches (Graphique 6.2, volet A). Ce choix est peut-être motivé par le souci des API d'administrer elles-mêmes les procédures réglementaires afin de pouvoir aider les investisseurs à s'y retrouver (Banque mondiale, 2012[5]). Les API d'Asie du Sud-Est, notamment en Indonésie et en Thaïlande, ont aussi des fonctions de réglementation, mais cette configuration est rare chez leurs homologues de la zone OCDE (OCDE, 2018[2]) (OCDE, 2020[6]) (OCDE, 2021[7]). Celles de la région MENA font fréquemment office de guichet unique de manière à centraliser les procédures et faciliter l'implantation des investisseurs. Cette caractéristique, qui les distingue nettement des API des zones OCDE et ALC, est probablement imputable à l'existence d'un appareil bureaucratique vaste et complexe dans certaines économies de la région. Au surplus, en sus de leur vocation d'attirer les investissements étrangers, les API de quelques économies MENA ont des missions connexes telles que la promotion de l'investissement national, le développement régional ou la promotion des exportations (Graphique 6.2, volet B).

Graphique 6.2. Au-delà de la promotion des IDE : autres missions des API

En % des API interrogés

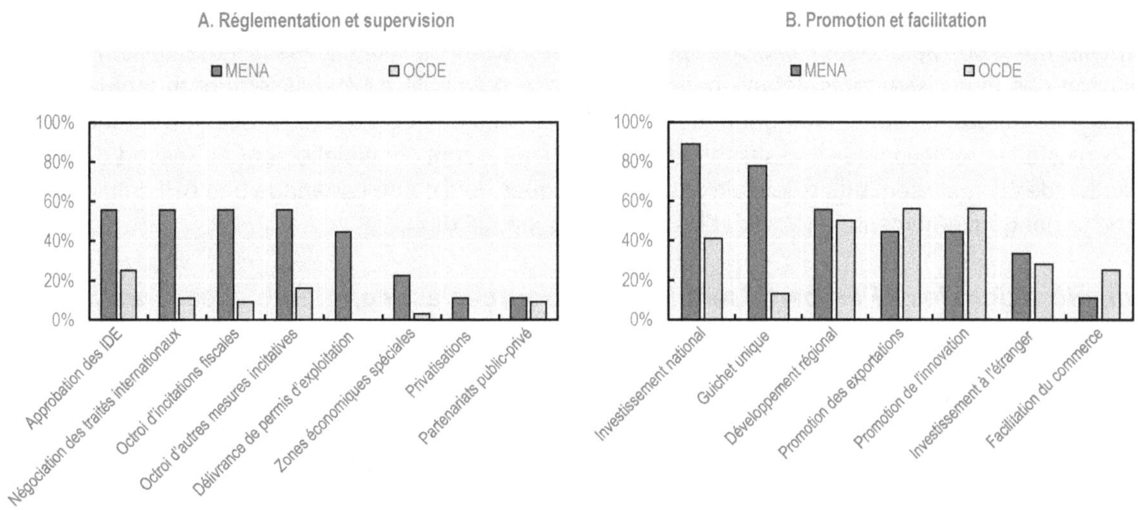

Source : Enquête OCDE-BID sur les organismes de promotion de l'investissement.

La multiplicité des mandats dont sont investies les API de la plupart des économies MENA peut être la cause de tâches faisant double emploi avec celles qui sont accomplies par d'autres organismes publics. À titre d'illustration, il n'est pas rare que d'autres organismes soient chargés de négocier les traités internationaux ou de délivrer des permis d'exploitation, et en particulier de promouvoir l'investissement national. Plus précisément, la combinaison de la promotion des investissements avec des fonctions de réglementation ou de supervision peut entraîner une confusion des rôles et amoindrir la capacité d'une API de relayer les préoccupations des investisseurs alors même qu'elle est chargée de réglementer leur implantation ou de superviser leurs activités. Elle engendre en outre fréquemment un biais culturel chez l'API, de telle sorte que celle-ci s'acquitte bien de ses fonctions réglementaires mais est moins apte à jouer son rôle de promotion des investissements (Banque mondiale, 2012[5]). Inversement, puisque les pouvoirs publics évaluent les performances de l'API à l'aune des investissements suscités, elle peut être tentée d'assouplir la réglementation pour atteindre ses objectifs, notamment au moyen de règles peu claires et d'un pouvoir discrétionnaire de délivrer des permis d'exploitation ou accorder des incitations fiscales. Elle peut en outre être encline à négocier des traités internationaux qui ne tiennent pas suffisamment compte des priorités socio-économiques ou des risques environnementaux.

Priorités stratégiques et ressources y afférentes

Une API peut se livrer à des activités très diverses, tant de promotion que d'assistance, pour présenter son pays comme une terre d'accueil privilégiée pour les investissements. Ses missions s'articulent autour de quatre fonctions clefs :

- la *construction d'image* consiste à donner du pays hôte une image positive et à le présenter comme un lieu où il est rentable d'investir ;
- *la prospection des investissements* recourt à des techniques de marketing direct ciblant certains secteurs, marchés, projets, activités et investisseurs conformément aux priorités nationales ;
- *la facilitation et rétention des investissements et le suivi des investisseurs* consistent à soutenir les investisseurs pendant la phase d'établissement et à retenir ceux qui opèrent déjà dans le pays en répondant à leurs besoins et leurs préoccupations pour les inciter à réinvestir ; et
- *le plaidoyer des politiques favorables à l'investissement* consiste à identifier les blocages causés par le climat des affaires et à recommander au gouvernement des mesures pour les lever.

La construction d'image et la prospection des investissements ont pour finalité d'attirer les investisseurs potentiels qui n'ont pas encore choisi le pays de destination de leurs investissements, tandis que la facilitation des investissements débute pendant la phase préalable à l'établissement durant laquelle un investisseur fait part de son intérêt pour une implantation. Les deux premières fonctions, qui indiquent en quoi consiste la promotion des investissements stricto sensu, sont essentiellement du ressort des API. La facilitation des investissements et le plaidoyer des politiques, loin d'être l'apanage des API, impliquent une approche pangouvernementale (Novik et De Crombrugghe, 2018[8]).

La manière dont les API repartissent leurs ressources est cohérente avec leurs priorités

Les API ont besoin d'un large spectre de compétences et de moyens suffisants pour s'acquitter correctement de leurs fonctions clefs dans le domaine de l'investissement. Leurs budgets varient dans des proportions considérables au gré de la taille de l'économie de leur pays et de l'étendue de leur mandat. Les API de nombreuses économies MENA rapportent que leurs budgets n'ont pas connu d'évolution notable entre 2012 et 2017, encore que quelques-unes aient subi de fortes fluctuations et des coupes claires. Seules deux API ont vu leurs dotations augmenter durant cette période: l'IDAL au Liban et la FIPA en Tunisie. Les effectifs des API ont diminué dans la moitié des économies MENA examinées, à l'exception de la Tunisie (TIA), qui a été le seul pays avec la Jordanie à les accroître en six ans.

L'allocation des ressources révèle les priorités stratégiques d'une API par rapport à ses homologues. En général, les API de la région MENA consacrent la majeure partie de leur budget (Graphique 6.3, volet A) et de leurs effectifs (Graphique 6.3, volet B) à la promotion des investissements, c'est-à-dire à la construction d'image et à la prospection des investissements, et, dans une moindre mesure, à la facilitation et à la rétention de l'investissement ainsi qu'au suivi des investisseurs. Dans la région MENA comme dans le reste du monde, le plaidoyer des politiques favorables à l'investissement est la fonction à laquelle sont dévolus les moyens les plus faibles, tant budgétaires qu'en effectif[2].

Graphique 6.3. Répartition des ressources entre les fonctions des API

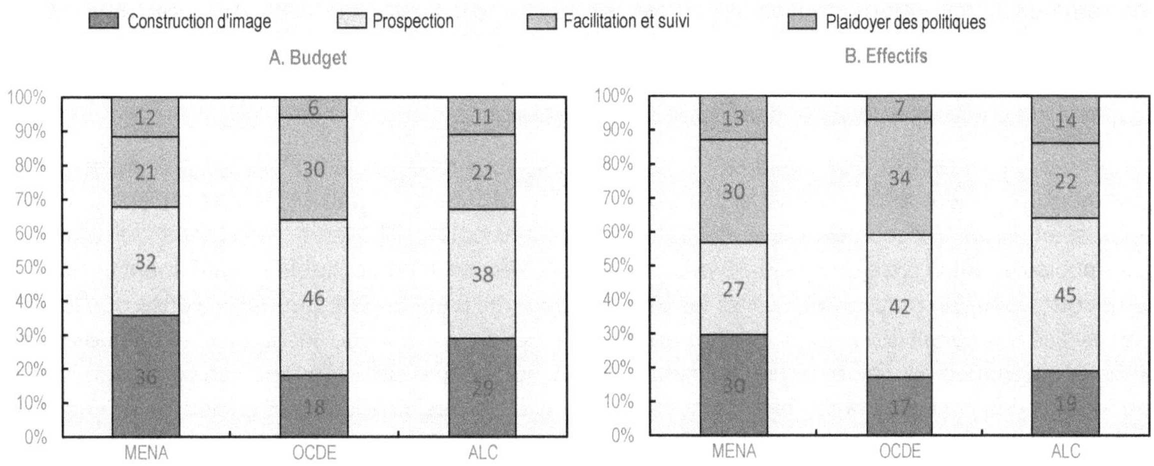

Source : Enquête OCDE-BID sur les organismes de promotion de l'investissement.

Bien que ces API aient hiérarchisé leurs priorités en matière d'allocation des ressources selon un ordre peu différent de leurs homologues des autres régions, on constate quelques différences. Les API de la région MENA consacrent en moyenne plus de ressources à la construction d'image, et moins à la prospection des investissements, que celles des zones OCDE et ALC. Celles de la zone OCDE affectent généralement moins de moyens à la construction ou l'amélioration de l'image de leur pays et consacrent le plus clair de leur action de promotion à des activités plus sophistiquées et ciblées visant à attirer des investissements. Tout en allouant aussi la majeure partie de leurs ressources aux actions de prospection, celles de la zone ALC accordent à la construction de l'image des moyens plus limités que dans les économies MENA, mais plus importants que dans ceux de l'OCDE. Quant aux pays émergents, aiguillonnés par une concurrence intense entre les pays à bas salaires tributaires des industries à forte intensité de main-d'œuvre, leurs API ont tendance à donner la priorité à l'amélioration de leur image en tant que destination accueillante aux investissements.

On constate des disparités entre toutes les API en matière de répartition des moyens budgétaires et humains entre les quatre fonctions d'investissement. Dans la région MENA, l'écart entre les ressources budgétaires et humaines dévolues aux activités de facilitation des investissements est beaucoup plus prononcé que dans les autres régions. Ce phénomène pourrait être dû au fait que les API de la plupart des économies MENA jouent un rôle de guichet unique, une activité cruciale pour la facilitation des investissements et qui exige beaucoup de main-d'œuvre sans grande qualification. Une autre explication de l'écart est que le personnel affecté au guichet unique proposé par certaines API (par exemple en Égypte) est détaché et rémunéré par le ministère ou l'organisme fonctionnel auquel il appartient. La disproportion entre les ressources financières et humaines dévolues à la construction d'image et à la prospection des investissements est imputable aux coûteuses campagnes publicitaires qu'exige la construction d'image et à l'emploi de personnes hautement qualifiées (pour la prospection), en particulier si elles travaillent dans des bureaux à l'étranger.

L'épidémie de Covid-19 pousse les API à revoir leur méthode de travail

Pendant la crise du Covid-19, les API de la région MENA et leurs homologues du monde entier ont revu leurs priorités et pris des mesures d'urgence pour soutenir et conserver les investisseurs existants (OCDE, 2020[9]). Elles ont repensé la conception de leurs services de suivi des investisseurs de manière à les recentrer sur leurs clients existants, en particulier dans les secteurs stratégiques et essentiels. Comme une partie de leurs activités (ex. : salons professionnels) étaient annulées et certaines de leurs fonctions mises en sommeil (ex. marketing et prospection), le plus clair de leurs moyens a été redéployé vers des programmes d'urgence de rétention des investisseurs. À titre d'illustration, la FIPA consacrait 70 % de son activité au suivi des investisseurs pendant la pandémie alors qu'elle a ordinairement pour priorité d'en attirer de nouveaux (OCDE, 2020[10]). La réaction immédiate de certaines agences telles que la GAFI en Égypte a été d'actionner le levier des incitations budgétaires.

Le rythme de la reprise économique, l'évolution des flux mondiaux d'IDE et les politiques publiques pourraient influencer à long terme la manière dont les API de la région MENA travaillent et dont elles répartissent leurs ressources entre leurs fonctions principales. Plusieurs tendances qui étaient déjà perceptibles avant la crise du Covid-19 pourraient s'accélérer, en particulier le basculement vers les outils numériques pour promouvoir et faciliter les investissements. Il est apparu pendant la crise que les API de ces pays se tournaient davantage vers la création ou le développement de services électroniques et plates-formes numériques pour aider les investisseurs et tout indique que cette tendance se confirmera à l'avenir. le plaidoyer des politiques favorables à l'investissement, l'une des fonctions auxquelles les API de la région MENA consacrent plus de ressources que celles de la zone OCDE, pourrait revêtir une importance accrue alors que les pouvoirs publics s'attachent à repenser l'ensemble de leurs stratégies économiques et entreprendre les réformes qui en découlent pour améliorer le climat des affaires.

Promotion des investissements : stratégies et outils de mise en œuvre

Promouvoir les investissements exige une stratégie transparente et bien définie

Une stratégie de promotion des investissements indique ce qu'il faut promouvoir (à savoir des secteurs, pays, projets et/ou investisseurs) et la manière dont cela doit être fait en pratique. Elles fixent aussi des objectifs et des indicateurs clefs de performances pour en mesurer l'efficacité. Il importe que la stratégie et ses principales caractéristiques soient conçues selon une approche impliquant tous les services de l'État puisque les priorités de l'investissement doivent s'articuler avec les autres stratégies d'action publique, notamment dans les domaines du commerce extérieur, de l'innovation et des compétences. Ces stratégies ne sont pas toujours portées à la connaissance du public dans les économies MENA examinées alors même qu'elles pourraient contribuer à améliorer leur image auprès des investisseurs étrangers et les informer des possibilités d'investissement y existant (OCDE, 2020[4]).

Les efforts de promotion de l'investissement devraient être hiérarchisés en fonction d'une batterie de critères conformes aux objectifs de développement national. Le choix des mesures auxquelles donner la priorité devrait faire suite à une évaluation des forces, faiblesses, possibilités et menaces pour s'assurer qu'il obéit à un raisonnement économique mûrement réfléchi plutôt qu'à des préoccupations politiques. Les priorités sont souvent décidées au plus haut niveau de l'État dans la région MENA, mais les API de certaines économies de la région jouissent d'une certaine autonomie pour le choix des secteurs prioritaires à condition qu'il s'inscrive dans les objectifs de développement à portée plus large qui ont été arrêtés par le gouvernement. Par exemple, la législation tunisienne énumère plusieurs secteurs prioritaires, mais les organismes publics s'efforcent aussi de donner la priorité aux investissements qui vont dans le sens de certains objectifs de développement. En revanche, l'API de l'Algérie se borne pour l'essentiel à exécuter les directives fixées par le pouvoir exécutif.

Presque toutes les API donnent la priorité à certains investissements plutôt qu'à d'autres même quand il n'existe pas de stratégie de promotion des investissements en bonne et due forme. La plupart des API de la région MENA ciblent les investissements émanant de certains pays (90 %), secteurs (90 %) et projets d'investissement spécifiques (70 %). L'Égypte est le seul pays à cibler des investisseurs spécifiques quoique son API emploie les mêmes critères que ceux qui servent à hiérarchiser les secteurs, y compris dans le cas où un projet peut contribuer à la création d'emplois, entraîner des transferts de technologie ou renforcer la capacité d'exportation. Les API d'Eurasie fixent généralement leurs priorités en fonction des secteurs et des projets, seul un petit nombre ciblant des pays ou investisseurs en particulier (OCDE, 2020[11]). Moins de la moitié des API de la zone OCDE arrêtent leurs priorités en fonction des pays, secteurs, projets et investisseurs (OCDE, 2018[2]).

Les pays conçoivent leurs stratégies de manière à attirer les investissements dont ils escomptent les plus grands avantages pour l'économie. Toutes les API de la région MENA recherchent des projets ayant des effets positifs sur les capacités de production des entreprises de leur pays, sur son image, sur le développement régional, sur l'emploi et sur l'innovation. Toutes les API qui arrêtent leurs priorités en fonction des secteurs visent les industries permettant de diversifier l'économie nationale et la plupart d'entre elles ciblent les secteurs concourant au développement régional et renforçant la compétitivité de l'économie par rapport à celle des autres pays. Cette logique traduit le souci de trouver un juste équilibre entre la diversification de l'économie et la mobilisation de capacités dans les secteurs où se trouvent les points forts de la nation selon une démarche analogue à celle des API de la zone OCDE (OCDE, 2018[2]).

Lorsqu'elles donnent la priorité à certains pays ou régions plutôt qu'à d'autres pour attirer des investissements, les API de la région MENA privilégient ceux avec qui des accords internationaux sur l'investissements ou le commerce ont été conclus. Si les API de la zone ALC appliquent le même raisonnement, leurs homologues des pays de l'OCDE donnent moins de poids à ces accords dans leur stratégie de ciblage. Cette différence d'approche est probablement due au fait que les barrières aux échanges et à l'investissement sont plus élevées dans les économies MENA que dans ceux de l'OCDE.

La pandémie de Covid-19 et ses répercussions sur l'économie mondiale pourraient amener les agences de la région MENA à réviser leurs stratégies de promotion des investissements et les priorités qui en découlent. Les réflexions engagées pour évaluer le choc subi par les chaînes de valeur et le positionnement futur de la région MENA dans les réseaux d'investissement mondiaux ont une importance cruciale (OCDE, 2020[10]). Par exemple, les API de plusieurs économies MENA, comme la FIPA en Tunisie, prévoient d'ajuster leurs stratégies de manière à privilégier les sociétés européennes relocalisant leur production au départ de la Chine et, selon le même raisonnement, à attirer les sociétés chinoises désirant exporter dans l'UE.

La plupart des économies ont pour priorité de construire leur image en tant que destination d'investissement

Pour appliquer la stratégie de promotion de l'investissement dans son pays, une API affecte des moyens à tout un ensemble d'outils incluant la construction d'image et la prospection et ciblages des investisseurs. La construction de l'image est le premier poste de dépenses (entre 40 % et 50 %) chez la plupart des API de la région MENA alors qu'au Maroc, en Jordanie et dans l'Autorité palestinienne les efforts de prospection et de ciblage des investisseurs absorbent une plus grande partie du budget (Graphique 6.4).

Par exemple, l'Égypte et la Libye allouent la moitié de leur budget à la construction de leur image. Cette fonction recouvre fréquemment les activités de marketing à caractère général (site et services Internet, télévision, documents imprimés et promotionnels tels que les brochures) et les événements organisés dans le cadre des relations publiques (tournées de présentation et forums, missions générales à l'étranger et accueil de missions commerciales dans le pays). La priorité à l'image pour présenter le pays comme une destination de choix pour l'investissement peut s'expliquer par le contexte politique et sécuritaire régnant dans certaines économies de la région MENA et par l'âpreté de la concurrence que livrent les autres pays ayant des capacités similaires mais dont le coût de la main-d'œuvre est plus bas[3].

La prospection des investissements est la fonction principale de trois API de la région MENA, dont deux (en Jordanie et au Maroc) lui allouent plus de 50 % de leur budget. La priorité donnée par le Maroc à la prospection est cohérente avec la récente réorganisation de l'AMDIE en services spécialisés par secteurs comme avec la décision de fusionner la promotion des investissements et des exportations afin de promouvoir certaines chaînes de valeur. Cette organisation est similaire à celle des API de plusieurs pays de l'OCDE, comme Business France. L'Allemagne, l'Espagne, la Grèce et la Pologne ont aussi fusionné il n'y a pas très longtemps les fonctions de promotion des investissements et des exportations (OCDE, 2018[2]).

Graphique 6.4. Promotion des investissements : construction d'image et prospection des investissements

En % du budget total alloué aux fonctions principales, 2017

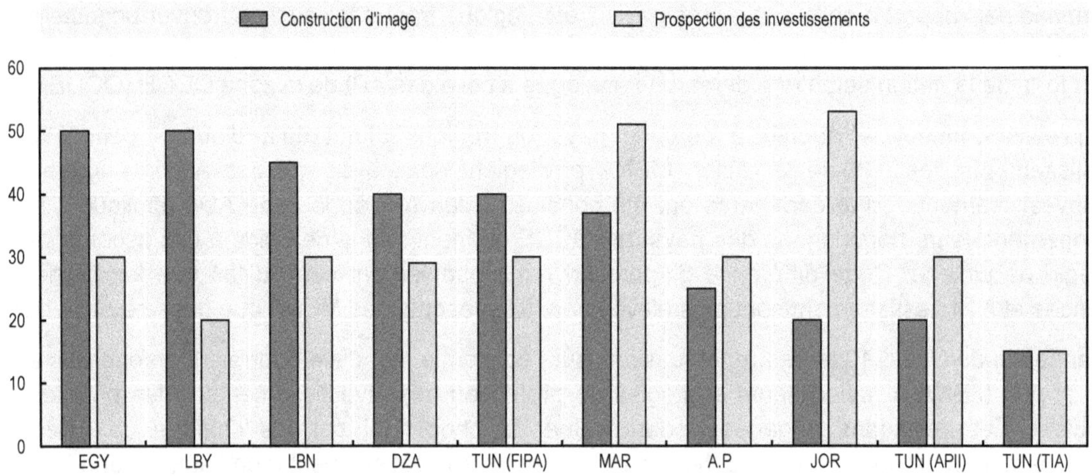

Note : Les fonctions sont la construction d'image, la prospection des investissements, la facilitation des investissements et le plaidoyer des politiques favorables à l'investissement.
Source : Enquête OCDE-BID sur les organismes de promotion de l'investissement.

Il est difficilement concevable de sous-traiter la prospection des investissements parce qu'elle fait appel à un savoir-faire pointu tel que le recueil de renseignements (analyse de données brutes et études de marché), des événements visant des secteurs et investisseurs précis (comme les tournées de présentation, les missions à l'étranger et l'accueil de missions) et le ciblage direct de certains investisseurs (rencontres en face à face, campagnes de relations publiques et traitement des requêtes et des demandes de renseignements). Ces activités sont parfois exercées, lorsqu'ils existent, par les bureaux des API à l'étranger, ce qui gonfle le budget alloué à la prospection des investissements (Encadré 6.2).

Encadré 6.2. Bureaux à l'étranger d'une API : un outil de promotion des investissements efficace mais coûteux

Dans la région MENA, les API de la Tunisie (FIPA) et de l'Autorité palestinienne sont les seules à avoir des bureaux à l'étranger ou un personnel dédié dans les antennes d'une autre agence gouvernementale à l'étranger. Récemment, l'AMDIE marocaine a fermé ses six bureaux à l'étranger parce que, d'après le gouvernement, les avantages qu'elle en avait retirés étaient trop faibles au regard de leur coût. Les API de la plupart des pays de la zone ALC n'ont pas de bureaux à l'étranger. En Asie du Sud-Est, la BKPM indonésienne a sept bureaux à l'étranger tandis que la BOI thaïlandaise en exploite 16, en général situés en Asie et dans des pays riverains du Pacifique. Trois API des pays membres de l'OCDE sur quatre disposent en propre de bureaux à l'étranger, ce qui signifie qu'elles y emploient du personnel qui se consacre à la promotion des investissements. En moyenne, ces API des pays de l'OCDE ont 34 bureaux à l'étranger, mais ce nombre varie grandement d'un pays à l'autre. Celles de la Corée, de l'Irlande et de la République tchèque ont respectivement 36, 19 et 10 bureaux à l'étranger.

Quoique les antennes d'une API à l'étranger puissent améliorer sensiblement sa capacité d'attirer des IDE, elles ont pour inconvénient de grever lourdement ses finances. Les API recourent à divers procédés pour réduire le coût de leurs bureaux à l'étranger. Puisque les API de plusieurs pays de l'OCDE font partie d'un réseau avec d'autres agences chargées d'autres missions, leurs bureaux à l'étranger peuvent assumer plusieurs fonctions différentes (ex. : commerce extérieur ou promotion touristique). Ainsi, les API des pays de l'OCDE comptant plus de 50 bureaux à l'étranger sont investies de plusieurs mandats en sus de la promotion de l'investissement. Plusieurs API recrutent du personnel local pour leurs bureaux à l'étranger de manière à réduire les coûts. D'autres API font l'économie de bureaux en propre à l'étranger en plaçant des agents dans les représentations diplomatiques ou en déléguant la totalité des tâches de promotion des investissements à des attachés commerciaux. L'efficacité de cette dernière approche ne fait pas l'unanimité ; à l'usage, plusieurs API ayant des antennes à l'étranger ont découvert que le personnel des ambassades ne possède pas toutes les compétences requises pour s'acquitter au mieux de sa mission de promotion des investissements.

Source : (Volpe Martincus et Sztajerowska, 2019[3] ; OCDE, 2020[6] ; OCDE, 2021[7] ; OCDE, 2018[2])

Efforts de facilitation des investissements et évolution des priorités

Les gouvernements de la région MENA consacrent des moyens non négligeables à la facilitation des investissements, qui participe d'un souci plus général d'améliorer le climat des affaires. La facilitation des investissements débute quand un investisseur manifeste son intérêt pour un lieu d'investissement. Elle comprend le traitement des demandes de renseignements par l'API et les mesures pour lever les obstacles auxquels sont confrontés les investisseurs une fois qu'ils ont décidé d'investir. Elle inclut aussi les incitations aux investisseurs existants à développer leur activité en les aidant à relever les défis auxquels ils font face et en les mettant en relation avec des fournisseurs locaux aptes à satisfaire leurs exigences. Le suivi des investisseurs, qui englobe des services tels qu'une résolution structurée des problèmes, un médiateur, des interventions et l'atténuation des différends, peut influer sur la décision d'une entreprise de rester et réinvestir dans le pays.

Les efforts de facilitation des investissements sont axés sur les services préalables à l'établissement...

Les API de la région MENA offrent une large gamme de services de facilitation des investissements aux investisseurs bien que la plupart privilégient les services préalables à l'établissement au détriment du suivi des investisseurs et des activités visant à la rétention de l'investissement. Ce biais participe de la volonté d'alléger les formalités administratives et de faciliter le lancement d'une entreprise. La majorité des API proposent une aide aux démarches d''enregistrement d'une entreprise à travers leur guichet unique, ce qui nécessite un personnel nombreux mais pas très qualifié. L'accent mis sur les services à forte intensité de main-d'œuvre explique l'écart considérable entre le budget et les effectifs affectés à la facilitation des investissements chez la plupart des API (Graphique 6.5). Cet écart est plus prononcé chez les API des de la région MENA que chez celles des zones OCDE et ALC, où la plupart s'abstiennent de proposer un guichet unique.

Graphique 6.5. Facilitation et rétention des investissements: dotations budgétaires et en personnel

En % des effectifs et du budget total alloués aux fonctions principales, 2017

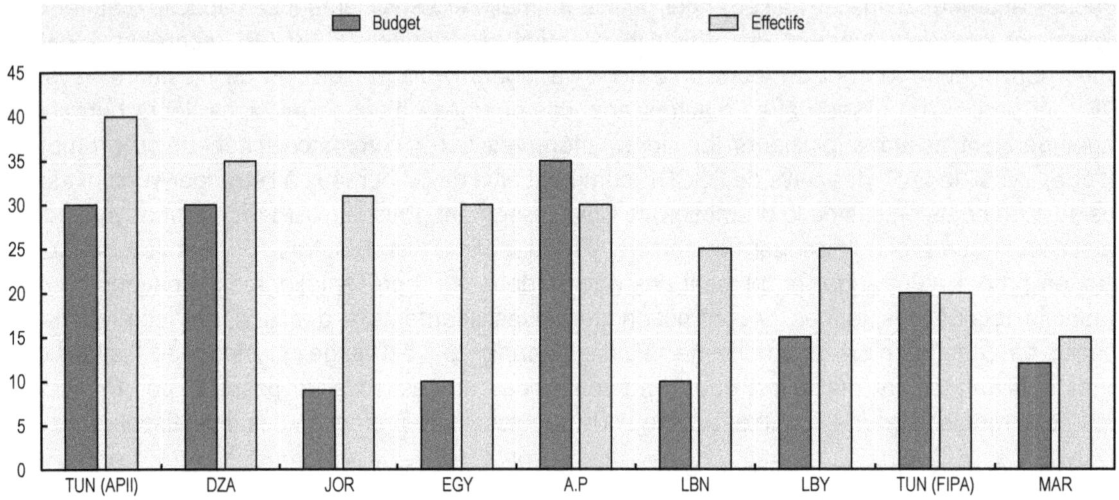

Note : Les fonctions sont la construction d'image, la prospection des investissements, la facilitation des investissements et le plaidoyer des politiques favorables à l'investissement.
Source : Enquête OCDE-BID sur les organismes de promotion de l'investissement.

En Égypte, la GAFI est l'une des API de la région MENA qui privilégie le plus fortement les services préalables à l'établissement. Afin de lever les entraves persistantes à l'exercice d'une activité, l'API a créé récemment dans plusieurs gouvernorats des centres de services aux investisseurs qui proposent une large gamme de services administratifs aux investisseurs désirant s'implanter dans le pays (Encadré 6.3). En Algérie, l'API, qui dispose d'un vaste réseau de bureaux à l'échelon infranational pour aider les investisseurs tant nationaux qu'étrangers à s'établir, consacre des moyens considérables à la facilitation des investissements. La TIA récemment créée en Tunisie a pour priorité de faciliter l'établissement de grands projets d'investissement et de traiter leurs demandes d'incitations fiscales plutôt que de dispenser des services de suivi des investisseurs comme la FIPA, encore qu'une séparation plus nette entre les fonctions des deux agences n'ait pas encore été opérée.

Encadré 6.3. Guichets uniques : le centre des services aux investisseurs en Égypte

Un guichet unique consiste à regrouper des fonctionnaires de différents ministères et agences gouvernementales en un même lieu afin de centraliser les procédures administratives et les exigences auxquelles sont soumis les investisseurs désirant s'implanter dans le pays. L'API faisant souvent office d'organisme fédérateur, il n'est pas rare que ce guichet soit tourné en priorité vers les entreprises étrangères. Si, d'un côté, le guichet unique est synonyme de moindres frais de transaction pour les entreprises à condition qu'il fonctionne parfaitement, il peut se transformer en un simple guichet de plus si les fonctionnaires ne sont pas investis d'un pouvoir de décision suffisant pour délivrer eux-mêmes les permis et doivent en référer à leur ministère fonctionnel ou prier l'investisseur de se mettre directement en rapport avec lui. Il peut aussi se révéler un dispositif coûteux parce qu'il oblige les ministères à augmenter le nombre de leurs agents, parfois très fortement, pour en avoir dans les offices jouant un rôle de guichet unique.

L'Égypte a créé en 2017 des Centres de services aux investisseurs (Investor Services Centres – ISC) dans plusieurs gouvernorats en vue de délivrer les autorisations, attestations et licences indispensables pour créer et faire fonctionner une société. Le nombre des ministères et services de l'État représentés dans un ISC varie selon la région dans laquelle il est situé et son niveau de développement. C'est ainsi qu'en 2018 l'ISC d'Alexandrie comptait des représentants de 28 ministères et organismes publics. Tous les ISC appliquent un certain nombre de bonnes pratiques. Premièrement, ils sont incités à préserver leur efficience parce que tous les investisseurs sont tenus de passer par eux pour entreprendre leurs démarches. Deuxièmement, les ISC sont équipés d'un système de gestion de la relation client (GRC) permettant de suivre leurs performances au moyen d'indicateurs clefs. Troisièmement, il semble que le coût des ISC soit partagé efficacement et équitablement entre la GAFI et les ministères impliqués.

Quoique le monde des affaires ait salué la création des ISC, un certain recul est indispensable pour évaluer leur influence à long terme sur l'environnement des entreprises. Une amélioration est indispensable : il faut que l'ISC puisse prendre lui-même les décisions sur l'octroi des licences et permis sans avoir à en référer aux ministères fonctionnels dans les cas complexes. Il faut aussi que la décision d'accorder ou refuser un permis soit fondée sur des critères transparents et publiée et que les investisseurs auxquels ce refus a été opposé puissent faire appel.

Source : (OCDE, 2020[4]).

Les agences spécialisées telles que l'AMDIE au Maroc ou la FIPA en Tunisie consacrent moins de ressources à la facilitation des investissements et l'écart entre leurs moyens budgétaires et en personnel y est plus faible, ce qui s'explique probablement par l'absence de service de guichet unique, qui exige des effectifs nombreux. Cette assistance est dispensée dans les deux pays par d'autres organismes (comme par exemple la TIA nouvellement créée en Tunisie), ce qui devrait laisser aux API une plus grande latitude pour offrir des services répondant mieux aux besoins des entreprises. Les procédures d'enregistrement des entreprises y ont en outre été rationalisées – les deux pays se classent dans les 50 premiers du classement *Doing Business* de la Banque mondiale sur la facilité avec laquelle peut être créée une entreprise –, de sorte que la nécessité d'un guichet unique se fait moins sentir.

... mais pendant la crise du Covid-19 les API ont donné la priorité aux investisseurs existants

L'épidémie de Covid-19 et les mesures sanitaires qu'il a fallu prendre dans son sillage ont entraîné un changement du mode de fonctionnement des API ainsi que de la nature de l'assistance que demandent les clients. Dans l'immédiat les API dont donné la priorité à leurs clients existants et à la fourniture d'informations (OCDE, 2020[10]). La plupart des API de la région MENA ont créé des cellules de crise pour informer les investisseurs existants et communiquer avec eux, répondre à leurs questions et assurer un suivi pour les perturbations de la production.

- La GAFI égyptienne a adopté de nouvelles mesures pour faciliter le fonctionnement des ISC et s'est dotée d'outils électroniques pour faire en sorte que la communication avec les investisseurs soit pleinement opérationnelle malgré le confinement.
- L'API de la Jordanie a créé un « centre de gestion de crise » pour communiquer régulièrement avec les investisseurs, débattre des problèmes, inventer des solutions pour maintenir l'investissement et procurer aux investisseurs le soutien dont ils ont besoin.
- Celle du Liban a affiché sur Internet toutes les mesures qui ont été prises pour aider les entreprises à surmonter la crise, des avantages fiscaux aux campagnes de sensibilisation ciblées, en s'appuyant sur une initiative antérieure ayant pour objet de répondre à la crise politique et économique avec laquelle ce pays était aux prises avant la pandémie. L'IDA a aussi créé un portail

d'accès à des services juridiques et de conseil gratuits pour aider les entreprises dans leurs mesures sanitaires, budgétaires et financières.

- Au Maroc, l'AMDIE a mis sur pied une cellule dédiée pour dispenser des informations et assurer le suivi des investisseurs et pour coordonner les réponses à la crise avec les autres institutions.
- En Tunisie, la FIPA s'est dotée d'une cellule de crise incluant le personnel des bureaux à l'étranger pour informer de la situation et des mesures prises par le gouvernement, collecter des informations sur les activités des investisseurs étrangers, assurer la coordination avec les partenaires pour répondre aux problématiques des investisseurs et accompagner la mise en œuvre des solutions.

Le déplacement des priorités des API de la région MENA vers l'aide aux investisseurs existants et un service de suivi très attentif tout au long de l'épidémie de Covid-19 les a amenées à concevoir les nouveaux outils numériques et services innovants de maintien de l'investissement qui leur faisaient défaut avant la crise. La facilitation des investissements requérant une approche impliquant tous les services de l'État, plusieurs API ont dû renforcer leur coordination avec ces derniers. Les agences de la région MENA pourraient se pencher sur le maintien des outils et services à long terme et y apporter des retouches de manière à les rendre permanents.

Suivi et évaluation

Depuis quelques années, les API sont l'objet de pressions de plus en plus fortes pour prouver leur efficacité en raison tant des restrictions budgétaires que des incertitudes relatives à la dimension inclusive des IDE qu'elles ont suscités et à leur contribution au développement durable. Veiller à l'efficience et l'efficacité des API est aussi un souci constant des gouvernements dans d'autres régions du monde. Il est vraisemblable que cette tendance s'amplifiera dans le sillage de l'épidémie de Covid-19 puisque les API sont soumises à une pression de plus en plus vive pour attirer des IDE et en tirer le meilleur parti pour le développement durable. Les API doivent compiler des informations précises sur leurs activités et pour rendre compte de leur action. C'est pourquoi des systèmes fiables de suivi et d'évaluation sont nécessaires.

Avant de mettre en œuvre le suivi, il convient de décider sur quoi doit porter le suivi en s'appuyant sur des données probantes et sur un consensus, ce qui dépend en grande partie de la stratégie suivie par l'API ; il reste ensuite à définir les objectifs ou indicateurs clefs de performances (KPI) (Sztajerowska, 2019[12]). D'après l'enquête OCDE-BID, la plupart des API de la région MENA déclarent que de tels objectifs existent. Mais il est rare qu'ils soient publiés, de même que la stratégie qui les sous-tend. Dans ces conditions, il peut être difficile de comprendre comment les objectifs sont sélectionnés et définis et comment ils s'articulent avec la stratégie globale de l'API.

Quelques API, dont IDA Ireland ou CINDE Costa Rica, décrivent dans un rapport ad hoc leur stratégie et les priorités et objectifs mesurables qui en sont la traduction. La stratégie d'IDA est assortie d'indicateurs chiffrés basés sur « une évaluation détaillée du marché mondial de l'IDE et des perspectives des secteurs ». Ces indicateurs portent fréquemment sur le montant des investissements, le nombre d'emplois qui seront créés ou les dépenses de R&D. Bien qu'il existe des similitudes avec les stratégies appliquées par les API de la région MENA, notamment la définition des secteurs clefs sur lesquels faire porter leurs efforts, les documents sont enrichis d'objectifs et d'un plan d'action détaillé sur la manière de les atteindre.

Pour la plupart, les API de la région MENA déclarent qu'elles ont créé une unité de suivi et d'évaluation et qu'elles font un usage intensif des outils de gestion de la relation client (GRC) pour mesurer leurs performances et leur impact sur l'économie. Ces réponses à l'enquête OCDE-BID s'accordent difficilement avec le fait qu'un système de suivi et d'évaluation fiable est coûteux et que sa mise en œuvre est complexe, de sorte qu'il est souvent rudimentaire, y compris chez les API des pays de l'OCDE qui disposent d'un budget plus étoffé et de plus d'agents formés aux techniques d'évaluation (OCDE, 2018[2]). Il ressort des entretiens qualitatifs que, si un grand nombre d'API de la région MENA se sont dotées d'outils d'audit ou de contrôle qualité plus ou moins perfectionnés, rares sont celles qui disposent d'une unité transversale vouée spécifiquement à l'évaluation des performances.

Les agences de la région MENA se soucient davantage de vérifier le lien entre les projets d'investissement et les résultats obtenus en matière de développement que d'évaluer leurs performances opérationnelles en ce qui concerne la fourniture de services adéquats. La majorité d'entre elles surveillent le nombre d'emplois créés et les résultats en matière de développement régional, encore que quelques-unes, comme le Privatization and Investment Board (Conseil de privatisation et d'investissement) libyen, déclarent assurer un suivi de tous les résultats, une réponse qui contraste au vu des moyens dont dispose cette agence et de la nature de l'IDE qu'elle reçoit (Tableau 6.1). Quelques agences, comme l'ANDI en Algérie ou le GAFI en Égypte, sont tenues par la loi d'exiger des investisseurs auxquels sont accordés des avantages fiscaux qu'ils rendent compte de certains résultats tels que le nombre d'emplois créés. Ces renseignements leur permettent de prendre des mesures appropriées si les investisseurs ne tiennent pas leurs promesses. Les API de la région MENA sont plus enclines à sanctionner les investisseurs quand les emplois promis ne sont pas au rendez-vous que quand ils enfreignent les normes de la conduite responsable des entreprises (CRE). Cela est peut-être moins vrai de leurs homologues jordanienne (JIC) et marocaine (AMDIE) car toutes deux hébergent le Point de contact national (National Contact Point – NCP) compétent pour la CRE (pour des indications plus détaillées à ce sujet, voir le chapitre 10).

Le processus de rapport de comptes de l'API au gouvernement et le fait que ses comptes rendus soient publiés sont un autre aspect crucial de l'organisation du suivi et de l'évaluation. Toutes les agences produisent des rapports financiers et la plupart remettent au gouvernement ou à leur conseil d'administration un rapport d'activité, mais ces rapports sont rarement publiés sur leur site Internet. Au Royaume-Uni, le Department for International Trade inclut dans son rapport annuel une section sur les performances dans laquelle sont énumérés ses objectifs et les indicateurs clefs de performances ainsi qu'une évaluation détaillée de ces dernières.

Tableau 6.1. Indicateurs de résultats des API de la région MENA

		ALGÉRIE	ÉGYPTE	JORDANIE	LIBAN	LIBYE	MAROC	A.P	Tunisie	
	% des API OCDE	ANDI	GAFI	JIC	IDAL	PIB	AMDIE	PIPA	FIPA	TIA
Montant des IDE	81%	✓	✓	✓	✓	✓	✓	✓	✓	✓
Emplois	88%	✓	✓	✓	✓	✓	✓	✓	✓	✓
Salaires	28 %		✓			✓		✓		
Exportations	34%	✓	✓			✓	✓	✓		
Innovation / R&D	53%	✓	✓			✓		✓		✓
Développement régional	41%	✓	✓	✓	✓	✓		✓	✓	✓
Recettes fiscales	16%	✓				✓		✓		
Capacité des entreprises nationales	22%	✓			✓	✓		✓		✓
Formation dispensée par les EMN à leur personnel ou à des entreprises du pays	n.d.	✓				✓		✓		
Antécédents de l'investisseur au regard de la CRE	6%					✓		✓		✓
Investissement vert	23%	✓	✓			✓		✓		✓
Développement durable	19%	✓	✓			✓		✓		✓

Note : A.P : Autorité palestinienne.
Source : Enquête OCDE-BID sur les organismes de promotion de l'investissement

Promotion et facilitation des investissements dans les régions et provinces

La fragmentation croissante de la production et des services fait que les investisseurs s'intéressent de plus en plus à ce que leur offre une ville ou une région spécifique (Crescenzi, Di Cataldo et Giua, 2019[13]). L'attractivité de deux sites dans un même pays peut varier du tout au tout en fonction de leur niveau de productivité respectif, des compétences disponibles dans leur bassin d'emploi et des autres caractéristiques de leur écosystème local. Les économies MENA ne font pas exception à la règle et ceux qui sont riverains de la Méditerranée présentent des écarts considérables entre le littoral et l'intérieur du pays, ce qui a engendré des tensions sociales. Les gouvernements se sont efforcés de pousser les investisseurs à s'implanter dans les régions les moins développées, mais ils ont privilégié des politiques nationales telles que les incitations fiscales offertes pour une région donnée et ils ont négligé l'élaboration avec les institutions locales de stratégies infranationales pour la promotion de l'investissement, mésestimant ainsi les caractéristiques propres à chaque région et grâce auxquelles elle peut se distinguer sur la scène de l'investissement national et internationale.

Le degré de centralisation de l'État influe sur le caractère local de la promotion et de la facilitation des investissements

La configuration des institutions d'un pays influe sur la manière dont il mène sa politique d'investissement à l'échelon local. Cette configuration est déterminée en grande partie par le degré de centralisation de la politique économique et les dispositifs de gouvernance régissant la répartition des compétences entre les organismes centraux et infranationaux (régions, État, province ou ville). Certains pays ont fait le choix de centraliser la promotion de l'investissement au niveau de l'API nationale, cette dernière disposant ou non d'un réseau de bureaux à l'échelon infranational. D'autres, dont le système économique ou la gouvernance sont généralement plus décentralisés, ont créé des API infranationales partiellement ou totalement indépendantes de celle qui existe au niveau de l'État central.

Toutes les économies de la région MENA examinées sont des États unitaires ayant affiché une nette propension à la centralisation tout au long de leur histoire[4]. C'est pourquoi la promotion et la facilitation des investissements obéissent dans la plupart d'entre eux à une approche centralisée. Près du tiers des API de la région MENA n'ont aucun contact avec les agences infranationales et déclarent avoir des difficultés à travailler avec les collectivités locales, qui souvent n'ont pas les compétences nécessaires. Seules quelques rares API les consultent pour intégrer les plans de développement locaux dans leur stratégie nationale pour attirer les investissements. Les API préfèrent travailler avec leurs antennes locales, quand elles existent, plutôt qu'avec des organismes décentralisés et indépendants d'elles. Ces antennes ont pour mission principale les services de facilitation des investissements et de suivi des investisseurs et font parfois office de guichet unique. Les seules API des huit économies MENA examinées à ne pas avoir de bureaux infranationaux sont la FIPA tunisienne et l'AMDIE marocaine. Au Maroc, l'API nationale coopère avec les centres régionaux d'investissement récemment réorganisés, qui sont placés sous l'autorité des gouvernorats (*wilayas*) et coordonnés par le ministère de l'Intérieur au niveau national. Les centres régionaux sont des agences autonomes jouant un rôle de guichet unique qui recueillent des informations économiques, promeuvent leur région et proposent des services de règlement des différends.

Il existe dans beaucoup d'autres pays un système centralisé d'API nationales entretenant des liens avec des succursales infranationales, en particulier dans des pays émergents tels que la Thaïlande et dans plusieurs pays de l'OCDE, notamment l'Irlande, le Japon ou la République tchèque (OCDE, 2018[2]) (OCDE, 2021[7]). L'approche adoptée par de nombreuses autres API consiste à partager la responsabilité de la promotion et de la facilitation des investissements avec les gouvernorats et autres institutions voire, dans certains cas, à s'en décharger entièrement sur eux. C'est celle qu'ont retenue près de la moitié des API de la zone OCDE et de pays tels que le Vietnam, où les autorités provinciales sont habilitées à se doter d'instruments de promotion de l'investissement pour améliorer le climat des affaires dans leur territoire (Encadré 6.4).

Encadré 6.4. Promotion et facilitation décentralisées des investissements : le cas du Vietnam

Au Vietnam, la Loi sur la promotion de l'investissement de 2005 (remplacée par la Loi sur l'investissement de 2014) a transféré aux 58 provinces le pouvoir, entre autres, de délivrer des certificats d'investissement et des licences d'activité aux entreprises. Les autorités provinciales ont été officiellement autorisées à prendre des mesures pour rendre l'environnement des affaires plus favorable dans leur territoire. Des équipes ont été chargées de faciliter l'IDE dans chaque province et nombre de provinces ont pu apporter des changements notables aux règles régissant les activités des entreprises. Dans chaque province existe un Service de la planification et de l'investissement (Department of Planning and Investment – DPI) responsable des activités relatives à l'investissement et qui rend compte au Comité du peuple de sa province.

Les DPI des provinces assurent diverses fonctions relatives à la promotion de l'investissement comme les activités de marketing pour présenter la province comme une destination de choix pour l'investissement, les missions de prospection à l'étranger et l'organisation de visites sur place pour les investisseurs potentiels. De plus, quelques provinces ont créé des Centres de promotion de l'investissement dédiés qui sont soit hébergés par le DPI, soit placés sous l'autorité directe du Comité du peuple. Ainsi, par exemple, le Centre de promotion de l'investissement et du commerce (Investment and Trade Promotion Centre) de Ho Chin Minh Ville dispense aux entreprises locales et étrangères les services d'information et de conseil dont elles ont besoin et met les sociétés affiliées de groupes étrangers en relation avec des entreprises locales. Certaines provinces, comme celles de Hanoï et de Ho Chi Minh Ville, ont ouvert des bureaux de représentation à l'étranger.

Quoique les provinces soient le point d'entrée auquel s'adressent les investisseurs pour s'établir au Vietnam et y réaliser leur investissement, leur niveau d'activité et leur efficacité en matière de promotion des investissements dépendent fortement des capacités locales et des moyens mis à leur disposition. À présent que la décentralisation est entrée dans les faits, l'apprentissage entre pairs a aidé les provinces à faire avancer à grands pas les réformes pour améliorer le climat des affaires à l'échelon local même si la décentralisation des activités de promotion de l'investissement peut créer des possibilités de corruption.

Source : (OCDE, 2018[14]).

Plusieurs économies MENA ont entrepris des réformes depuis 2011 afin de répondre aux attentes de la population, qui réclame une gouvernance plus participative et une plus grande efficacité des services publics au niveau local, l'objectif ultime étant le développement régional. Le Maroc a inclus l'objectif de la régionalisation dans sa Constitution de 2011, mais les résultats des réformes poussées qu'il a entreprises dans ce but en 2015 ne sont pas encore à la hauteur des espérances (OCDE, 2018c). Conformément à la Constitution de la Tunisie, qui consacre un chapitre entier à la décentralisation, une loi de décentralisation a été votée et des conseils locaux ont été élus en 2018. En Jordanie, la loi de décentralisation a marqué la première étape d'une approche inductive pour identifier les besoins en matière de services ainsi que les priorités de l'action publique à partir des missions des conseils locaux récemment créés. En Tunisie comme en Jordanie, la création de conseils locaux ne s'est pas accompagnée d'un transfert de compétences budgétaires, ce qui limite leur capacité d'action.

Les raisons de confier des activités de promotion de l'investissement au niveau local

La promotion et la facilitation des investissements doivent trouver un juste équilibre entre la centralisation des décisions stratégiques et le souci de laisser aux autorités infranationales une marge de manœuvre suffisante pour exercer leur pouvoir. L'État central ne peut à lui seul améliorer l'attractivité économique d'un pays, ce qui souligne l'importance d'une coordination avec les échelons locaux. Par ailleurs, les investisseurs et sociétés étrangers apprécient l'existence d'un point d'entrée unique (Pasquinelli et Vuignier, 2020).

Quatre considérations plaident pour l'exercice d'activités de promotion de l'investissement à l'échelon local (MCI et VCC, 2009) :

- *les objectifs de développement* : les organismes infranationaux et l'administration centrale peuvent avoir des avantages concurrentiels différents et leurs objectifs dans le domaine du développement économique ne sont pas forcément les mêmes ;
- *la connaissance locale* : les organismes infranationaux connaissent mieux les forces et faiblesses de leur territoire et sont donc mieux à même de les promouvoir en fournissant des informations précises aux investisseurs ;
- *un rôle de facilitation au plus près du terrain* : étant plus proches des décideurs locaux, les organismes infranationaux sont mieux placés pour aider les investisseurs pendant la phase d'établissement et celles qui lui font suite ;
- *la volonté d'attirer les investisseurs nationaux :* Pour de nombreuses régions, attirer des investisseurs du même pays peut être aussi important que celui d'attirer des IDE. Les organismes infranationaux peuvent appliquer les mêmes principes et techniques que ceux qui sont employés pour promouvoir l'IDE tout en reliant plus efficacement leurs activités à l'économie locale.

Qu'ils recourent à un réseau d'API nationales disposant d'antennes locales ou à un système d'API infranationales indépendantes, les gouvernements de la région MENA pourraient donner aux organismes infranationaux une plus grande latitude pour exercer des tâches de promotion et facilitation des investissements. L'expérience des régions de l'Union européenne montre que l'IDE répond mieux aux API infranationales plus proches des activités des investisseurs (Crescenzi et al., 2019). Quant au Vietnam, on voit que les mesures de promotion des investissements menées à l'échelon local peuvent être des instruments efficaces pour accroître les investissements tant nationaux qu'étrangers ainsi que la contribution des investissements au développement local. De plus, grâce à une certaine décentralisation de la promotion des investissements, les provinces de ce pays ont été incitées à faire un usage plus efficace des moyens à leur disposition pour améliorer l'environnement des affaires (Encadré 6.4).

Même si, dans la région MENA, la priorité des antennes infranationales des API est de faciliter l'établissement des investisseurs, il importe tout autant de concevoir des outils de promotion des investissements plus adaptés. Le fait que plusieurs instances infranationales s'efforcent de promouvoir les investissements n'implique pas que les différents sites soient automatiquement en concurrence. Il s'avère que des villes (ou régions) voisines, y compris dans un même pays, peuvent attirer des investissements étrangers provenant de sources géographiques différentes et visant des segments de la chaîne de valeur ou activités économiques distincts (Wall, 2019[15]). Les stratégies nationales de promotion des investissements méconnaissent fréquemment les caractéristiques spécifiques des villes du pays et de leurs concurrents, et elles reflètent les avantages concurrentiels au sens large de leur pays par rapport aux autres pays.

Par exemple, Casablanca et Le Caire ne sont pas forcément en concurrence pour les investissements étrangers parce qu'ils n'attirent pas les mêmes types d'investisseurs (Wall, 2019[15]). Les rivaux de Casablanca sont des villes portuaires réparties entre plusieurs continents, notamment Panama City, Danang (Viet Nam) et Valence en Espagne. Le Caire est souvent en concurrence avec Alger, Riad et Tunis. L'une des raisons pour lesquelles les concurrents de Casablanca sont mondiaux est que la ville est bien ancrée dans les chaînes de valeur mondiales et dispose d'un accès aux réseaux de lignes maritimes. Pour Casablanca comme pour ses rivaux, l'enjeu est d'attirer des investisseurs en recherche de gains d'efficience dans les secteurs de l'automobile, des transports et des services aux entreprises. Au Caire, 16e métropole mondiale, les investisseurs étrangers visent davantage les consommateurs égyptiens et s'établissent dans cette capitale pour desservir les marchés d'Afrique ou du Moyen-Orient. Le Caire et les villes concurrentes cherchent à attirer des IDE dans l'immobilier, l'énergie et les services financiers.

Des éléments de comparaison avec les villes concurrentes peuvent aider les API de la région MENA à concevoir avec leurs succursales ou antennes infranationales des stratégies de promotion des investissements intégrant les avantages concurrentiels et les potentialités de chaque territoire. Ils facilitent en outre la conception d'outils permettant de mettre en relation investisseurs étrangers et fournisseurs locaux. Par exemple, les petites villes peuvent déployer des efforts très onéreux pour attirer de grandes entreprises (notamment en offrant de généreuses aides fiscales) alors qu'il serait plus judicieux d'axer leurs stratégies et outils de promotion sur la recherche des investisseurs de plus petite taille qu'elles peuvent raisonnablement espérer attirer. Les outils de promotion des investissements visant à attirer ces entreprises de deuxième rang peuvent se révéler utiles parce ces entreprises pourraient nouer des liens plus solides avec l'économie locale que les grandes entreprises en raison d'une plus grande capacité d'absorption des entreprises locales et d'une plus grande mobilité de la main-d'œuvre.

Distribuer les responsabilités en matière de promotion des investissements entre les divers échelons administratifs peut soulever des difficultés. Il peut arriver que certaines régions s'opposent à l'établissement d'un investisseur étranger qui y a été envoyé par l'API centrale à cause de risques écologiques auxquels leur population pourrait être exposée ou de la crainte que des entreprises locales soient mises à mal par une concurrence accrue. Il peut aussi arriver du fait de la concurrence entre régions que l'API nationale soit délibérément exclue des opportunités qui ont été identifiées à l'échelon local ou, au contraire, qu'elle soit appelée à jouer un rôle d'arbitre (pour décider dans quelle région envoyer un investisseur étranger) et soit ainsi confrontée à des choix difficiles.

Les outils de coordination aident à surmonter ces difficultés. En Suède, un code de bonne conduite a été conclu entre l'API nationale et les régions pour améliorer la communication sur les possibilités d'investissement et encourager l'échange d'informations. Business France, l'API française, dispose d'un processus formel d'échange d'informations de manière à rendre plus efficace sa collaboration avec les API infranationales. Elle a mis en place une plate-forme sur laquelle sont affichés les projets et elle partage toutes les semaines avec ses partenaires régionaux les informations dont elle dispose au sujet des nouveaux projets d'investissements étrangers qui ont été identifiés et des demandes émanant des régions (OCDE, 2018[2]). Grâce à cette plate-forme, les partenaires sont à même de coordonner leurs réponses et identifier des projets où une action conjointe pourrait être mené. Ce cadre garantit l'impartialité et la neutralité de Business France vis-à-vis de toutes les régions (de sorte qu'aucune ne soit favorisée au détriment des autres quand arrivent de nouveaux projets).

Références

Banque mondiale (2012), *Global Investment Promotion Best Practices 2012*, the World Bank Group, http://www.wbginvestmentclimate.org (consulté le 27 février 2021). [5]

Crescenzi, R., M. Di Cataldo et M. Giua (2019), « FDI Inflows in Europe: Does Investment Promotion work? », London School of Economics and Political Science, Institute of Global Affairs. [13]

Novik, A. et A. De Crombrugghe (2018), *OECD Investment Insights: Towards an International Framework for Investment Facilitation*, OECD. [8]

OCDE (2021), *OECD Investment Policy Reviews: Thailand*, OECD Investment Policy Reviews, OECD Publishing, Paris, https://dx.doi.org/10.1787/c4eeee1c-en. [7]

OCDE (2020), *Investment in the MENA region in the time of COVID-19*, OECD, Paris, http://www.oecd.org/coronavirus/policy-responses/investment-in-the-mena-region-in-the-time-of-covid-19-da23e4c9/ (consulté le 27 février 2021). [10]

OCDE (2020), *Investment promotion agencies in the time of Covid-19*, http://www.oecd.org/coronavirus/policy-responses/investment-promotion-agencies-in-the-time-of-covid-19-50f79678/ (consulté le 27 février 2021). [9]

OCDE (2020), *Investment Promotion in Eurasia: A Mapping of Investment Promotion Agencies*, OECD, Paris, https://www.oecd.org/eurasia/competitiveness-programme/Investment-Promotion-in-Eurasia-A-Mapping-of-Investment-Promotion-Agencies-ENG.pdf. [11]

OCDE (2020), *OECD Investment Policy Reviews: Egypt 2020*, OECD Investment Policy Reviews, OECD Publishing, Paris, https://dx.doi.org/10.1787/9f9c589a-en. [4]

OCDE (2020), *OECD Investment Policy Reviews: Indonesia 2020*, OECD Investment Policy Reviews, OECD Publishing, Paris, https://dx.doi.org/10.1787/b56512da-en. [6]

OCDE (2019), *Mapping of Investment Promotion Agencies: Middle East and North Africa - OECD*, OECD, Paris, https://www.oecd.org/investment/investment-policy/mapping-of-investment-promotion-agencies-med.htm (consulté le 27 février 2021). [1]

OCDE (2018), *Mapping of investment promotion agencies in OECD countries - OECD*, OECD, Paris, http://www.oecd.org/investment/Mapping-of-Investment-Promotion-Agencies-in-OECD-Countries.htm (consulté le 27 février 2021). [2]

OCDE (2018), *OECD Investment Policy Reviews: Viet Nam 2018*, OECD Investment Policy Reviews, OECD Publishing, Paris, https://dx.doi.org/10.1787/9789264282957-en. [14]

Sztajerowska, M. (2019), *OECD Investment Insights: Monitoring and Evaluation, a Brief Guide for Investment Promotion Agencies*, OECD, http://www.oecd.org/sti/ind/measuring- (consulté le 27 février 2021). [12]

Volpe Martincus, C. et M. Sztajerowska (2019), *How to Solve the Investment Promotion Puzzle: A Mapping of Investment Promotion Agencies in Latin America and the Caribbean and OECD Countries*, Inter-American Development Bank, http://dx.doi.org/10.18235/0001767. [3]

Wall, R. (2019), *The Geography of FDI in the Southern Mediterranean*, EU-OECD Programme on Promoting Investment in the Mediterranean. [15]

Notes

[1] Les institutions tunisiennes pour la promotion et la facilitation des investissements comprennent également d'autres organismes tels que l'Agence de promotion de l'industrie et de l'innovation (API).

[2] Les API ne décomposant pas leurs budgets d'investissement entre ces quatre catégories, leur ventilation repose sur les estimations qu'elles ont fournies et doit donc être considérée comme approximative. L'enveloppe allouée aux incitations budgétaires n'a pas été prise en considération. Le chapitre 7 dresse l'inventaire des incitations fiscales offertes par les économies de la région MENA.

[3] Ainsi, la campagne de l'Égypte pour accueillir la Coupe du Monde de football de la FIFA en 2018 avait pour but de renforcer l'image du pays en le présentant comme une porte d'entrée à la disposition des investisseurs étrangers désireux d'atteindre le marché africain.

[4] Un État unitaire est un État investi de la totalité de la puissance nationale dans lequel l'État central est l'ultime détenteur de l'autorité suprême. L'Irak, qui n'est pas abordé dans ce chapitre, est la seule exception de la région MENA en raison de sa structure fédérale.

7 Vers une utilisation plus rationnelle des incitations à l'investissement

Les gouvernements de la région MENA recourent largement aux incitations fiscales et financières pour attirer les investissements et les orienter vers certains secteurs, certaines activités ou certains lieux. Ce chapitre présente les résultats d'un exercice de cartographie des incitations à l'investissement accordées dans les huit économies MENA examinées dans ce rapport, en soulignant les types d'instruments employés et l'intensité de leur ciblage sectoriel, fonctionnel ou territorial. Il analyse aussi le degré de pouvoir discrétionnaire qui s'exerce dans l'octroi des incitations. Les résultats reflètent les incitations fiscales et financières figurant dans les codes fiscaux et les législations nationales sur l'investissement ainsi que dans les documents publiés par les agences de promotion de l'investissement, les ministères des Finances et les zones économiques. Enfin, ce chapitre se fait l'écho de discussions avec des praticiens au sein des agences de promotion de l'investissement et des ministères des Finances de la région.

Résumé et considérations intéressant l'action publique

Les gouvernements de la région MENA, à l'instar de la plupart des économies en développement et émergentes, recourent largement aux incitations fiscales et financières pour attirer les investissements privés et les diriger vers certains secteurs, certaines activités ou certains lieux. Les incitations à l'investissement sont des mesures qui visent à influer sur un projet d'investissement au moyen d'un régime fiscal favorable ou d'autres avantages ayant un effet sur le coût relatif du projet. Mais ces incitations, en particulier lorsqu'elles sont de nature fiscale, ont un prix qui pourrait l'emporter sur leurs avantages. Les incitations fiscales peuvent revenir à subventionner des entreprises qui auraient investi sans elles, et se traduire par un coût important sous forme de manque à percevoir pour l'État. Soigneusement conçues et ciblées, elles peuvent en revanche contribuer à corriger les défaillances du marché et à favoriser la réalisation de certains objectifs de développement, tels que la promotion des énergies renouvelables ou l'élévation des niveaux de compétences et de technologie, et renforcer les incidences positives des investissements (chapitre 2). Bon nombre de pays cherchent depuis peu à encourager les investissements dans le secteur de la santé pour faire face aux défis nés de la pandémie de Covid-19. Pour analyser l'efficacité et l'efficience des incitations déployées, il est essentiel de mieux comprendre leur portée et leur mode d'administration.

Ce chapitre passe en revue les types d'incitations à l'investissement que l'on rencontre dans la région MENA, les instruments utilisés et les objectifs déclarés (ciblage), et la manière dont ils sont administrés. Les huit économies MENA examinées dans ce rapport (ci-après désignées « économies cibles » ou « économies examinées ») prévoient des incitations fiscales et financières principalement pour les entreprises investissant dans les secteurs de l'agriculture, du tourisme et de l'industrie (au sens large), dans les activités exportatrices et dans les régions en retard de développement[1]. Les incitations à investir dans des activités favorisant la protection de l'environnement sont également courantes, de même que les avantages fiscaux pour les investissements dans les industries des hydrocarbures. Plusieurs des économies examinées accordent des allégements d'impôts ou des subventions aux investisseurs dont le projet a pour effet de créer des emplois ou de renforcer les compétences. Quelques-unes offrent des incitations pour les investissements qui utilisent des technologies nouvelles ou favorisent le transfert de technologie et les activités de R&D – un faible niveau d'intérêt qui tranche par rapport aux pays de l'OCDE.

Les avantages accordés aux investisseurs éligibles sont souvent généreux. Chacune des huit économies examinées offre des exonérations fiscales – exemptions totales de l'impôt sur les sociétés (IS) – aux entreprises qui investissent dans certains secteurs d'activité et dans certains territoires. Toutes les économies sauf deux (la Jordanie et la Tunisie) octroient des exonérations permanentes de l'impôt sur les sociétés, et la moitié d'entre eux, des réductions permanentes du taux de l'IS. Plusieurs pays ont entrepris de réduire la durée des exonérations fiscales et le nombre de bénéficiaires potentiels. Mais les incitations fondées sur les bénéfices (exonérations de l'impôt et réductions du taux de l'IS) restent très répandues et sont souvent aisées à obtenir pour les entreprises, grâce à des critères d'admissibilité définis de façon large. Les incitations à l'investissement dans les économies de la région MENA sont fréquemment laissées à l'interprétation et à la discrétion des autorités d'exécution (la plupart du temps, une agence de promotion de l'investissement ou un conseil de l'investissement réunissant des représentants de plusieurs ministères), ce qui augmente les risques de corruption et de planification fiscale agressive par les entreprises.

Dans les décisions d'investissement des entreprises, les avantages fiscaux dont elles peuvent bénéficier sont un facteur parmi d'autres – et rarement le facteur déterminant. Certains investisseurs (tels que ceux à la recherche de gains d'efficience) peuvent être plus sensibles aux incitations que d'autres (dont le but est de pénétrer un marché ou d'exploiter un gisement de ressources naturelles, par exemple), mais les études montrent que la plupart investiraient même en l'absence d'incitations (FMI-OCDE-ONU-Banque mondiale, 2015[1]) (James, 2013[2]). En moyenne, les économies MENA examinées proposent davantage d'exemptions illimitées dans le temps et des exonérations fiscales plus longues (14.6 ans) que les pays de l'ASEAN (11 ans) ; pour autant, elles reçoivent moins d'IDI qu'eux. Ce constat met en lumière l'importance du climat général de l'investissement pour attirer les entreprises, et amène à s'interroger sur le bien-fondé de mesures d'incitation généreuses et généralisés.

Les incitations fiscales accordées par les gouvernements MENA examinées font l'objet de dispositions dans différents textes de loi, décrets et ordonnances et leur application est souvent confiée à plusieurs organismes ou agences. L'éventail des incitations est donc sujet à de fréquentes modifications. Nombreux sont les pays de la région qui projettent d'étoffer ou de modifier leur dispositif d'incitations afin d'y inclure des mesures visant à répondre aux coûts économiques et sociaux de la pandémie de Covid-19. Les perturbations des chaînes d'approvisionnement et de l'activité économique ont incité certains à réévaluer leur stratégie de promotion des investissements. Alors que les gouvernements cherchent des solutions rapides pour accélérer leur reprise économique, des évaluations de l'efficacité et de l'efficience des incitations à l'investissement seront essentielles pour consolider des finances publiques déjà tendues et pour assurer une conception des incitations qui corresponde aux objectifs visés.

Considérations intéressant l'action publique

- Se demander à quelle échelle il convient de dimensionner les avantages fiscaux et financiers, si ces incitations sont indispensables pour attirer les investissements et si leur coût – manque à gagner fiscal, distorsions économiques – n'excède pas leur utilité. Une analyse coûts-avantages ex ante, complétée par un suivi ex post, serait utile pour évaluer à quel point et à quel prix les incitations atteignent les objectifs visés. Ce suivi et cette évaluation ne sont pas tâche aisée, car ils nécessitent des données et des ressources dont les autorités ne disposent peut-être pas. Dans ce cas, un simple récapitulatif des incitations fiscales, recensant et décrivant tous les instruments disponibles, leur objectif stratégique et leur fondement juridique, constitue une première étape importante pour établir la transparence et l'imputabilité. Opter pour des avantages temporaires plutôt que permanents serait par ailleurs plus propice à la réalisation d'évaluations.
- Envisager de remplacer progressivement l'exonération d'un impôt à large assiette par des avantages plus ciblés, axés sur les coûts et ajustés aux priorités de la politique publique. L'efficacité et l'efficience des incitations fiscales dépendent beaucoup de la nature de l'instrument et de la générosité du dispositif. Les incitations fondées sur les bénéfices tirés de l'investissement sont plus susceptibles d'être superflues (on parle de « redondance ») que celles fondées sur les coûts de l'investissement. Ces dernières, puisqu'elles font baisser les charges pour une entreprise (au lieu d'augmenter les produits non imposables d'entreprises bénéficiaires), peuvent rendre rentable un investissement marginal, ce qui augmente les chances de susciter des investissements supplémentaires. Plus l'incitation est ciblée, plus elle a de chances d'atteindre son objectif déclaré.
- Veiller à ce que les incitations soient spécifiques et assorties de critères d'éligibilité clairement définis qui réduisent la possibilité d'une trop grande latitude discrétionnaire laissée aux pouvoirs chargés de l'application des politiques d'investissement. On s'assure ainsi d'accroître la concurrence loyale, de réduire la corruption et de faciliter l'évaluation. Dans plusieurs des économies MENA examinées, les incitations à investir sont assorties de critères d'éligibilité vagues, tandis que la loi sur l'investissement mentionne la possibilité d'autres avantages non définis conditionnés à des critères non précisés. Il en résulte, pour les investisseurs, une incertitude sur ce qu'ils peuvent obtenir, et un risque accru de planification fiscale agressive de la part des entreprises et de corruption de la part des autorités d'administration (chapitre 11).
- Regrouper toutes les incitations fiscales dans le code des impôts – plutôt que les disperser dans les lois et règlements sur l'investissement, les lois sectorielles et, éventuellement, les conventions individuelles négociées – afin de renforcer la transparence et de réduire les risques de doubles

emplois et de confusion quant à l'autorité responsable. Le ministère des Finances est souvent le mieux placé pour accorder les incitations et en superviser le coût. Les autres ministères peuvent être plus enclins à octroyer des avantages fiscaux, n'étant ni chargés du recouvrement des impôts ni nécessairement au courant des besoins budgétaires de l'État.

- Évaluer si le but des incitations fiscales (orienter les investissements vers des secteurs ou des activités désignés), coïncide avec les stratégies de promotion de l'investissement et les objectifs de développement national (voir le chapitre 6 sur les stratégies de promotion). De simples récapitulatifs des incitations fiscales (décrits ci-dessus) peuvent aider les décideurs politiques à faire cette évaluation, tandis qu'un contrôle plus poussé du respect par les entreprises des conditions des avantages accordés (par exemple, emplois créés, valeur des exportations) peut aider à déterminer si l'incitation contribue aux objectifs de développement.

Les instruments incitatifs à l'investissement

Le taux normal d'imposition des bénéfices des sociétés (ou taux de droit commun de l'IS) est pour les investisseurs, étrangers ou nationaux, un premier élément d'appréciation du régime fiscal offert par un pays. Mais c'est la fiscalité dans son ensemble – y compris les différentes formes d'incitations fiscales – qui donne à voir la charge fiscale des entreprises ou leurs incitations à investir. Les types les plus courants d'incitations fiscales en vigueur dans les économies MENA examinées, et dans les économies en développement et émergentes en général, sont les exonérations de l'IS (périodes durant lesquelles les investissements sont intégralement exonérés de l'impôt sur les bénéfices), les réductions du taux de l'IS, et les abattements fiscaux (ou déductions fiscales) et crédits d'impôt (dispositions autorisant à déduire certaines dépenses du revenu ou du bénéfice imposable, ou directement de l'impôt dû). Au-delà des mesures qui visent les contributions directes, d'autres incitations couramment employées touchent les contributions indirectes – droits et taxes à l'importation et à l'exportation, taxe à la valeur ajoutée (TVA), notamment (OCDE, 2019[3]).

Graphique 7.1. Taux de droit commun de l'IS dans les économies MENA examinées

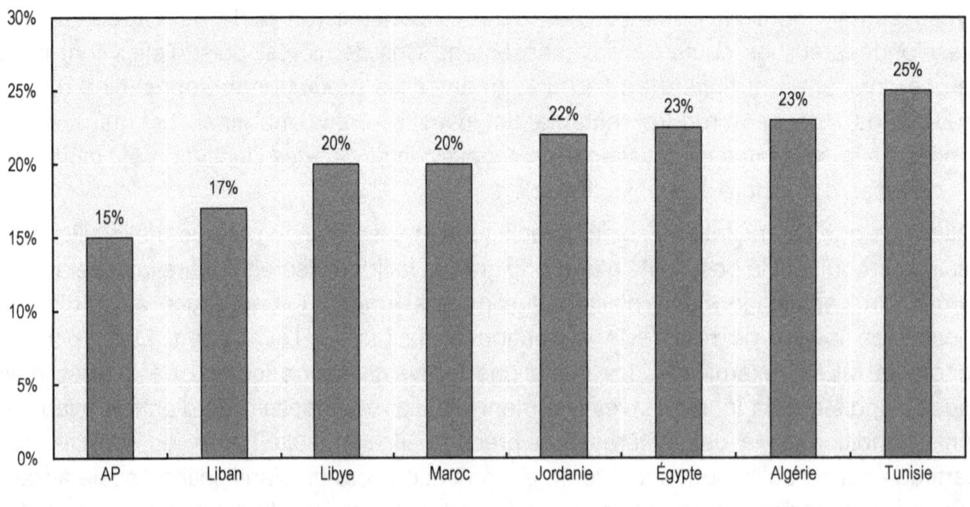

Note : taux pour 2000. Les chiffres de l'Algérie et de la Jordanie correspondent à la moyenne simple des taux de droit commun pour différents secteurs (à l'exclusion des taux qui ne s'appliquent qu'à un secteur) ; pour le Maroc, le chiffre est celui de la moyenne simple des barèmes progressifs. AP : Autorité palestinienne.
Source : OCDE, d'après la législation nationale et (EY, 2020[4]).

Le taux moyen de l'IS du régime de droit commun dans les huit économies MENA examinées est de 21 %, pour une fourchette de valeurs allant de 15 % (Autorité palestinienne) à 25 % (Tunisie) (Graphique 7.1)[2]. Cette moyenne est un peu plus basse que celles des pays de l'OCDE (25 %) et des pays de l'ASEAN (23 %) (OCDE, 2019[3]). L'Algérie et la Jordanie fixent des taux différents pour certains secteurs et certaines activités, et le Maroc utilise un barème progressif (qui va de 10 % à 31 % en fonction du bénéfice).

Toutes les économies MENA proposent des exonérations fiscales

L'exonération fiscale consiste à exempter une entreprise du paiement de l'IS au titre des revenus ou bénéfices provenant de son investissement, généralement pendant une période définie commençant à la date d'entrée en exploitation de l'investissement. Un large consensus existe parmi les institutions internationales pour considérer que l'exonération fiscale est l'une des mesures d'incitation qui provoquent le plus de distorsions (FMI-OCDE-ONU-Banque mondiale, 2015[1]) (OCDE, 2015[5]). Les exonérations fiscales, tout comme les réductions du taux d'IS ou les exemptions partielles du paiement de l'impôt, sont des incitations fondées sur les bénéfices : elles sont calculées en pourcentage des bénéfices et profitent aux entreprises qui sont déjà bénéficiaires. Ces entreprises sont plus susceptibles d'avoir investi sans considération de l'incitation, par rapport à celles ayant un horizon de rentabilité plus lointain (FMI-OCDE-ONU-Banque mondiale, 2015[1]). Les incitations fondées sur les bénéfices tendent également à favoriser davantage les investissements dont les coûts de départ sont faibles, qui sont généralement des activités mobiles (c'est-à-dire faciles à transférer vers des juridictions fiscales plus favorables), ce qui augmente le risque de transfert de bénéfices. Les incitations axées sur les bénéfices n'encouragent pas nécessairement les entreprises à rester et à contribuer au bien-être national par des retombées positives pour l'économie de leur pays d'accueil (Klemm and Van Parys, 2012[6]). Ces incitations continuent de prédominer en partie parce qu'elles sont faciles à appliquer et politiquement délicates à supprimer une fois en place.

Les huit économies MENA examinées offrent des exonérations fiscales aux investisseurs éligibles. Toutes sauf deux (la Jordanie et la Tunisie) accordent des exonérations permanentes de l'impôt sur les sociétés aux investisseurs répondant à certains critères. Les investissements éligibles aux exonérations fiscales concernent l'agriculture (Algérie, Maroc et Autorité palestinienne), les activités exportatrices ou les zones franches et zones économiques (Algérie, Égypte, Liban et Libye), ou encore les sociétés de capital-risque, extraterritoriales ou de portefeuille (Liban et Maroc). Si l'on exclut les exonérations permanentes, non limitées dans le temps, la durée maximale des exonérations fiscales (prolongations comprises) est similaire d'une économie à l'autre, soit environ dix ans. La Jordanie offre les exonérations les plus longues, avec une durée de 30 ans (Graphique 7.2). Par comparaison, la durée des exonérations fiscales dans les pays de l'ASEAN varie entre quatre et vingt ans (prolongations comprises), aucun des membres n'offrant d'exonérations permanentes (OCDE, 2019[3]).

Toutes les économies MENA examinées (exception faite de l'Autorité palestinienne) accordent des exonérations fiscales fondées sur le lieu d'implantation de l'investissement, que ce soit en zones de développement prioritaires ou, plus fréquemment, en zones économiques ou zones franches. Presque tous (à l'exception de l'Égypte et de la Libye) octroient des exonérations fiscales en fonction du secteur (critère sectoriel), et la moitié accordent des exonérations pour certaines activités – ou « fonctions » – économiques, telles que le développement des compétences, la R&D ou la protection de l'environnement (critère fonctionnel). L'Algérie, le Liban et le Maroc accordent des exonérations fiscales fondées sur les trois critères. La Libye octroie des exonérations fiscales d'une durée de cinq ans à tous les investisseurs aux termes de son régime d'imposition de droit commun.

Graphique 7.2. Durée (en années) de l'exonération d'IS dans les économies MENA étudiées

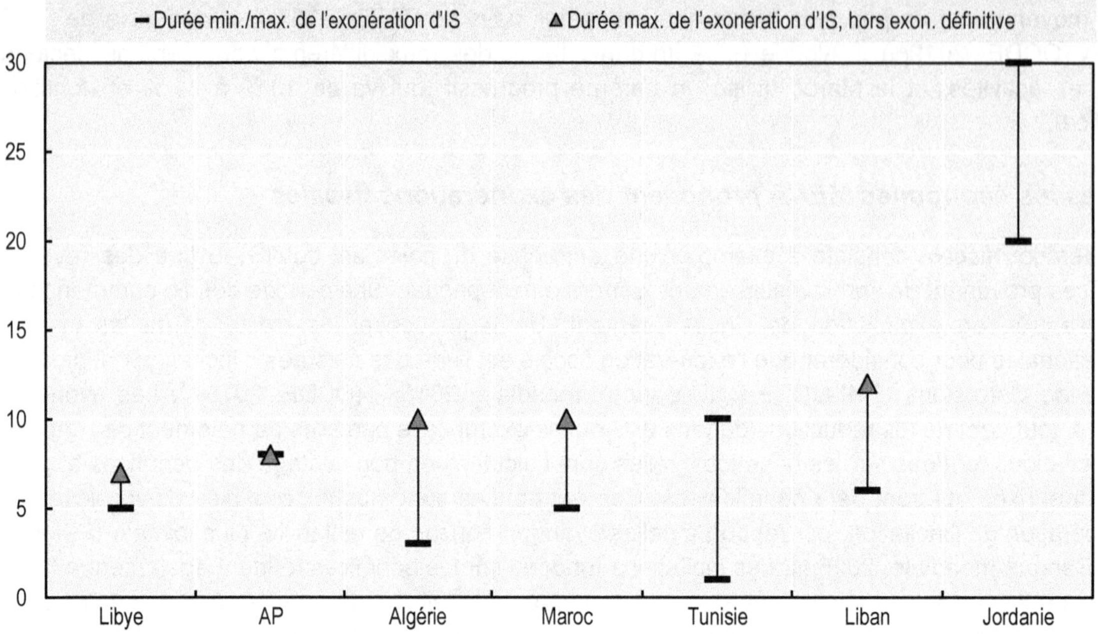

Note : les durées minimale et maximale des exonérations d'IS offertes aux investisseurs sont indiquées. Les flèches indiquent que le pays accorde également des exemptions permanentes de l'IS à certains investisseurs. Seules la Tunisie et la Jordanie n'offrent pas d'exemptions permanentes de l'IS. L'Égypte accorde des exonérations d'IS permanentes à certains investisseurs, sans durée minimale ou maximale, et n'est donc pas incluse dans le graphique ci-dessous. AP : Autorité palestinienne.
Source : OCDE, d'après la législation nationale.

Large recours aux taux réduits d'IS dans les économies MENA

Les taux réduits d'IS sont des taux d'imposition préférentiels non nuls inférieurs aux taux d'IS de droit commun. Les entreprises se voient souvent octroyer cet avantage à l'expiration d'une exonération temporaire de l'IS. Cinq des huit économies examinées offrent des taux réduits de l'impôt sur les sociétés. Ceux qui le font ont tendance à offrir moins d'exonérations fiscales et, inversement, ceux qui ont largement recours aux exonérations fiscales (tels que l'Algérie, le Liban et la Libye) utilisent moins ou pas de dispositifs de taux réduits d'IS. La générosité des réductions est variable. Le Graphique 7.3 montre les taux réduits maximum et minimum offerts aux investisseurs (c'est-à-dire la réduction du taux d'IS la plus généreuse et la réduction la moins généreuse) en regard du taux (moyen) de droit commun dans chaque économie. Ces avantages sont souvent accordés pour une durée illimitée ou très longue. Le Liban est le moins généreux concernant les taux réduits d'IS, qui ne s'appliquent que pendant cinq ans – contre vingt pour certains investisseurs au Maroc et en Jordanie. En Tunisie, toutes les réductions du taux d'IS sont accordées sans limite de durée. Les critères d'éligibilité sont plus variés que pour les exonérations fiscales, sans qu'on n'observe de concentration dans certaines activités ou certains secteurs pour la région.

Graphique 7.3. Taux de droit commun et taux réduits de l'IS dans la région MENA

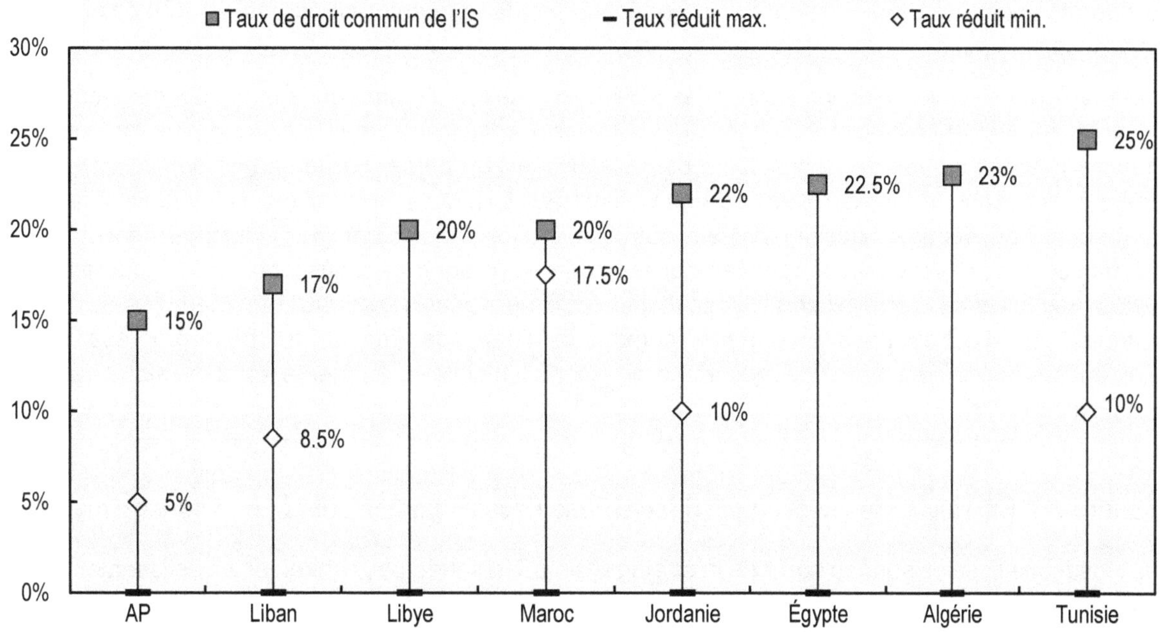

Note : les chiffres du taux d'IS de droit commun pour l'Algérie et la Jordanie correspondent à la moyenne des taux de droit commun pour différents secteurs ; pour le Maroc, le chiffre est celui de la moyenne des barèmes progressifs. Le taux réduit minimum représente la réduction du taux de l'IS la moins généreuse offerte aux investisseurs. S'il n'y en a pas, le pays n'offre pas de réductions d'IS inférieures à 100 %. Tous les pays offrent par ailleurs des exonérations fiscales, figurées ici par le taux réduit maximum de 0 %. AP : Autorité palestinienne.
Source : OCDE, d'après la législation nationale et (EY, 2020[4]).

Abattements et crédits d'impôt sont moins fréquents que les réductions du taux d'IS

Les abattements fiscaux (ou déductions pour investissement) permettent aux entreprises de déduire certaines dépenses d'investissement de leur revenu imposable. Les crédits d'impôt sont similaires, mais ils permettent aux investisseurs de déduire directement les dépenses de l'impôt calculé (et non du revenu imposable), ce qui opère une réduction immédiate de l'impôt à payer. À la différence des incitations fondées sur les bénéfices décrites ci-dessus, les abattements fiscaux et les crédits d'impôt sont des mesures fondées sur les coûts. Ils réduisent les coûts d'investissement supportés par l'entreprise, tels que les frais initiaux, les bénéfices réinvestis ou les dépenses ciblées comme les programmes de formation et les activités de R&D (FMI-OCDE-ONU-Banque mondiale, 2015[1]) (James, 2013[2]).

La moitié des économies MENA examinées offrent des abattements fiscaux aux investisseurs. L'Égypte, par exemple, a révisé son dispositif en faveur de l'investissement en 2017 afin de recourir plus largement à ces incitations fondées sur les coûts plutôt qu'à des exonérations fiscales. L'État autorise l'entreprise à déduire jusqu'à 50 % des investissements de son revenu imposable pour les projets dans les régions de développement prioritaires, et jusqu'à 30 % pour les investissements dans des secteurs et activités spécifiques (dont les énergies renouvelables et les projets à forte intensité de main-d'œuvre) (OCDE, 2020[7]). La Tunisie offre le plus grand nombre de régimes d'abattement fiscal, y compris pour les bénéfices réinvestis dans l'agriculture, les « secteurs innovants » et le secteur exportateur. L'Algérie accorde des exonérations ou des abattements d'impôts et taxes non spécifiés pour les investissements dans la R&D. Si la plupart des économies de la région autorisent l'amortissement accéléré des actifs et le report des pertes (par lequel les entreprises peuvent déduire de leurs bénéfices réalisés au cours de l'exercice les pertes enregistrées au cours d'un précédent exercice), ces dispositifs sont souvent déjà présents dans le régime de droit commun appliqué à tous les investisseurs, plutôt que d'être explicitement des

« incitations », c'est-à-dire des avantages pour les investissements dans des secteurs ou des activités particuliers. Peu d'informations sont disponibles sur ces dispositifs, ce qui oblige à faire des recherches plus approfondies. Les crédits d'impôt sont beaucoup moins fréquemment utilisés, en tout cas dans les économies examinées.

D'une manière générale, dans les économies MENA examinées, comme dans la plupart des économies en développement et émergentes, les incitations axées sur les coûts sont beaucoup plus rares que les incitations fondées sur les bénéfices. Cela peut s'expliquer, en partie, par la charge administrative plus lourde qui s'y attache (Andersen, Kett and Von Uexkull, 2017[8]). Mais elles ont moins tendance à favoriser les entreprises qui dégagent des bénéfices et sont plutôt fonction du volume de l'investissement ou de son utilité particulière. Les incitations fondées sur les coûts sont donc plus susceptibles d'encourager des activités nouvelles et des objectifs de politique publique spécifiques (OCDE, 2019[3]) – des vertus reconnues par d'autres pays émergents, comme la Thaïlande, qui se tournent progressivement, quoiqu'encore timidement, vers des mesures d'incitation plus ciblées, au mérite, fondées sur la valeur du projet (Encadré 7.1).

Encadré 7.1. En Thaïlande, un exemple d'incitations fiscales par les coûts : le critère du mérite

Les incitations fiscales sont au cœur de la stratégie de la Thaïlande pour attirer les investissements. Le cadre incitatif administré par le Board of Investment (BOI), l'agence thaïlandaise de promotion des investissements, consiste en un régime de base, fondé sur le type d'activité, auquel s'ajoute, depuis 2015, un régime d'incitation au mérite, fondé sur la valeur du projet. Le régime de base inclut des exonérations de l'IS accordées dans près de 300 sous-secteurs dont la liste est actualisée en fonction des réorientations de stratégie du gouvernement (ainsi, de nouveaux sous-secteurs ont été ajoutés au secteur de la santé depuis le déclenchement de la crise du Covid-19). Les sous-secteurs sont regroupés en cinq catégories qui déterminent la générosité de l'avantage fiscal. La catégorie la plus généreuse comprend les sous-secteurs qui revêtent une importance particulière pour l'économie du pays et ceux dans lesquels les investissements sont pour l'heure inexistants ou rares dans le pays.

Les incitations fondées sur le mérite sont des incitations fiscales supplémentaires (c'est-à-dire s'ajoutant aux incitations de base) qui sont accordées pour stimuler l'investissement ou la dépense dans des activités qui profitent au pays ou au secteur dans son ensemble. Ces incitations sont axées sur les coûts : les dépenses consenties pour le développement des compétences et la R&D ouvrent droit à la prise en compte de la valeur de l'investissement aux fins de l'exemption de l'IS (par exemple, les dépenses de R&D interne ou en collaboration avec des instituts étrangers, les dons aux fonds de développement des technologies ou du capital humain, ou les frais d'acquisition ou de licence de propriété intellectuelle). Pour promouvoir les liens entre entreprises, les projets bénéficient d'incitations supplémentaires sur le revenu imposable pour les dépenses consacrées au développement de fournisseurs locaux de technologies de pointe par le biais de la formation et de l'assistance technique.

D'autres incitations fondées sur le mérite sont accordées dans le but d'attirer les investissements dans les régions les moins développées du pays. Elles consistent en une double déduction pour les coûts de transport et de distribution d'électricité et d'eau pendant dix ans, plus une déduction de 25 % pour les coûts d'installation ou de construction des infrastructures.

Source : (OCDE, 2020[9])

Une palette d'autres avantages fiscaux

Les économies de la région MENA offrent un large éventail d'exonérations et d'exemptions d'autres taxes qui ne touchent pas directement l'assiette de l'IS, mais qui font partie du coût de l'investissement. Il s'agit notamment des droits de douane, de la TVA, de l'impôt sur les ventes et d'autres taxes telles que les droits d'enregistrement, les droits de timbre et les droits afférents aux permis de travail et de résidence.

Toutes les économies examinées offrent des incitations liées aux coûts du commerce, c'est-à-dire des exonérations ou des réductions des droits et taxes à l'importation et à l'exportation et autres frais de douane. Ces mesures sont parfois spécifiques à certains biens de consommation intermédiaire, tels que des matières premières non disponibles sur le marché intérieur. Mais dans de nombreux cas, les économies MENA accordent des exonérations générales. Par exemple, au Maroc, les grands projets d'investissement bénéficient d'une exemption totale des droits d'importation pendant trois ans. Ces régimes sont presque universels dans les zones franches et les zones économiques, conçues pour encourager les exportations et répandues dans toutes le économies examinées. Deux pays (Égypte et Libye) offrent à tous les investisseurs des réductions ou des exemptions des droits de douane sur les machines ou autres équipements importés nécessaires à la réalisation du projet. Tous à l'exception de la Libye pratiquent des exonérations ou des abattements de TVA ou d'impôt sur les ventes. Dans les zones économiques aussi, ces avantages sont omniprésents et souvent accordés parallèlement à une franchise de droits de douane.

La majorité des économies de la région MENA réservent à certains investisseurs d'autres avantages fiscaux tels qu'abattements ou exemption de droits d'enregistrement et de taxe de publicité foncière, de droits de timbre et de taxe professionnelle (ou patente). Ces avantages sont souvent accordés sans limite de durée. L'Algérie fait exception, en limitant la durée de différentes exonérations et abattements à la phase de réalisation du projet d'investissement. À noter qu'en ne précisant que rarement la durée pendant laquelle ils s'appliquent, la législation autorise à interpréter ces avantages comme permanents.

Incitations financières disponibles dans la majorité des économies MENA

Bien que moins fréquentes que les incitations fiscales, les incitations financières, telles que les subventions d'investissements, sont utilisées par toutes les économies de la région pour attirer les investissements dans certains secteurs, types d'activité ou territoires désignés.

La Libye est la seule des économies examinées qui ne prévoit pas d'incitations financières spécifiques dans sa législation. Toutes les autres offrent des primes ou des subventions pour, par exemple, les investissements dans les infrastructures ou dans la formation du personnel, les investissements en terrains, bâtiments et équipements, et les coûts d'utilisation des réseaux collectifs. Les détails de ces incitations – tels que le montant des fonds que les entreprises éligibles peuvent percevoir – ne sont jamais précisés, excepté en Tunisie. La plupart des législations sont également vagues en ce qui concerne les conditions d'éligibilité. Par exemple, les règlements d'application précisent rarement l'emploi qui doit être fait des sommes allouées (par exemple, la formation du personnel), ce qui laisse place à l'interprétation.

Plusieurs pays offrent des aides financières pour les investissements permettant de préserver l'environnement, de valoriser les énergies renouvelables ou de conduire au développement durable (Algérie, Égypte, Maroc, et Tunisie). Les garanties de prêts et les bonifications d'intérêts sont d'autres outils d'incitation financière, utilisés par exemple en Algérie pour promouvoir les projets d'investissement dans le secteur touristique, et au Liban pour les entreprises qui s'établissent ou déménagent dans une région prioritaire pour le développement.

Ciblage des incitations à l'investissement

Toutes les économies MENA examinées utilisent des systèmes d'incitation pour promouvoir l'investissement dans certains secteurs, certaines activités et certains territoires et, ce faisant, encourager les retombées économiques et sociales des investissements. L'Algérie procède au moyen d'une liste négative énumérant une centaine de secteurs et activités qui sont exclus des avantages fiscaux. Dans la plupart des économies de la région, les critères pour bénéficier de l'incitation tendent à être génériques et larges, couvrant de multiples secteurs ou catégories tels que les projets industriels. Les incitations qui ciblent des coûts d'investissement spécifiques (par opposition aux bénéfices) ou certaines activités bien définies sont plus susceptibles d'attirer des projets qui n'auraient pas été réalisés autrement, d'aider à la réalisation d'objectifs spécifiques de politique publiques et de ne pas favoriser la planification fiscale agressive par les entreprises (FMI-OCDE-ONU-Banque mondiale, 2015[1]). Tout régime d'incitation doit faire l'objet d'une évaluation et d'un examen réguliers afin de limiter les abus et les distorsions de marché.

Cette section résume dans quelle mesure les dispositifs d'incitation à l'investissement des économies MENA examinées sont destinés à soutenir des objectifs économiques et de développement. La majorité des incitations proposées visent à orienter les investissements vers certains territoires – objectif territorial ; viennent ensuite les objectifs sectoriels, puis « fonctionnels » (le projet doit contribuer à une activité telle que le développement des exportations ou la création d'emplois, par exemple). Plus d'un quart des incitations sont accessibles aux entreprises qui répondent à au moins deux catégories de critères (par exemple, sectoriels et territoriaux). La taille de l'investissement peut faire partie des exigences, mais elle est rarement le seul critère. Les responsables de l'action publique de la région pourraient examiner à quel point ces buts sont en adéquation avec leurs stratégies de promotion des investissements et de développement national (chapitre 6). Quant aux types d'instruments utilisés, ils varient beaucoup selon le pays. Certains pays, comme l'Algérie, font une utilisation généralisée des exonérations d'impôt ; le Maroc et la Tunisie sont ceux qui se servent le plus des incitations financières (primes, subventions). Sont examinées successivement ci-dessous les incitations à caractère sectoriel, celles qui ciblent des activités et celles qui ont un objectif territorial.

Principaux secteurs soutenus : l'agriculture, le tourisme et l'industrie

Plus d'un tiers des incitations recensées dans les huit économies examinées visent à orienter les investissements vers des secteurs spécifiques. Parmi les incitations à visée sectorielle, un tiers ciblent au moins un des deux autres types d'objectif – territoires désignés (à l'exclusion des zones) ou activités précises. Le Tableau 7.1 récapitule les six secteurs qui reçoivent le plus d'incitations fiscales et financières dans la région – agriculture, hydrocarbures, technologies de l'information et de la communication (TIC), industrie, énergies renouvelables et tourisme[3].

Certaines économies fournissent une liste de secteurs prioritaires précis dans les règlements d'application de la loi sur les investissements ou dans le code des impôts fiscaux, tandis que d'autres définissent des catégories plus larges. Un exemple qui illustre bien cette importante différence d'approche est le traitement du secteur industriel dans les différentes législations – sachant qu'environ 40 % de toutes les incitations sectorielles dans la région ciblent les projets industriels. La Loi de l'investissement de la Tunisie, par exemple, cite précisément plusieurs industries, dont la construction automobile (et les composantes) et la fabrication de produits pharmaceutiques (et dispositifs médicaux) parmi les secteurs prioritaires ; à l'inverse, dans les textes législatifs et réglementaires du Liban et de l'Autorité palestinienne il est fait référence, plus largement, aux « investissements dans l'industrie ».

Des incitations plus ciblées sur des segments spécifiques au sein d'un secteur pourraient avoir plus d'effet pour soutenir le développement et la modernisation des secteurs prioritaires dans les économies de la région MENA. Par exemple, la législation de la Thaïlande détaille environ 280 sous-secteurs qui sont éligibles aux avantages fiscaux, au sein d'un groupe plus grand de secteurs considérés comme stratégiques pour l'économie nationale au sens large (Encadré 7.1) (OCDE, 2020[9]).

Tableau 7.1. Exemples d'incitations « sectorielles »

	Agriculture	Hydrocarbures	TIC	Industrie	Énergies renouvelables	Tourisme
Algérie	Exonération fiscale, exemption des droits de douane/de l'impôt sur les ventes			Exonération fiscale		Exonération fiscale, exemption des droits de douane/de l'impôt sur les ventes
Égypte	Abattement fiscal, exemption des droits de douane/de l'impôt sur les ventes, subventions	Abattement fiscal, exemption des droits de douane/de l'impôt sur les ventes		Abattement fiscal, exemption des droits de douane/de l'impôt sur les ventes, subventions	Abattement fiscal, exemption des droits de douane/de l'impôt sur les ventes, subventions	Abattement fiscal, exemption des droits de douane/de l'impôt sur les ventes, subventions
Jordanie	Exonération fiscale, taux réduit d'IS, exemption des droits de douane/de l'impôt sur les ventes	Exonération fiscale, taux réduit d'IS	Taux réduit d'IS, exemption des droits de douane/de l'impôt sur les ventes	Exemption des droits de douane/de l'impôt sur les ventes	Exemption des droits de douane/de l'impôt sur les ventes	Exonération fiscale, taux réduit d'IS, exemption des droits de douane/de l'impôt sur les ventes
Liban	Exonération fiscale, taux réduit d'IS, exemption de l'impôt foncier/l'impôt sur la propriété		Exonération fiscale, taux réduit d'IS, exemption de l'impôt foncier/l'impôt sur la propriété	Exonération fiscale, taux réduit d'IS, exemption de l'impôt foncier/l'impôt sur la propriété		Exonération fiscale, taux réduit d'IS, exemption de l'impôt foncier/l'impôt sur la propriété
Libye						
Maroc	Exonération fiscale	Exonération fiscale		Exonération fiscale, subventions		Exonération fiscale, taux réduit d'IS
AP	Exonération fiscale			Taux réduit d'IS, exemption des droits de douane/de l'impôt sur les ventes	Taux réduit d'IS, exemption des droits de douane/de l'impôt sur les ventes	Taux réduit d'IS, exemption des droits de douane/de l'impôt sur les ventes
Tunisie	Exonération fiscale, taux réduit d'IS, exemption des droits de douane/de l'impôt sur les ventes, abattement fiscal	Abattement fiscal, exemption des droits de douane/de l'impôt sur les ventes	Subventions	Subventions	Subventions	

Note : n'inclut pas les avantages accordés à des secteurs spécifiques dans les zones économiques ou les zones franches. *Exonération fiscale* = exonération totale de l'IS pendant une période définie ; *taux réduit* d'IS = réduction de l'impôt sur les sociétés pendant une période définie ; *abattement fiscal* = déductibilité de certaines dépenses du revenu imposable ; *exemption des droits de douane/de l'impôt* sur les ventes = exemption des droits à l'importation, des taxes à l'exportation, de la taxe à la valeur ajoutée (TVA) ou de l'impôt sur les ventes ; *exemption de l'impôt foncier/l'impôt* sur la propriété = exemption des droits d'enregistrement/de la taxe de publicité foncière et des droits de timbre ; *subventions* = aides financières directes pour certains investissements. Le tableau n'inclut pas les autres catégories d'avantages.
Source : OCDE, d'après la législation nationale.

Outre le secteur industriel – et à l'exception de la Libye, qui n'utilise pas les incitations à l'investissement pour cibler des secteurs spécifiques – toutes les économies examinées recourent aux incitations à l'investissement dans le secteur agricole. Les projets dans ce secteur bénéficient généralement des incitations les plus généreuses, notamment des exemptions permanentes de l'IS que leur accordent l'Algérie, le Maroc et l'Autorité palestinienne. Dans l'ensemble de la région, c'est toutefois le secteur touristique qui concentre le plus grand nombre d'incitations distinctes. Par exemple, la Jordanie, le Liban et le Maroc offrent des exonérations d'IS, puis des taux réduits d'IS, aux investisseurs qui réalisent des projets dans le tourisme. La moitié des gouvernements de la région offrent des incitations aux investissements dans les énergies renouvelables, tandis que seuls trois (la Jordanie, le Liban et la Tunisie) prévoient des avantages spécifiques pour le secteur des TIC. À noter que d'autres pays peuvent promouvoir ces secteurs indirectement par le biais d'incitations visant des activités en particulier. Par exemple, les projets qui utilisent des technologies nouvelles ou qui servent la cause de la protection de l'environnement peuvent souvent bénéficier d'avantages distincts, décrits ci-dessous.

La moitié des économies examinées accordent des avantages fiscaux aux investissements dans l'industrie des hydrocarbures – même si les données présentées sous-estiment sans doute sensiblement l'ampleur du soutien fiscal à ce secteur. Ce chapitre ne prend en considération que les incitations explicites énoncées dans les codes des impôts et dans les lois et règlements sur les investissements. De nombreuses entreprises pétrolières et gazières bénéficient d'exemptions supplémentaires dans le cadre de contrats spécifiques avec les États nationaux. Par exemple, en Égypte, des décrets spéciaux régissent les accords de prospection-production de pétrole, et prévalent sur la législation nationale à des fins fiscales (PwC, 2017[10]). Toutes les études et enquêtes auprès des investisseurs laissent penser que les incitations visant l'exploitation des ressources naturelles sont superflues ; ces ressources étant par définition propres à un lieu, il est légitime de s'interroger sur la nécessité d'incitations particulières visant à attirer les entreprises extractives (FMI-OCDE-ONU-Banque mondiale, 2015[1]) (James, 2013[2]).

Principales activités soutenues : l'exportation, mais aussi la protection de l'environnement

Les huit économies MENA examinées utilisent toutes des incitations à l'investissement pour soutenir certaines priorités, telles que la création d'emplois, le développement des compétences, l'exportation ou la protection de l'environnement. Ces incitations axées sur l'activité – que nous appellerons « fonctionnelles » – sont souvent conçues pour stimuler l'incidence positive de l'investissement sur le développement durable (chapitre 2). Un peu moins fréquentes que les incitations sectorielles, elles représentent environ un tiers de toutes les incitations offertes par les économies examinées. Comme dans le cas des incitations sectorielles, un tiers d'entre elles ciblent aussi un deuxième ou un troisième objectif, en l'occurrence, sectoriel ou territorial.

Ainsi qu'on peut le voir dans le Tableau 7.2, l'activité que toutes les économies examinées soutiennent par des incitations à l'investissement est l'exportation. Chaque économie offre des incitations aux investisseurs qui travaillent surtout à l'exportation (« régime totalement exportateur ») ou qui cherchent à le faire. Le Tableau 7.3 comprend les incitations accordées aux entreprises en zones franches qui sont soumises à une obligation d'exportation. Mais toutes les économies MENA examinées, à l'exception de la Jordanie, octroient aussi des avantages aux entreprises exportatrices indépendamment de leur lieu d'implantation. En plus de l'exonération de la taxe professionnelle, la plupart des économies offrent des exonérations d'IS ou des taux réduits d'IS, ou les deux, aux entreprises exportatrices.

Tableau 7.2. Exemples d'incitations « fonctionnelles »

	Protection de l'environnement	Exportations	Création d'emplois / compétences	Technologies / R&D	Approvisionnement local
Algérie	Exonération fiscale, subventions	Exonération fiscale	Exonération fiscale	Exonération fiscale, abattement fiscal, subventions	
Égypte		Exonération fiscale, abattement fiscal, exemption des droits de douane/de l'impôt sur les ventes, subvention	Abattement fiscal, exemption des droits de douane/de l'impôt sur les ventes, subvention		
Jordanie		Taux réduit d'IS, exemption des droits de douane/de l'impôt sur les ventes, exemption de l'impôt foncier/l'impôt sur la propriété			Exemption des droits de douane/de l'impôt sur les ventes
Liban		Abattement fiscal			
Libye	Exonération fiscale, exemption des droits de douane/de l'impôt sur les ventes, exemption de l'impôt foncier/l'impôt sur la propriété	Exonération fiscale, exemption des droits de douane/de l'impôt sur les ventes			
Maroc	Subventions	Exonération fiscale, taux réduit d'IS, exemption des droits de douane/de l'impôt sur les ventes	Subventions	Subventions	
AP	Taux réduit d'IS, exemption des droits de douane/de l'impôt sur les ventes	Non précisé			Taux réduit d'IS, exemption des droits de douane/de l'impôt sur les ventes
Tunisie	Taux réduit d'IS, exemption des droits de douane/de l'impôt sur les ventes, subventions	Taux réduit d'IS, exemption des droits de douane/de l'impôt sur les ventes, exemption de l'impôt foncier/l'impôt sur la propriété, subvention	Taux réduit d'IS, abattement fiscal, exemption des droits de douane/de l'impôt sur les ventes, subventions	Abattement fiscal, subventions	

Note : les avantages accordés aux entreprises exportatrices comprennent les incitations destinées spécifiquement aux entreprises des zones franches et assorties d'obligations de niveau d'exportation. *Exonération fiscale* = exonération totale de l'IS pendant une période définie ; *taux réduit* d'IS = réduction de l'impôt sur les sociétés pendant une période définie ; *abattement fiscal* = déductibilité de certaines dépenses du revenu imposable ; *exemption des droits de douane/de l'impôt* sur les ventes = exemption des droits à l'importation, des taxes à l'exportation, de la taxe à la valeur ajoutée (TVA) ou de l'impôt sur les ventes ; *exemption de l'impôt foncier/l'impôt* sur la propriété = exemption des droits d'enregistrement/de la taxe de publicité foncière et des droits de timbre ; *subventions* = aides financières directes pour certains investissements. Le tableau n'inclut pas les autres catégories d'avantages.
Source : OCDE, d'après la législation nationale.

Plusieurs études montrent que les entreprises exportatrices réagissent davantage aux incitations que les investisseurs visant le marché intérieur, en raison de la forte concurrence entre les pays pour attirer ce type d'entreprises, dont une exigence est que leurs coûts restent faibles (James, 2013[2]) (Andersen, Kett and Von Uexkull, 2017[8]). Mais cela varie selon les pays. En Jordanie, une enquête réalisée en 2009 auprès des investisseurs a révélé que les exportateurs n'étaient que légèrement plus attirés par les incitations que les non-exportateurs : environ un tiers des investisseurs purs exportateurs ont déclaré qu'ils n'auraient pas investi dans le pays sans incitations, contre 20 % des non-exportateurs (James, 2013[2]). Une conclusion de l'enquête est que la majorité des investisseurs seraient donc entrés sur le marché quoiqu'il en soit. Les incitations accordées aux entreprises totalement exportatrices (les « entreprises offshore » en Tunisie, par exemple) peuvent contribuer à intégrer le pays dans les chaînes de valeur mondiales, mais ne contribuent pas nécessairement à l'établissement de liens avec les entreprises locales (voir le cas de la Tunisie, encadré 8.2, au chapitre 8). En outre, les avantages fiscaux subordonnés au respect d'obligations d'exportation peuvent aller à l'encontre des règles de l'Organisation mondiale du commerce relatives aux subventions à l'exportation (OMC, 2019[11]), ce qui amène à s'interroger sur la validité de leur emploi.

Les économies de la région MENA ont également en commun des mesures d'incitation pour les investissements qui concourent à la protection de l'environnement. Par exemple, la Tunisie offre aux entreprises « spécialisées dans la collecte ou la transformation ou la valorisation ou le recyclage ou le traitement des déchets et ordures » des taux d'IS inférieurs de plus de moitié au taux de droit commun, tandis que la Libye et l'Algérie accordent des exonérations fiscales aux investissements qui protègent l'environnement et préservent les ressources naturelles. En dehors de ces deux tendances, le ciblage de certaines activités varie beaucoup selon le pays. La moitié des économies examinées offrent des avantages aux entreprises qui créent des emplois, généralement au-delà d'un certain nombre, ou qui participent à l'enrichissement des compétences (même si les autres, tel qu'indiqué ci-dessus, peuvent accorder des subventions pour la formation professionnelle). L'Autorité palestinienne est l'une des seules économies de la région à accorder des avantages fiscaux aux entreprises qui utilisent un contenu local dans leur production, une politique qui pourrait favoriser le renforcement des liens avec le tissu de PME locales (voir le chapitre 8 pour plus d'informations sur les programmes de partenariats). Peu de pays accordent des avantages pour les investissements qui utilisent des technologies nouvelles ou favorisent le transfert de technologie et les activités de R&D – contrairement aux pays de l'OCDE, dont les incitations visent principalement le soutien à la R&D. Cela peut être dû au fait que les économies MENA cherchent surtout à attirer des IDE dans les activités à forte intensité de main-d'œuvre ; mais cela peut aussi traduire une tendance plus générale, dans la région comme dans nombre d'économies émergentes, à cibler un large éventail d'investisseurs.

Les incitations à visée territoriale sont les plus fréquemment utilisées dans la région

La majorité des incitations offertes aux investisseurs dans les économies MENA examinées visent à orienter les investissements vers des territoires particuliers. La moitié de ces incitations sont réservées aux investisseurs dans les zones économiques, les zones de développement, les zones franches ou les zones de libre-échange – des espaces délimités du territoire qui ont souvent leurs propres règlements, administration, avantages fiscaux et (ou) infrastructures. Les zones sont souvent assorties d'autres conditions d'éligibilité, notamment sectorielles et fonctionnelles (au premier rang desquelles, la priorité à l'exportation). L'ampleur des incitations ciblant des territoires est révélatrice d'une stratégie de développement fondée sur approche territoriale dans de nombreuses économies MENA, et de l'objectif de développement régional que toutes partagent. Le Tableau 7.3 énumère les types d'avantages offerts aux investisseurs dans les zones prioritaires pour le développement régional, les zones économiques (qui comprennent les zones dites « de développement », les parcs industriels et les zones économiques spéciales) et les zones franches. Ces dernières étant habituellement assorties d'exigences d'exportation particulières ou d'un statut « offshore », elles sont séparées des zones économiques à des fins d'analyse – même si certaines économies ont des zones qui sont à cheval sur les deux catégories (cas de la Libye et de l'Autorité palestinienne).

Tableau 7.3. Exemples d'incitations « territoriales »

	Zones prioritaires pour le développement régional	Zones économiques	Zones franches
Algérie	Exonération fiscale, exemption des droits de douane/de l'impôt sur les ventes, exemption de l'impôt foncier/l'impôt sur la propriété, subventions		
Égypte	Abattement fiscal, réduction des droits de douane/de l'impôt sur les ventes, subventions	Abattement fiscal, réduction/exemption des droits de douane/de l'impôt sur les ventes, subventions	Exonération fiscale, exemption des droits de douane/de l'impôt sur les ventes
Jordanie	Exonération fiscale, taux réduit d'IS, exemption des droits de douane/de l'impôt sur les ventes	Taux réduit d'IS, exemption des droits de douane/de l'impôt sur les ventes, exemption de l'impôt foncier/l'impôt sur la propriété	Taux réduit d'IS, exemption des droits de douane/de l'impôt sur les ventes, exemption de l'impôt foncier/l'impôt sur la propriété
Liban	Exonération fiscale, taux réduit d'IS, exemption des droits de douane/de l'impôt sur les ventes	Exonération fiscale, exemption des droits de douane/de l'impôt sur les ventes, exemption de l'impôt foncier/l'impôt sur la propriété	Exemption des droits de douane/de l'impôt sur les ventes
Libye	Exonération fiscale, exemption des droits de douane/de l'impôt sur les ventes, exemption de l'impôt foncier/l'impôt sur la propriété	Exonération fiscale, exemption des droits de douane/de l'impôt sur les ventes	
Maroc	Subventions	Exonération fiscale, taux réduit d'IS	Exonération fiscale, taux réduit d'IS, exemption des droits de douane/de l'impôt sur les ventes
AP	Taux réduit d'IS, exemption des droits de douane/de l'impôt sur les ventes	Taux réduit d'IS, exemption des droits de douane/de l'impôt sur les ventes, subventions	
Tunisie	Exonération fiscale, taux réduit d'IS, abattement fiscal, subventions		Taux réduit d'IS, abattement fiscal, exemption des droits de douane/de l'impôt sur les ventes

Note : les zones économiques incluent les « zones de développement », les zones économiques spéciales (ZES) et les parcs industriels/zones industrielles. Les zones franches sont des espaces délimités assortis d'obligations particulières en matière d'exportation. *Exonération fiscale* = exonération totale de l'IS pendant une période définie ; *taux réduit* d'IS = réduction de l'impôt sur les sociétés pendant une période définie ; *abattement fiscal* = déductibilité de certaines dépenses du revenu imposable ; *exemption des droits de douane/de l'impôt* sur les ventes = exemption des droits à l'importation, des taxes à l'exportation, de la taxe à la valeur ajoutée (TVA) ou de l'impôt sur les ventes ; *exemption de l'impôt foncier/l'impôt* sur la propriété = exemption des droits d'enregistrement/de la taxe de publicité foncière et des droits de timbre ; *subventions* = aides financières directes pour certains investissements. Le tableau n'inclut pas les autres catégories d'avantages.
Source : OCDE, d'après la législation nationale.

Les zones économiques ou les zones franches offrent habituellement le plus grand nombre d'incitations fiscales différentes aux entreprises. Les zones franches, comme on l'a vu dans la section consacrée aux incitations fonctionnelles, comportent souvent des obligations en matière d'exportation et témoignent d'une volonté de promouvoir une croissance tirée par les exportations, même si cet objectif n'est pas toujours compatible avec les objectifs de développement plus larges (Encadré 7.2). Les zones économiques ciblent généralement un type d'activités, manufacturières notamment, ou bien une activité spécifique telle que le textile ou la finance. Chaque zone (zone franche ou zone économique) offre sa formule d'allégement de l'impôt sur les sociétés – exemptions permanentes (zones franches en Égypte, zone économique de Tripoli au Liban, zone franche de Misrata en Libye), taux réduits permanents (5 % dans la zone économique spéciale d'Aqaba en Jordanie) ou temporaires (5 % pendant cinq ans et 10 % pendant trois ans dans les parcs industriels de l'Autorité palestinienne). Presque toutes les zones franches et zones économiques assurent la franchise de taxes commerciales et de TVA, et la plupart offrent des exemptions de l'impôt foncier/immobilier.

Encadré 7.2. Quelle compatibilité entre les incitations fiscale dans les zones et les objectifs de développement plus large ?

Les incitations fiscales dans les zones économiques peuvent fausser le libre jeu de la concurrence entre entreprises à l'intérieur et à l'extérieur des zones. Ce serait le cas, particulièrement, avec les zones offrant des exonérations d'IS, un type d'incitation qui soulève deux préoccupations. Premièrement, les exonérations d'IS attirent des entreprises qui dégagent déjà des bénéfices et qui auraient investi de toute façon, comme expliqué ci-dessus. Deuxièmement, et en lien direct avec les retombées des zones sur le développement au sens large, les entreprises installées dans ces zones ont la possibilité de vendre sur le marché intérieur alors que, du fait de l'allégement fiscal, elles bénéficient d'un avantage concurrentiel sur les entreprises du reste du pays. Leurs ventes sur le marché intérieur peuvent avoir un effet néfaste sur la croissance de la productivité nationale. En ayant accès au marché intérieur, les entreprises implantées dans les zones peuvent s'éviter les contraintes et la pression concurrentielle des marchés d'exportation tout en profitant des incitations fiscales.

En Égypte, par exemple, les entreprises des zones franches bénéficient d'un large éventail d'avantages fiscaux, y compris des exonérations d'IS, sous réserve de leurs résultats à l'exportation – cette pratique existe également dans les zones franches du Maroc et le « régime offshore » en Tunisie. Le volume important de la production des entreprises des zones franches qui est écoulée sur le marché intérieur révèle toutefois la difficulté des zones à atteindre leurs objectifs de développement. Au cours des cinq dernières années, les entreprises des zones franches en Égypte ont vendu la moitié de leur production sur le marché intérieur, ne respectant pas l'exigence d'une part de 80 % destinée à l'exportation. Plusieurs raisons expliquent ce niveau élevé des ventes intérieures des entreprises des zones franches. L'accès à un vaste marché intérieur les pousse à vendre des produits importés (au lieu de transformer des produits intermédiaire dans le processus de production) ou à se débarrasser d'excédents de production qu'elles ne peuvent pas exporter. Dans le même temps, leur manque de compétitivité et leur méconnaissance relative des marchés étrangers réduisent leur capacité à exporter.

La conception d'une politique fondée sur les zones devrait tenir compte des effets négatifs potentiels de ces zones sur l'économie au sens large. Elle pourrait viser à passer d'une politique d'incitation fondée sur l'IS à un environnement des affaires plus efficient qui favorise la concurrence, intègre les secteurs ciblés au reste de l'économie et protège correctement l'environnement. Les États peuvent envisager des réformes qui aient pour effet d'unifier les droits d'entrée, les procédures d'importation et les incitations par l'IS sur une norme commune à toute les entreprises du pays, alignée sur celle en vigueur dans les zones, afin de réduire l'écart préjudiciable créé par l'avantage comparatif qu'offrent actuellement les zones. Harmoniser les règles du jeu entre les zones et le reste du pays est une priorité encore plus urgente compte tenu de la multiplication des zones dans la région.

Certains pays ont réussi à relever les défis hérités de leurs politiques fiscales privilégiant les zones. En Pologne, les zones établissaient une discrimination à l'encontre des PME. Pour y remédier, en 2018, le pays a étendu les incitations des zones au reste du territoire et remplacé les critères géographiques et de taille d'investissement par d'autres liés à la durabilité et à l'innovation. La République dominicaine a supprimé progressivement l'obligation d'exporter de ses dispositifs d'incitations fondées sur l'IS dans les zones franches. Avec l'adhésion du pays à l'Accord de libre-échange d'Amérique centrale (2004) et l'échéance fixée par l'OMC pour la conformité avec l'Accord sur les subventions et les mesures compensatoires (2015), la suppression progressive de ces incitations du régime d'investissement du pays ne pouvait plus être évitée. Les zones sont restées attrayantes pour les entreprises exportatrices s'installant en République dominicaine, sans que cela n'influe sur les niveaux d'exportation.

Source : (OCDE, 2020[7])

Toutes les économies MENA examinées disposent d'incitations réservées aux entreprises qui choisissent de s'installer dans des parties défavorisées de leur territoire, hors des zones franches ou économiques. Ces territoires prioritaires pour le développement régional sont souvent désignés par décret et, parfois, énumérés dans la loi sur la promotion des investissements. La plupart des pays ont un barème d'incitation, plus ou moins généreux selon le niveau de besoin du territoire – les incitations sont de plus en plus généreuses à mesure que le besoin de développement s'élève. La Jordanie et le Liban divisent l'ensemble de leur territoire en fonction de différents niveaux de développement et associent des incitations à la quasi-totalité des territoires ainsi délimités. Les États ont tendance à exiger que les investisseurs dans les territoires plus développés remplissent d'autres critères, comme l'inscription des actions à la Bourse nationale (cas du Liban). Aux régions les moins développées correspondent généralement les incitations à investir les plus généreuses (ou parmi les plus généreuses) proposées par le pays. L'Algérie et la Tunisie offrent des exonérations fiscales de dix ans aux entreprises dans les régions désignées ; en Jordanie, l'exonération est de 20 ans et peut être prolongée de dix ans. La moitié des économies examinées offrent aussi un soutien financier, notamment des subventions pour les raccordements aux infrastructures et réseaux collectifs (Algérie, Égypte, Maroc et Tunisie), ainsi que pour les dépenses de formation et les coûts fonciers (Égypte et Maroc).

Discrétion dans l'octroi des incitations

Un élément important de la politique d'incitation est le degré de discrétion à l'œuvre dans l'octroi d'incitations aux investisseurs. Il s'évalue par le niveau de détail des dispositifs – p. ex., générosité de l'avantage fiscal, durée de l'exonération – dans la législation, et par la spécificité et l'automaticité des critères d'éligibilité, qui doivent permettre d'éviter l'interprétation ou l'approbation par une autorité d'administration.

Il existe un large consensus parmi les organisations internationales sur le fait que le regroupement de toutes les incitations fiscales dans le droit fiscal – plutôt que leur éparpillement dans les lois sur l'investissement, les lois sectorielles ou les accords individuels avec les entreprises – renforce la transparence et réduit le risque de doubles emplois et de confusion quant à l'autorité responsable (FMI-OCDE-ONU-Banque mondiale, 2015[1]). Le ministère des Finances est souvent le mieux placé pour accorder les incitations et en superviser le coût. En effet, d'autres ministères ou des organismes de promotion des investissements peuvent être plus enclins à offrir des avantages fiscaux, car leur priorité est d'attirer les investisseurs ; ils ne sont pas chargés du recouvrement des impôts ni nécessairement au courant des besoins budgétaires de l'État (James, 2013[2]). Dans la législation fiscale, toutes les incitations prévues doivent être spécifiques et assorties de critères d'éligibilité clairement définis et d'une marge d'interprétation étroite qui ne laisse pas toute discrétion aux autorités quant à leur application. On réduit ainsi les risques de corruption ainsi que de concurrence déloyale entre les entreprises (FMI-OCDE-ONU-Banque mondiale, 2015[1]).

La majorité des économies MENA examinées établissent des incitations à investir par le biais de lois et de décrets sur l'investissement. Seul le Maroc a regroupé la plupart de ses incitations fiscales dans son code des impôts. La moitié des économies examinées insèrent une liste incomplète d'avantages dans leur code des impôts ou dans la loi du budget ou la loi de finances (Algérie, Jordanie et Liban), ou encore publient des amendements au régime d'incitations dans les lois de finances (Tunisie) – un premier pas vers le regroupement. Dans chaque cas, l'arsenal des incitations est dispersé entre une multiplicité de textes législatifs (y compris les lois sectorielles et les lois sur les zones économiques spéciales), de règlements et de décrets. Cela rend difficile la présentation d'un tableau complet des avantages disponibles et peut être source de confusion pour les investisseurs qui tentent de déterminer à quoi ils peuvent prétendre. Par exemple, toutes les Agences de promotion des investissements (API) de la région MENA ne recensent pas sur leur site web les incitations qui existent dans leur pays. Lorsque des incitations sont accordées dans le cadre de plusieurs lois (et administrées par différentes autorités, voir ci-dessous), les investisseurs peuvent être amenés à chercher l'option qui leur profite le plus, tandis que l'État n'a pas une vision claire de l'ensemble des incitations qu'il offre.

Sur la totalité des incitations prévues par les huit économies MENA examinées, un quart ne font pas l'objet de dispositions détaillées dans la législation nationale – c'est-à-dire que la loi ne précise pas la durée ou le montant de l'exonération ou de l'abattement, ou le volume de la prime ou de la subvention, ou une autre caractéristique importante de l'incitation. Souvent, les conditions requises (p. ex., critère « d'intérêt national) et la teneur même des avantages disponibles sont floues. Pour en obtenir le bénéfice, les investisseurs doivent généralement soumettre une demande à l'autorité chargée d'administrer les incitations fiscales – dans la région MENA, ce sera soit l'API soit le conseil de l'investissement (un organe interministériel). Certaines API de la région (notamment celles du Liban et de l'Autorité palestinienne) ont une grande latitude pour décider des avantages à accorder, de leurs bénéficiaires et de leur niveau de générosité. Étant donné que leur rôle est d'attirer les investisseurs, on peut s'attendre à ce que ces agences fassent passer au second plan des questions telles que le coût de l'incitation (le manque à gagner pour l'État) ou la légitimité de sa justification (l'incitation est-elle absolument déterminante dans la décision d'investir ?). (Voir le chapitre 6 pour plus d'informations sur les implications du large éventail de responsabilités des API dans la région MENA).

Un grand nombre d'avantages octroyés dans la région MENA, et, au demeurant, dans d'autres pays aussi, le sont au titre d'une convention passée par voie de négociation entre un investisseur et l'autorité d'administration. Des dispositions législatives et réglementaires précises, plutôt qu'une formule floue laissant toute liberté d'interprétation au fonctionnaire, sont un moyen de fermer la porte à la corruption (voir le chapitre 11 pour plus d'informations sur le risque de corruption dans l'administration des incitations et au moment de l'entrée sur le marché). En outre, des règles qui s'appliquent de façon discrétionnaire et au cas par cas en fonction du contribuable créent les conditions d'une concurrence déloyale. Le droit de recours pour les investisseurs qui s'estimeraient lésés par une décision de l'organisme administrant les avantages n'est pas toujours clairement signifié. L'incertitude quant à leur éligibilité, le coût des pots-de-vin et la possibilité d'une inégalité des conditions de concurrence sont autant d'éléments dissuasifs pour les investisseurs (OCDE, 2020[7]).

Références

Andersen, M., B. Kett and E. Von Uexkull (2017), "Corporate Tax Incentives and FDI in Developing Countries", in *Global Investment Competitiveness Report 2017/2018*, Banque mondiale, http://dx.doi.org/10.1596/978-1-4648-1175-3. [8]

EY (2020), *Worldwide Corporate Tax Guide 2020*, EY, https://www.ey.com/en_gl/tax-guides/worldwide-corporate-tax-guide-2020. [4]

FMI-OCDE-ONU-Banque mondiale (2015), *Options pour une utilisation efficace et efficiente des incitations fiscales à l'investissement dans les pays à faible revenu*, Un rapport préparé pour le Groupe de travail sur le développement du G20 par le FMI, l'OCDE, l'ONU et la Banque mondiale, http://www.imf.org/external/pp/ppindex.aspx (accessed on 31 May 2019). [1]

James, S. (2013), *Tax and Non-Tax Incentives and Investments: Evidence and Policy Implications*, http://ssrn.com/abstract=2401905http://ssrn.com/abstract=2401905 (accessed on 31 May 2019). [2]

Klemm, A. and S. Van Parys (2012), "Empirical evidence on the effects of tax incentives", *International Tax and Public Finance*, Vol. 19/3, pp. 393-423, http://dx.doi.org/10.1007/s10797-011-9194-8. [6]

OCDE (2020), *OECD Investment Policy Reviews: Egypt 2020*, Examens de l'OCDE des politiques de l'investissement, Éditions OCDE, Paris, https://dx.doi.org/10.1787/9f9c589a-en. [7]

OCDE (2020), *OECD Investment Policy Reviews: Thailand 2020 (à paraître)*, Éditions OCDE, Paris. [9]

OCDE (2019), *OECD Investment Policy Review of Southeast Asia*, OCDE, Paris, https://www.oecd.org/investment/oecd-investment-policy-review-southeast-asia.htm (accessed on 28 May 2019). [3]

OCDE (2015), *Cadre d'action pour l'investissement, édition 2015*, Éditions OCDE, Paris, https://dx.doi.org/10.1787/9789264235441-fr. [5]

OMC (2019), *Mesures antidumping, subventions, sauvegardes : faire face à l'imprévu*, Comprendre l'OMC : les Accords, https://www.wto.org/french/thewto_f/whatis_f/tif_f/agrm8_f.htm (accessed on 12 June 2019). [11]

PwC (2017), *Oil and Gas Tax Guide for Africa 2017*, PwC, https://www.pwc.com/gh/en/assets/pdf/oil-and-gas-tax-guide-for-africa-2017.pdf. [10]

Notes

[1] Ce chapitre présente les résultats d'un exercice de cartographie portant sur les incitations à l'investissement offertes dans huit économies de la région MENA, telles qu'elles étaient constatées à la mi-2019. Les résultats reflètent les incitations fiscales et financières détaillées (subventions, prêts et autres aides visant à abaisser le coût de l'investissement) telles qu'elles figurent dans les législations nationales (code des impôts et loi sur l'investissement) ainsi que dans les documents en libre accès publiés par les agences de promotion de l'investissement, les ministères des Finances et les zones économiques. Les auteurs ont également consulté les guides fiscaux rédigés par Price Waterhouse Cooper (PwC), Ernst & Young (EY) et Deloitte. Les données ne tiennent pas compte des avantages supplémentaires que les entreprises peuvent obtenir par le biais de conventions individuelles conclues avec les administrations nationales, car ces informations ne sont pas rendues publiques. Ne sont pas non plus prises en compte les mesures récentes d'incitation à investir décidées en réaction à la pandémie de Covid-19.

[2] Le calcul repose sur les taux moyens de différents secteurs en Algérie et en Jordanie, ainsi qu'au Maroc.

[3] Ce tableau synthétique ne rend pas toute l'ampleur des incitations reçues par des secteurs spécifiques, car il ne tient pas compte des avantages accordés dans les zones économiques et les zones franches. Ceux-ci sont résumés aux paragraphes sur les incitations à visée territoriale et, dans le cas des zones franches, également aux paragraphes sur les incitations à visée fonctionnelle.

8 Liens d'affaires entre les PME et les multinationales au sein des chaînes de valeur mondiales

Ce chapitre décrit comment les économies de la région MENA participent aux chaînes de valeur mondiales et fournit des mesures quantitatives des liens existants entre les multinationales implantées dans la région et les PME nationales. Il donne un aperçu des politiques et des programmes mis en place dans huit économies de la région pour favoriser l'établissement de liens entre les PME et les entreprises étrangères au sein des chaînes de valeur mondiales. Ce chapitre met également en lumière les priorités politiques et examine les options dont disposent les gouvernements de la région pour renforcer les liens d'affaires à forte incidence sur le développement durable.

Résumé et considérations intéressant l'action publique

Ces dernières décennies, l'économie mondiale s'est caractérisée par l'organisation de la production, du commerce et de l'investissement au sein de chaînes de valeur mondiales (CVM), où les différentes étapes du processus de production d'un certain nombre de marchandises sont réparties entre des pays différents. De nombreux facteurs expliquent l'expansion des CVM, notamment la réduction des obstacles au commerce et à l'investissement, les stratégies de plus en plus complexes des entreprises multinationales et les efforts déployés par les pays et les industries pour se spécialiser dans des activités pour lesquelles ils ont développé un avantage comparatif ou sont en mesure de le faire. L'avenir des CVM est déterminé par d'autres facteurs tels que les tensions commerciales et les bouleversements majeurs dus au Covid-19, qui conduisent les entreprises et les pays à réévaluer les avantages et les coûts des CVM.

Tirer parti des CVM est une priorité importante pour les pays dont l'objectif est d'augmenter la productivité, de créer des emplois de qualité et d'acquérir les connaissances et les technologies qui leur permettront de se lancer dans des activités à plus forte valeur ajoutée. À cet égard, il est essentiel d'aider les entreprises nationales, en particulier les microentreprises et les petites et moyennes entreprises (PME) à participer aux CVM, notamment en encourageant l'établissement de liens d'affaires entre les PME et les entreprises étrangères. Les PME peuvent intégrer les CVM dans le cadre de la fourniture de biens et de services aux entreprises étrangères établies dans leur pays. Cette approche leur permet de créer des emplois, de développer leurs compétences, d'améliorer les conditions des travailleurs, de mettre leurs produits ou leurs services en conformité avec les normes mondiales ou d'adopter des processus de production plus durables.

L'engagement des économies MENA examinées dans ce rapport dans les CVM dépend de la composition de leurs paniers d'exportation, de leur positionnement dans les chaînes d'approvisionnement et d'autres aspects comme les réglementations sur le commerce et l'investissement, la stabilité politique, la qualité des infrastructures et le capital humain. Par exemple, la participation de l'Algérie aux CVM est limitée aux exportations de pétrole et est entravée par un climat des affaires qui, même s'il s'améliore, présente des défis. Le même scénario s'applique à la Libye, même si dans ce pays la situation est aggravée par l'instabilité politique et les conflits. L'Égypte, la Jordanie, le Maroc et la Tunisie s'appuient davantage sur les intrants étrangers pour intégrer les CVM et diversifier leurs exportations, en raison de leur secteur privé plus important et de leur plus grande ouverture au commerce et à l'investissement. Cependant, les gains apportés par les CVM dans ces pays ont été relativement limités en termes de diffusion des connaissances et des technologies, d'une part, et d'engagement dans des activités à plus haute valeur ajoutée, d'autre part. Au Liban, la participation aux CVM est également restreinte au commerce de biens à valeur ajoutée relativement faible, et elle est impactée négativement par l'instabilité socio-économique observée au cours des dernières années et des derniers mois.

Les entreprises étrangères ont dans une certaine mesure contribué à l'intégration dans les CVM des PME de la région MENA. Par exemple, l'approvisionnement en intrants locaux des fabricants étrangers est relativement important en Égypte et au Maroc, même s'il est impossible de déterminer si cela résulte d'une décision proactive des entreprises étrangères ou des exigences de contenu local. Dans l'ensemble, les liens établis entre les entreprises étrangères et nationales dans les économies MENA examinées reposent principalement sur l'approvisionnement en intrants à faible valeur ajoutée, et moins sur des accords contractuels portant sur la R&D ou d'autres activités à haute valeur ajoutée. En outre, dans certains pays comme la Jordanie et le Maroc, les relations d'approvisionnement sont dominées par des entreprises étrangères qui fournissent des intrants intermédiaires à d'autres entreprises étrangères implantées dans le pays, ce qui témoigne des difficultés que rencontrent les PME nationales pour produire des biens répondant aux normes internationales.

Les efforts d'action publique visant à encourager l'établissement de liens plus étroits et plus solides entre les PME et les entreprises étrangères peuvent aider les économies MENA à s'engager plus efficacement dans des CVM à l'issue de la crise de Covid-19. Des réformes plus larges du climat des affaires sont des conditions préalables à l'établissement de liens d'affaires, en particulier dans les économies moins diversifiées et moins concurrentielles. Par exemple, dans la région, les obstacles à l'IDE dans les services entravent le déploiement d'investissements étrangers qui sont pourtant essentiels à une participation aux CVM et à la diversification des exportations. L'ouverture aux services peut contribuer à réduire les coûts des intrants et à améliorer la qualité et la disponibilité des services. Une action publique ciblée est également nécessaire, par exemple pour remédier aux faibles niveaux de productivité des PME, lesquels limitent la propension à promouvoir les transferts de technologies et de compétences managériales. Les initiatives visant à aider les PME à établir des liens d'affaires avec les entreprises étrangères sont particulièrement importantes à cet égard. Si les gouvernements MENA ont bien déployé ce type d'initiatives, ces dernières souffrent souvent d'une absence de stratégie globale. Ce sont généralement des institutions différentes qui ont en charge ces initiatives, lesquelles sont mises en œuvre sur une base ad hoc, sans s'inscrire dans un programme d'établissement de liens d'affaires spécifique, plus explicite.

Considérations intéressant l'action publique

- Évaluer et lever les obstacles dans l'environnement des affaires qui empêchent l'établissement de liens entre les PME et les entreprises multinationales. Parmi les priorités figurent l'amélioration de la sécurité juridique et des droits de protection de la propriété (par exemple les lois et règlements sur l'investissement, la banqueroute et les droits de propriété intellectuelle, ainsi que les mécanismes effectifs d'exécution des contrats) et la réduction des obstacles réglementaires entravant l'investissement dans des secteurs qui sont essentiels pour participer à des CVM, de plus en plus numérisées, en particulier après la crise de Covid-19. Le dialogue actif avec le secteur privé est essentiel à cet égard.
- Établir des mécanismes visant à faciliter la circulation des informations afférentes aux opportunités liées aux CVM pour les entreprises nationales, ainsi qu'aux fournisseurs locaux et aux PME partenaires des investisseurs étrangers. Cela nécessite une collaboration entre les agences de promotion des investissements (API), les agences de soutien aux PME, les investisseurs et les associations du secteur privé, entre autres acteurs.
- Encourager les services de développement des entreprises (SDE) visant à permettre aux PME d'établir des liens avec les entreprises étrangères au sein des CVM. Il peut s'agir notamment de programmes de développement des fournisseurs comme ceux qui visent à aider les PME à constituer des consortiums (par exemple dans le but de répondre aux commandes importantes des clients), à gagner en qualité, à renforcer les compétences managériales et techniques, etc. Il peut également s'agir de programmes visant à faciliter l'accès des PME aux ressources (financières ou technologiques, par exemple) ainsi qu'aux connaissances et aux compétences. La coopération entre les entreprises, les agences de soutien aux PME et les fournisseurs de SDE (par exemple incubateurs, fournisseurs privés, associations, etc.) est importante.
- Promouvoir les normes de conduite responsable des entreprises (CRE) en tant qu'outil permettant de signaler les sources d'approvisionnement locales sûres, une information qui peut être particulièrement utile pour les multinationales qui font des affaires dans des États touchés par des conflits. Les autorités qui peuvent se prévaloir de normes de CRE mieux établies ont la possibilité d'intégrer les principes et normes de CRE dans, notamment, des programmes de formation spécifiques à certains secteurs d'activité, l'objectif étant de renforcer la capacité d'absorption des PME nationales.
- Remplacer les exonérations fiscales généralisées par des incitations à l'investissement plus ciblées, axés sur les coûts, lorsque les entreprises établissent des contrats de R&D ou d'autres contrats de partenariat avec les fournisseurs locaux. Les mesures telles que la réduction de la TVA sur les transactions entre les entreprises situées à l'intérieur et à l'extérieur des zones

économiques ou franches peuvent encourager l'établissement de liens et constituer une alternative aux exigences de contenu local, mais les procédures administratives associées ne doivent pas décourager les entreprises d'utiliser ces outils.

- Promouvoir davantage l'investissement par les diasporas et leur ancrage grâce aux liens établis avec les fournisseurs locaux, en renforçant les efforts de sensibilisation et en développant, en concertation avec les représentants de la diaspora, des stratégies et programmes d'attractivité sur mesure.
- Soutenir les efforts déployés par les entreprises pour renforcer les CVM et les aider à se remettre de la crise de Covid-19. Cela passe notamment par les actions suivantes :
  - Collecter et partager les informations sur les concentrations et goulets d'étranglement potentiels en amont, en développant des tests de résistance pour les chaînes d'approvisionnement essentielles et en créant un environnement réglementaire favorable, qui n'introduit pas d'incertitude supplémentaire.
  - Maintenir, grâce aux services de suivi renforcés et numérisés proposés par les API, des contacts étroits avec des entreprises étrangères ayant établi des relations avec des fournisseurs locaux, l'objectif étant de relever les défis temporaires liés à la perturbation des CVM due à la pandémie.

Internationalisation des PME grâce aux CVM et les liens avec les multinationales

Les PME et les entrepreneurs sont unanimement reconnus comme des acteurs économiques et sociaux majeurs, qui contribuent en grande partie à l'emploi et à la production et qui jouent un rôle significatif en matière de création d'innovation et de valeur. Par exemple, dans la zone OCDE, les PME représentent environ 60 % des emplois et 50 à 60 % de la valeur ajoutée (OCDE, 2019[1]). Dans les économies en développement et émergentes, les PME et le travail indépendant jouent également un rôle important, car ils fournissent des sources de revenus, des biens et des services à des millions de personnes et font office d'amortisseur économique en l'absence de systèmes de sécurité sociale adaptés et d'autres sources d'emplois. Une étude récente menée par l'OIT montre que le travail indépendant formel et informel représente plus de 50 % des emplois totaux dans les pays à faibles revenus et 60 % dans les pays à revenus intermédiaires. Si l'emploi au sein des microentreprises (2 à 9 salariés) est également pris en compte, les chiffres passent à environ 90 % des emplois dans les pays à faibles revenus et plus de 80 % dans les pays à revenus intermédiaires. Dans la région MENA, le travail indépendant (formel et informel) et les microentreprises représentent 70 % des emplois, juste derrière l'Asie du Sud et l'Afrique subsaharienne (80 % dans les deux cas) (ILO, 2019[2]).

Encourager et faciliter la participation des PME aux marchés internationaux constitue un outil important pour promouvoir l'innovation, la croissance économique et l'augmentation de la productivité. L'internationalisation offre aux PME des opportunités de développement commercial, en leur permettant de gagner en productivité et d'acquérir des connaissances et technologies internationales. En outre, au vu de leur importance économique et sociale, les PME peuvent s'avérer particulièrement efficaces pour remédier aux effets polarisants liés à la participation d'un pays aux marchés internationaux. Ces effets comprennent les écarts de productivité et de salaires entre les entreprises et les secteurs d'activité, les écarts de développement entre les régions, les inégalités de revenus, de richesses et d'opportunités entre les groupes sociaux, etc.

La participation des PME aux marchés internationaux peut prendre plusieurs formes non mutuellement exclusives. Les plus courantes de ces formes sont l'exportation directe vers les pays étrangers et l'exportation indirecte via la vente à d'autres entreprises exportatrices. Les PME peuvent également tirer parti des marchés internationaux en s'approvisionnant à l'étranger en biens, en services, en intrants, en propriété intellectuelle et en technologies. Même s'il s'agit d'une pratique plus rare, les PME peuvent également former des coentreprises avec des sociétés étrangères implantées sur leur marché national ou sur un marché étranger. Elles peuvent également participer aux CVM en se concentrant sur des segments spécifiques de la production d'un ensemble de biens et de services, par exemple en approvisionnant une entreprise étrangère du marché d'accueil en intrants nationaux (biens ou services).

En dépit de leur importance pour les économies nationales, les PME sont généralement sous-représentées sur les marchés internationaux. Par exemple, dans les pays de l'OCDE, les contributions des PME aux exportations globales varient entre 20 et 40 % (OCDE, 2019[3]). Ces chiffres sont moins élevés dans la région MENA : par exemple, en Égypte, une économie importante et relativement ouverte, seulement 6 % des PME exportent et tout juste 1.8 % des entreprises de moins de 20 employés sont exportatrices (Helmy Elsaid et al., 2014[4]). Si tout l'univers des entreprises (y compris les entreprises informelles) est pris en compte, ces chiffres sont probablement considérablement inférieurs.

Les faibles niveaux de participation des PME aux marchés internationaux s'expliquent dans une large mesure par les caractéristiques inhérentes des petites entreprises. Par exemple, les PME se concentrent sur les secteurs non-exportateurs comme le commerce de détail, la construction et les services (coiffeurs, boutiques de réparation, restaurants, etc.). Les PME sont également largement absentes des secteurs orientés vers l'international, où l'échelle fait une différence et où les investissements importants dans des immobilisations corporelles constituent la norme (par exemple produits de base, industrie lourde, fabrication à grande échelle, etc.). Il existe d'autres facteurs qui constituent des obstacles pour les PME présentant un potentiel et une volonté d'internationalisation. Il peut s'agir d'obstacles « internes », comme la faible capacité à accéder aux informations (par exemple sur les marchés étrangers) et le déficit de connaissances et de compétences managériales et techniques (par exemple langues, finance, normes culturelles etc.). Il peut également s'agir d'obstacles « externes » comme, entre autres, de lourdes procédures réglementaires (sur les marchés nationaux et étrangers), des infrastructures médiocres ou des climats des affaires difficiles (corruption, situation incertaine en matière de droits de propriété, etc.).

La fragmentation internationale des processus de production de certaines marchandises qui caractérise les CVM, ainsi que d'autres tendances telles que l'importance croissante des technologies dans l'économie constituent autant d'opportunités d'améliorer l'accès des PME aux connaissances et marchés internationaux. La promotion de l'établissement de liens d'affaires entre les PME et les entreprises étrangères (généralement grandes et multinationales) implantées dans un pays représente un outil important permettant de renforcer la participation des acteurs nationaux dans l'économie mondiale. Il s'agit également d'une solution alternative pratique pour atténuer les obstacles externes et internes à l'internationalisation des PME, car elle permet aux petites entreprises d'accéder directement aux partenaires, connaissances et technologies internationaux. Ces liens entre PME et entreprises multinationales peuvent prendre diverses formes de partenariats, par exemple :

- Des contrats d'approvisionnement/de fabrication, en vertu desquels une PME ou un groupe de PME fournit des biens et des services à une entreprise étrangère ou une multinationale. Ces contrats n'impliquent pas pour les PME d'exporter directement vers un marché étranger, mais plutôt d'approvisionner une multinationale établie dans le pays. Réciproquement, les contrats d'approvisionnement peuvent également concerner les PME qui achètent des biens ou des intrants à des multinationales implantées dans leur pays d'origine (OCDE/UNIDO, 2019[5]).
- Des contrats de licence, en vertu desquels une PME ou un groupe de PME fait l'acquisition d'une licence auprès d'une multinationale dans le but de produire et de vendre des marchandises sous une marque ou une marque commerciale, ou encore d'utiliser une technologie brevetée.
- Des contrats de R&D, en vertu desquels des multinationales et des PME s'engagent dans des activités communes de recherche et développement pour un produit, un service ou une méthode de production.

Toutes les économies MENA participent aux CVM, mais pas de la même façon

L'organisation de la production, du commerce et de l'investissement à l'international au sein de CVM est devenue une caractéristique majeure de la mondialisation. La participation aux CVM peut offrir de nouvelles opportunités d'intégration à l'économie mondiale, en permettant aux entreprises de rejoindre des réseaux de production internationaux au lieu d'avoir à développer leur propre réseau à partir de zéro. Les entreprises qui participent aux CVM peuvent utiliser des connaissances, ressources et intrants internationaux, et pas uniquement nationaux, dans le cadre de leur processus de production. Il en résulte une activité économique plus interconnectée et plus complexe (Kowalski et al., 2015[6]). La participation des pays aux CVM est déterminée par certains facteurs tels que le niveau de développement, la situation géographique, la stabilité et l'environnement politique. La spécialisation sectorielle constitue un autre facteur essentiel.

Dans la région MENA, la participation des entreprises aux CVM a été présentée comme un outil essentiel pour accroître la diversification des exportations et, au final, parvenir à des modèles de développement plus inclusifs et plus durables. L'impact sur le développement durable a toutefois été limité, en raison des compositions différentes des paniers d'exportation des économies examinées ou de leur positionnement dans les chaînes d'approvisionnement. Par exemple, si l'Algérie et la Libye participent aux CVM, c'est principalement parce qu'ils sont de grands exportateurs de matières premières (Encadré 8.1). C'est ce qui explique leurs besoins limités en part des intrants importés dans leurs exportations, alors que les pays qui présentent des niveaux élevés d'industrialisation et de services dépendent beaucoup des intrants importés pour leurs exportations (par exemple dans la zone OCDE). Les grands pays comme l'Égypte dépendent également des exportations de de matières premières pour intégrer des CVM, mais ils présentent une meilleure capacité nationale à produire des intrants spécifiques et par conséquent à diversifier leurs exportations (produits alimentaire, produits pétrochimiques, machines électriques, textiles, etc.).

La Tunisie et le Maroc participent aux CVM grâce à leurs industries légères et, dans ces deux pays, les entreprises utilisent une quantité significative de produits manufacturés importés dans leurs propres exportations. Outre le secteur du textile et des vêtements, ces deux économies sont bien intégrées dans les chaînes d'approvisionnement des secteurs de l'électrique, de l'électronique et, dans une moindre mesure, des technologies de l'information et de la communication, qui desservent principalement le marché de l'UE. Le Maroc a également réussi son intégration dans la chaîne de valeur mondiale du secteur de l'automobile. La Jordanie et le Liban sont des pays plus petits qui dépendent fortement des importations de biens et services intermédiaires, principalement dans les chaînes d'approvisionnement des secteurs pharmaceutique et du vêtement pour la Jordanie et dans le secteur des produits alimentaires transformés pour le Liban. Cependant, peu de pays utilisent les biens et services jordaniens et libanais comme intrants dans leurs propres exportations, ce qui limite la valeur ajoutée des exportations des deux pays.

Les multinationales peuvent aider les pays à intégrer des segments à plus forte valeur ajoutée de la chaîne d'approvisionnement

La « révolution des CVM » a été en grande partie menée par les multinationales via le commerce et l'IDE. L'IDE n'est pas seulement un canal important pour l'échange de capitaux entre pays, c'est également un outil essentiel pour la circulation internationale des biens, des services et des connaissances, et il sert à mettre en relation les pays et organiser la production entre eux. Avec la création de filiales étrangères des multinationales, l'investissement peut jouer un rôle essentiel pour encourager la participation du pays d'accueil aux CVM. Les motivations des investisseurs étrangers déterminent la nature et l'étendue de la participation aux CVM. L'IDE visant à établir un centre de transformation des exportations renforce les liens en amont. Dans ce cas, les filiales des multinationales importent des parts importantes de produits intermédiaires qui sont utilisés dans le cadre de la production et de l'exportation (Kowalski et al., 2015[6]).

Dans la plupart des huit économies MENA examinées, et comme décrit dans le chapitre 2, l'IDE est concentré dans les secteurs à fort coefficient de capital (ressources naturelles, immobilier et construction), ou encore dans des industries légères ayant une faible propension à promouvoir les transferts de technologies et d'expertise en matière de gestion, autant de facteurs qui font qu'il est plus difficile pour la région de tirer parti de la participation aux CVM.

Encadré 8.1. La participation aux CVM dans la région MENA : définitions et tendances

Les CVM reflètent la valeur ajoutée étrangère et nationale des exportations d'un pays. Par exemple, pour un ensemble de produits donné (des appareils électroniques grand public tels que des télévisions, des téléphones mobiles, etc.), certains pays se spécialisent dans les phases de R&D et de conception des appareils, d'autres se concentrent sur l'assemblage des pièces (lesquelles peuvent être produites dans plusieurs pays), tandis que d'autres encore hébergent des services de logistique, de marketing et d'après-vente. La participation aux CVM peut revêtir deux formes :

- **La participation en amont** (ou part de la valeur ajoutée étrangère dans les exportations) indique dans quelle mesure les exportations des pays et des entreprises dépendent des produits importés. Par exemple, dans le cas des appareils électroniques grand public, un pays peut se spécialiser dans l'assemblage des produits à partir de composants importés et en s'appuyant implicitement sur les activités importées de R&D et de conception. Ce pays afficherait un indice de participation en amont élevé et bénéficierait d'une faible part de la valeur ajoutée dans les CVM. Dans le même ordre d'idée, un pays qui produit des matières premières telles que les minéraux utilisés dans les composants électroniques afficherait un indice de participation en amont faible (car les minéraux ne nécessitent pas de niveaux élevés d'importations en dehors des équipements utilisés pour leur extraction). Il bénéficierait également d'une faible part de la valeur ajoutée dans les CVM du secteur des appareils électroniques grand public.
- **La participation en aval** (ou part de la valeur ajoutée exportée intégrée dans les exportations de pays tiers) indique quelle est l'étendue des relations avec les acheteurs étrangers en amont. Pour poursuivre avec le même exemple de la chaîne de valeur des appareils électroniques grand public, les pays qui se spécialisent dans les étapes de R&D et de conception affichent des indices élevés de participation en aval et de participation à valeur ajoutée par rapport aux pays spécialisés dans l'assemblage.

Les exportations de matières premières par les économies MENA sont à l'origine des taux élevés de participation en aval observés dans la région par rapport aux économies de l'OCDE et autres économies développées et en développement (Graphique 8.1); les produits de base sont utilisés dans des processus de transformation qui traversent plusieurs frontières. Le taux relativement faible de participation en amont aux CVM montre que les pays de la région MENA font un usage limité des intrants importés dans leurs exportations de produits manufacturés, tandis que d'autres pays développés et en développement s'appuient davantage sur les intrants importés pour les exportations.

Graphique 8.1. Participation aux CVM : économies de la région MENA et autres économies sélectionnées, 2011-2018

En % des exportations brutes

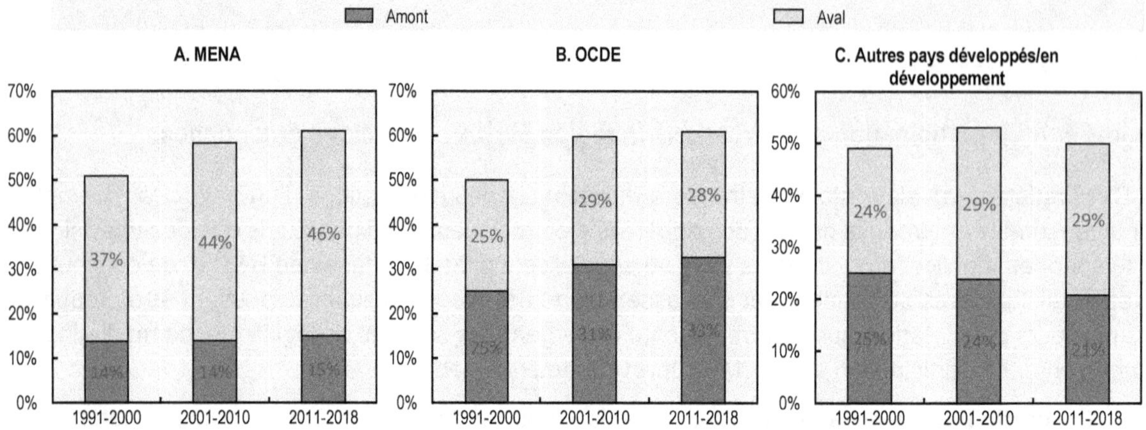

Source : OCDE, à partir de la base de données UNCTAD-EORA GVC.

La Jordanie et le Liban sont les pays de la région MENA qui participent le moins aux CVM malgré un ratio stock IDE sur PIB élevé (Graphique 8.2). En Jordanie, la Qualified Economic Zone (QIZ), ou zone économique exclusive, a attiré de grandes multinationales asiatiques spécialisées dans le textile, qui ont rapidement transformé en grand exportateur régional de vêtements ce pays où le secteur de l'habillement était inexistant. Toutefois, les filiales des multinationales n'ont pas investi dans les segments amont du secteur du textile en Jordanie (par exemple, R&D ou confection de vêtements), contribuant ainsi à limiter la valeur ajoutée générée par les exportations ainsi que la durabilité de ces dernières (Azmeh, 2014[7]).

Graphique 8.2. IDE et participation aux CVM dans les économies de la région MENA, 2011-2018

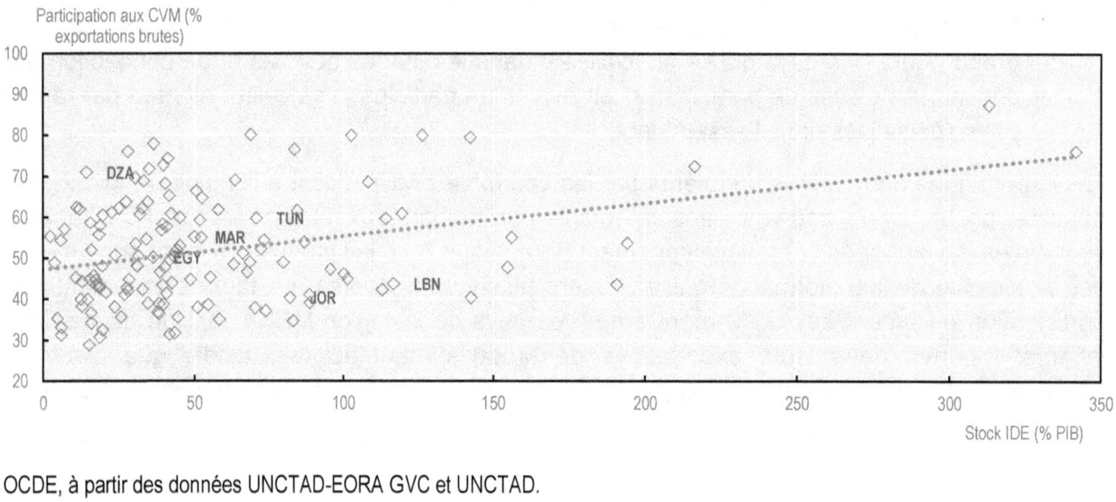

Source : OCDE, à partir des données UNCTAD-EORA GVC et UNCTAD.

La Tunisie, le Maroc, et dans une moindre mesure, l'Égypte, présentent un ratio stock IDE sur PIB et un indice de participation aux CVM plus élevés que d'autres pays. La participation aux CVM a été favorisée par la présence d'une base industrielle, mais également par les incitations fiscales avantageuses et les régimes de facilitation des échanges destinés aux entreprises exportant à l'étranger, comme le régime offshore en Tunisie ou les zones franches en Égypte. Les disparités territoriales et le taux de chômage élevé des jeunes et des diplômés de l'université ont cependant mis en lumière l'incidence limitée de la participation de ces pays aux CVM. Le Maroc et la Tunisie signalent, par exemple, une faible demande de compétences locales dans le cadre de leurs exportations au sein des CVM (UNECA, 2016[8]).

En Algérie et en Libye, les filiales des multinationales augmentent la part de la valeur ajoutée nationale dans les exportations car elles se concentrent sur le traitement des ressources naturelles, mais elles n'aident que dans une faible mesure ces pays à intégrer de nouveaux segments de la chaîne d'approvisionnement. De manière générale, les secteurs qui reçoivent la majeure partie des IDE dans ces pays et dans la région MENA au sens large, tels que l'immobilier et les activités pétrolières, sont également ceux dont les chaînes d'approvisionnement sont les moins segmentées ou les plus courtes, ce qui signifie que la production de la marchandise finale nécessite peu d'intrants intermédiaires.

L'utilisation des services dans les CVM au sein de la région MENA est très peu documentée, en dépit de l'importance capitale de ces informations. Dans un contexte de numérisation croissante des CVM, l'accès à des services de qualité élevée (en particulier les télécommunications, le transport et les services aux entreprises spécialisés) devient d'autant plus important. Quasiment la moitié des intrants à valeur ajoutée destinés à l'exportation concernent les activités du secteur des services, car la plupart des industries ont besoin de services pour leurs exportations (UNCTAD, 2013[9]). En outre, une part significative des réseaux de production internationaux des PME sont axés sur la fourniture d'intrants de services (les activités de services représentent en effet plus de 60 % du stock IDE mondial). Les données disponibles pour le Maroc et la Tunisie, qui font partie de la base de données sur le commerce en valeur ajoutée (TiVA) de l'OCDE, indiquent que ces deux pays utilisent moins d'intrants de services dans les CVM du secteur manufacturier que les États membres de l'OCDE.

Les perturbations des CVM dues à la pandémie de Covid-19 et la reprise qui s'en est suivie ont généré des défis et des opportunités pour les économies MENA (Encadré 8.2). Ces perturbations ont une incidence sur les décisions des multinationales concernant la répartition géographique et sectorielle de leurs activités de production, ce qui offre des opportunités potentielles pour la région. La région pourrait tirer parti de ces opportunités dans le cas où les multinationales européennes cherchent à raccourcir leurs chaînes d'approvisionnement et à réduire la distance entre les fournisseurs et les clients, et choisissent de réinvestir dans des pays voisins faisant partie de la région MENA. De la même façon, certaines entreprises peuvent diversifier leurs réseaux d'approvisionnement afin d'augmenter la résilience aux chocs, ce qui impliquera des désinvestissements à certains endroits et des développements à d'autres.

Intégration des PME aux CVM : l'étendue des liens avec les investisseurs étrangers

Tirer parti des IDE pour intégrer les PME aux CVM peut rendre plus inclusive la trajectoire de développement des économies MENA. Compte tenu des performances des entreprises étrangères par rapport à celles des entreprises nationales (voir le chapitre 2), les relations à l'intérieur de la chaîne d'approvisionnement devraient avoir des répercussions positives pour les PME, en fonction de l'étendue et de l'intensité des liens, de la capacité d'absorption des PME et du secteur d'activité. Quand il n'est pas la résultante de politiques commerciales restrictives, telles que des droits de douane élevés ou des exigences de contenu local, l'approvisionnement local des multinationales peut générer une demande optimale pour les entreprises de l'économie d'accueil et entraîner des retombées de connaissances permettant d'améliorer la productivité. Il peut permettre aux PME de la région MENA d'exporter, de développer des compétences managériales, de mettre à niveau des produits ou services pour répondre aux normes internationales, d'innover, de réduire les coûts, d'améliorer les conditions de travail ou de produire de façon plus durable.

Encadré 8.2. Perturbations des CVM pendant la crise de la Covid-19 et reprise : défis et opportunités

La crise de la Covid-19 a relancé le débat sur les risques pour la chaîne d'approvisionnement associés à la production internationale, même s'il n'existe aucune preuve que les pays auraient mieux fait face en l'absence de CVM, car les confinements ont également impacté l'approvisionnement en intrants nationaux. La pandémie a mis en évidence les points forts et les points faibles des CVM, notamment concernant l'approvisionnement en produits essentiels. L'expérience passée montre que les réseaux de production internationaux peuvent être perturbés et jouent un rôle dans la propagation des chocs à travers les pays et secteurs. Cependant, ils aident également les entreprises et les pays à accélérer leur reprise.

La priorité immédiate des responsables politiques a été de veiller à fournir en quantité suffisante les biens et services nécessaires pour lutter contre la pandémie. Les produits pharmaceutiques, les matériels et équipements médicaux et la prestation de soins de santé dépendent beaucoup plus que par le passé des CVM et de l'investissement international. Les urgences nationales immédiates entrent parfois en conflit avec les objectifs mondiaux et le bon fonctionnement des CVM, comme semblent l'indiquer les restrictions sur l'exportation de matériel médical mises en place en mars 2020 par de nombreux gouvernements, y compris par des pays de la région MENA. Ces mesures distorsives doivent rester des outils temporaires destinés à atténuer les effets de la crise, et non devenir des dispositifs permanents du système commercial mondial.

Les perturbations des CVM ont des répercussions négatives sur la région MENA, mais elles offrent également des opportunités. Grâce à leur proximité avec l'Europe et à leurs relations commerciales avec ce continent, les pays de la région MENA peuvent bénéficier des efforts de restructuration déployés par les multinationales européennes, lesquelles peuvent remettre en question leur dépendance vis-à-vis du secteur manufacturier chinois et raccourcir leurs chaînes d'approvisionnement. Ainsi, les constructeurs automobiles sont susceptibles d'établir des liens commerciaux plus étroits dans la région afin de répondre à leur objectif de rapprocher la production de leurs marchés principaux en investissant dans des pays dont les politiques industrielles sont favorables et où les coûts des intrants sont faibles.

Au Maroc par exemple, Renault et PSA dominent le secteur de la construction automobile, avec des chaînes d'approvisionnement bien développées dans tout le pays. En avril 2020, Renault a annoncé son intention de quitter le segment chinois des voitures de tourisme et de relocaliser une partie de sa production, ainsi que d'accroître son taux de localisation (le pourcentage de valeur ajoutée d'origine locale) au Maroc, qui passerait de 50 % en 2018 à 80 % d'ici la fin 2020. La totalité de la chaîne de valeur de l'usine PSA de Kenitra se trouve en Afrique, en particulier au Maroc, où son écosystème s'appuie sur un réseau de 62 fournisseurs marocains. En Égypte, Fiat Chrysler Automobiles et PSA produisent aussi des véhicules par le biais de partenariats ou de contrats avec des entreprises nationales, et des chaînes d'approvisionnement régionales plus fortes devraient également émerger.

Les autorités publiques et les associations du secteur privé de la région MENA peuvent soutenir les efforts déployés par les entreprises pour renforcer les CVM, en collectant et en partageant les informations sur les concentrations et goulets d'étranglement potentiels en amont, en développant des tests de résistance pour les chaînes d'approvisionnement essentielles et en instaurant un environnement réglementaire favorable, qui n'introduit pas d'incertitude supplémentaire liée aux politiques publiques en place. Les autorités publiques et le secteur privé peuvent également travailler avec les PME pour évaluer les possibilités de participer directement ou indirectement aux CVM qui, après la crise, sont relocalisées dans la région.

Source : (OCDE, 2020[10]) (OCDE, 2020[11]) (OCDE, 2020[12])

L'approvisionnement des multinationales du secteur manufacturier en intrants locaux est relativement important dans la région

Les fabricants étrangers présents dans certains des pays de la région MENA s'approvisionnent de façon significative auprès de producteurs locaux (Graphique 8.3).[1] En Égypte, au Maroc et en Jordanie, les fabricants étrangers s'approvisionnent pour plus de la moitié de leurs intrants auprès d'entreprises (nationales et étrangères) qui produisent localement. En Tunisie, les fabricants étrangers s'appuient davantage sur les intrants importés. Dans une certaine mesure, cela reflète les différentes façons dont les pays de la région MENA participent aux CVM (les exportations égyptiennes reposent moins sur les intrants étrangers que celles des autres pays exportateurs de la région MENA). Dans l'ensemble, les liens établis entre les multinationales du secteur manufacturier et les entreprises locales reposent principalement sur l'approvisionnement en intrants à faible valeur ajoutée, et moins sur des accords contractuels portant sur la R&D ou d'autres activités à forte valeur ajoutée.

Graphique 8.3. Fabricants étrangers s'approvisionnant auprès d'intermédiaires locaux

Composition de l'approvisionnement des fabricants étrangers auprès d'intermédiaires, par origine

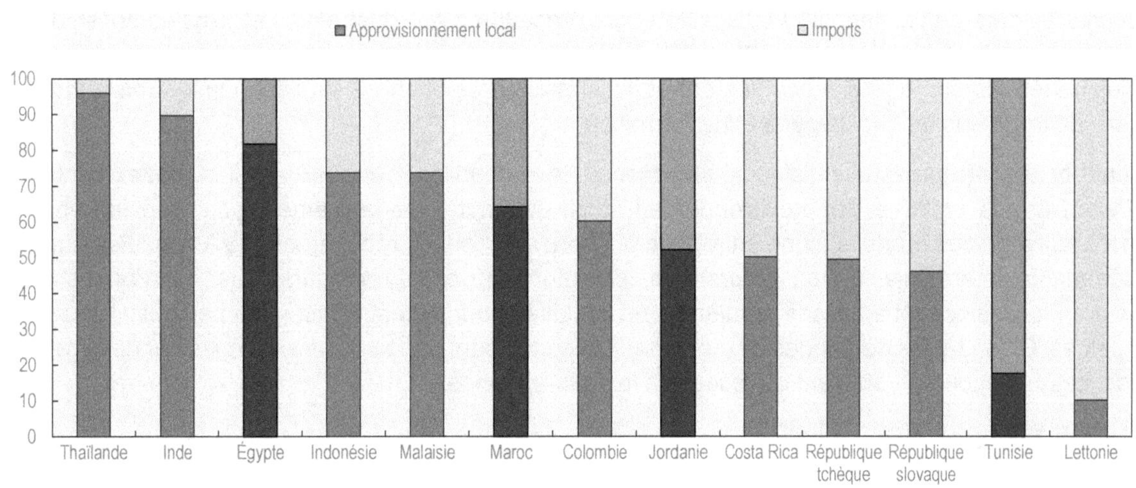

Note : les indicateurs figurant dans ce graphique incluent des moyennes pour le secteur manufacturier dans son ensemble. Ce graphique ne concerne pas les services.
Source : estimations de l'OCDE, à partir du rapport OCDE-ONUDI (2018) et des enquêtes de la Banque mondiale sur les entreprises.

Les différences en matière de structure sectorielle de l'économie, le positionnement au sein de chaînes de valeur spécifiques et les politiques publiques en place peuvent expliquer les variations entre les pays. Par exemple, un approvisionnement local important peut être le signe d'une forte capacité locale de production d'intrants spécifiques, ce qui peut expliquer la part plus importante de l'approvisionnement local par les fabricants étrangers dans des pays tels que la Thaïlande, dans lesquels les fournisseurs locaux disposent de capacités avancées dans des secteurs essentiels tels que les véhicules à moteur et les machines et équipement (OCDE/UNIDO, 2019[5]).

Les différences observées dans la part de l'approvisionnement local par les fabricants étrangers peuvent également être dues aux restrictions à l'importation ou aux exigences juridiques et réglementaires qui imposent de s'approvisionner auprès de fournisseurs locaux et étrangers. En Égypte par exemple, les exigences de contenu local (ECL) mises en place dans des secteurs spécifiques tels que l'automobile (45 % de contenu local) ou dans des zones franches, associées à des procédures longues pour les importations, se traduisent par une part plus importante de l'approvisionnement local par les entreprises étrangères (OCDE, 2020[13]). En Tunisie, les entreprises uniquement exportatrices qui sont sous régime offshore ne se livrent qu'à peu d'activités d'approvisionnement ou de sous-traitance avec les entreprises onshore nationales, en raison de la fiscalité et de la lourdeur des procédures administratives et douanières (Encadré 8.3). Cette limitation de l'approvisionnement atténue les retombées potentielles du régime offshore sur l'économie tunisienne dans son ensemble.

Encadré 8.3. Les entreprises offshore étrangères en Tunisie et leurs liens avec les fournisseurs locaux

La progression de la Tunisie dans les CVM est liée aux entreprises étrangères sous régime offshore (qui représentent près de la moitié de toutes les entreprises offshore). Les entreprises offshore sont exemptées de droits de douane sur les importations et exportations, et elles bénéficient d'un taux d'imposition réduit, de procédures administratives simplifiées qui leur sont spécifiques ainsi que d'un meilleur accès aux services de transport. Elle peuvent commercialiser 30 % de leur chiffre d'affaires sur le marché local, avec un paiement anticipé des droits de douane.

Les opportunités de retombées ou d'externalités technologiques liées aux IDE sont limitées dans le secteur manufacturier tunisien. Les entreprises offshore étrangères ont peu de liens économiques avec les autres acteurs de l'économie. La fiscalité et les procédures administratives et fiscales constituent un obstacle au développement de relations de sous-traitance entre les entreprises étrangères et locales et, plus généralement, à l'incidence des entreprises étrangères offshore sur l'économie tunisienne en matière de transferts technologiques et de formation.

Les entreprises offshore peuvent s'approvisionner sur le marché local, auquel cas elles sont exemptées de TVA. Dans la pratique, l'approvisionnement local est limité. De la même façon, une entreprise onshore qui vend des produits à une entreprise offshore doit pouvoir récupérer la TVA acquittée sur sa consommation intermédiaire. Dans la pratique, les autorités fiscales remboursent les entreprises une fois par an, occasionnant ainsi des problèmes de liquidités pour les entreprises, en particulier pour les plus petites. En outre, les demandes de crédit de TVA conduisent parfois à des contrôles par des agents du fisc, ce qui décourage souvent de recourir à la sous-traitance.

Source : (Joumard, Dhaoui et Morgavi, 2018[14]).

Dans la majorité des économies de la région MENA, les enquêtes sur les entreprises de la Banque mondiale indiquent que les fabricants étrangers sont concentrés dans les secteurs de l'alimentation et du textile. Par conséquent, les parts présentées dans le Graphique 8.3 illustrent souvent les pratiques des entreprises étrangères en matière d'approvisionnement local pour ces secteurs. En Jordanie, en plus des secteurs de l'alimentation et du textile, les entreprises étrangères dans le secteur pharmaceutique et des métaux ouvrés achètent des parts importantes d'intrants intermédiaires produits localement. En Égypte, les investisseurs étrangers dans le secteur manufacturier semblent posséder un portefeuille diversifié, allant de secteurs à faible valeur ajoutée tels que la transformation des aliments jusqu'à la fabrication d'équipements, un secteur dans lequel les achats par les fabricants étrangers d'intrants intermédiaires produits localement sont relativement importants.[2]

Les filiales des multinationales constituent une source essentielle de revenus pour les fournisseurs locaux, mais pas nécessairement pour les PME

En termes de taille de marché, les filiales des multinationales peuvent représenter une source de revenus importante pour les fournisseurs locaux. C'est le cas au Maroc et en Jordanie, où les entreprises étrangères achètent plus de la moitié des biens intermédiaires produits localement (Graphique 8.4, partie A). Mais dans ces deux pays, l'approvisionnement local est principalement le fait d'entreprises étrangères qui fournissent des biens intermédiaires à d'autres entreprises étrangères hébergées dans le même pays (Graphique 8.4, partie B). Cette situation est souvent observée lorsque des entreprises de premier plan s'installent dans des économies d'accueil et que de grands fournisseurs internationaux de premier niveau (des entreprises qui fournissent des pièces et des matériaux directement à un fabricant de biens) implantent des filiales à proximité (OCDE/UNIDO, 2019[5]). Cela peut se produire dans les secteurs de pointe comme le secteur automobile au Maroc ou le secteur pharmaceutique en Jordanie, ainsi que dans les pays où les PME nationales rencontrent des difficultés pour produire des biens conformes aux normes internationales des entreprises étrangères. L'achat de biens intermédiaires locaux par des fabricants étrangers est moins important pour les producteurs en Égypte et en Tunisie que dans d'autres pays. Néanmoins, dans ces deux pays, les PME[3] et les grandes entreprises représentent conjointement la quasi-totalité des biens intermédiaires fournis aux entreprises étrangères, à l'opposé de ce que l'on peut observer au Maroc et en Jordanie.

Graphique 8.4. Les entreprises étrangères sont un marché important pour les PME de la région

Partie A. Part des entreprises étrangères dans les achats de biens intermédiaires produits localement

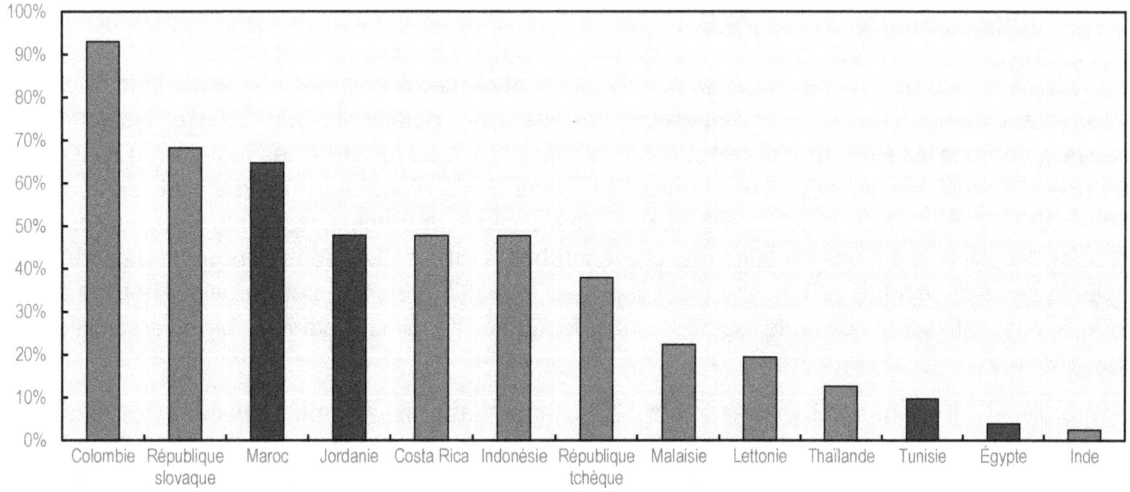

Partie B. Achats par les entreprises étrangères de biens intermédiaires produits localement, par type de fournisseur (en %)

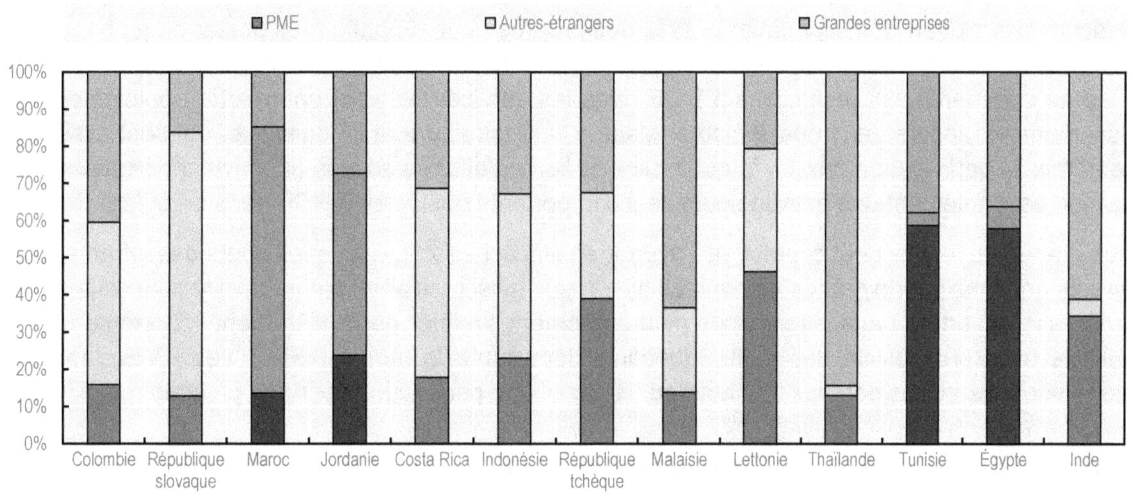

Note : les indicateurs figurant dans ce graphique incluent des moyennes pour le secteur manufacturier dans son ensemble. Ce graphique ne concerne pas les services.

Source : estimations de l'OCDE, à partir du rapport OCDE-ONUDI (2018) et des enquêtes de la Banque mondiale sur les entreprises.

Améliorer le climat des affaires pour favoriser la participation des PME aux CVM

Un climat des affaires favorable est essentiel pour ancrer les investisseurs étrangers dans l'économie nationale via des liens étroits avec les PME. Il est également crucial de matérialiser les gains de développement latents associés aux CVM, au-delà de l'objectif immédiat de permettre aux entreprises nationales de participer aux réseaux de production mondiaux sans développer l'ensemble des capacités requises pour fabriquer un produit ou prester un service. Pour aider les pays à favoriser l'établissement de liens d'affaires entre les PME et les multinationales et à améliorer le transfert des connaissances et des technologies, certains facteurs doivent être en place, tels que l'ouverture au commerce, une chaîne logistique financière et des marchés financiers bien rodés, la protection des droits de propriété intellectuelle, une infrastructure propice à l'innovation, des politiques de marché du travail flexibles et des règles de concurrence facilitant l'entrée et la sortie des entreprises du marché. Cette section se concentre sur deux axes du climat des affaires qui sont essentiels pour l'établissement de liens d'affaires dans les économies de la région MENA, à savoir remédier aux restrictions à l'IDE dans les secteurs qui sont essentiels pour les CVM et garantir l'exécution des contrats.

L'ouverture à l'IDE dans les services peut contribuer à augmenter les liens d'affaires entre les multinationales et les PME

Les restrictions juridiques et réglementaires aux IDE limitent l'accès au marché, réduisant ainsi le potentiel d'établissement de liens entre les investisseurs étrangers qui participent aux CVM et les entreprises nationales, y compris les PME. Par conséquent, il est nécessaire de repenser les restrictions à l'IDE et de les réformer, lorsque besoin est, pour renforcer les liens entre l'économie mondiale et les économies nationales (OCDE/UNIDO, 2019[5]). Le rythme de la libéralisation des investissements dans les économies de la région MENA a, dans une certaine mesure, contribué à attirer l'IDE dans la région (chapitre 4). Par exemple, la décision récente de l'Algérie d'assouplir les restrictions à l'IDE pourrait aider le pays à attirer davantage d'investisseurs dans le secteur manufacturier, et ainsi favoriser la diversification des exportations.

Les économies de la régions MENA présentent généralement des niveaux modérés de restrictions à l'IDE dans le secteur manufacturier, lequel est bien évidement important dans le cadre des CVM. Pourtant, par rapport aux pays de la zone OCDE (et à l'exception du Maroc), les restrictions à l'IDE demeurent élevées dans certains secteurs des services particulièrement importants pour les CVM, à savoir le commerce de gros et de détail, le transport et les services financiers et commerciaux (voir les chapitres 4 et 9). De la même façon, si la plupart des économies ont fait des progrès pour supprimer les obstacles au commerce de biens, les restrictions au commerce de services demeurent élevées (Karam et Zaki, 2015[15]). Avec les obstacles au commerce, les restrictions à l'IDE dans les services peuvent entraver le déploiement des investissements étrangers dans des secteurs tels que l'infrastructure et la logistique, qui sont essentiels pour renforcer la participation aux CVM et établir des liens d'affaires solides (il convient de noter que la construction est également une activité soumise à d'importants obstacles à l'IDE dans la région).

Une plus grande ouverture peut contribuer à accroître l'efficacité (et à réduire les coûts des intrants) dans les secteurs dominés par de grands monopoles nationaux, ainsi qu'à améliorer la qualité et la disponibilité des services. L'ouverture dans les services peut également s'avérer particulièrement importante pour la compétitivité et la productivité des petits fabricants dans toute la région MENA. Les PME s'appuient davantage sur les services dorsaux de haute qualité ainsi que ceux fournis par des prestataires externes.

Les garanties de sécurité juridique et de protection des investisseurs peuvent contribuer à renforcer les liens d'affaires

Quand elles envisagent d'établir des liens d'affaires avec des entreprises nationales, y compris avec des PME, les multinationales doivent être rassurées sur le fait que leurs intérêts commerciaux, telles que leurs droits de propriété, seront protégés sur toute la durée des contrats. Les investisseurs prennent en compte la transparence et la prévisibilité des politiques, ainsi que les garanties de sécurité juridique. Il est crucial de disposer de lois et de règlements bien conçus en matière d'investissement, de banqueroute et de droits de propriété afin de renforcer la protection des investisseurs et l'exécution des contrats. En contribuant à renforcer la confiance entre les parties, ces lois et règlements facilitent également l'établissement de liens d'affaires sous la forme de partenariats, de dispositions contractuelles, de licences de technologie, de franchises, de recherches menées en collaboration, etc.

Les économies de la région MENA s'efforcent de mettre en place des écosystèmes réglementaires qui facilitent le développement et le renforcement des liens entre les multinationales et les PME. La plupart d'entre elles ont apporté des changements à leur régime juridique et réglementaire d'investissement et ont déployé d'importants efforts pour tenter d'établir un climat d'investissement plus transparent et plus favorable, avec des dispositions modernes de règlement des différends et des garanties solides sur la protection des droits de propriété (voir les chapitres 3 et 5).

L'efficacité de l'exécution des contrats et de la résolution des différends est fondamentale pour permettre aux PME de participer aux CVM, car des procédures d'exécution adaptées entraînent une augmentation des liens commerciaux (Amendolagine et al., 2019[16]) (OCDE/UNIDO, 2019[5]). Dans la région MENA, même si la facilité d'exécution des contrats varie fortement selon les économies, elle est dans tous les cas inférieure à la moyenne de la zone OCDE (Graphique 8.5). L'exécution des contrats est plus difficile en Égypte, au Liban, en Libye et dans l'Autorité palestinienne que dans la moyenne des économies hors OCDE. Lorsque le processus d'exécution des contrats est fastidieux, ou quand les différends portant sur des contrats ne peuvent pas être résolus en temps opportun et avec des coûts limités, les investisseurs étrangers peuvent se montrer réticents à s'engager avec les entreprises locales. Ainsi, le fait de garantir la sécurité juridique ne favorise pas seulement l'établissement de liens entre les investisseurs étrangers et les PME locales, elle facilite également les transferts de technologie.

Graphique 8.5. Facilité d'exécution des contrats dans les économies de la région MENA

(100 : meilleure performance ; 0 : performance la plus faible)

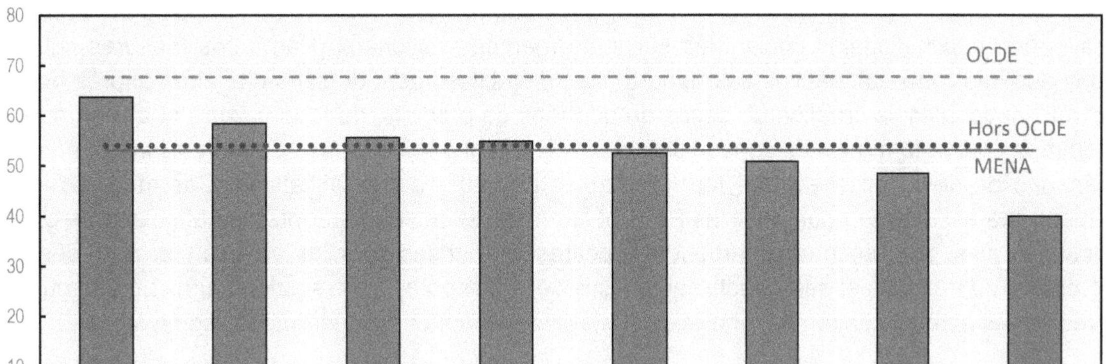

Note : Dans Doing Business, la « distance à la frontière » mesure l'écart entre une économie et les meilleures performances observées au cours de toutes les années et dans toutes les économies depuis 2005. Le score global relatif à l'exécution des contrats est une simple moyenne des scores obtenus pour (1) le nombre de jours nécessaires pour résoudre un différend commercial en passant par la voie judiciaire ; (2) les frais d'exécution, d'avocat et de tribunaux en proportion de la valeur de la créance ; et (3) le recours à des bonnes pratiques favorisant la qualité et l'efficacité. Dans le graphique, « MENA » représente la moyenne des huit économies de la région MENA examinées dans ce rapport.
Source : OCDE en partenariat avec la Banque mondiale (2019), www.doingbusiness.org/data/exploretopics/enforcing-contracts.

Réformer le système judiciaire ou fournir des mécanismes alternatifs de règlement des différends peut apporter des avantages significatifs en termes de promotion des liens entre les PME et les investisseurs étrangers. Les mesures peuvent inclure des réformes telles que l'adoption de systèmes de justice en ligne visant à faciliter la gestion de la charge de travail judiciaire, ainsi que l'organisation du système judiciaire en domaines clés de spécialisation, par exemple via la création de tribunaux commerciaux spécialisés, de tribunaux de propriété intellectuelle et de tribunaux fonciers. Dans le même temps, des mécanismes de règlement extrajudiciaire des litiges, notamment des mécanismes d'arbitrage, de médiation et de conciliation, sont de plus en plus utilisés pour résoudre les litiges d'investissement. Les accords internationaux d'investissement peuvent apporter une sécurité supplémentaire aux investisseurs concernés, notamment en proposant le recours à l'arbitrage d'investissement international pour résoudre les litiges entre investisseurs et États (voir le chapitre 5).[4]

Politiques et programmes pour renforcer les liens d'affaires entre les PME et les multinationales au sein des CVM

Dans les grandes lignes, les liens et partenariats entre entreprises sont des initiatives qui visent à créer des synergies, à résoudre les problèmes courants et à matérialiser les opportunités. Par exemple, dans le cas des PME, celles-ci peuvent entreprendre des actions communes pour améliorer la qualité de leur offre, réaliser des économies d'échelle et d'envergure en créant des consortiums, stimuler la fourniture de services d'assistance aux entreprises et promouvoir les transferts de technologie, entre autres. Les liens et partenariats peuvent être particulièrement importants pour les PME, du fait des ressources limitées dont elles disposent. Comme indiqué précédemment dans ce chapitre, lorsqu'ils sont établis entre des entreprises étrangères et locales, les partenariats et les liens peuvent également renforcer les répercussions positives de l'IDE, notamment l'augmentation des opportunités commerciales et de l'emploi dans les entreprises nationales.

Il existe un certain nombre de mesures concrètes que les organismes publics tels que les agences de promotion des investissements (API) et les agences de soutien aux PME, les associations du secteur privé, les multinationales, les fournisseurs de services de développement des entreprises et de nombreux autres acteurs peuvent prendre pour encourager la participation des PME aux CVM via l'établissement de liens avec les multinationales implantées sur leurs marchés nationaux. Parmi ces mesures figurent la diffusion des informations relatives aux opportunités d'établissement de liens d'affaires auprès des PME et des multinationales, la création de bases de données de produits, de fournisseurs et d'acheteurs, des programmes pour la formation de consortiums de PME visant à honorer les commandes importantes, des programmes de développement des fournisseurs et plusieurs autres initiatives. Ces mesures incluent également une assistance pour aider les PME et les multinationales à adopter les principes de conduite responsable, ainsi que l'accompagnement des petites entreprises pour les aider à tirer parti des zones économiques ou franches et des investisseurs issus de la diaspora. Cette section fournit un aperçu de ces mesures et des acteurs concernés, et elle explique leur pertinence à l'égard de la région MENA.

Renforcement des réseaux et associations d'entreprises

Les réseaux et associations d'entreprises constituent un excellent vecteur de diffusion d'informations relatives aux opportunités d'affaires entre les PME et les multinationales au sein des CVM. Par exemple, les chambres de commerce internationales ou binationales sont présentes dans plusieurs économies de la région MENA et contribuent à l'exploration et à l'établissement de partenariats commerciaux entre les PME nationales et les entreprises étrangères. À titre d'exemple, en Égypte, il existe un certain nombre d'initiatives visant à promouvoir les partenariats entre les entreprises égyptiennes et étrangères, notamment les associations d'entreprises communes avec l'Allemagne, les États-Unis, la France, l'Italie et le Royaume-Uni. Ces initiatives visent à encourager les investissements industriels, les transferts de technologie et le développement des ressources humaines, entre autres (OCDE/The European Commission/ETF, 2014[17]). Il n'est toutefois pas possible de savoir clairement dans quelle mesure ces initiatives et d'autres ont été efficaces pour intégrer les PME aux CVM via des partenariats avec des multinationales. En outre, même s'il existe de nombreuses associations d'entreprises, en particulier aux niveaux national et sous-national dans la région MENA, il est impossible de savoir clairement dans quelle mesure ces organismes représentent les intérêts des PME (OCDE/European Union/ETF, 2018[18]).

Les initiatives transnationales ou multilatérales visant à promouvoir les partenariats commerciaux peuvent également s'avérer utiles pour établir des liens entre les PME et les multinationales dans la région MENA. Par exemple, le réseau Enterprise Europe Network (EEN) est une initiative multinationale parrainée par le programme de l'UE pour la compétitivité des PME (COSME), qui réunit des chambres de commerce et d'industrie, des pôles technologiques, des organisations de soutien à l'innovation, des universités et des instituts de recherche, des organisations de développement régional, etc. Le réseau EEN est présent dans plus de 60 pays et coordonne plus de 3 000 experts et 600 organisations membres fournissant des services de développement aux PME, en particulier dans les domaines de l'innovation, de la croissance internationale et des partenariats internationaux. Parmi les économies de la région MENA examinées, seules l'Égypte, la Jordanie et la Tunisie participent au réseau EEN.[5] L'EEN fournit une vaste base de données d'opportunités d'affaires qui couvre, mais sans s'y limiter, les liens entre les PME et les multinationales (au moment de la rédaction de ce rapport, aucune opportunité spécifique d'établissement de liens PME/multinationales n'a été identifiée dans les économies de la région MENA, bien qu'il existe de nombreuses possibilités de partenariats permettant d'accéder aux technologies et marques étrangères).[6]

D'autres initiatives qui promeuvent la coopération économique euro-méditerranéenne peuvent également constituer des plateformes utiles en vue de renforcer les liens entre les PME et les multinationales, compte tenu en particulier de la présence importante des investissements directs européens engagés dans plusieurs économies de la région MENA. Par exemple, ANIMA Investment Network encourage le développement des investissements, des partenariats commerciaux et des pôles d'activité en Europe, au Moyen-Orient et en Afrique afin de promouvoir l'innovation, l'entrepreneuriat et l'internationalisation des entreprises (OCDE/The European Commission/ETF, 2014[17]). Ce réseau, fort de 70 organisations, dont des prestataires de services publics et privés et de développement des entreprises, vise à assister les PME et les entrepreneurs et à promouvoir le développement d'organismes de soutien aux entreprises dans le sud de la Méditerranée.[7]

Prestation de services de développement des entreprises pour que les PME puissent établir des liens d'affaires avec des multinationales

Compte tenu de leurs ressources restreintes, les PME dépendent davantage que les grandes entreprises des services proposés par des prestataires externes. Ces services sont divers et variés : soutien aux fonctions commerciales quotidiennes (comptabilité, droit, logistique, gestion des ressources humaines, etc.), développement de capacités stratégiques et à long terme (conseil en management, développement des ressources humaines, accès aux technologies, accès aux marchés, etc.). La première catégorie de services (soutien aux entreprises) est importante en cela qu'elle permet aux PME de se concentrer sur leurs compétences métier et de sous-traiter des fonctions qu'elles n'ont pas la capacité ou la volonté stratégique d'endosser. La deuxième catégorie (services de développement des entreprises) est indispensable aux PME pour acquérir de nouvelles compétences et atteindre des objectifs à plus long terme comme l'accroissement des ventes, de la productivité, la pénétration de nouveaux marchés ou le développement de nouveaux produits, services ou processus.

Les services de développement des entreprises (SDE) peuvent proposer des moyens importants pour aider les petites entreprises à identifier et à établir des liens avec des entreprises étrangères dans le cadre des CVM. Les marchés des SDE diffèrent cependant fortement d'une économie à l'autre au sein de la région MENA en termes de diversité des services disponibles et des acteurs qui les fournissent. Par exemple, le marché SDE de la Jordanie est relativement diversifié, avec des acteurs publics comme privés en charge du soutien aux PME. Parmi ces acteurs l'agence de soutien aux PME, JEDCO (Jordan Enterprise Development Corporation), qui fournit un soutien personnalisé aux entreprises affichant un potentiel de croissance afin de leur faire bénéficier de diagnostics commerciaux, de les aider à dépasser les obstacles à l'expansion et de leur proposer un accompagnement. Citons également des initiatives de donateurs telles que le projet Soutien aux entreprises locales (*Local Enterprise Support Project*, LENS), mis en œuvre par l'Agence américaine pour le développement international (USAID) pour soutenir la croissance des petites entreprises dans des secteurs cibles (par exemple, le tourisme et l'hôtellerie, la transformation des aliments, les TIC, etc.), le développement de fournisseurs privés ou non gouvernementaux de SDE et pour aider les PME à contacter des groupements d'industries, des chambres de commerce et des prestataires de SDE. D'autres acteurs publics et privés animent en outre un certain nombre de programmes SDE (le Centre de développement des entreprises, l'Association des jeunes entrepreneurs, Injaz, la Crown Prince Foundation, le Fonds du Roi Abdullah pour le développement, l'Association des PME, Endeavor, Oasis 500, etc. (OCDE, 2019[19]).

D'autres économies, comme le Maroc, possèdent également des marchés SDE diversifiés. Le pays s'appuie sur la présence massive d'acteurs publics et privés et met en œuvre plusieurs initiatives majeures visant à donner une orientation stratégique à la politique de développement économique (par exemple, au moyen du plan d'accélération industrielle 2014-2020 encourageant la diversification et la compétitivité industrielle, et via le « statut de l'auto-entrepreneur », qui prévoit d'accroître le travail indépendant, l'esprit d'entreprise et la formalisation économique). À l'autre extrémité du spectre, l'Algérie représente un marché moins diversifié de SDE, avec moins d'initiatives majeures, lesquelles sont principalement menées par le secteur public, comme le Programme national de mise à niveau de l'Agence des PME (ANDPME). Cette situation reflète en quelque sorte les plus faibles niveaux de développement du secteur privé dans le pays (OCDE/European Union/ETF, 2018[18]).[8]

La diversité des SDE et de leurs fournisseurs dans plusieurs économies de la région MENA n'a pas fait l'objet d'un classement sous forme de bases de données complètes et structurées qui auraient permis aux PME et aux entrepreneurs de rechercher et de filtrer des programmes spécifiques répondant à leurs besoins potentiels, y compris la possibilité d'établir des liens entre PME et multinationales en vue de participer aux chaînes de valeur internationales. Autrement dit, les marchés SDE demeurent fragmentés sous la forme d'un ensemble d'offres étendu mais hétérogène, ce qui en limite la portée et l'impact des mesures connexes. Pour remédier à cette fragmentation et proposer une offre plus cohérente, les gouvernements et les acteurs du secteur privé de la région MENA pourraient élaborer des bases de données électroniques SDE recensant les diverses initiatives que les prestataires et les utilisateurs pourraient télécharger et consulter.[9]

En outre, et en phase avec ce qui vient d'être dit, les économies de la région MENA pourraient s'inspirer de certains programmes de soutien SDE qui servent à promouvoir la participation des PME aux marchés publics, par exemple sous la forme d'une diffusion électronique des opportunités de marchés publics par les multinationales sur le marché intérieur (à l'instar des plateformes d'achats électroniques qui publient les offres de marchés publics). Cela pourrait être du ressort d'acteurs publics comme les agences de soutien aux PME ou les API, ou d'associations privées telles que les chambres d'industrie et de commerce ou les associations de PME et de multinationales, pour ne citer que quelques possibilités. Suivant le modèle en vigueur dans certains pays, ces portails électroniques (ainsi que des supports imprimés supplémentaires) pourraient répertorier des informations actualisées sur les opportunités de marchés publics proposées par les multinationales (achat d'intrants, par exemple). Des registres électroniques de fournisseurs pourraient également être créés afin que les acheteurs aient aisément accès aux entreprises nationales et que les PME n'aient pas à saisir leurs coordonnées chaque fois qu'une opportunité de marché se présente.

D'autres programmes SDE utilisés dans le cadre de la passation de marchés publics pourraient avantageusement favoriser l'établissement de liens entre PME et multinationales, notamment en aidant les petits fournisseurs à constituer des consortiums en vue de passer des commandes importantes de biens et de services. Ils pourraient également s'adosser à des programmes de respect de certaines normes et gagner ainsi en qualité. En outre, il serait essentiel d'établir des mesures visant à garantir le respect des délais de paiement des multinationales aux PME prestataires (par exemple, 30 jours maximum après la fourniture contractuelle de biens et de services). Cela éviterait aux PME des problèmes de trésorerie et un financement *de facto* des grandes entreprises par les PME.

Malheureusement, la plupart des pouvoirs publics de la région MENA ne mettent en œuvre aucun de ces programmes de passation de marchés. Cependant, l'établissement de liens d'affaires entre PME et multinationales pourrait être l'occasion de développer de telles pratiques dans le contexte des CVM dans un premier temps, pour les étendre ensuite aux marchés publics.

Les API disposent également d'un large éventail d'outils pour mettre en relation les entreprises

Les API peuvent également avoir recours à des outils tels que des programmes ciblés de développement des fournisseurs, la prestation de services de mise en relation et le développement de bases de données de fournisseurs de haute qualité. Les initiatives de développement des fournisseurs et de formation proposent des financements aux entreprises multinationales qui soutiennent les PME locales dans le cadre de l'acquisition de compétences ou de technologies, ou qui les aident à répondre à des exigences spécifiques. Parmi les autres initiatives figurent la création de centres de développement des PME et de l'entrepreneuriat, proposant un large éventail de services ou encore des mesures d'aide aux PME dans l'approfondissement de leurs capacités.

Les API ont souvent en charge la mise en œuvre des programmes d'établissement de liens d'affaires entre les PME et les multinationales. Elles peuvent partager cette responsabilité avec d'autres institutions, comme les ministères de l'industrie, du commerce et de l'innovation, les agences de soutien aux PME et les fournisseurs de services de développement des entreprises. Les programmes d'établissement de liens ciblent souvent des secteurs prioritaires qui sont promus par les API. Les API de la région MENA, associées à d'autres organismes publics et associations du secteur privé, peuvent contribuer encore davantage au développement d'un ensemble approprié de politiques d'établissement de liens et à la mise en œuvre de programmes de développement des fournisseurs (voir le chapitre 6 sur les stratégies de promotion et de facilitation des investissements).

Les API de la région MENA utilisent plusieurs outils visant à promouvoir les liens entre les entreprises. Par exemple, elles proposent toutes aux investisseurs étrangers des services de mise en relation avec les fournisseurs locaux. Elles disposent également toutes d'une base de données de fournisseurs locaux qui permet de mettre en relation les multinationales avec les fournisseurs appropriés, ou elles s'appuient sur les bases de données d'autres organismes publics. Cependant, les outils visant à promouvoir l'établissement de liens d'affaires sont souvent mis en œuvre sur une base ad hoc, et ne font pas partie d'un programme spécifique. Les API qui souhaitent soutenir plus activement l'instauration de liens d'affaires peuvent avoir besoin d'un mandat clair pour pouvoir communiquer aux investisseurs des informations précises, en temps opportun, sur les fournisseurs locaux et les PME partenaires, ainsi que pour garantir la coordination avec les ministères et autres organismes (OCDE, 2019[20]).

La qualité des bases de données de fournisseurs diffère selon les économies de la région MENA. Par exemple, les API de la région MENA ne disposent pas toutes de bases de données répertoriant les certifications détenues par les fournisseurs locaux. En outre, les bases de données ne sont pas publiquement disponibles en ligne, ce qui implique pour les potentiels investisseurs étrangers de contacter l'API pour se renseigner sur l'existence et les caractéristiques des fournisseurs locaux. En Tunisie, l'agence de promotion de l'investissement extérieur, la FIPA, fournit des services de mise en relation mais s'appuie sur la base de données de fournisseurs locaux d'un autre organisme, l'APII (Agence pour la promotion de l'industrie et l'innovation). Cette base de données, disponible en ligne, répertorie les entreprises des secteurs de la fabrication et des services et fournit des informations au niveau produit. Elle recense également les entreprises certifiées, c'est-à-dire les entreprises qui bénéficient d'une certification qualité spécifique.

Certaines API de la région MENA proposent des services de renforcement des capacités destinés aux fournisseurs locaux (Algérie, Liban, Autorité palestinienne et Tunisie). Ces API ont cela en commun qu'elles disposent d'un mandat pour promouvoir les investissements nationaux ainsi que les IDE. Une minorité d'API de la région MENA propose des services d'assistance au recrutement ainsi que des programmes de formation destinés au personnel local. Elles s'apparentent à cet égard aux API de l'OCDE (OCDE, 2018[21]). La formation du personnel local est souvent confiée à d'autres organismes tels que les agences de soutien aux PME, que ce soit dans la région MENA ou ailleurs. La coordination entre les agences est par conséquent essentielle à une mise en œuvre efficace des politiques d'établissement de liens d'affaires.

Un exemple d'API ayant réussi à promouvoir les liens entre entreprises est celui de CzechInvest, en grande partie grâce au programme Supplier Development, donnant accès en ligne à une base de données de fournisseurs locaux issus de secteurs spécifiques ainsi qu'à des services de mise en relation et de négociation (Encadré 8.4). Parmi les autres programmes effectifs, citons le Board of Investment Unit for Industrial Linkage Development (BUILD) en Thaïlande, qui illustre que la promotion de l'établissement de liens d'affaires doit d'inscrire dans le cadre d'un plan de développement à plus long terme, coordonné entre plusieurs acteurs. Le programme BUILD coordonne de façon flexible et informelle les activités d'établissement de liens avec les autres organismes publics, le secteur privé et les institutions académiques (OCDE/UNIDO, 2019[5]).

Encadré 8.4. Le programme Supplier Development de CzechInvest

CzechInvest a lancé le programme Supplier Development en 1999, portant en particulier sur l'électronique, le secteur qui enregistre la croissance la plus rapide en République tchèque et le deuxième secteur d'IDE de ce pays après l'automobile. Le programme avait pour objectif de stimuler la compétitivité des fournisseurs tchèque, mais également d'améliorer la communication entre les entreprises locales et les multinationales. Il incitait des entreprises locales spécifiques à participer à des programmes de formation et d'assistance technique visant à améliorer la qualité de leurs produits et leur capacité d'absorption, à fournir des services de mise en relation en organisant des réunions entre des entreprises multinationales et un panel de producteurs sélectionnés, et enfin à fournir une assistance pendant les négociations. L'agence en charge du programme proposait également des services d'intermédiation financière à des fins d'expansion économique, notamment en déposant un affidavit auprès d'une banque prêteuse ou dans les cas où l'entreprise multinationale en tant que partenaire peut garantir un contrat de fournitures.

L'API tchèque gère également une base de données en ligne de fournisseurs locaux dont l'objet est de faciliter la communication entre les investisseurs étrangers et les fournisseurs. Cette base de données est un outil efficace pour identifier et catégoriser les fournisseurs présents en République tchèque, et elle permet de décrire clairement les différents secteurs industriels (électronique, informatique, aéronautique, automobile). Elle est destinée en premier lieu aux investisseurs étrangers arrivant en République tchèque et à ceux qui y exercent déjà leurs activités, mais également aux entreprises étrangères et nationales qui souhaitent s'approvisionner en marchandises en provenance de République tchèque. Elle permet de rechercher des fournisseurs de premier, deuxième et troisième niveaux.

Promouvoir des liens d'affaires de qualité grâce à la conduite responsable des entreprises

Les principes et normes de CRE stipulent que toutes les entreprises doivent contribuer au développement durable, mais également qu'elles doivent faire en sorte d'éviter les effets négatifs de leurs activités et d'y remédier. Cela implique d'intégrer et de prendre en compte les questions environnementales et sociales dans les activités de base des entreprises, y compris au sein de la chaîne d'approvisionnement et dans le cadre des relations commerciales (voir chapitre 10). Les entreprises multinationales choisissent de plus en plus les pays où investir en fonction de leur capacité à garantir la présence de chaînes d'approvisionnement prévisibles et fiables, capables de fonctionner efficacement à chaque étape ; les coûts associés aux retards découlant, par exemple, de conflits sociaux ou de dommages causés à l'environnement, peuvent être significatifs. Garantir l'efficacité des chaînes d'approvisionnement est devenu encore plus essentiel depuis l'émergence du Covid-19, car ces chaînes sont désormais plus vulnérables aux perturbations générées par la pandémie.

Le fait de communiquer clairement les priorités et les attentes en matière de CRE, y compris aux acteurs du secteur privé, permettrait de promouvoir l'établissement de liens d'affaires avec les multinationales, et donc d'optimiser les répercussions des IDE en termes de développement dans la région MENA. Les fournisseurs des multinationales peuvent constater que le fait de respecter les principes et normes de CRE leur confère un avantage par rapport à ceux qui ne le font pas, car ils sont en mesure de répondre aux préoccupations susceptibles d'être soulevées dans le cadre des efforts de diligence des multinationales. Les autorités peuvent également utiliser la CRE comme un outil de mise en relation des multinationales et des PME. Les attentes en matière de CRE doivent être intégrées aux efforts de facilitation des IDE, et elles peuvent permettre d'attirer les multinationales qui sont davantage enclines à s'approvisionner localement. Par exemple, la CRE peut être intégrée aux bases de données des fournisseurs et aux événements de mise en relation. Les autorités peuvent également inclure les principes de CRE dans les programmes de formation spécifiques aux secteurs afin de renforcer la capacité d'absorption des entreprises nationales. Il peut s'agir, par exemple, de soutenir les efforts de partage des coûts au sein des secteurs et entre eux pour des tâches spécifiques de diligence raisonnable, la participation à des initiatives sur la gestion responsable de la chaîne d'approvisionnement et la coopération entre les membres du secteur qui partagent les mêmes fournisseurs.

Des régimes d'incitation intelligents y compris dans les zones économiques peuvent aider à l'établissement de liens d'affaires plus étroits

Les économies de la région MENA ont largement recours aux incitations fiscales et non fiscales pour promouvoir et encourager les activités d'investissement sources de retombées économiques et sociales (voir chapitre 7). Ces incitations sont également l'un des outils dont disposent les autorités pour influencer les décisions en matière d'approvisionnement des entreprises étrangères. Il peut s'agir, par exemple, de retenues d'impôt à la source aux fins de déduire certains frais ou de récompenser des entreprises pour la formation qu'elles proposent à leurs fournisseurs locaux (par exemple dans le cadre de programmes de formation, d'activités de R&D et de renforcement des capacités des PME, ainsi qu'en matière de protection de l'environnement). Les crédits d'impôt sont des outils similaires, mais ils permettent aux investisseurs d'utiliser directement ces sommes pour réduire le montant des impôts dus. Les incitations fiscales (en particulier les exonérations temporaires d'impôt) peuvent générer des coûts fiscaux significatifs pour les pays qui y ont recours. Il est conseillé de privilégier des approches ciblées.

La plupart des économies de la région MENA ciblent de vastes secteurs ou régions, que ce soit via des dispositions d'incitation spéciales pour les régions moins développées ou des incitations supplémentaires en fonction des zones. Seuls un petit nombre de pays, comme le Maroc, appliquent une approche ciblée en matière d'incitations, avec des incitations spécifiques visant à promouvoir les compétences, la R&D et les activités high-tech. En dehors de la région, plusieurs pays ont mis en place des incitations ciblées dans le but de soutenir l'engagement des PME avec les entreprises étrangères. Par exemple, des projets en Thaïlande bénéficient d'une déduction du revenu imposable des frais engagés pour le développement des fournisseurs locaux par le biais de la formation et de l'assistance technique. Plus généralement, les incitations visant à encourager l'établissement de liens d'affaires peuvent couvrir les frais engagés par les grandes entreprises pour prêter assistance à leurs fournisseurs et les auditer afin de vérifier qu'ils respectent leurs normes en matière de qualité, d'environnement, de santé et de sécurité (Galli, 2017[22]).

La participation des économies de la région MENA aux CVM est en partie due à la mise en place de régimes de zones économiques (par exemple la zone franche de Tanger au Maroc, la Zone économique spéciale du canal de Suez en Égypte) ou de régimes d'exportation spéciaux (le régime offshore en Tunisie, les QIZ en Jordanie). Ces régimes ont souvent pour objectifs de stimuler les nouveaux investissements et le commerce, de créer des emplois et de favoriser les opportunités économiques. Si ces régimes ont contribué à attirer les investissements et à favoriser le commerce, en particulier en proposant des incitations fiscales avantageuses et des services adaptés, leur répercussion positive et leurs retombées sur l'économie locale ne sont pas clairement établies. Par exemple, la zone franche de Tanger, qui a attiré des leaders mondiaux des secteurs de l'automobile et de l'aéronautique, n'a qu'en partie réussi à mettre en relation les PME avec les producteurs de la zone et à améliorer leurs capacités à intégrer de nouveaux segments des CVM (IFC, 2019[23]).

Pour promouvoir l'établissement de liens d'affaires, certaines autorités exemptent les multinationales implantées dans des zones économiques du paiement de la TVA sur les intrants achetés localement. Les exemptions de TVA peuvent permettre de compenser les éventuels handicaps de coûts des produits locaux par rapport à l'offre étrangère. Elles peuvent également contribuer à uniformiser les conditions de concurrence entre les fournisseurs locaux et les importations dans les cas où les importations des multinationales sont également exemptées de TVA (Sabha, Liu et Douw, 2020[24]). Certaines économies de la région MENA ont mis en place ce type d'incitations liées à la TVA, mais leur résultat attendu en termes de liens établis ne s'est pas toujours concrétisé. Par exemple, en Tunisie, les entreprises disposant d'un statut d'exportation (régime offshore) sont exemptées de TVA sur les produits locaux. De la même façon, une entreprise onshore qui vend des produits à une entreprise offshore peut récupérer la TVA acquittée sur sa consommation intermédiaire. Dans la pratique, il existe peu de liens entre ces deux types d'entreprises, en particulier en raison de la lourdeur des procédures administratives (Encadré 8.3).

Les incitations non fiscales peuvent être aussi importantes que les incitations non fiscales pour promouvoir l'établissement de liens d'affaires, voire plus importantes lorsque l'environnement réglementaire est complexe. Par exemple, l'Égypte a simplifié les procédures réglementaires et administratives pour les entreprises locales qui approvisionnent des sociétés implantées dans des zones franches bénéficiant d'un régime de franchise douanière. Même si les produits et services vendus à ces zones sont traités comme des exportations et donc soumis aux mêmes règles commerciales, des incitations administratives sont proposées aux fournisseurs locaux opérant dans des secteurs spécifiques. Ces fournisseurs n'ont pas besoin d'obtenir l'approbation des autorités de contrôle du commerce pour s'approvisionner en certaines marchandises qui sont généralement soumises à un contrôle qualité (OCDE, 2020[13]).

Dans certaines économies de la région MENA, la politique en matière d'établissement de liens d'affaires est encadrée par des ECL, ce qui peut parfois décourager les investisseurs étrangers et potentiellement restreindre les relations à des activités peu qualifiées dans le but de répondre aux exigences. Les incitations à l'établissement proactif de relations constructives avec les fournisseurs locaux peuvent constituer une meilleure solution pour les pays hôtes, qui pourraient ainsi bénéficier durablement des avantages des IDE en termes de développement (Encadré 8.5). Par exemple, en Jordanie, les autorités ont envisagé de mettre en place des ECL pour les investissements dans les énergies renouvelables, ce qui aurait conduit à une augmentation du coût des intrants pour les producteurs d'énergie en aval et à une baisse des investissements étrangers (OCDE, 2016[25]). Une solution alternative consisterait pour les autorités à proposer une retenue d'impôt à la source aux producteurs d'énergie qui financent la mise à niveau des fournisseurs locaux afin de permettre à ces derniers de produire les composants d'énergie renouvelable non disponibles localement.

Encadré 8.5. Les incitations ciblées constituent une alternative aux exigences de contenu local

Les exigences de contenu local peuvent décourager les IDE, car les conditions drastiques qui ont été instaurées pour y répondre restreignent la concurrence des importations, ce qui peut contribuer à l'augmentation des coûts de production et, au final, à la hausse des prix pour les secteurs d'activité et consommateurs en aval. Les gains potentiels à court terme dans le secteur d'activité ciblé peuvent donc ponctionner par ailleurs le reste de l'économie. En outre, les coûts en termes d'investissements abandonnés ne sont pas nécessairement compensés par une amélioration du développement local, le cas échéant, qui peut notamment se traduire par une augmentation de l'emploi, des investissements et des transferts de technologie (OCDE, 2020[26]).

La littérature consacrée aux effets potentiels des ECL est abondante, et si dans certains cas de figure ces politiques peuvent contribuer à augmenter le bien-être national quand les caractéristiques du marché sont favorables (par exemple retombées potentielles en termes d'apprentissage et de technologie, économies d'échelle, etc.), les données indiquent qu'elles ont tendance à conduire à une affectation sous-optimale des ressources (Stone, Messent et Flaig, 2015[27]). Le manque d'efficacité que l'on peut constater dans d'autres secteurs en raison des ECL peut également contribuer à réduire la croissance des emplois, et donc à miner les objectifs initiaux qui ont conduit à imposer les ECL. Les ECL entraînent également un déclin du commerce, y compris pour l'économie du pays qui les impose.

Dans le cadre de la poursuite de ces objectifs, les outils fiscaux visant à encourager l'établissement de liens d'affaires entre les investisseurs étrangers et les PME, comme les incitations fiscales ciblées, peuvent constituer une alternative aux ECL. Les incitations ciblées ont moins d'effets négatifs sur l'ensemble de l'économie, et leurs avantages sur le long terme en ce qui concerne l'amélioration de la capacité des fournisseurs peuvent être supérieurs, même si elles sont coûteuses et nécessitent une importante capacité institutionnelle pour être efficacement mises en œuvre. Lorsque des ECL sont en place, les fournisseurs locaux sont la plupart du temps engagés pour effectuer des opérations de moindre valeur et spécifiques au site de production (construction, services d'assistance et fonctions non productives, etc.). Ils sont souvent engagés dans le but de répondre aux exigences et non pour tirer parti des avantages comparatifs (Bamber et al., 2014[28]). Idéalement, les ECL devraient concorder avec les intérêts qu'ont les investisseurs à réduire les coûts en se procurant des biens et services au niveau local, mais les objectifs de contenu local doivent être à la fois réalistes et flexibles, et ils doivent s'accompagner de politiques plus étendues encourageant la création de liens d'affaires.

Les investisseurs issus de la diaspora peuvent établir des liens d'affaires étroits

Les économies de la région MENA disposent de larges diasporas dispersées à travers le monde, qui peuvent avoir un impact positif sur les flux d'investissements vers leurs pays d'origine. Les investisseurs issus de la diaspora sont également davantage susceptibles d'établir des liens avec les fournisseurs locaux que les investisseurs étrangers (Amendolagine et al., 2019[16]). Les diasporas chinoise ou indienne, par exemple, ont fortement contribué à l'intégration de leurs pays dans les CVM, en particulier à travers les IDE (Buckley et al., 2007[29]). Les diasporas peuvent contribuer à stimuler les IDE en réduisant les coûts d'information et de transaction, car elles sont souvent en relation avec les réseaux locaux (Chen, Chen et Ku, 2004[30]). Elles sont également en mesure de contourner les difficultés qui se présentent dans les régions éloignées ou à risque, ainsi que d'adresser un signal positif concernant ces régions. À l'instar des entreprises étrangères, les entreprises de la diaspora ont des niveaux de productivité plus élevés et de meilleures performances à l'exportation que les entreprises nationales (Boly et al., 2014[31]).

Il existe peu de données sur les investissements réalisés par les diasporas de la région MENA dans leurs pays d'origine. Selon une enquête, les investisseurs issus des diasporas des pays de la région MENA ne sont pas convaincus que les entreprises locales sont désireuses et capables de travailler avec eux (Malouche, Plaza et Salsac, 2016[32]). Ils estiment également qu'ils ne bénéficient pas du même traitement préférentiel que celui qui est accordé aux investisseurs étrangers, et ils ne s'attendent pas à recevoir beaucoup de soutien de la part des autorités de leurs pays pour les aider à investir. Une étude réalisée en Tunisie montre que les potentiels investisseurs issus de la diaspora déclarent souvent ne pas être informés des incitations à l'investissement proposées aux investisseurs étrangers (UNDP, 2016[33]). Les investisseurs issus de la diaspora tunisienne n'établissent pas plus de partenariats avec les entreprises locales que les autres investisseurs étrangers, et leur impact global sur les emplois et les salaires est moins important que celui des entreprises étrangères. Ils sont toutefois plus présents dans les régions éloignées ou rurales que les entreprises étrangères.

Pour promouvoir davantage l'investissement par les diasporas et leur ancrage grâce aux liens établis avec les fournisseurs locaux, les autorités des pays de la région MENA pourraient renforcer leurs efforts de sensibilisation et développer, en concertation avec les représentants de la diaspora, des stratégies et programmes d'attractivité sur mesure. Le Liban a développé plusieurs initiatives visant à attirer davantage d'investissements de la part de sa diaspora (Encadré 8.6). Le gouvernement marocain s'efforce activement d'attirer les investisseurs issus de la diaspora par le biais des centres régionaux d'investissement et du programme Houses of Moroccans Living Abroad, qui fournit des informations aux expatriés. Les autorités peuvent également recueillir des données à micro-échelle sur les investisseurs issus de la diaspora, par exemple l'API en Tunisie, afin de les comparer avec celles des investisseurs non issus de la diaspora et d'assurer le suivi des tendances et des répercussions (UNDP, 2016[33]).

Encadré 8.6. Promotion de l'investissement de la diaspora au Liban

Plusieurs ministères et agences publiques participent au processus qui vise à attirer les investisseurs issus de la diaspora libanaise et à les fidéliser grâce aux liens établis avec les PME locales. L'un des objectifs de l'API libanaise consiste à identifier les opportunités d'investissement concrètes dans toutes les régions du Liban et à les promouvoir de façon active localement et à l'échelle internationale parmi les membres de la diaspora. La stratégie de soutien aux PME du Liban a pour objectif de simplifier les liens entre les PME et les entreprises multinationales ainsi que ceux qui sont établis avec la diaspora, mais également de faire connaître les réussites des expatriés libanais.

Le Ministère des affaires étrangères et des émigrés participe à la promotion de l'investissement de la diaspora par l'intermédiaire de ses ambassades et consulats à l'étranger. Par exemple, l'initiative Lebanese Diaspora Energy, lancée par le Ministère en 2014, a entre autres objectifs celui d'établir des liens entre la diaspora et les habitants dans le but de permettre le partage des expériences et la création de liens commerciaux et sociaux. Cette initiative a également pour objectif d'explorer les possibilités qu'ont les habitants et résidents libanais de travailler ensemble pour rétablir l'image du pays et la confiance dans l'économie.

Source : (UNCTAD, 2018[34]).

Références

Amendolagine, V. et al. (2019), « Local sourcing in developing countries: The role of foreign direct investments and global value chains », *World Development*, vol. 113, pp. 73-88, http://dx.doi.org/10.1016/j.worlddev.2018.08.010. [16]

Azmeh, S. (2014), « Labour in global production networks: Workers in the qualifying industrial zones (QIZs) of Egypt and Jordan », *Global Networks*, vol. 14/4, pp. 495-513, http://dx.doi.org/10.1111/glob.12047. [7]

Bamber, P. et al. (2014), « Connecting Local Producers in Developing Countries to Regional and Global Value Chains: Update », *OECD Trade Policy Papers*, n° 160, OECD Publishing, Paris, https://dx.doi.org/10.1787/5jzb95f1885l-en. [28]

Boly, A. et al. (2014), « Diaspora investments and firm export performance in selected sub-Saharan African countries », *World Development*, vol. 59, pp. 422-433, http://dx.doi.org/10.1016/j.worlddev.2014.02.006. [31]

Buckley, P. et al. (2007), « The determinants of Chinese outward foreign direct investment », *Journal of International Business Studies*, vol. 38/4, pp. 499-518, http://dx.doi.org/10.1057/palgrave.jibs.8400277. [29]

Chen, T., H. Chen et Y. Ku (2004), *Foreign direct investment and local linkages*, http://dx.doi.org/10.1057/palgrave.jibs.8400085. [30]

Galli, R. (2017), « The role of investment incentives for structural transformation a comparative analysis of investment incentives legislations in Sub-Saharan African, South-Asian and », *ILO Working Papers*, n° 994955393402676, International Labour Organisation, https://ideas.repec.org/p/ilo/ilowps/994955393402676.html (consulté le 27 février 2021). [22]

Helmy Elsaid, H. et al. (2014), *Small and Medium Enterprises in Egypt: New Facts from a New Dataset Small and Medium Enterprises Landscape in Egypt: New Facts from a New Dataset* *, http://www.academicstar.us (consulté le 27 février 2021). [4]

IFC (2019), *Creating Markets in Morocco: A Second Generation of Reforms-Boosting Private Sector Growth, Job Creation and Skills Upgrading*, https://elibrary.worldbank.org/doi/abs/10.1596/32402 (consulté le 27 février 2021). [23]

ILO (2019), *Small Matters: Global evidence on the contribution to employment by the self-employed, micro-enterprises and SMEs*, ILO, http://www.ilo.org/global/publications/books/WCMS_723282/lang--en/index.htm (consulté le 27 février 2021). [2]

Joumard, I., S. Dhaoui et H. Morgavi (2018), « Insertion de la Tunisie dans les chaines de valeur mondiales et role des entreprises offshore », *Documents de travail du Département des Affaires économiques de l'OCDE*, n° 1478, Éditions OCDE, Paris, https://dx.doi.org/10.1787/546dbd75-fr. [14]

Karam, F. et C. Zaki (2015), « Trade volume and economic growth in the MENA region: Goods or services? », *Economic Modelling*, vol. 45, pp. 22-37, http://dx.doi.org/10.1016/j.econmod.2014.10.038. [15]

Kowalski, P. et al. (2015), « Participation of Developing Countries in Global Value Chains: Implications for Trade and Trade-Related Policies », *OECD Trade Policy Papers*, n° 179, OECD Publishing, Paris, https://dx.doi.org/10.1787/5js33lfw0xxn-en. [6]

Malouche, M., S. Plaza et F. Salsac (2016), *Mobilizing the Middle East and North Africa Diaspora for Economic Integration and Entrepreneurship Mariem Mezghenni Malouche*, The World Bank, Washington, DC., https://openknowledge.worldbank.org/handle/10986/26307 (consulté le 27 février 2021). [32]

OCDE (2020), *COVID-19 and global value chains: Policy options to build more resilient production networks*, OECD, Paris, http://www.oecd.org/coronavirus/policy-responses/covid-19-and-global-value-chains-policy-options-to-build-more-resilient-production-networks-04934ef4/ (consulté le 27 février 2021). [10]

OCDE (2020), *Investment in the MENA region in the time of COVID-19*, OECD, Paris, http://www.oecd.org/coronavirus/policy-responses/investment-in-the-mena-region-in-the-time-of-covid-19-da23e4c9/ (consulté le 27 février 2021). [11]

OCDE (2020), *OECD investment policy responses to COVID-19*, OECD, Paris, http://www.oecd.org/coronavirus/policy-responses/oecd-investment-policy-responses-to-covid-19-4be0254d/ (consulté le 27 février 2021). [12]

OCDE (2020), *OECD Investment Policy Reviews: Egypt 2020*, OECD Investment Policy Reviews, OECD Publishing, Paris, https://dx.doi.org/10.1787/9f9c589a-en. [13]

OCDE (2020), *OECD Investment Policy Reviews: Indonesia 2020*, OECD Investment Policy Reviews, OECD Publishing, Paris, https://dx.doi.org/10.1787/b56512da-en. [26]

OCDE (2019), « Fostering greater SME participation in a globally integrated economy », dans *Strengthening SMEs and Entrepreneurship for Productivity and Inclusive Growth : OECD 2018 Ministerial Conference on SMEs*, OECD Publishing, Paris, https://dx.doi.org/10.1787/400c491d-en. [3]

OCDE (2019), *Mapping of Investment Promotion Agencies: Middle East and North Africa - OECD*, OECD, Paris, https://www.oecd.org/investment/investment-policy/mapping-of-investment-promotion-agencies-med.htm (consulté le 27 février 2021). [20]

OCDE (2019), *OECD SME and Entrepreneurship Outlook 2019*, OECD Publishing, Paris, https://dx.doi.org/10.1787/34907e9c-en. [1]

OCDE (2019), *SME Policy Effectiveness in Jordan User Guide 1: Reinforcing SME policy coordination*, OECD, https://www.oecd.org/mena/competitiveness/sme-policy-effectiveness-in-jordan-userguides. [19]

OCDE (2018), *Mapping of investment promotion agencies in OECD countries - OECD*, OECD, Paris, http://www.oecd.org/investment/Mapping-of-Investment-Promotion-Agencies-in-OECD-Countries.htm (consulté le 27 février 2021). [21]

OCDE (2016), *OECD Clean Energy Investment Policy Review of Jordan*, Green Finance and Investment, OECD Publishing, Paris, https://dx.doi.org/10.1787/9789264266551-en. [25]

OCDE/CAF (2019), *Latin America and the Caribbean 2019: Policies for Competitive SMEs in the Pacific Alliance and Participating South American countries*, SME Policy Index, OECD Publishing, Paris, https://dx.doi.org/10.1787/d9e1e5f0-en. [35]

OCDE/European Union/ETF (2018), *The Mediterranean Middle East and North Africa 2018: Interim Assessment of Key SME Reforms*, SME Policy Index, OECD Publishing, Paris, https://dx.doi.org/10.1787/9789264304161-en. [18]

OCDE/The European Commission/ETF (2014), *SME Policy Index: The Mediterranean Middle East and North Africa 2014: Implementation of the Small Business Act for Europe*, SME Policy Index, OECD Publishing, Paris, https://dx.doi.org/10.1787/9789264218413-en. [17]

OCDE/UNIDO (2019), *Integrating Southeast Asian SMEs in global value chains: Enabling linkages with foreign investors - OECD*, https://www.oecd.org/industry/inv/investment-policy/integrating-southeast-asian-smes-in-global-value-chains.htm (consulté le 27 février 2021). [5]

Sabha, Y., Y. Liu et W. Douw (2020), *Investment Linkages and Incentives IN FOCUS Promoting Technology Transfer and Productivity Spillovers from Foreign Direct Investment (FDI)*, World Bank, http://www.worldbank.org (consulté le 27 février 2021). [24]

Stone, S., J. Messent et D. Flaig (2015), « Emerging Policy Issues: Localisation Barriers to Trade », *OECD Trade Policy Papers*, n° 180, OECD, Paris, https://www.oecd-ilibrary.org/trade/emerging-policy-issues_5js1m6v5qd5j-en (consulté le 27 février 2021). [27]

UNCTAD (2018), *Investment Policy Review of Lebanon*, UNCTAD, Geneva, https://investmentpolicy.unctad.org/publications/1196/investment-policy-review-of-lebanon (consulté le 27 février 2021). [34]

UNCTAD (2013), *World Investment Report 2013, GLobal Value Chains: Investment and Trade for Development*, UNCTAD, https://worldinvestmentreport.unctad.org/wir2013/ (consulté le 27 février 2021). [9]

UNDP (2016), *Case Study : Assessing the impact of diaspora investments in Tunisia*, UNDP, https://www.undp.org/content/undp/en/home/librarypage/poverty-reduction/case-study---assessing-the-impact-of-diaspora-investments-in-tun.html (consulté le 27 février 2021). [33]

UNECA (2016), *Promoting Regional Value Chains in North Africa*, UNECA, Addis Ababa, https://repository.uneca.org/handle/10855/23016 (consulté le 27 février 2021). [8]

Notes

[1] Les mesures se concentrent sur le secteur manufacturier.

[2] En ce qui concerne le Maroc et la Tunisie, il n'existe pas suffisamment d'observations permettant de prendre en compte les entreprises du secteur de l'équipement (notamment celles du secteur automobile).
[3] Les PME sont ici définies comme des entreprises de moins de 100 employés.

[4] En plus des dispositions de règlement des litiges contenues dans la législation et les accords internationaux d'investissement, l'adhésion de toutes les économies de la région MENA aux conventions internationales, telles que la Convention de New York pour la reconnaissance et l'exécution des sentences arbitrales étrangères, garantit également que les contrats seront correctement exécutés, dans le cas où un litige est porté devant un comité d'arbitrage plutôt que devant les tribunaux nationaux.

[5] D'après la dernière version de l'Indice des politiques en faveur des PME pour l'Afrique du Nord et le Moyen-Orient, le Maroc a fait partie de l'EEN ; toutefois, ce pays ne figure pas dans les listes de points de contact de l'EEN les plus récentes (OCDE/European Union/ETF, 2018[18]).

[6] Voir la page https://ec.europa.eu/easme/en/enterprise-europe-network.

[7] Voir https://anima.coop et http://ebsomed.eu/.

[8] Pour un aperçu plus complet des marchés SDE dans la région MENA, voir l'Indice des politiques en faveur des PME pour l'Afrique du Nord et le Moyen-Orient, éditions 2014 et 2018 (OCDE/The European Commission/ETF, 2014[17]) (OCDE/European Union/ETF, 2018[18])

[9] Par exemple, dans certains pays d'Amérique latine il existe des portails et des sites Web dédiés aux PME et aux entrepreneurs qui fournissent des moteurs de recherche actualisés et structurés grâce auxquels les entreprises peuvent effectuer des recherches sur les aides possibles en matière d'accès aux marchés, de technologie, de financement, etc. (OCDE/CAF, 2019[35]).

9 Améliorer la connectivité grâce aux investissements dans les infrastructures

Ce chapitre examine le contexte actuel des investissements en infrastructures dans la région MENA, en particulier dans les secteurs des transports, des TIC et de l'énergie. Il passe en revue les défis posés par le développement des infrastructures et fournit un aperçu des récentes réformes pour stimuler les investissements et leur financement des infrastructures, notamment via des partenariats public-privé. Il présente également des actions publiques à prendre en compte pour améliorer les cadres juridiques et institutionnels régissant l'investissement dans les infrastructures.

Résumé et considérations intéressant l'action publique

Des infrastructures de haute qualité sont essentielles pour assurer une croissance durable et inclusive. Les infrastructures dans les secteurs du transport, de l'énergie et des technologies de l'information et de la communication (TIC) sont indispensables pour créer un contexte propice à l'investissement et favoriser la connectivité, le développement industriel et la diversification économique dans les économies étudiées de la région MENA. Pourtant, plusieurs points faibles persistent dans tous les secteurs des infrastructures. Si ces économies ont accompli des progrès en matière de développement d'infrastructures physiques de base, la performance de leurs infrastructures de transport (routières, portuaires et aéroportuaires notamment) restent faibles, avec pour conséquences des échanges commerciaux ralentis et plus coûteux. En réalité, plus que le manque d'infrastructures, c'est la mauvaise logistique qui nuit au commerce et à l'investissement. En moyenne, 24 % des entreprises manufacturières des économies étudiées de la région MENA identifient les problèmes de transport comme un frein majeur à leurs activités.[1]

Les économies de la région MENA sont confrontées à des goulets d'étranglement dans les infrastructures de transport, ferroviaires notamment, à une insuffisance du transport multimodal et à la fragmentation du système portuaire. Dans l'ensemble de la région MENA[2], au moins 100 milliards USD par an devront être investis au cours des cinq à dix années à venir pour entretenir les infrastructures existantes et en construire de nouvelles (Banque mondiale, 2020[1]). Les déficits de financement sont présents dans tous les secteurs des infrastructures, mais touchent surtout les infrastructures transfrontalières, le transport routier et l'énergie.

Si l'infrastructure des TIC est relativement bien développée dans toute la région MENA, des investissements importants dans le haut débit fixe et mobile sont nécessaires pour stimuler les investissements nationaux et étrangers. Le développement du secteur des TIC est essentiellement limité par l'absence de concurrence effective et de réglementation appropriée (Gelvanovska, Rogy et Rossotto, 2014[2]). De nombreux pays se heurtent encore à des obstacles de taille à l'accessibilité d'Internet, qui entravent les activités des entreprises. Actuellement, seuls 8 % des PME de l'ensemble de la région MENA ont une présence sur Internet (contre 80 % aux États-Unis) et seulement 1.5 % des détaillants de la région pratiquent la vente en ligne (McKenna, 2017[3]).

Les infrastructures sont principalement financées par le secteur public par l'intermédiaire d'entreprises publiques, la participation du secteur privé restant relativement faible. Les partenariats public-privé (PPP), aujourd'hui limités, offrent d'importantes possibilités de tirer parti des ressources et de l'expertise du secteur privé. Ces dernières années, certains gouvernements de la région MENA ont redoublé d'efforts pour instaurer des conditions propices à ces partenariats en mettant à jour leurs lois en la matière et en créant des organismes ou unités spécifiquement consacrés aux PPP au sein d'institutions existantes (par exemple en Jordanie, au Maroc, en Tunisie et en Égypte). Bien que les cadres réglementaires et institutionnels régissant les PPP diffèrent, ces derniers bénéficient d'un soutien politique croissant dans la plupart des pays de la région MENA. Une participation accrue du secteur privé au développement des infrastructures par le biais de PPP aurait pour avantages non seulement d'améliorer l'efficacité des infrastructures et d'apporter de nouvelles technologies et compétences, mais aussi d'alléger le fardeau financier pesant sur les budgets publics.

L'amélioration de la gouvernance des infrastructures permettrait également d'attirer davantage d'investissements privés. Les économies étudiées de la région MENA pourraient améliorer la gestion et l'efficacité des investissements publics, de même que la transparence des procédures de passation des marchés publics et d'évaluation des fournisseurs potentiels. Planifier le développement des infrastructures de manière globale, en appliquant les bonnes pratiques de gouvernance des infrastructures, peut contribuer à aplanir certaines des difficultés de la région tout en y dynamisant les investissements.

Considérations intéressant l'action publique

- Clarifier le cadre réglementaire des investissements en infrastructures afin que les investisseurs potentiels disposent de politiques et de réglementations claires, transparentes, prévisibles et cohérentes. En effet, il est fréquent que les lois sur les PPP coexistent avec d'autres modalités de passation de marchés publics en infrastructures, dont la législation relative aux services publics et un certain nombre de lois sectorielles.
- Veiller à ce que les stratégies relatives aux infrastructures concordent avec les stratégies nationales et régionales en matière d'échanges et de développement, notamment en ce qui concerne les investissements, le développement de la logistique et les réformes de gouvernance. Bien souvent, les pays de la région MENA ont mis en place des infrastructures matérielles sans avoir mené les réformes connexes des réglementations du commerce et du secteur privé ou n'ont pas adopté une approche multimodale pour obtenir les résultats escomptés.
- Entreprendre de nouvelles réformes propices à la concurrence dans le secteur des TIC afin que les règles du jeu soient plus équitables pour les nouveaux arrivants et les fournisseurs établis. À l'instar d'autres secteurs clés, celui des TIC est généralement dominé par un petit nombre d'acteurs privés et d'entreprises publiques, et par conséquent difficilement accessible aux nouveaux investisseurs. Les réformes devraient prévoir la levée de certaines barrières à l'entrée dans le secteur des télécommunications.
- Assouplir ou lever les restrictions aux investissements étrangers dans les secteurs de l'énergie et des transports. Actuellement, les huit économies étudiées imposent des restrictions plus rigoureuses que la moyenne de l'OCDE dans les secteurs des transports maritime et aérien, de la construction et des télécommunications, mais aussi, dans certains cas, dans celui de la distribution et de la production d'électricité. Dans les cas où pareilles mesures sont jugées nécessaires pour réaliser les objectifs de développement national, les autorités publiques doivent veiller à ce qu'elles ne soient pas plus restrictives que nécessaire (voir chapitre 4).
- Promouvoir le dialogue entre les secteurs public et privé. Les possibilités pour le secteur privé de participer davantage au développement des infrastructures dans la région sont considérables. Le secteur public devrait collaborer plus étroitement avec les parties prenantes du secteur privé pour libérer le climat d'investissement de ses entraves et élaborer des réglementations nationales appropriées qui favorisent la compétitivité, en particulier dans les secteurs des services de base.
- Renforcer les capacités et la coordination entre les ministères et les entités liées qui participent à la planification des infrastructures et à l'établissement des priorités. Dans la région MENA, le développement des infrastructures s'effectue souvent en vase clos, sans être systématiquement intégré aux autres actions des pouvoirs publics, notamment aux stratégies en matière de développement industriel.

Principaux problèmes liés aux infrastructures nuisant à l'investissement dans la région MENA

Pour les huit économies étudiées de la région MENA, la mise en place d'infrastructures qui améliorent la connectivité constitue un volet essentiel des politiques visant à promouvoir une croissance inclusive et durable. Avec une croissance démographique prévue de 40 % portant le nombre d'habitants à 586 millions d'ici 2030, une accélération de l'urbanisation au cours des prochaines décennies et une classe moyenne en pleine expansion, la région doit s'attendre à une intensification de la tension exercée sur ses infrastructures actuelles (Kandeel, 2019[4]). Par ailleurs, les conséquences économiques de la pandémie de Covid-19 appellent des infrastructures technologiquement évoluées, durables et résilientes, capables de concourir à la reprise économique. Les infrastructures – dans les domaines des transports, de l'énergie et des TIC, mais aussi des services associés – sont essentielles pour favoriser l'investissement tout en stimulant le développement industriel et la diversification économique des économies étudiées de la région MENA. Or, tous les secteurs des infrastructures présentent actuellement plusieurs faiblesses qui limitent le potentiel d'accroissement des investissements et la contribution des infrastructures à une croissance durable et inclusive.

La qualité des infrastructures matérielles et immatérielles dans la région MENA reste faible

Malgré les progrès accomplis dans la région en matière de développement d'infrastructures physiques de base ces dernières années, les infrastructures des transports (portuaire, routier et aéroportuaire en particulier) demeurent peu performantes, avec pour effets des échanges commerciaux ralentis et plus coûteux. Selon l'*Indice de performance logistique* de la Banque mondiale, les performances des infrastructures varient considérablement dans les huit économies étudiées (Graphique 9.1). De tous les pays de la région, c'est l'Égypte qui a le plus progressé au cours des dix dernières années grâce à une augmentation des investissements, tandis que le Maroc accuse un recul de ses performances, en partie entravées par des faiblesses au niveau des services des douanes mais aussi du suivi et de la traçabilité des envois (Chauffour, 2018[5]). L'Algérie a également enregistré une amélioration depuis 2010, tandis qu'en Tunisie et au Liban, la marge de progression demeure importante. Dans l'ensemble, la région continue de faire face à d'importants handicaps en matière d'infrastructures, notamment dans les domaines des transports, des TIC et de l'énergie, comme le montrent divers indicateurs internationaux (Annexe 9.A).

La région MENA souffre d'une faible logistique qui nuit davantage aux échanges et à l'investissement que le manque réel d'infrastructures, de sorte que ses économies sont hors normes par rapport à celles d'autres régions en termes de performance logistique. Les problèmes de logistique peuvent être multiples et variés. Le coût des installations portuaires dans les pays d'Afrique du Nord est environ 40 % supérieur à la norme mondiale, en raison d'une longue durée d'entreposage des conteneurs, de longs délais de traitement des documents et de retards dans la délivrance des autorisations de mouvement des navires (AfDB, 2019[6]). En conséquence, 70 % des retards accusés dans le transport de marchandises résultent du temps perdu dans les ports. La région MENA représente moins de 7 % des échanges intrarégionaux du commerce international de marchandises, contre 40 % pour l'Asie de l'Est et 50 % pour l'Europe. Enfin, les monopoles détenus par le secteur public sur les infrastructures de transport dans la plupart des économies de la région MENA sapent les incitations à la réforme (Banque mondiale, 2020[1]).

Graphique 9.1. Indice de performance logistique de la Banque mondiale, indicateur des infrastructure

Score de 1 à 5 (meilleure performance)

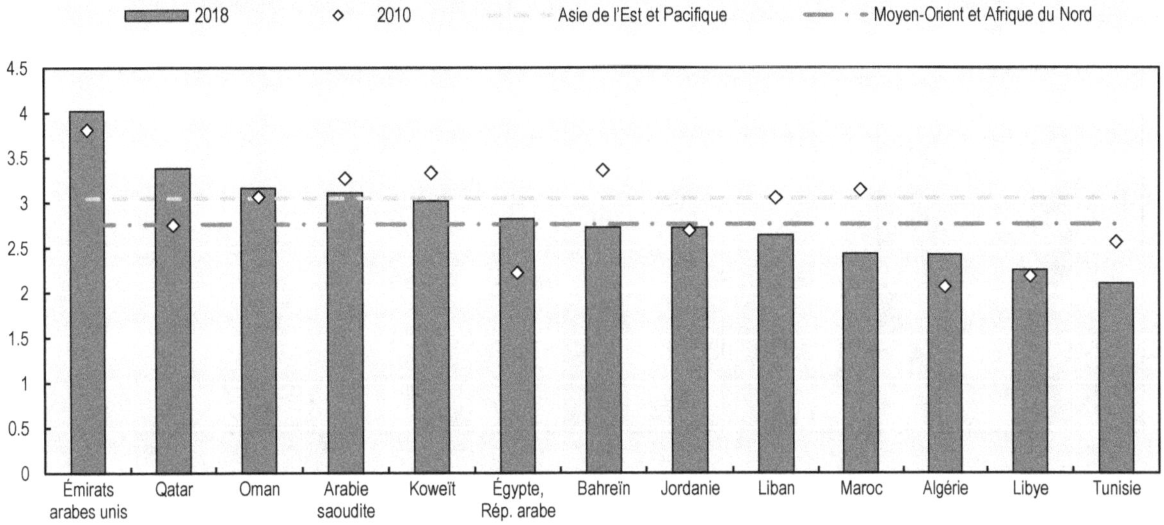

Note : Les données pour le Maroc datent de 2012. L'indicateur des infrastructures est l'une des six dimensions sur lesquelles se fonde l'Indice de performance logistique de la Banque mondiale pour évaluer la chaîne d'approvisionnement logistique. Cette évaluation repose sur une enquête mondiale menée auprès d'opérateurs logistiques sur le terrain, dont le retour d'information renseigne sur la « convivialité » logistique des pays dans lesquels ceux-ci exercent leurs activités et de ceux avec lesquels ils entretiennent des échanges commerciaux. Cet indicateur mesure les performances de la chaîne d'approvisionnement logistique selon ces six dimensions : 1) l'efficacité du processus de dédouanement (c'est-à-dire la rapidité, la simplicité et la prévisibilité des formalités) exécuté par les organismes de contrôle aux frontières, y compris les douanes ; 2) la qualité des infrastructures liées au commerce et aux transports (par exemple, les ports, les chemins de fer, les routes et les technologies de l'information) ; 3) la facilité d'organisation des envois à des prix compétitifs ; 4) la compétence et la qualité des services logistiques (transporteurs et commissionnaire en douane, par exemple) ; 5) la capacité de suivi et de localisation des envois ; 6) leur livraison à destination dans les délais prévus ou attendus.
Source : base de données de l'Indice de performance logistique de la Banque mondiale

Connectivité des transports

La mauvaise qualité des infrastructures de connectivité freine le secteur manufacturier

Le dysfonctionnement de la logistique et des infrastructures de transport dans la région MENA constitue un obstacle majeur à l'accroissement des échanges et des investissements, limitant la croissance des entreprises manufacturières en particulier. Dans plusieurs économies étudiées, les entreprises identifient les problèmes de transport comme un frein important à leurs activités (Graphique 9.2). Selon l'*Enquête sur les entreprises* de la Banque mondiale, ces difficultés sont particulièrement constatées en Jordanie, au Maroc et en Tunisie. Par ailleurs, les entreprises exportatrices sont souvent confrontées à des problèmes de transport plus importants que les entreprises locales, notamment en Tunisie, en Jordanie et dans l'Autorité palestinienne.

Graphique 9.2. Les entreprises exportatrices de certaines économies de la région MENA identifient les coûts de transport comme un obstacle majeur

En % des entreprises manufacturières

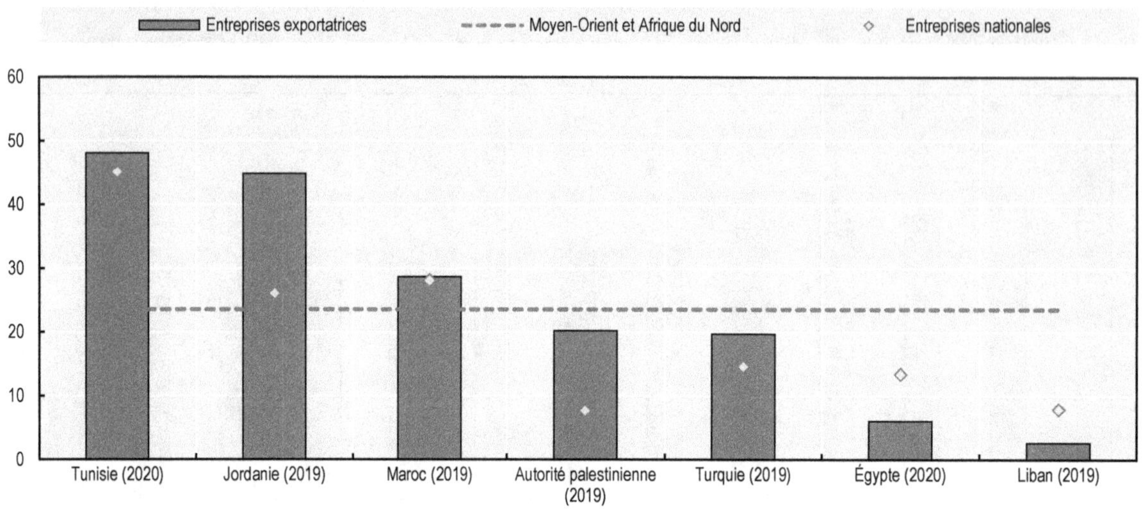

Note : Les entreprises exportatrices désignent les entreprises dont les exportations directes représentent 10 % ou plus de leur chiffre d'affaires et les entreprises locales, celles qui n'exportent pas. Moyenne de la région MENA pour les huit économies étudiées, à l'exception de l'Algérie et de la Libye en raison de l'absence de données.
Source : Enquêtes sur les entreprises de la Banque mondiale pour 2019 et 2020

Les réseaux maritimes de la région MENA sont fragmentés

Contrairement aux autres secteurs des transports, celui des infrastructures portuaires a bénéficié d'investissements publics considérables de la part des gouvernments de la région MENA. Si de nombreux pays ont construit des infrastructures portuaires visant à accéder aux marchés européens, il y a matière à renforcer les échanges régionaux. À peine 5 % du trafic de marchandises dans la région méditerranéenne passe par les pays de la région MENA, contre 70 % entre les ports européens et 15 % entre l'Europe et l'Afrique du Nord (IMF, 2019[7]). De fait, le nombre de liaisons portuaires ou de routes reliant deux ports en Méditerranée a diminué, passant de 2 279 en 2009 à 1 532 en 2016. Par exemple, la Tunisie n'a de liaisons directes qu'avec ses partenaires commerciaux européens les plus proches (Arvis et al., 2019[8]). Il existe très peu de lignes directes de transport maritime entre les pays du Maghreb, qui transportent dès lors leurs marchandises intrarégionales via des ports de pays tiers, comme ceux de Marseille, d'Almeria ou même de Rotterdam. Ce parcours occasionne des surcoûts et limite la compétitivité des prix des produits exportés.

De nombreux ports de la région offrent des perspectives très intéressantes aux fabricants étrangers en quête de sites à proximité des marchés d'Europe, du Moyen-Orient et d'Afrique, mais ce potentiel n'est pas exploité dans de nombreux pays. Selon le FMI, seuls quelques ports sont compétitifs au regard des normes internationales, le Maroc se classant en tête avec le port de Tanger, devenu une plateforme logistique pour la région et désormais considéré comme le plus grand port à conteneurs d'Afrique en termes de chiffre d'affaires. En Égypte, l'extension du canal de Suez en 2015 et la création de la zone économique du canal de Suez, afin d'offrir des services plus compétitifs aux compagnies de transport maritime et investisseurs du monde entier, devraient également permettre de capter jusqu'à 25 % du commerce méditerranéen conteneurisé de l'Égypte (Arvis et al., 2019[8]).

Énergie et connectivité des TIC

De nombreux pays de la région MENA sont bien dotés en ressources énergétiques renouvelables mais n'ont pas suffisamment diversifié leur approvisionnement en électricité

Les économies étudiées de la région MENA disposent de généreuses sources d'énergies renouvelables, telles que le solaire et l'éolien, mais la part que celles-ci représentent dans le bouquet énergétique varie selon les pays (voir également le chapitre 2 sur les tendances des IDE et les avantages pour le développement). Ces ressources pourraient faire baisser le prix des énergies renouvelables et renforcer considérablement les capacités de production. Cela dit, la part des énergies renouvelables dans la consommation finale d'énergie varie considérablement d'un pays à l'autre : 0.1 % en Algérie, entre 5 et 5.5 % en Égypte et en Jordanie, et entre 10 et 12 % au Maroc et en Tunisie (IEA, 2020[9]). De même, la part qu'elles représentent dans la production d'électricité atteint 35 % au Maroc, mais n'est que de 8.5 % en Égypte.

Certains pays ont montré leur détermination à renforcer l'utilisation des énergies renouvelables. Ainsi, la Jordanie, qui est – avec le Maroc – l'un des plus grands importateurs d'énergie de la région MENA (le pays importe plus de 93 % de son offre énergétique), a lancé un vaste programme en faveur des énergies renouvelables axé sur l'éolien et le solaire (Abu-Rumman, Khdair et Khdair, 2020[10]). Le Maroc, qui lui aussi importe 93 % de son énergie, entend augmenter la part des énergies renouvelables afin de réduire sa vulnérabilité aux chocs de l'offre et autres perturbations causées par sa forte dépendance aux importations (IFC, 2019[11]). Sa Stratégie énergétique nationale, mise en œuvre par l'Agence marocaine pour l'énergie durable, vise à porter la part des énergies renouvelables à 52 % de la capacité totale de production d'énergie installée à l'horizon 2030 (ibid). Le défi commun à relever est de créer un terreau propice aux solutions à faible intensité en carbone et résilientes au dérèglement climatique. Les pays doivent en particulier encourager la concurrence et l'entrée d'investisseurs privés dans le secteur des énergies renouvelables.

L'infrastructure des TIC s'est développée rapidement, mais les entreprises de la région restent confrontées à des coûts élevés

L'infrastructure des TIC est relativement bien développée dans l'ensemble de la région MENA, grâce aux investissements des pouvoirs publics et du secteur privé. D'après l'Indice de connectivité mobile de 2019[3], qui mesure les performances des pays au regard des principaux facteurs d'adoption de l'Internet mobile (infrastructure, accessibilité financière, état de préparation des consommateurs, contenu et services), de nombreuses économies de la région MENA sont en phase de « transition »[4]. Parmi les économies étudiées, le Liban enregistre le score le plus élevé, suivi de près par la Tunisie et le Maroc ; la Jordanie, l'Égypte et l'Algérie se classent légèrement plus bas dans l'indice (GSMA Intelligence, 2020[12]). Les technologies et services mobiles représentent 4.5 % du PIB de la région MENA, pourvoyant un million d'emplois directs et indirects et rapportant plus de 18 milliards USD d'impôts. Au total, ils ont généré une valeur ajoutée de 191 milliards USD, et celle-ci devrait franchir la barre des 222 milliards d'ici 2023. Par ailleurs, la technologie 4G devrait dépasser la 3G dans la région d'ici 2021 (ibid).

Il n'empêche que pour répondre à la demande croissante, des investissements importants sont nécessaires afin d'augmenter la capacité de transmission des lignes haut débit fixes et mobiles dans les huit économies étudiées. Les principaux freins au développement du secteur des TIC en Algérie, en Égypte, au Maroc, en Libye, en Tunisie et en Jordanie sont l'absence de concurrence effective et de réglementation appropriée (Gelvanovska, Rogy et Rossotto, 2014[2]). En Jordanie, le manque de concurrence s'est traduit par des services de mauvaise qualité et par des prix de l'Internet mobile et fixe qui comptent parmi les plus élevés de la région. Une amélioration de l'infrastructure des TIC pourrait favoriser les investissements, notamment en permettant aux entreprises d'accéder plus facilement aux marchés locaux et internationaux et de communiquer de façon fréquente et ininterrompue avec leur siège (Latif et al., 2018[13]).

Une compétitivité accrue dans le secteur des TIC permettrait aux entreprises de pénétrer de nouveaux marchés et de contribuer au programme de transformation numérique des économies étudiées de la région MENA. Comme beaucoup d'autres, ce secteur est généralement dominé par un certain nombre d'entreprises en place, qu'elles soient privées ou publiques, ce qui rend difficile l'entrée de nouveaux acteurs sur le marché (Banque mondiale, 2019[14]). Des services haut débit améliorés permettraient à tous les secteurs de tirer parti d'une économie numérique plus moderne (ibid). En outre, ils ouvriraient de nouvelles perspectives commerciales aux PME, leur permettant d'accéder à des marchés inexplorés.

Bon nombre de pays se heurtent encore à d'importants obstacles en matière d'accessibilité d'Internet. Actuellement, seulement 8 % des PME de la région MENA ont une présence en ligne (contre 80 % aux États-Unis) et à peine 1.5 % des détaillants de la région sont actifs sur Internet (McKenna, 2017[3]). Si l'on exclut les pays à revenu élevé de la moyenne, la région MENA compte en moyenne 100 abonnements à la téléphonie mobile pour 100 habitants. Le Maroc et la Tunisie dépassent la moyenne (avec respectivement 128 et 124 abonnements pour 100 habitants), tandis que d'autres pays se situent en dessous de la moyenne : Liban (64) et Jordanie (88) (WEF, 2019[15]).

Le déficit d'infrastructures dans la région MENA

La région devrait consacrer 7 % de son PIB pour combler ses besoins d'investissement

La région MENA aura besoin de plus de 100 milliards par an (soit 7 % de son PIB annuel) au cours des cinq prochaines années pour entretenir ses infrastructures actuelles et en créer de nouvelles, selon la Banque mondiale[5] (Graphique 9.3). Les pays en développement exportateurs de pétrole devront engager l'équivalent de 11 % de leur PIB chaque année. Les pays importateurs de pétrole ainsi que les pays du Conseil de coopération du Golfe (CCG) exportateurs de pétrole devront, quant à eux, consacrer respectivement environ 6 % et 5 % de leur PIB à l'investissement dans les infrastructures. Les déficits existent dans tous les secteurs, mais touchent surtout les infrastructures transfrontalières, le transport routier et l'énergie. Le transport et l'électricité représentent environ 43 % des besoins d'investissement totaux ; viennent ensuite les TIC (9 %), puis l'eau et l'assainissement (5 %). La dépense à consentir pour l'électricité à elle seule équivaut à 3 % du PIB annuel de la région. Les pays importateurs de pétrole devront en outre débourser environ 86 milliards USD pour moderniser leurs réseaux de transport. Il faut non seulement construire de nouvelles infrastructures, mais aussi assurer un entretien adéquat des équipements existants et les contrôles de qualité requis.

Le Global Infrastructure Hub a récemment estimé que l'Égypte, le Maroc et la Tunisie devront investir, à eux trois, 997 milliards USD dans les infrastructures jusqu'en 2040 (GIHub, 2017[16]). L'Égypte accuse le déficit le plus important : dans l'hypothèse d'une croissance de 4 % de son PIB chaque année, elle devra dépenser 675 milliards USD (soit 5 % de son PIB) en moyenne à l'horizon 2040. Compte tenu des niveaux de dépenses actuels, son déficit d'investissement est évalué à 1.7 % de son PIB. Le Maroc devra quant à lui investir 37 milliards USD dans ses infrastructures (soit 0.90 % de son PIB en supposant que celui-ci augmente de 3.6 % par an). D'après des estimations plus récentes, les besoins d'investissement totaux varient entre 11.5 % et 18.3 % selon trois scénarios de croissance, à savoir faible, stable ou élevée (IFC, 2019[11]). De même, la Tunisie devra allouer une enveloppe moyenne de 75 milliards USD (soit 4.4 % de son PIB) à ses infrastructures jusqu'en 2040.

Graphique 9.3. Besoins annuels d'investissement en infrastructures dans la région MENA

Investissement en % du PIB estimé, par secteur

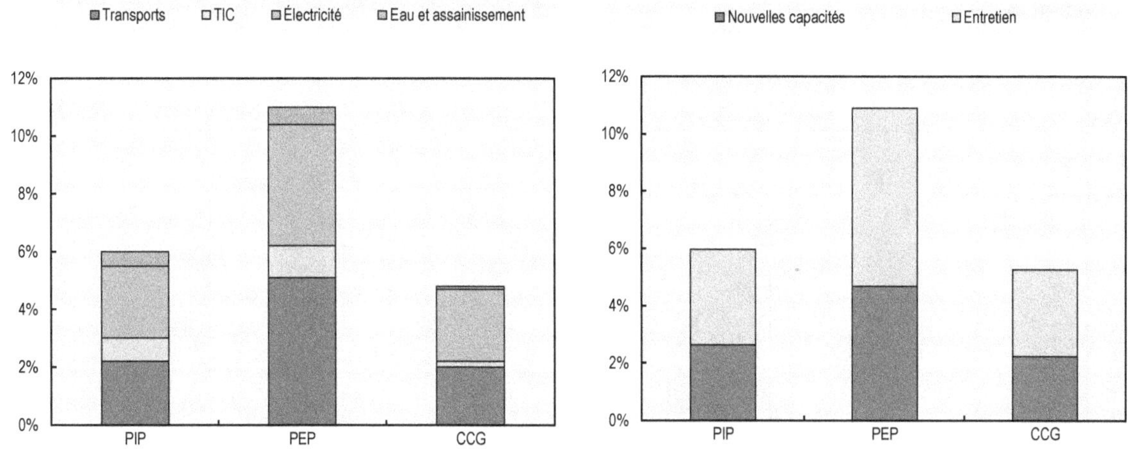

Notes : CCG : Conseil de coopération du Golfe ; PIB : produit intérieur brut ; TIC : technologies de l'information et de la communication ; E : entretien ; MENA : Moyen-Orient et Afrique du Nord ; N : nouvelle capitale ; PIP : pays importateur de pétrole ; PEP : pays en développement exportateur de pétrole.
Le CCG comprend les pays suivants : Arabie saoudite, Bahreïn, Émirats arabes unis, Koweït, Oman, Qatar ; les PEP sont l'Algérie, l'Iran, l'Irak, la Libye, la République arabe syrienne, la République du Yémen et la République islamique ; les PIP sont l'Égypte, la Jordanie, le Liban, le Maroc et la Tunisie.
Source : Estimations de la Banque mondiale fondées sur (Freund et Ianchovichina, 2012[17]).

La région MENA est en retard par rapport aux autres régions en termes de financement privé

Depuis le début des années 2000, les investissements privés dans les infrastructures ont augmenté de façon constante dans la plupart des régions, mais pas dans la région MENA. De fait, plusieurs de ses pays ont connu un net déclin des investissements en infrastructures de la part du secteur privé sur la période 2010-2012. Bien que ces investissements aient depuis lors retrouvé leur niveau d'avant 2010, cette hausse est principalement due à quelques grands projets concentrés dans le secteur de l'électricité au Maroc. Les secteurs des transports et de l'eau ont enregistré une activité très limitée au cours des cinq dernières années (Graphique 9.4). Ces trois dernières années, les investissements privés dans les infrastructures ont été très concentrés géographiquement. Les deux tiers des projets ont eu lieu en Jordanie, en partie grâce à son programme national de promotion des énergies renouvelables, visant notamment les centrales solaires photovoltaïques. Toutefois, en termes de dépenses d'investissement, le Maroc a bénéficié d'une part de près de 75 %, grâce à ses grands projets d'énergie solaire concentrée de Ouarzazate Noor I et Noor II ainsi qu'à sa centrale électrique au charbon de Safi d'une capacité de 1 360 MW, située à Safi, dans le sud-ouest du pays (OCDE, 2017[18]).

Le financement des projets d'infrastructure menés dans la région MENA au cours des trois dernières années a essentiellement été assuré par des prêteurs multilatéraux et bilatéraux, la Banque européenne d'investissement (BEI), la Banque européenne pour la reconstruction et le développement (BERD) et la Banque islamique de développement comptant parmi les investisseurs les plus actifs. Les prêteurs bilatéraux proviennent d'un large éventail de pays, dont l'Allemagne, la France et le Japon, entre autres. L'aide apportée par les prêteurs multilatéraux et bilatéraux a presque exclusivement revêtu la forme de dettes. Les banques internationales ont également participé à un certain nombre de projets, mais toujours en collaboration avec un prêteur multilatéral ou un prêteur bilatéral de premier plan. Les banques commerciales locales n'ont joué qu'un rôle marginal, sauf dans le cas de l'usine de dessalement d'Agadir au Maroc, pour laquelle elles ont été la seule source de financement par l'emprunt (OCDE, 2017[18]).

Graphique 9.4. Investissements du secteur privé dans les infrastructures de la région MENA, 2000-2019 (par secteur)

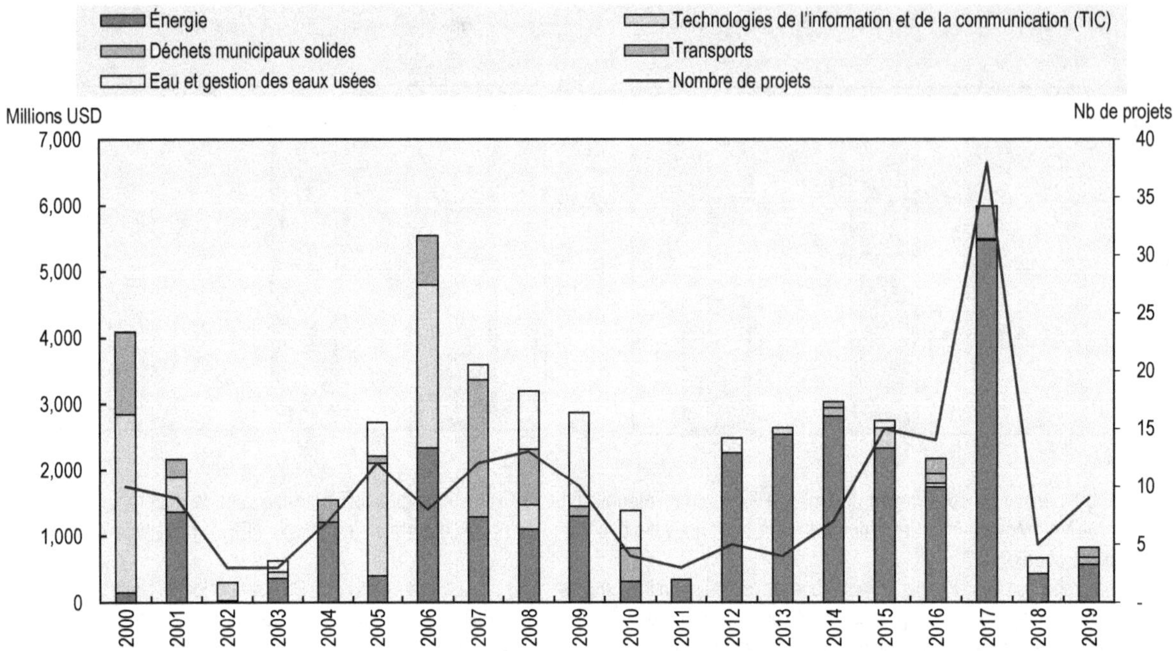

Source : Banque mondiale – PPIAF, base de données des participations privées dans les infrastructures (PPI)

Créer les conditions propices aux investissements en infrastructures

Pour stimuler la participation du secteur privé aux infrastructures, les pays de la région MENA doivent veiller à ce que les priorités en matière d'infrastructures fassent partie intégrante des stratégies de développement économique et soient étayées par un cadre réglementaire et institutionnel clairement établi. Il arrive souvent que des infrastructures matérielles soient conçues sans que soient menées les réformes appropriées en matière de réglementations du commerce ou du secteur privé, ou qu'elles n'aient pas bénéficié de l'approche multimodale nécessaire pour produire les résultats escomptés. Il est impératif de remédier à pareille fragmentation pour affermir le climat d'investissement et tirer parti des retombées positives de la connectivité régionale.

Stratégies de développement des infrastructures et instruments de financement

Dans les pays de la région MENA où les infrastructures sont habituellement financées grâce aux recettes issues des ressources naturelles, la faiblesse des prix du pétrole obligera les pouvoirs publics à revoir leurs plans et leurs stratégies d'investissement pour le long terme (Rice, 2015[19]). Les bouleversements sociaux et politiques de la dernière décennie, associés à la pandémie de Covid-19, ont engendré de nouveaux défis, faisant notamment ressortir la nécessité d'améliorer la gouvernance pour inciter le secteur privé à investir dans les infrastructures en toute confiance.

Le développement des infrastructures constitue une priorité pour la région. Les économies étudiées ont pour beaucoup lancé des stratégies nationales qui soulignent la nécessité de moderniser les infrastructures afin de promouvoir le développement durable. Deux projets en particulier ont conjugué l'investissement en infrastructures et un programme stratégique à vocation industrielle : l'extension du canal de Suez et le développement de la zone économique du canal de Suez et le complexe portuaire marocain Tanger Med (encadré 9.1). L'Égypte a exposé ses projets d'amélioration de la connectivité dans sa stratégie Vision 2030, les objectifs étant d'augmenter la capacité du secteur des transports et d'accroître la part du pays dans les volumes de transport aux niveaux international et régional. Le pilier de développement économique de la Vision 2030 comprend des projets de très grande envergure, tels ceux du canal de Suez et de la zone économique du canal de Suez. Au niveau sectoriel, le schéma directeur 2027 pour les transports vise à mettre en place des chaînes de transport multimodales entre les centres nationaux, régionaux et de transit, mais aussi à renforcer le rôle tenu par le secteur privé dans les projets liés aux transports, en termes d'investissement et de participation.

Au Maroc, tous les secteurs des infrastructures ont élaboré des plans d'investissement associant des objectifs ambitieux et des échéances à long terme pour augmenter à la fois les stocks et leur qualité. Par exemple, la stratégie ferroviaire à l'horizon 2040 (Plan Rail Maroc) vise à développer le réseau de chemin de fer et ses différentes composantes sur l'ensemble du territoire d'ici 2040 et à favoriser le développement territorial (ONCF, 2020[20]). La stratégie portuaire nationale à l'horizon 2030 a pour but de consolider les ports du Maroc afin d'augmenter les volumes de fret et la capacité portuaire, pour un investissement total de 6 milliards USD, provenant principalement du secteur public (Rensma et Hamoumi, 2018[21]).

Encadré 9.1. Grands projets d'infrastructure de la région MENA

Les investissements conséquents consentis par plusieurs économies étudiées de la région MENA ont joué un rôle moteur dans le développement des infrastructures de la zone. Deux exemples sont à ce titre particulièrement marquants : le nouveau pôle de transbordement du projet de développement du canal de Suez et le port Tanger Med, qui facilitent encore les transports et les échanges internes et transfrontaliers, et jouent un rôle important non seulement pour le développement économique de l'Égypte et du Maroc, mais aussi pour la région méditerranéenne.

Le projet de développement de la zone du canal de Suez

Ce projet comprend trois grands volets qui visent à renforcer la position du canal de Suez en tant que route commerciale maritime à l'échelle mondiale et à exploiter son potentiel d'attraction des investissements et de croissance axée sur les exportations :

- Le « nouveau canal de Suez » bénéficie d'une extension considérable du canal pour augmenter sa capacité et permettre le passage des navires dans les deux sens simultanément, de façon à ramener le délai d'attente de 18 à 11 heures dans la plupart des cas et de permettre à 97 navires de l'emprunter chaque jour au lieu de 49, soit le double. Ce projet devrait permettre d'accroître la capacité de transit et l'activité industrielle dans la région, ce qui rehaussera le rayonnement de l'Égypte en tant que plaque tournante logistique et industrielle à l'échelon international.
- Le projet de développement « Zone est de Port-Saïd » comprend la construction d'un canal latéral de 9.5 km contournant l'entrée du canal de Suez et des travaux d'extension portuaire. Il prévoit en outre une nouvelle zone industrielle, un centre logistique ainsi que quatre nouveaux tunnels est-ouest pour accroître la connectivité entre les canaux et relier la péninsule du Sinaï au continent égyptien.
- La « zone économique du canal de Suez » (SCZone), qui s'étend sur 461 km² de terrain et six ports maritimes stratégiquement situés le long de la voie navigable internationale avec accès direct aux ports, servira de plateforme logistique internationale et accueillera les industries légère, moyenne et lourde, mais aussi des installations commerciales et des quartiers résidentiels.

Tanger Med

Situé à 40 km à l'est de Tanger, au Maroc, Tanger Med est le plus grand port de marchandises de la Méditerranée et d'Afrique en termes de capacité. Centre logistique et industriel majeur, il constitue également une zone de passage stratégique pour les importations et les exportations du Maroc, puisqu'il est relié à 186 ports dans le monde. La première phase du projet (Tanger MED 1), bouclée en 2007, a permis d'atteindre une capacité initiale de plus de 3.5 millions de conteneurs, tandis que la deuxième phase (Tanger MED II), qui s'est achevée en 2019 pour un coût de 1.5 milliard USD, a porté la capacité à 9 millions de conteneurs. Le projet s'inscrit dans le cadre du plan de diversification du Maroc visant à attirer de nouveaux investissements et à créer des emplois en offrant diverses incitations à l'investissement, l'accès aux accords de libre-échange, à une main-d'œuvre qualifiée, ainsi qu'à une logistique bien coordonnée aux entreprises désireuses de relocaliser leur production. Tanger Med accueille actuellement environ 900 entreprises dans quatre zones industrielles situées autour des installations portuaires, créant au total plus de 70 000 emplois. Près de la moitié de ces entreprises sont européennes et sont liées au secteur automobile, ce qui fait de Tanger Med le plus grand centre de fabrication d'automobiles d'Afrique et de la région MENA. Aujourd'hui, le secteur automobile est le premier secteur exportateur du Maroc. Les deux constructeurs automobiles les plus influents sont Renault Tanger Med et Peugeot, qui assemblent actuellement de nouveaux véhicules et moteurs pour les exporter vers les marchés européens et africains.

Source: (Bank of Alexandria, 2014[22]), (N Gage Consulting, 2016[23]), (EuroMesco, 2019[24]), www.suezcanal.gov.eg.

Le développement des infrastructures figure également au rang des grandes priorités stratégiques de l'Algérie. Le plan d'investissement 2015-2019 a été élaboré pour soutenir le développement de divers projets de connectivité, concernant notamment les systèmes ferroviaires, les routes, la modernisation des aéroports et les ports (Oxford Business Group, 2017[25]). Comme la grande majorité des échanges du pays passe par ses 11 ports commerciaux (95 % des importations arrivent par voie maritime), l'un des objectifs prioritaires consiste à moderniser les ports afin d'augmenter leur capacité d'accueil des grands navires et de faire de l'Algérie une plaque tournante en Méditerranée (ITA, 2019[26]). Parmi les autres priorités figure l'extension du réseau de chemin de fer, en vue de réduire l'encombrement des routes et d'augmenter le transport ferroviaire de marchandises au sein du pays et avec les pays voisins. Les efforts déployés en faveur de la connectivité régionale sont également soutenus par l'ouverture d'une ligne ferroviaire reliant Annaba à la Tunisie (Oxford Business Group, 2017[25]).

Le plan Jordanie 2025 met l'accent sur le rôle des infrastructures pour faire du développement des exportations un moteur efficace de transformation économique (Harake, 2019[27]). Les priorités en matière d'infrastructures sont définies dans le plan de croissance économique de la Jordanie 2018-2022 pour chaque secteur. Ce plan établit plusieurs objectifs pour le secteur des transports, notamment achever et moderniser les réseaux de transport (aéroportuaire et portuaire notamment), accroître la capacité du système de fret terrestre et développer un système de transport multimodal. En particulier, les pouvoirs publics aspirent à mettre en place un réseau ferroviaire spécialement conçu pour le transport de marchandises qui relie les principales villes industrielles et les centres logistiques au niveau national, mais également la Jordanie à ses pays voisins et à l'Europe (Jordan Economic Policy Council, 2018[28]). L'investissement requis pour construire un tel réseau est estimé à 2.1 milliards USD, que les autorités espèrent allouer grâce à des partenariats avec le secteur privé (ibid).

La mobilisation des ressources nécessaires aux investissements en infrastructures dans la région MENA exige une planification et une hiérarchisation efficaces des projets. Dans les divers pays, de nombreux projets sont élaborés dans le cadre de différentes stratégies relatives aux infrastructures. Souvent, l'allocation du budget s'effectue sur une base annuelle. Pour accroître la fiabilité des projets d'infrastructure, les pays de la région MENA doivent privilégier le moyen terme lors de la définition des plans et de l'affectation des fonds. Jusqu'à présent, l'Algérie et la Jordanie ont adopté un cadre budgétaire à moyen terme (Banque mondiale, 2013[29]) offrant la possibilité d'une planification sectorielle pluriannuelle afin que les dépenses d'investissement soient motivées par les priorités stratégiques et les objectifs budgétaires. Une meilleure coordination entre les différents ministères permettrait également de mieux hiérarchiser les projets d'investissement.

Améliorer le cadre réglementaire s'appliquant aux investissements en infrastructures

Pour que le secteur privé participe aux projets d'infrastructure, il faut un cadre réglementaire adéquat, ce qui exige d'éliminer les lourdeurs administratives et d'améliorer la réglementation (voir chapitre 3). Ces dernières années, certains pays de la région MENA ont redoublé d'efforts afin de créer un contexte fiable pour les partenariats public-privé (PPP). Pour ce faire, ils ont mis à jour leurs lois en la matière et créé des organismes ou unités spécifiquement consacrés aux PPP au sein d'institutions existantes. Ces améliorations ont donné lieu à une multiplication des PPP ces dernières années. Une participation accrue du secteur privé aux infrastructures pourrait non seulement renforcer l'efficacité de ces investissements et apporter de nouvelles technologies et compétences, mais aussi réduire la charge qui grève les budgets publics.

Les cadres juridiques des partenariats public-privé peuvent apporter des options de financement aux projets d'infrastructure

Les cadres réglementaires et juridiques varient considérablement d'un pays à l'autre : certains pays séparent clairement les PPP des autres formes de passation de marchés publics, tandis que d'autres les inscrivent dans une politique de passation de marchés plus large. Un certain nombre de pays de la région, dont la Jordanie, le Maroc, la Tunisie et l'Égypte, ont récemment actualisé leurs lois sur les PPP et constitué un organisme ou une unité spécifiquement dédié à ces partenariats pour apporter davantage de clarté et de transparence à leurs régimes de PPP, conformément aux bonnes pratiques (tableau 9.1) (OCDE, 2019[30]). En Jordanie, les investissements des PPP se sont chiffrés à 2 % du PIB annuel au cours des cinq dernières années et une loi révisée sur les PPP a été soumise au Parlement. La loi égyptienne révisée sur les PPP a permis de simplifier les contrats de PPP, notamment en réduisant le délai de publication des appels d'offres pour les projets de PPP et en introduisant de nouveaux mécanismes pour la sous-traitance au secteur privé (Enterprise, 2019[31]).

Cela dit, une grande partie des investissements privés dans la région ont été réalisés dans des secteurs où la viabilité financière est plus facile à atteindre, dans le cadre de projets de production d'électricité par exemple. Dans les secteurs autres que l'énergie, comme l'eau, il est plus difficile d'attirer les investissements car les projets sont généralement moins susceptibles de rapporter de l'argent et offrent moins de perspectives de liquidités futures. En Jordanie, la plupart des investissements en PPP sont allés aux énergies renouvelables. Un cadre de PPP remanié s'impose pour promouvoir les projets dans des domaines où une aide plus importante des pouvoirs publics est nécessaire pour attirer les investissements privés, comme la construction de routes à péage. L'Égypte dispose d'un cadre général relatif aux PPP parallèlement à d'autres formes de passation de marchés pour les projets d'infrastructure, dont le système des entités économiques publiques, la législation sur les services publics et un certain nombre de lois s'appliquant à un secteur ou projet particulier (EBRD, 2018[32]).

Au Maroc, si la loi sur les PPP (loi n° 86-12) offre un cadre pour ces partenariats, elle n'a pas remplacé d'autres lois spécifiques, ce qui crée un chevauchement de la législation relative aux investissements privés dans les infrastructures et engendre une certaine confusion quant aux lois applicables à tel ou tel contrat. Les lois sectorielles prévoient la possibilité de conclure des contrats de sous-traitance avec des parties privées dans un certain nombre de secteurs, tels que les ports, les énergies renouvelables, la production d'électricité, le dessalement et les aéroports. Cela s'est traduit par un déphasage dans la sélection des projets, l'évaluation préalable des projets, les clauses minimales et les garanties. En outre, souvent subventionnées (à hauteur de 0.5 % du PIB environ) grâce au budget public pour les besoins d'investissement et d'activité, les entreprises publiques chargées des infrastructures peuvent sélectionner directement des partenaires privés pour constituer des coentreprises en vertu du droit commercial et investir dans des opérateurs privés, et ce même lorsqu'ils sont en concurrence avec eux sur le marché. En vue de remédier à ces carences, le ministère des Finances a pris des mesures pour rationaliser la participation au marché des entreprises publiques, obtenant toutefois des résultats mitigés, tandis que le ministère de l'Économie prépare actuellement un amendement à la loi sur les PPP.

Tableau 9.1. Pratiques internationales en matière de projets de PPP

Étape préparatoire des PPP	Étape de passation de marchés des PPP	Étape de gestion des contrats
Le ministère des Finances ou l'autorité budgétaire de l'administration centrale approuve (le cas échéant) l'impact financier à long terme du projet.	La commission d'évaluation des offres possède les compétences techniques appropriées.	Le pouvoir adjudicateur dispose d'un système pour gérer l'exécution du contrat de PPP, notamment d'une équipe de gestion du contrat qui participe au projet dès le début de la procédure de passation du contrat.
Les projets de PPP sont régis par un cadre de comptabilité/de présentation de l'information.	Le pouvoir adjudicateur publie l'avis de marché sur Internet, en laissant aux soumissionnaires potentiels au moins 30 jours pour envoyer leurs offres.	Le pouvoir adjudicateur met en place un système de suivi de l'état d'avancement et de l'achèvement des travaux de construction dans le cadre du contrat de PPP, les informations pertinentes étant rendues publiques.
Les projets de PPP sont évalués par ordre de pertinence par rapport à tous les autres projets d'investissement public des plans nationaux de portée générale.	Les entreprises étrangères sont autorisées à participer aux marchés publics à PPP.	Des systèmes de suivi et d'évaluation sont en place pour superviser l'exécution du contrat de PPP après la phase de construction, les informations pertinentes étant accessibles au public.
Les résultats de l'évaluation des PPP et les documents d'appel d'offres sont publiés sur Internet.	Les documents d'appel d'offres énoncent les critères de sélection en toute transparence, et le pouvoir adjudicateur organise une conférence préalable à l'appel d'offres pour diffuser l'information.	Il n'est pas interdit aux entreprises étrangères de rapatrier les revenus issus de la réalisation d'un projet de PPP.
Le projet de PPP est justifié de façon adéquate à la lumière des évaluations socio-économiques, budgétaires, financières et environnementales et des analyses des risques.	L'avis d'adjudication du contrat au soumissionnaire retenu et les motifs de la sélection sont rendus publics.	Tout changement de la structure de propriété du partenaire privé est expressément régi par des règles, exigeant notamment que seule une entité au moins aussi qualifiée que le partenaire initial puisse le remplacer.
Le pouvoir adjudicateur élabore une ébauche du contrat et la rend publique avant approbation.	Après l'adjudication prévue du contrat, un délai suspensif est accordé aux autres soumissionnaires pour qu'ils puissent contester la décision.	La modification et la renégociation du contrat font l'objet de dispositions expresses afin de réduire les risques que le partenaire privé ou le pouvoir adjudicateur ne les utilisent à son avantage.
Pour garantir la cohérence et l'efficacité de la procédure, le pouvoir adjudicateur a standardisé les contrats types de PPP.	Le contrat de PPP signé et ses avenants sont rendus publics.	Des mécanismes de règlement des litiges doivent être mis en place et les circonstances particulières (telles que des problèmes de mise en œuvre, un refinancement, des changements de la loi, etc.) doivent être prises en compte, en veillant à exposer clairement les motifs de la résiliation du contrat et ses conséquences.

Source : (Banque mondiale, 2018[33])

Les PPP bénéficient d'un soutien politique croissant dans la plupart des économies de la région MENA. Les lois et règlements qui les régissent pourraient créer un environnement qui protège à la fois le secteur public et le secteur privé. Lorsque des PPP sont utilisés, il est important que, entre autres principes, le processus soit transparent et prévisible, et qu'il garantisse des conditions équitables à tous les soumissionnaires (encadré 9.2). L'adoption des PPP n'est pas chose aisée. Il faut du temps aux pouvoirs publics pour développer les capacités nécessaires à la mise en œuvre de programmes de PPP fiables. Toutefois, il y a un véritable engagement, et un soutien multilatéral, pour aider les pays à mettre en place et gérer les PPP, pouvant aboutir à une multiplication des infrastructures qui améliorent la connectivité régionale.

Encadré 9.2. Principes de l'OCDE applicables à la gouvernance publique des partenariats public-privé

La Recommandation de 2012 du Conseil de l'OCDE sur les principes applicables à la gouvernance publique des partenariats public-privé fournit aux responsables publics des orientations concrètes sur la marche à suivre pour nouer des partenariats public-privé propices à une optimisation de la dépense publique.

Établir un cadre institutionnel clair, prévisible et légitime s'appuyant sur des autorités compétentes et dotées de ressources suffisantes

1. Les responsables politiques devraient veiller à ce que la population ait connaissance des coûts, avantages et risques relatifs des partenariats public-privé par rapport aux modes traditionnels de passation des marchés. Toutes les parties prenantes, y compris les utilisateurs du service, devraient être associés à l'élaboration des projets de PPP et au suivi de la qualité de l'infrastructure.
2. Le rôle des institutions concernées doit être clairement défini et contrôlé. Ainsi, il faut conférer des mandats clairs et des moyens suffisants aux autorités chargées de la passation des marchés, aux unités dédiées aux PPP, aux autorités budgétaires centrales, aux institutions de contrôle des finances publiques et aux autorités de tutelle sectorielles, pour que la passation des marchés s'effectue de façon efficace et dans le respect du principe de redevabilité.
3. Les cadres réglementaires régissant les PPP doivent être clairs et transparents, et doivent être appliqués.

Fonder le choix des partenariats public-privé sur un objectif d'optimisation de la dépense publique

1. Les pouvoirs publics devraient fixer et poursuivre des objectifs stratégiques concernant le développement des infrastructures, en prenant les décisions au plus haut niveau politique. Il ne devrait y avoir aucun parti-pris d'ordre institutionnel, procédural ou comptable en faveur ou en défaveur de tel ou tel autre PPP.
2. Pour chaque projet envisagé, les grands facteurs de risque et les principales caractéristiques devraient être évalués afin de déterminer la méthode d'investissement la plus indiquée pour optimiser la dépense publique. En testant au préalable les options possibles de passation du marché, les autorités devraient pouvoir déterminer s'il y a lieu d'examiner plus avant la possibilité d'un partenariat public-privé.
3. Les risques devraient être définis, identifiés, mesurés et mis à la charge de la partie la plus à même de les supporter et de les réduire.
4. Les autorités chargées de la passation des marchés publics devraient être préparées à la phase d'exploitation du partenariat public-privé, qui exige une vigilance particulière et des efforts similaires à ceux déployés avant la mise en route du projet.

5. Lors de toute renégociation, les pouvoirs publics ne devraient envisager d'accorder une indemnisation au partenaire privé que si les circonstances ont changé du fait de décisions résultant d'actions publiques discrétionnaires.
6. Les autorités devraient veiller à ce qu'il y ait suffisamment de concurrence sur le marché et à ce que les règles du jeu soient équitables tout au long de la procédure d'appel d'offres.

Utiliser de manière transparente la procédure budgétaire pour réduire au minimum les risques budgétaires et assurer l'intégrité de la procédure de passation du marché

1. L'autorité budgétaire centrale devrait s'assurer que le projet de PPP ait un coût abordable, dans le respect de la politique budgétaire.
2. La transparence est de mise tout au long du processus budgétaire. L'ensemble des coûts et des passifs éventuels doivent être révélés.
3. Les pouvoirs publics devraient se prémunir contre le gaspillage des ressources et la corruption.

Source : Principes de l'OCDE applicables à la gouvernance publique des partenariats public-privé

Les restrictions appliquées aux investissements étrangers dans les secteurs en rapport avec la connectivité mériteraient d'être révisées

Même si certaines économies de la région MENA sont ouvertes aux investissements étrangers, ceux-ci font encore l'objet de restrictions relativement élevées par rapport à la moyenne de l'OCDE, notamment dans le domaine des services d'infrastructure et le secteur de la construction. Selon l'indice de restrictivité de la réglementation de l'IDE établi par l'OCDE (voir chapitre 4), les économies étudiées de la région MENA appliquent un régime plus strict aux secteurs des transports maritime et aérien et de la construction que la moyenne des pays de l'OCDE (Graphique 9.5). C'est l'Algérie qui est la plus restrictive pour tous les secteurs concernés (à l'exception du transport de surface). La Jordanie impose également des restrictions relativement sévères dans le secteur des transports. Au Maroc, plusieurs secteurs, y compris celui des transports maritime et aérien, sont soumis à des restrictions en matière de propriété étrangère. Par exemple, la participation d'investisseurs étrangers dans une compagnie de transport aérien ne peut dépasser 49 % de son capital, tandis que dans le transport maritime, pour qu'un navire puisse battre pavillon marocain, soit il doit être détenu à 75 % par des Marocains, soit la majorité des membres de son conseil d'administration ou de son conseil de surveillance doivent être de nationalité marocaine (OCDE, 2017a).

En Égypte, les investissements étrangers dans le secteur maritime ne sont autorisés que sous la forme de coentreprises dans lesquelles la part de capital détenue par des investisseurs étrangers n'excède pas 49 % (OCDE, 2017a). Dans les transports, l'offre reste dominée par le secteur public, avec quelques concessions privées dans les ports et les aéroports. La loi sur la construction (1992) limite également les investissements étrangers aux coentreprises dans lesquelles les apports étrangers n'excèdent pas 49 %. En ce qui concerne les câblages électriques et autres services d'achèvement et de finition des bâtiments, la participation étrangère n'est autorisée que pour les projets d'un montant supérieur à 10 millions USD (ibid). Ces restrictions nuisent à la concurrence sur le marché et limitent la qualité de la prestation de services.

Graphique 9.5. Indice de restrictivité de la réglementation de l'IDE établi par l'OCDE pour un échantillon de secteurs d'infrastructure (2019)

Fermé=1 ; Ouvert=0

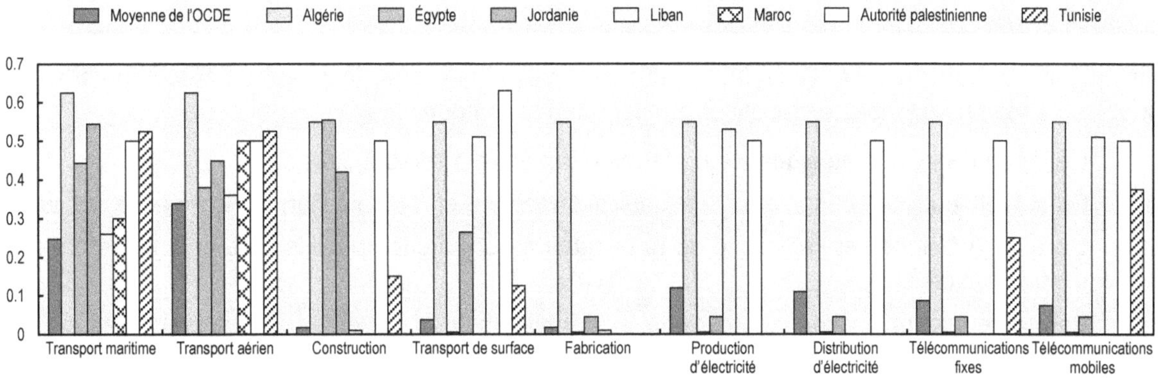

Source : Indice de restrictivité de la réglementation de l'IDE établi par l'OCDE

Une meilleure gouvernance des infrastructures permettrait d'attirer davantage d'investissements privés

Une bonne gouvernance et une vision stratégique peuvent améliorer la gestion des projets d'infrastructure et assurer l'assise nécessaire pour renforcer la participation du secteur privé à leur financement, leur réalisation et leur exploitation. Dans un certain nombre de pays de la région, la mise en place d'infrastructures s'est accompagnée de dépenses d'investissement élevées, alors qu'il aurait été possible d'accroître l'efficacité des investissements publics. Une meilleure gestion des affaires publiques passe notamment par le renforcement des procédures de passation des marchés, d'évaluation et de sélection, et par l'amélioration de leur transparence. Une approche globale de la planification du développement des infrastructures, conforme aux grands principes de l'OCDE en matière de gouvernance des infrastructures (encadré 9.3), peut contribuer à garantir une utilisation et une affectation efficaces des ressources.

En Algérie, si l'efficacité de l'investissement public pour les grands projets s'est améliorée au cours des dix dernières années, réduisant les retards dans l'achèvement des chantiers et les dépassements de coûts, elle reste inférieure à celle des autres pays exportateurs de pétrole de la région et bien en deçà de la moyenne mondiale (IMF, 2018[34]). Ce manque d'efficience s'est traduit par des projets d'investissement public coûteux. De fait, le coût unitaire des projets de construction de routes en Algérie est environ 34 % plus élevé que dans la plupart des pays de la région. D'après une estimation, avec un dispositif institutionnel plus solide pour la gestion des investissements publics, le même montant d'investissement aurait permis de financer 60 % de projets d'infrastructure supplémentaires (ibid).

Encadré 9.3. Projet de Recommandation de l'OCDE sur la gouvernance des infrastructures

Le projet de Recommandation de l'OCDE sur la gouvernance des infrastructures élaboré par le Comité de la gouvernance publique a été élaboré en tenant compte des expériences, besoins et attentes concernant cette question à l'échelle internationale.

Afin de garantir l'utilisation et l'affectation efficaces des ressources, le projet de Recommandation énonce dix recommandations exhaustives concernant l'action publique :

1. Définir une vision stratégique à long terme en matière d'infrastructures
2. Préserver l'équilibre budgétaire, la faisabilité financière et l'optimisation de la dépense publique
3. Garantir l'efficience et l'efficacité de la passation de marchés publics portant sur des projets d'infrastructure
4. Permettre une implication transparente, systématique et effective des parties prenantes
5. Coordonner la politique en matière d'infrastructures entre les différents niveaux d'administration
6. Promouvoir un cadre réglementaire cohérent, efficient et fiable
7. Appliquer une approche mobilisant l'ensemble de l'administration pour gérer les menaces pesant sur l'intégrité
8. Promouvoir la prise de décision en matière d'infrastructure reposant sur des données probantes
9. Veiller à ce que l'actif assure sa fonction tout au long du cycle de vie
10. Accroître la résilience des infrastructures stratégiques

Ces recommandations prennent en compte les grandes orientations stratégiques afin de mettre en évidence les domaines sur lesquels devraient se concentrer les États membres et non membres adhérant aux projets (Adhérents). Le projet de Recommandation sur la gouvernance des infrastructures servira de base aux examens de l'OCDE, mais également de boîte à outils utile aux Adhérents tout au long des projets d'infrastructure publique, de la planification au suivi de leur réalisation en passant par la prise de décision.

Source : (OCDE, 2020[35])

Références

Abu-Rumman, G., A. Khdair et S. Khdair (2020), « Current status and future investment potential in renewable energy in Jordan: An overview », *Heliyon*, vol. 6/2, p. e03346, http://dx.doi.org/10.1016/j.heliyon.2020.e03346. [10]

AfDB (2019), *African Economic Outlook 2019*, African Development Bank, Abidjan, https://www.afdb.org/fileadmin/uploads/afdb/Documents/Publications/2019AEO/AEO_2019-EN.pdf. [6]

Arvis, J. et al. (2019), *Maritime Networks, Port Efficiency, and Hinterland Connectivity in the Mediterranean*, World Bank Group, Washington, DC, http://dx.doi.org/10.1596/978-1-4648-1274-3. [8]

Bank of Alexandria (2014), *Egypt Country Report: On the Road to Recovery*, Bank of Alexandria, https://www.alexbank.com/document/documents/ALEX/Retail/Research/Country-Profile/AR/Egypt-Country-Report-2014.pdf. [22]

Banque mondiale (2020), *Convergence: Five Critical Steps toward Integrating Lagging and Leading Areas in the Middle East and North Africa*, World Bank, Washington, DC, http://dx.doi.org/10.1016/978-1-4648-1450-1. [1]

Banque mondiale (2019), *MENA Economic Update: Reaching New Heights: Promoting Fair Competition in the Middle East and North Africa*, World Bank, http://dx.doi.org/10.1596/978-1-4648-1504-1. [14]

Banque mondiale (2018), *Procuring Infrastructure PPPs 2018*, World Bank Group, Washington, DC, https://ppp.worldbank.org/public-private-partnership/library/procuring-infrastructure-ppps-2018 (consulté le 12 février 2021). [33]

Banque mondiale (2013), *Beyond the Annual Budget : Global Experience with Medium-Term Expenditure Frameworks*, World Bank, Washington, DC, http://dx.doi.org/10.1596/978-0-8213-9625-4. [29]

Chauffour, J. (2018), *Morocco 2040: Emerging by Investing in Intangible Capital*, World Bank Group, Washington, DC, http://dx.doi.org/10.1596/978-1-4648-1066-4. [5]

EBRD (2018), *Public-Private Partnership Assessment 2017-2018 Review: Egypt*, European Bank for Reconstruction and Development, https://ppp-ebrd.com/review.php?country=Egypt (consulté le 12 février 2021). [32]

Enterprise (2019), *Egypt's Finance Ministry finalizes PPP law amendments*, Enterprise, https://enterprise.press/stories/2019/06/20/egypts-finance-ministry-finalizes-ppp-law-amendments/ (consulté le 12 février 2021). [31]

EuroMesco (2019), *Infrastructures and Power in the Middle East and North Africa: The Crossroads of Regional and Global Geopolitics*, EuroMesco, Rome, https://www.euromesco.net/wp-content/uploads/2020/02/Report-28-Infrastructures-and-Power.pdf. [24]

Freund, C. et E. Ianchovichina (2012), *Infrastructure and Employment Creation in the Middle East and North Africa*, World Bank Group, Washington, DC, https://openknowledge.worldbank.org/handle/10986/10853 (consulté le 12 février 2021). [17]

Gelvanovska, N., M. Rogy et C. Rossotto (2014), *Broadband Networks in the Middle East and North Africa: Accelerating High-Speed Internet Access*, World Bank Group, Washington, DC, http://dx.doi.org/10.1596/978-1-4648-0112-9. [2]

GIHub (2017), *Global Infrastructure Outlook: infrastructure investment needs, 50 countries, 7 sectors to 2040*, Global Infrastructure Hub, Oxford Economics, https://gihub-webtools.s3.amazonaws.com/umbraco/media/1530/global-infrastructure-outlook-factsheet-24-july-2017.pdf. [16]

GSMA Intelligence (2020), *The Mobile Economy: Middle East and North Africa 2019*, GSMA Intelligence, https://www.gsma.com/mobileeconomy/wp-content/uploads/2020/03/GSMA_MobileEconomy2020_MENA_Eng.pdf. [12]

Harake, W. (2019), *Strategic Assessment : The 2019 Project Pipeline for Jordan and Investment Opportunities*, World Bank Group, Washington, DC, https://documents.worldbank.org/en/publication/documents-reports/documentdetail/445051554135426057/strategic-assessment-the-2019-project-pipeline-for-jordan-and-investment-opportunities (consulté le 12 février 2021). [27]

IEA (2020), *Data and statistics: Renewable share in final energy consumption*, IEA, https://www.iea.org/data-and-statistics?country=ALGERIA&fuel=Renewables%20and%20waste&indicator=SDG72 (consulté le 12 février 2021). [9]

IFC (2019), *Creating Markets in Morocco: A second generation of reforms boosting private sector growth, job creation and skills upgrading*, IFC, Washington DC, https://www.ifc.org/wps/wcm/connect/d0c0f18c-26b7-4861-b4c5-14896aaba7f1/201910-CPSD-Morocco-EN.pdf?MOD=AJPERES&CVID=m-LGA3X (consulté le 12 février 2021). [11]

IMF (2019), « Economic Integration in the Maghreb : An Untapped Source of Growth », *Developmental Paper Series*, n° No. 19/01, IMF, Washington, DC, https://www.imf.org/en/Publications/Departmental-Papers-Policy-Papers/Issues/2019/02/08/Economic-Integration-in-the-Maghreb-An-Untapped-Source-of-Growth-46273 (consulté le 12 février 2021). [7]

IMF (2018), *Algeria: Selected Issues. Country Report NO. 18/169*, IMF, Washington, DC, https://www.imf.org/en/Publications/CR/Issues/2018/06/13/Algeria-Selected-Issues-45987 (consulté le 15 février 2021). [34]

ITA (2019), *Algeria: Public Works, Infrastructure Development, and Water Resources*, International Trade Administration (ITA), US Department of Commerce, https://www.stopfakes.gov/article?id=Algeria-Public-Works-Infrastructure-Development-and-Water-Resources (consulté le 12 février 2021). [26]

Jordan Economic Policy Council (2018), *Jordan Economic Growth Plan: 2018-2022*, Jordan Economic Policy Council, http://extwprlegs1.fao.org/docs/pdf/jor170691.pdf. [28]

Kandeel, A. (2019), *Freshwater Resources in the MENA Region: Risks and Opportunities*, Middle East Institute, https://www.mei.edu/publications/freshwater-resources-mena-region-risks-and-opportunities#:~:text=In%202018%2C%20the%20region%20had,1.7%20percent%20as%20of%202017.&text=The%20region's%20population%20is%20projected,and%20731%20million%20by%202050. (consulté le 12 février 2021). [4]

Latif, Z. et al. (2018), « The dynamics of ICT, foreign direct investment, globalization and economic growth: Panel estimation robust to heterogeneity and cross-sectional dependence », *Telematics and Informatics*, vol. 35/2, pp. 318-328, http://dx.doi.org/10.1016/j.tele.2017.12.006. [13]

McKenna, J. (2017), *The Middle East's start-up scene: explained in five charts*, World Economic Forum, https://www.weforum.org/agenda/2017/05/what-you-need-to-know-about-the-middle-easts-start-up-scene-in-five-charts/ (consulté le 12 février 2021). [3]

N Gage Consulting (2016), *The Suez Canal Economic Zone: A Strategic Location and Modern Day Innovation*, N Gage Consulting, https://www.ngage-consulting.com/downloads/SuezCanal%20report%20July%202016-NGAGE%20CONSULTING.pdf. [23]

OCDE (2020), *OECD Recommendation on the Governance of Infrastructure*, http://www.oecd.org/gov/infrastructure-governance/recommendation/ (consulté le 12 février 2021). [35]

OCDE (2019), *Corporate governance in MENA: Building a Framework for Competitiveness and Growth*, OECD Publishing, https://doi.org/10.1787/20776535. [30]

OCDE (2017), *Supporting the Development of the Suez Canal Economic Zone: Identifying Priority Actions for a Dynamic and Sustainable Economic Zone*, OECD, Paris. [18]

ONCF (2020), *Plan Rail Maroc 2040*, ONCF, https://www.oncf.ma/en/Development/Strategy/Morroco-s-2040-rail-strategy (consulté le 12 février 2021). [20]

Oxford Business Group (2017), *Algeria focuses on transport infrastructure and housing*, Oxford Business Group, https://oxfordbusinessgroup.com/overview/building-possibilities-focus-remains-transport-infrastructure-and-housing (consulté le 12 février 2021). [25]

Rensma, M. et S. Hamoumi (2018), *Dutch business opportunities: Transport & Logistics sector Morocco*, Ministry of Foreign Affairs of the Netherlands, Barendrecht/Casablanca, https://www.rvo.nl/sites/default/files/2018/05/Transport-and-Logistics-sector-Morocco.pdf. [21]

Rice, J. (2015), *Why infrastructure is key to a stable Middle East*, World Economic Forum, https://www.weforum.org/agenda/2015/05/why-infrastructure-is-key-to-a-stable-middle-east/ (consulté le 12 février 2021). [19]

WEF (2019), *Global Competitiveness Report 2019: How to end a lost decade of productivity growth*, World Economic Forum, https://www.weforum.org/reports/how-to-end-a-decade-of-lost-productivity-growth (consulté le 12 février 2021). [15]

Annexe 9.A. Indicateurs de comparaison des infrastructures dans la région MENA

	Égypte	Maroc	Arabie saoudite	Tunisie	Émirats arabes unis	Algérie	Jordanie	Libye	Liban	Autorité palestinienne	Moyen-Orient et Afrique du Nord*
Électricité											
Accès à l'électricité (% de la population), 2017	100.0	100.0	100.0	100.0	100.0	100	100	70.1	100	100	97.8
Pertes d'électricité lors de la transmission et de la distribution (% de la production), 2014	11	15	7	15	7	17	11	70	10	-	14
Qualité de l'approvisionnement en électricité (sur une échelle de 1 à 7, 7 étant le meilleur score), WEF 2017-2018	5.0	5.6	6.2	5.1	6.5	4.2	5.7	Non disp.	1.7	-	5.1
TIC											
Abonnements à la téléphonie mobile (pour 100 habitants), 2018	95	124	123	128	209	112	88	91	64	90	106
Utilisateurs d'Internet (% de la population), 2016	47	65	93	64	98	49	67 (2017)	22 (2017)	78	64	43
Abonnements aux services d'accès haut débit sur ligne fixe (pour 100 habitants), 2018	6.7	4.3	20.2	8.8	31.4	7.26	4.01	4.83	0.14	7.49	9.6
Transports											
Qualité des infrastructures routières (sur une échelle de 1 à 7, 7 étant le meilleur score), WEF 2019	5.1	4.7	5.2	3.6	6.0	4.0	4.2	N/A	2.6	-	-
Qualité des infrastructures ferroviaires (sur une échelle de 1 à 7, 7 étant le meilleur score), WEF 2017-2018	3.3	3.9	3.3	2.8	-	3.4	2.2	-	-	-	-

	Égypte	Maroc	Arabie saoudite	Tunisie	Émirats arabes unis	Algérie	Jordanie	Libye	Liban	Autorité palestinienne	Moyen-Orient et Afrique du Nord*
Indice de connectivité des expéditions par cargo (valeur maximum en 2004 = 100)[3], 2019	66.7	58.2	63	7.8	71.5	12.8	33.9	14.7	38.5	-	-
Efficacité des services portuaires (sur une échelle de 1 à 7, 7 étant le meilleur score), WEF 2019	4.8	5.1	4.8	3.4	5.5	3.9	4.4	-	3.6	-	-
Efficacité des services de transport aérien (sur une échelle de 1 à 7, 7 étant le meilleur score), WEF 2019	5.1	5.3	5.4	3.6	6.0	4.0	5.2	-	4.3	-	-

Note : * La moyenne de la région MENA est calculée d'après les données des pays suivants : Algérie, Arabie saoudite, Bahreïn, Cisjordanie et Gaza, Djibouti, Égypte, Émirats arabes unis, Iran, Irak, Israël, Jordanie, Koweït, Liban, Libye, Malte, Maroc, Oman, Qatar, République arabe syrienne, Tunisie et Yémen.
Source : Base de données des indicateurs du développement dans le monde de la Banque mondiale, Indice de compétitivité mondiale du Forum économique mondial (2018).

Notes

[1] D'après les réponses aux Enquêtes sur les entreprises de la Banque mondiale ; la moyenne ne tient pas compte de l'Algérie et de la Libye en raison de l'absence de données pour ces pays.

[2] Sauf indication contraire, l'expression « ensemble de la région MENA » est utilisée dans ce chapitre pour désigner les huit économies étudiées ainsi que l'Arabie saoudite, Bahreïn, Djibouti, les Émirats arabes unis, l'Iran, l'Irak, le Koweït, Oman, le Qatar, la Syrie et le Yémen.

[3] L'Indice de connectivité mobile est un indice axé sur les ressources (intrants) qui mesure les performances de 163 pays (représentant 99 % de la population mondiale) en utilisant comme indicateurs une série de facteurs essentiels à la création d'un environnement propice à l'adoption de l'Internet mobile. La mesure des résultats (extrants) correspondante serait le nombre de personnes qui accèdent à l'Internet via un appareil mobile. La GSMA inclut les économies suivantes dans la moyenne de la région MENA : États arabes du CCG (Qatar, Émirats arabes unis, Bahreïn, Koweït, Libye, Liban et Arabie saoudite), Afrique du Nord (Tunisie, Maroc, Israël, Iran et Algérie), autres États arabes (Égypte, Oman, Turquie, Jordanie et Mauritanie) et autres (Syrie, Irak, Soudan, Autorité palestinienne, Yémen, Somalie, Comores et Djibouti).

[4] Les pays en transition (score supérieur à 50) obtiennent de bons résultats pour au moins deux facteurs et ont généralement un taux de pénétration de l'Internet mobile compris entre 30 et 50 %.

[5] Ces estimations reposent sur une étude d'Estache et. al de 2013, toujours considérée comme valable à l'heure actuelle.

10 Promouvoir la conduite responsable des entreprises comme un choix stratégique

Il est essentiel de promouvoir et de favoriser la conduite responsable des entreprises (CRE) pour attirer et conserver des investissements de qualité, et faire en sorte que l'activité des entreprises contribue à la création de valeur au sens large et au développement durable. Ce chapitre présente les réalisations et les difficultés des pays de la région MENA dans la promotion et la mise en œuvre de la CRE.

Résumé et considérations intéressant l'action publique

Il est essentiel de promouvoir et de favoriser la conduite responsable des entreprises (CRE) pour faire en sorte que l'activité des entreprises contribue à la création de valeur au sens large et au développement durable. Les principes et les normes de CRE recommandent que les entreprises évitent et résolvent les impacts négatifs de leurs opérations, notamment sur leurs chaînes d'approvisionnement et dans leurs relations d'affaires, sur l'environnement et dans la société, tout en contribuant au développement durable. La CRE fait partie intégrante d'un climat d'investissement de qualité et est devenue ces dernières années l'un des grands enjeux économiques internationaux.

Les efforts déployés pour promouvoir la CRE par les entreprises de la région MENA ont une importance à la fois sociale et économique. Les attentesen matière de CRE se renforçant, les entreprises qui participent aux chaînes d'approvisionnement mondiales doivent connaître les normes internationales dans ce domaine. Certains des principaux partenaires commerciaux des huit économies MENA étudiées dans le présent rapport (ci-après désignées « économies cibles » ou « économies examinées »), tels que l'UE, ont intégré les principes et les normes de la CRE dans leurs politiques et législations. Aussi la promotion de CRE s'avère-t-elle particulièrement importante pour garantir l'intégration des pays MENA dans les chaînes d'approvisionnement mondiales. Les entreprises qui mettent en œuvre les principes et les normes de CRE sont également mieux armées pour résister et se remettre des chocs qui peuvent se produire dans les chaînes d'approvisionnementet créer de la valeur sur le long terme. Cela est apparu de manière claire dans le contexte de la pandémie de Covid-19 et ses répercussions sur les chaînes d'approvisionnement et sur la sécurité au travail.

La notion selon laquelle les entreprises doivent apporter une contribution positive à la société est très répandue dans la région MENA. Dans le sillage des tendances mondiales, la sensibilisation à la CRE et sa compréhension se renforcent dans la région et les approches fondées sur la philanthropie et les investissements socialement responsables laissent de plus en plus la place à une compréhension plus complète qui s'intéresse aux conséquences des actions des entreprises sur la société et l'environnement. Les initiatives prometteuses lancées par certaines entreprises et parties prenantes pourraient favoriser une compréhension commune du concept de CRE aligné sur les normes internationales au sein des entreprises, quelles que soient leur taille et leur nature.

Tous les États de la région MENA mettent en avant le développement durable comme objectif de développement et ont pris des engagements importants en matière de CRE, même si les approches diffèrent selon les pays. Parmi les huit pays MENA cibles, quatre – l'Égypte, la Jordanie, le Maroc et la Tunisie – ont adhéré à la Déclaration de l'OCDE sur l'investissement international et les entreprises multinationales et s'engagent de ce fait à promouvoir les Principes directeurs de l'OCDE à l'intention des entreprises multinationales (les Principes directeurs) et à créer des points de contact nationaux (PCN) pour accroître leur efficacité. Les PCN sont des organes mis en place par les États pour faire valoir les Principes directeurs et traiter les affaires en tant que mécanisme de recours non judiciaire. Le PCN du Maroc a notamment joué un rôle majeur dans la promotion de la CRE. Cependant, ce mécanisme demeure souvent sous-utilisé et doit être renforcé pour pouvoir remplir totalement son mandat et encourager la conception et la mise en œuvre des politiques de CRE dans la région.

Les pays MENA ont tout intérêt à s'appuyer sur les atouts dont ils disposent pour favoriser une large application des normes de CRE reconnues à l'échelle internationale. Ces pays ont l'opportunité de faire en sorte que les entreprises exercent leur devoir de diligence pour identifier, prévenir et atténuer les risques environnementaux et sociaux et résoudre les questions de CRE qui prédominent dans certains secteurs. La mise en œuvre des normes de CRE nécessite une vaste coopération avec les entreprises et l'ensemble des parties prenantes, notamment les ministères et les organes publics, les ONG et les syndicats. Les autorités des pays MENA pourraient faire plus pour créer un environnement qui permette à toutes les parties prenantes de participer à la conception et à l'application des normes de CRE. Elles disposent d'une opportunité concrète de montrer l'exemple dans leur rôle d'acteurs économiques et pourraient se montrer plus actives en intégrant les normes de CRE aux entreprises publiques. En communiquant de façon claire et transparente sur les politiques de CRE en place dans les entreprises publiques, les autoritités des pays MENApourrait envoyer un signal au milieu des affaires et l'inciter à adopter desmesures similaires. L'élaboration de cadres sur la CRE tels que les plans d'action nationaux (PAN), conformément aux bonnes pratiques, pourrait constituer un moyen de favoriser une la coopération avec les parties prenantes, de promouvoir la mise en œuvre d'actions cohérentes en matière de CRE et d'envoyer un signal clair aux partenaires nationaux et internationaux sur l'engagement des pays MENA pour améliorer l'environnement d'affaires général.

Considérations intéressant l'action publique

- Élaborer des plans d'actions nationaux sur la CRE dans tous les pays MENA, dans la droite ligne des bonnes pratiques internationales et en consultation avec les parties prenantes. L'élaboration des PAN pourrait aider à constituer un soutien multipartite à la CRE et à faire avancer les réformes nécessaires à la définition d'un cadre juridique adapté qui protège l'intérêt public et soutient la mise en œuvre de la CRE.
- S'appuyer sur les initiatives de collaboration déjà en place pour promouvoir activement et faire connaître les instruments permettant d'exercer le devoir de diligence dans les entreprises des principaux secteurs. Il existe notamment une opportunité de s'appuyer sur ces initiatives pour faciliter le dialogue et soutenir l'application du GuideOCDE sur le devoir de diligence applicable aux chaînes d'approvisionnement responsables dans le secteur de l'habillement et de la chaussure afin d'améliorer les relations sectorielles et d'accroître la compétitivité du secteur de l'habillement dans les pays MENA.
- Faciliter la participation effective des parties prenantes dans la conception et à la mise en œuvre des politiques et processus de CRE. Il convient d'accorder une attention particulière à la mise en place d'une participation constructive dès les premières étapes de l'élaboration de l'action publique, et à la hiérarchisation des réformes afin de garantir que les parties prenantes sont dotées des moyens nécessaires pour participer aux processus de consultation.
- Mettre en œuvre les normes de CRE dans les entreprises publiques. Les Principes directeurs, les Lignes directrices sur la gouvernance des entreprises publiques définies par l'OCDE et les Principes directeurs de l'ONU fournissent un cadre complet pour traiter de la question de la CRE dans les entreprises publiques. Dans un premier temps, les autorités des pays MENA pourraient envisager de faire connaître de manière claire et transparente les politiques de CRE en place dans leurs entreprises publiques.
- Renforcer les capacités des PCN en Égypte, en Jordanie et en Tunisie et poursuivre les efforts menés au Maroc. Cela peut supposer de veiller à ce que les PCN disposent des ressources humaines et financières suffisantes pour remplir leur mandat. Les PCN pourraient aussi collaborer avec leurs pairs de la région et au-delà pour partager leur expérience et augmenter leurs capacités. Des examens par les pairs à titre volontaire pourraient aussi être envisagés pour évaluer les aspects pratiques du fonctionnement d'un PCN et identifier des possibilités d'amélioration.

Portée et importance de la conduite responsable des entreprises

La CRE signifie que les entreprises doivent apporter une contribution positive au développement durable, tout en évitant et en résolvant les impacts négatifs de leurs opérations, notamment sur leurs chaînes d'approvisionnement et dans leurs relations d'affaires. Le devoir de diligence fondé sur les risques, processus selon lequel les entreprises identifient, préviennent et atténuent leurs impacts négatifs potentiels et avérés et rendent compte de la manière dont elles ont traité ces impacts, représente un élément majeur de la CRE.

De nombreux gouvernements, entreprises et parties prenantes connaissent le terme responsabilité sociale de l'entreprise (RSE), qui est souvent employé pour décrire les interactions d'une entreprise avec la société. Le terme RSE est souvent utilisé avec la notion deCRE, ou d'« entreprise et les droits de l'homme», certains utilisant les termes de manière interchangeable (l'Union Européenne, par exemple). Ces concepts traduisent une attente envers les entreprises, supposées tenir compte de l'impact de leurs opérations et de leurs chaînes d'approvisionnement sur la population, la planète et la société, dans le cadre de leur activité principale et non comme une mesure additionnelle. La RSE, la CRE et la notion entreprises et droits humains présentent une caractéristique essentielle commune, qui consiste à définir la conduite de l'entreprise au-delà du simple respect du droit national. Elles demandent aux entreprises d'apporter une contribution positive au développement durable tout en gérant les risques et les dommages que pourraient entraîner leurs activités et celles de leurs fournisseurs et partenaires. Il convient de ne pas interpréter ces concepts comme des synonymes de la philanthropie (OCDE, 2015[1]).

Si les entreprises doivent agir de manière responsable, les pouvoirs publics ont le devoir de protéger l'intérêt public et il leur appartient de définir et d'appliquer un cadre pour la CRE. Ils peuvent appuyer la CRE de différentes façons (Encadré 10.1). Lorsqu'ils fournissent un environnement permettant aux entreprises d'agir de manière responsable et remplissent leur devoir de protéger l'intérêt public des impacts potentiellement négatifs des activités des entreprises, ils sont davantage susceptibles d'attirer et de retenir des investisseurs responsables. Ils ont aussi davantage de chances de minimiser les risques d'impacts potentiellement négatifs des investissements et d'assurer une création de valeur plus importante et un développement durable (OCDE, 2015[1]).

Encadré 10.1. Rôle des pouvoirs publics dans la promotion et la mise en œuvre d'une conduite responsable des entreprises

Les pouvoirs publics peuvent promouvoir et mettre en œuvre la CRE de plusieurs façons, ainsi que l'indique le Cadre d'action pour l'investissement de l'OCDE :

réglementer : définir et faire appliquer un cadre juridique adapté qui protège l'intérêt public et soutient la CRE, et suivre la manière dont les entreprises le respectent et l'appliquent ;

faciliter : faire connaître clairement les attentes en matière de CRE, fournir des orientations relatives à des pratiques précises et donner aux entreprises la possibilité de répondre à ces attentes ;

coopérer : travailler avec les parties prenantes du milieu des affaires, les organisations de travailleurs, la société civile, le grand public, les structures publiques internes et les pouvoirs publics d'autres États pour créer des synergies et définir une cohérence en matière de CRE ;

promouvoir : montrer leur soutien aux meilleures pratiques en matière de CRE ;

donner l'exemple : se montrer exemplaire en tant qu'acteur économique.

Source : (OCDE, 2015[1])

Les attentes en matières de CRE sont exprimées dans des principes et normes internationaux, ainsi que, de plus en plus, dans les législations nationales (Encadré 10.2, voir aussi le chapitre 3 sur le cadre juridique national de l'investissement). Les Principes directeurs de l'OCDE à l'intention des entreprises multinationales (les Principes directeurs) (OCDE, 2011[2]) constituent l'instrument principal de l'OCDE pour la promotion et la mise en œuvre la CRE. Comme précisé dans l'introduction de ce chapitre, les Principes directeurs font partie de la Déclaration de l'OCDE sur l'investissement international et les entreprises multinationales (la Déclaration), qui constitue un engagement à offrir un environnement d'investissement ouvert et transparent et à encourager la contribution positive que les entreprises peuvent apporter à l'économie et au progrès social (OCDE, 2011[3]).

Les Principes directeurs regroupent des recommandations pratiques formulées par les pouvoirs publics aux entreprises, sur la manière d'agir de manière responsable. Ils recouvrent tous les domaines de la responsabilité de l'entreprise, tels que la publication d'informations, les droits de l'homme, l'emploi et le travail, l'environnement, la lutte contre la corruption, les sciences et les technologies, la concurrence, la fiscalité et les intérêts des consommateurs. Ils ont pour objectif de garantir que les opérations des entreprises respectent les politiques publiques, de renforcer la confiance mutuelle des entreprises et des sociétés dans lesquelles elles opèrent, d'améliorer le climat d'investissement étranger et d'accroître la contribution du secteur privé au développement durable (OCDE, 2011[2]). Avec les Principes directeurs de l'ONU relatifs aux entreprises et aux droits de l'homme, les conventions fondamentales de l'Organisation internationale du Travail (OIT) et la Déclaration tripartite de l'OIT, les Principes directeurs représentent l'un des principaux instruments internationaux en matière de CRE. Ils ne visent pas à établir des différences de traitement entre entreprises multinationales et entreprises nationales, mais à rendre compte des bonnes pratiques qui les concernent toutes. Les adhérents à la Déclaration préconisent le plus grand respect possible des Principes directeur, en particulier de la part des PME, tout en reconnaissant que ces entreprises ne disposent pas nécessairement des mêmes capacités que des entreprises plus grandes.

Pour appuyer la mise en œuvre des Principes directeurs, l'OCDE a élaboré des guides sur le devoir de diligence, qui fournit des recommandations pratiques aux entreprises, sur la manière d'identifier et de traiter les risques d'impacts négatifs associés à certains produits, régions, secteurs ou industries[1].

Les 37 membres de l'OCDE ainsi que 12 autres pays, dont l'Égypte, la Jordanie, le Maroc et la Tunisie dans la région MENA, ont à ce jour adhéré aux Principes directeurs. En adhérant, les États s'engagent à mettre en œuvre les Principes directeurs et à encourager leur utilisation. Les Principes directeurs possèdent un dispositif d'application unique, les points de contact nationaux (PCN), organes constitués par les autorités qui poursuivent un double mandat : d'une part, promouvoir les Principes directeurs et les guides sur le devoir de diligence qui leur sont associés, et d'autre part, traiter les affaires (appelées « circonstances spécifiques ») en tant que mécanisme de recours non judiciaire. Les États adhérents ont l'obligation de former un PCN pour renforcer l'efficacité des Principes directeurs (OCDE, 2020[4]).

La promotion de la CRE dans la région MENA peut contribuer à attirer des investissements directs étrangers (IDE) de qualité et à participer au commerce international

Les efforts déployés pour promouvoir la CRE parmi les entreprises de la région MENA ont une importance à la fois sociale et économique. Les entreprises qui participent aux chaînes d'approvisionnement mondiales doivent connaître les attentes internationales en matière de CRE (Encadré 10.2). Le Royaume-Uni, l'une des dix premières sources d'IDE dans les pays MENA examinés, exige des entreprises d'une certaine taille qu'elles établissent un rapport annuel sur les mesures prises pour garantir l'absence d'esclavage moderne et de traite des êtres humains dans leurs chaînes d'approvisionnement ou dans leurs opérations[2]. L'UE, deuxième source régionale d'IDE dans ces mêmes pays, a intégré les principes et les normes de CRE à plusieurs de ses politiques, législations et instruments économiques[3]. La stratégie européenne « Le commerce pour tous » comprend par exemple des objectifs de renforcement des initiatives en matière de RSE et mise en œuvre du devoir de diligence le long des chaînes de production (Commission européenne, 2015[5]). Par ailleurs, depuis 2011, toutes les négociations conduites au titre d'accords de libre-échange avec l'UE comportent des dispositions contraignantes relatives au développement durable (OCDE, 2020[4]).

Encadré 10.2. Renforcer les attentes internationales en matière de CRE

Compte tenu des besoins financiers nécessaires à la réalisation des ODD et du rôle essentiel du secteur privé dans la croissance économique et la création d'emploi, les entreprises figurent au centre du programme de développement international. Les engagements de haut niveau pris par les États membres des Nations Unies, ainsi que les États du G20 et du G7 montrent clairement que la CRE est désormais une priorité internationale.

Les ministres du Travail et de l'Emploi des pays du G20 se sont engagés en 2018 à promouvoir le devoir de diligence et la transparence dans les chaînes d'approvisionnement mondiales et ont encouragé les entreprises à tenir compte du Guide 2018 de l'OCDE du devoir de diligence pour une conduite responsable des entreprises. Les dirigeants des pays du G20 se sont engagés en 2017 à favoriser l'application de normes du travail, les normes sociales et environnementales et les droits humains, conformément aux cadres reconnus à l'échelle internationale, tels que les Principes directeurs.

Les attentes en matière de CRE sont aussi reflétées dans des législations nationales. Plusieurs pays, dont le Royaume-Uni, la France et les États-Unis, ont adopté des lois visant à renforcer les obligations de devoir de diligence pour traiter les risques présents dans les chaînes d'approvisionnement et les risques liés au développement durable. La CRE est également fréquemment mentionnée dans les accords commerciaux, d'investissement et de coopération. Les entreprises qui souhaitent participer à l'économie mondiale par le biais du commerce et de l'investissement doivent savoir que leurs acheteurs, leurs clients et leurs partenaires peuvent être soumis à différentes obligations en matière de CRE. Celle-ci représente aussi un point d'entrée pour toutes les entreprises qui veulent contribuer aux ODD ou obtenir des résultats précis dans le domaine économique ou du développement durable (voir le chapitre 2).

Source : (OCDE, 2019[6])

Sept des huit économies MENA examinées ont à ce jour conclu des accords d'association avec l'UE, dont des accords de libre-échange réciproques portant essentiellement sur le commerce des marchandises (Algérie, Autorité palestinienne, Égypte, Jordanie, Liban, Maroc et Tunisie)[4]. Des négociations sont en cours depuis 2011 pour élargir les accords existants avec la création de zones de libre-échange approfondies avec l'Égypte, la Jordanie, le Maroc et la Tunisie[5]. Dans ce contexte, les fournisseurs des entreprises européennes qui utilisent des instruments de CRE reconnus au plan international, comme les Principes directeurs, disposeront d'un avantage concurrentiel par rapport aux autres. Ils peuvent en effet plus facilement traiter les problèmes liés aux questions environnementales ou sociales ou relatives aux droits humains ou au droit du travail, qui peuvent se poser lors des processus de devoir de diligence menés pour évaluer les risques d'un pays et d'un fournisseur (OCDE, 2020[4]).

Plusieurs études ont aussi montré que l'application des principes et des normes de CRE peut accroître la performance financière d'une entreprise. D'après les données empiriques issues d'une étude menée par l'OCDE auprès de 6 500 entreprises, la « note sociale » – qui mesure la capacité d'une entreprise à susciter la confiance et la loyauté de son personnel, de ses clients et de la société – exerce une incidence positive sur la rentabiliité de ses fonds propres et de sesactifs (OCDE, 2017[7]). Les performances extra-financières de l'entreprise sont souvent correlées à sa valorisation de ses indices boursiers. Par exemple, sur la Bourse égyptienne, la comparaison entre les indices EGX100 et S&P EGX ESG montre que les entreprises responsables ont en moyenne enregistré de meilleurs résultats au cours des dix dernières années[6] (OCDE, 2020[4]). De la même manière, une étude réalisée entre 2012 et 2016 sur un échantillon de 61 entreprises jordaniennes cotées à la Bourse d'Amman, a conclu que les pratiques de CRE a en moyenne un effet positif sur lla rentabilité des actifs de l'entreprisede l'actif (Al Qaisi, 2019[8]).

La crise sanitaire et économique du COVID-19 montre que la CRE peut aider les entreprises à accroître leur résilience et à créer de la valeur à long terme. Celles qui mettent en œuvre les normes de CRE et exercent un devoir de diligence pourraient être davantage aptes à réagir aux chocs dans leur chaîne d'approvisionnement et dans leurs opérations et à se redresser plus rapidement. Les informations collectées lors de la mise en œuvre du devoir de diligence sur la chaîne d'approvisionnement ousur l'origine des matières premières par exemple, peuvent permettre de d'identitfier les vulnérabilités de court et moyen terme de la chaîne d'approvisionnement et assurer un approvisionnementcontinue (OCDE, 2020[9]). L'application des normes de CRE sur la chaîne d'approvisionnement peut diminuer les impacts négatifs des activités des entreprises, améliorer la réputation de celles-ci dans les lieux où elles opèrent et diminuer les ruptures de la chaîne d'approvisionnement (OCDE, 2018[10]).

La connaissance et la compréhension de la CRE se développent dans la région MENA

La notion selon laquelle les entreprises doivent apporter leur contribution à la société prévaut dans toute la région MENA. La *zakat*, ou obligation de charité, l'un des cinq piliers de l'islam, est une pratique courante parmi les entreprises et les individus de la région. Le concept philanthropique du *waqf*, qui remonte au XIe siècle, désigne dans le droit musulman une donation d'actifs à des fins religieuses ou caritatives (Jamali, 2017[11]). Si les investissements philanthropiques et sociaux représentent souvent la principale forme d'engagement en matière de CRE de la part des entreprises de la région, la compréhension qu'ont les gouvernements et les entreprises de ce concept évolue progressivement vers une approche plus complète qui tient compte de l'impact sur la société des opérations d'une entreprise (OCDE, 2020[4]) (OCDE, 2013[12]) (OCDE, 2012[13]).

Une étude a été menée en 2018 auprès de 638 entreprises, majoritairement cotées en Bourse, pour comprendre le degré de connaissance et de prise en compte des pratiques de RSE/CRE dans 18 pays MENA, dont six économies examinées (Algérie, Autorité palestinienne, Égypte, Jordanie, Liban, Maroc et Tunisie)[7]. Les résultats ont montré qu'une majorité des entreprises (64 %) tiennent compte d'une manière ou d'une autre des aspects environnementaux ou sociaux. Parmi elles, 31 % déclarent appliquer une stratégie globale pour intégrer les questions de développement durable dans leur organisation et en consultation avec toutes les parties prenantes (Sustainable Square, 2019[14]).

La participation des entreprises au Pacte mondial des Nations Unies, qui invite les entreprises à agir de manière responsable et à faire progresser les objectifs sociaux, témoigne des avancées accomplies dans le domaine de la sensibilisation à la CRE et de l'engagement des entreprises en ce sens. En 2020, cette initiative regroupait 96 entreprises en Égypte et 51 en Tunisie. La participation est plus faible en Jordanie et au Maroc, avec moins de 25 entreprises (UNGC, 2020[15]). Diverses associations professionnelles et chambres de commerce jouent un rôle majeur pour promouvoir la CRE dans la région. Au Maroc, la principale association professionnelle, la Confédération générale des entreprises du Maroc, a défini un label CRE en 2006, qui reconnaît l'engagement des entreprises et l'inclusion stratégiques des questions de CRE dans leurs opérations. Plus de 100 entreprises affichent aujourd'hui ce label[8]. La Confédération des entreprises citoyennes de Tunisie a lancé un programme de promotion de la CRE en 2011 et un label CRE en 2018. En Égypte, la Federation of Egyptian Industries, en coopération avec l'OIT, a créé en 2015 une unité consacrée à la CRE pour offrir à ses membres une expertise et une assistance technique en la matière.

La région a réalisé des progrès importants pour faire avancer les principes de la CRE dans le secteur financier. Les Bourses d'Amman, de Casablanca, de Tunis, du Caire et d'Alexandrie font partie de la Sustainable Stock Exchanges Initiative (SSEI, initiative des Bourses durables), un programme de partenariat des Nations Unies qui vise à améliorer les résultats des entreprises sur les questions environnementales, sociales et de gouvernance. À l'exception de celle de Tunis, les Bourses ont fourni aux entreprises des lignes directrices sur la rédaction de rapports extra-financiers et sur leur performance en matière de développement durable (SSE, 2020[16]). La Bourse de Casablanca, au Maroc, présente par exemple des façons de promouvoir la RSE dans les entreprises cotées en Bourse (Bourse de Casablanca et Autorité Marocaine du Marché des Capitaux, 2017[17]). En 2018, la Bourse d'Amman a publié deux brochures qui apportent aux entreprises des orientations sur l'établissement de rapports extra-financiers et la mise en œuvre de bonnes pratiques de développement durable[9]. Au niveau régional, le Hawkamah Institute for Corporate Governance et les indices S&P Dow Jones ont lancé en 2011 l'indice S&P/Hawkamah ESG Pan Arab, un indice régional qui suit la performance sur un ensemble de critères ESG de 50 titres du Bahreïn, d'Égypte, de Jordanie, du Liban, du Koweït, du Maroc, d'Oman, du Qatar, d'Arabie saoudite, de Tunisie et des Émirats arabes unis (S&P Dow Jones Indices, 2020[18]).

Bien que le nombre des initiatives relatives à la CRE lancées dans la région MENA augmente, elles semblent concerner davantage les grandes entreprises et les multinationales que les entreprises de petite et moyenne tailles. Les attentes en matière de CRE s'appliquent à toutes, quels que soient leur statut juridique, leur taille, leur structure de propriété ou le secteur dans lequel elles opèrent.

Des engagements importants ont été pris en matière de CRE

Les gouvernements de la région MENA suivent des approches de CRE très différentes. En tant qu'adhérents des Principes directeurs de l'OCDE à l'intention des entreprises multinationales, l'Égypte, la Jordanie, le Maroc et la Tunisie se sont engagés à promouvoir les pratiques responsables, notamment en améliorant les politiques nationales pour favoriser la CRE. Ils ont pris l'engagement de créer un PCN pour faire connaître les Principes directeurs et contribuer à leur application effective (voir plus loin les statuts des PCN dans ces quatre économies MENA). Ils participent aussi à des échanges annuels avec des représentants des 50 États adhérents aux Principes directeurs pour partager leurs expériences en matière de CRE (OCDE, 2019[6]).

La plupart des pays de la région MENA ont élaboré des stratégies nationales de développement durable, qui mentionnent souvent les principes de CRE, même si ce n'est pas toujours de manière explicite. La stratégie de développement durable de l'Égypte (Vision 2030) reconnaît l'importance du secteur privé dans la réalisation des ODD (Gouvernement d'Égypte, 2017[19]). Le programme politique de l'Autorité palestinienne accorde la priorité à la création d'emplois pérennes, à la mise en place d'un environnement de travail sûr et à la viabilité environnementales des activités économiques (Palestinian Authority, 2016[20]). La stratégie et la vision nationale 2025 de la Jordanie met en lumière des objectifs de CRE (Gouvernement de Jordanie, 2014[21]). Un grand nombre des économies MENA mettent aussi l'accent sur les objectifs sociaux et environnementaux qui figurent dans leur législation en matière d'investissement. Dans les dernières révisions apportées au droit de l'investissement, l'Algérie, l'Égypte et la Tunisie soulignent que l'investissement doit contribuer au développement durable (voir le chapitre 3 pour des précisions sur les réformes législatives adoptées récemment dans la région MENA).

Des mesures ont été prises pour renforcer le cadre de mise en œuvre de la CRE. La plupart des économies MENA ont en particulier entrepris des réformes pour encourager des pratiques de gouvernance saines et accroître la transparence. Les pays MENA examinés élaborent par exemple des codes de gouvernance d'entreprise depuis 2005 (OCDE, 2019[22]). D'après un rapport établi en 2017 par le Hawkamah Institute, les entreprises cotées de la région ont nettement amélioré leur niveau de transparence et de publication d'information depuis 2007[10]. Il reste néanmoins des difficultés importantes à résoudre, notamment en ce qui concerne la publication des informations sur les ayants droit économiques et les opérations entre apparentés (OCDE, 2019[22]). Il est aussi possible d'améliorer la publication d'informations sur les questions environnementales, sociales et de gouvernance, qui reste relativement limitée dans la région (Ould Daoud Ellili, 2020[23]).

Certains gouvernements MENA ont également soutenu la tenue de forums de sensibilisation à la CRE. L'Égypte organise des forums annuels sur la CRE depuis 2015 pour rendre compte des efforts déployés par les pouvoirs publics, le milieu des affaires et les organisations de la société civile pour promouvoir la CRE dans le pays (OCDE, 2020[4]). Les autorités libanaises prêtent leur concours à un réseau professionnel qui encourage les pratiques de développement durable dans les entreprises privées du pays. Ces initiatives pourraient être étendues et utilisées pour favoriser une large diffusion des normes de CRE reconnues internationalement, telles que les Principes directeurs et les instruments de l'OCDE pour l'exercice du devoir de diligence.

Les économies MENA rencontrent des difficultés dans l'application des principes et des normes de CRE

Alors que pratiquement tous les gouvernements MENA considèrent le développement durable comme un objectif de développement, ils pourraient en faire plus pour créer un environnement incitant le secteur privé à y apporter une contribution positive. Cette partie met l'accent sur les domaines dans lesquels les autorités de ces pays pourraient concentrer leurs efforts pour améliorer l'application de la CRE et soutenir la mise en œuvre de ses principes et de ses normes par les entreprises.

Faire progresser les droits humains et du travail

Le premier devoir des États est de protéger les droits humains de leur population. On attend également des entreprises qu'elles respectent les droits humains indépendamment de la capacité ou de la volonté des autorités à remplir leurs obligations en la matière. Les huit économies MENA examinées ont signé la plupart des traités fondamentaux des Nations Unies sur les droits de l'homme, mais seul le Maroc a ratifié tous les instruments essentiels[11]. Les organisations internationales continuent d'attirer l'attention en particulier sur la protection des défenseurs des droits humains dans tous les pays MENA examinés. La répression des manifestations pacifiques et de la dissidence en ligne, notamment les arrestations et les persécutions de militants, constituent des motifs de préoccupation dans ces huit pays (Amnesty International, 2020[24]) (OCDE, 2018[25]).

Les défenseurs des droits humains jouent un rôle essentiel dans le processus d'exercice du devoir de diligence en permettant aux entreprises de comprendre les inquiétudes des parties prenantes qui peuvent être négativement impactées par leurs opérations. Parmi les parties prenantes touchées figurent les travailleurs, les communautés locales, les syndicats, les journalistes, les militants ou les consommateurs. Elles doivent être associées en tenant compte de leurs particularités et de leurs vulnérabilités.

Tous les pays de la région pourraient en faire davantage pour garantir que les travailleurs et les organisations de la société civile peuvent participer aux processus d'élaboration de l'action politique et d'exercice du devoir de diligence. La création d'un environnement dans lequel les parties prenantes sont habilitées à exprimer leurs vues et à prendre une part active dans l'élaboration de l'action publique est indispensable à la CRE. Les Principes directeurs recommandent que les entreprises participent à des initiatives privées ou multipartites et au dialogue social sur la gestion de la chaîne d'approvisionnement. Concernant notamment les répercussions sur les droits humains, les Principes directeurs préconisent que les entreprises consultent et mobilisent les travailleurs, leurs représentants et les syndicats pour collecter des informations sur les risques et impacts négatifs de leurs activités. Lorsqu'il s'avère impossible de consulter directement les parties prenantes, d'autres options raisonnables, telles que la consultation d'experts fiables et indépendants, dont les défenseurs des droits humains, les syndicats et les groupes de la société civile, peuvent être envisagées (OCDE, 2018[25]).

Une solide législation du travail est souvent associée à des investissements étrangers plus élevés (Busse, Nunnenkamp et Spatareanu, 2011[26]) (Kucera, 2002[27]). Les entreprises multinationales peuvent hésiter à investir dans des pays présentant des normes du travail insuffisantes par crainte des risques de réputation et pour respecter les normes internationales en matière de CRE. La plupart des économies

MENA examinées ont ratifié entre sept et huit conventions fondamentales de l'OIT – qui portent sur les principes et droits fondamentaux au travail, tels que le droit de négociation collective et l'élimination du travail forcé – et trois des quatre conventions de gouvernance – qui couvrent l'inspection du travail, la politique de l'emploi et les consultations tripartites (Tableau 10.1). Ces engagements témoignent de la volonté des pays MENA de mettre leurs cadres juridiques en conformité avec les normes internationales.

L'application pratique de ces normes suscite toutefois des inquiétudes, du fait notamment les plaintes déposées auprès de l'OIT, principalement pour des violations présumées des droits à la liberté d'association. En Algérie par exemple, un syndicat du secteur énergétique a déposé une plainte en instance pour la « répression systématique de ses cadres et de ses membres » et l'incapacité des pouvoirs publics à protéger le droit syndical (OIT, 2018[28]). Parmi les autres affaires transmises à l'OIT ces dix dernières années, l'on relève les allégations de « violations graves et systématiques du droit à la liberté d'association » envoyées par cinq syndicats égyptiens, et des plaintes déposéesenJordanie affirmant que la législation et les réglementations du travail « ne sont pas conformes aux principes de la liberté d'association » (OIT, 2015[29]) (OIT, 2012[30]). D'après les organisations internationales des droits de l'homme, la liberté d'association des travailleurs s'est détériorée en Égypte après les modifications apportées à la loi sur les syndicats en 2017. La dispersion violente des manifestations de syndicats et de travailleurs reste courante dans de nombreux pays de la région (Amnesty International, 2020[24]).

Tableau 10.1. Ratification des conventions de l'OIT

Pays (année d'adhésion)	Fondamentales (8)	De gouvernance (4)	Techniques (178)	Total (190)
Algérie (1962)	8	3	49	60
Égypte (1936)	8	3	53	64
Jordanie (1956)	7	3	16	26
Liban (1948)	7	2	42	51
Libye (1952)	8	2	19	29
Maroc (1956)	7	4	54	65
Tunisie (1956)	8	3	52	63

Note : L'Autorité palestinienne n'est pas incluse. Les conventions de l'OIT sont des traités internationaux ayant force de loi, qui peuvent être ratifiés par les membres de l'OIT. Une convention ratifiée entre généralement en vigueur dans le pays concerné un an après la date de ratification. L'organe exécutif de l'OIT a identifié huit conventions « fondamentales », couvrant des sujets considérés comme des principes et droits fondamentaux au travail, et a défini quatre autres conventions comme des instruments de gouvernance (prioritaires), encourageant ainsi ses membres à les ratifier en raison de leur importance dans le fonctionnement du système des normes internationales du travail. Les conventions techniques ont également un caractère exécutoire dès lors qu'elles ont été ratifiées et comprennent toutes les autres normes internationales du travail relevant du domaine de compétence de l'OIT.
Source : (OIT, 1919-2020[31])

Soutenir les initiatives sectorielles

Assurer une large diffusion et une promotion active des instruments de CRE pour l'exercice du devoir de diligence, comme le Guide de l'OCDE du devoir de diligence pour une conduite responsable des entreprises et les guides sectoriels de l'OCDE sur le devoir de diligence, contribue à créer une compréhension commune de la CRE dans les entreprises et au sein des pouvoirs publics et des parties prenantes. Les guides de CRE sur le devoir de diligence apportent un soutien concret aux entreprises dans l'application des principes et des normes de CRE. La mise en œuvre de ces recommandations doit permettre aux entreprises d'éviter et de traiter les risques d'impacts négatifs sur les travailleurs, les droits de l'Homme, l'environnement, la corruption, les consommateurs et la gouvernance d'entreprise liés à leurs activités, à leur chaîne d'approvisionnement et à leurs relations d'affaires. L'Annexe au Guide propose des textes explicatifs, des conseils et des exemples d'application du devoir de diligencCes mesures s'avèrent souvent plus faciles à appliquer et plus efficaces si elles sont prises collectivement. C'est particulièrement vrai pour les risques difficiles à résorber par un seul acteur. Les mauvaises pratiques des acheteurs sur la chaîne de valeur peuvent par exemple conduire à imposer des heures supplémentaires ou un temps de travail excessif et à sous-traiter de manière illégale (OCDE, 2020[9]). Une enquête menée en 2017 par l'OIT auprès de 1 454 entreprises a mis en évidence le rôle des acheteurs lorsqu'ils exercent une pression trop forte sur les prix de leurs fournisseurs. Tous secteurs confondus, 39 % des fournisseurs ont déclaré accepter des commandes dont les prix ne leur permettent pas de couvrir leurs coûts de production. Ce taux est particulièrement élevé dans le secteur du textile, 52 % des fournisseurs ayant donné cette réponse (BIT, 2017[32]). Les pratiques telles que la suspension soudaine des contrats et l'annulation des commandes ont eu d'importantes répercussions sur les travailleurs du monde entier pendant la crise du COVID-19 (OCDE, 2020[9]).

Le secteur de l'habillement représente un moteur de croissance majeur dans certains des pays MENA examinés et illustre la manière dont les acteurs sectoriels peuvent s'organiser et collaborer entre eux pour promouvoir la CRE. Par exemple, le programme Better Work, élaboré conjointement par l'OIT et l'IFC pour améliorer les conditions de travail et stimuler la compétitivité des entreprises de l'habillement, est en place en Égypte et en Jordanie. En 2019, la Better Cotton Initiative (BCI), plus vaste projet de culture durable du coton dans le monde, a lancé un programme pilote en Égypte en partenariat avec la Cotton Egypt Association pour créer une chaîne d'approvisionnement durable défendant le bien-être des travailleurs du coton et l'environnement. La BCI compte promouvoir et soutenir ce type d'initiatives. Ils pourraient aussi les utiliser pour diffuser activement des orientations sur la CRE adaptées aux besoins précis du secteur, telles que le Guide OCDE sur le devoir de diligence pour des chaînes d'approvisionnement responsables dans le secteur de l'habillement et de la chaussure (OCDE, 2016[33]).

La promotion des normes de CRE dans le secteur de l'habillement et de la chaussure, où les femmes représentent souvent une large majorité de la main-d'œuvre, peut fortement contribuer à encourager l'égalité femmes-hommes, qui reste problématique dans la région MENA. Elle peut en effet générer des résultats économiques positifs (voir le chapitre 2). Une usine égyptienne, participant à un programme de l'entreprise Levi Strauss visant à l'amélioration de la gestion sociale et environnementale d'un réseau d'usines textiles, a déclaré que ce programme améliorait les rendements surinvestissement de quatre pour un, essentiellement grâce aux interventions centrées sur les femmes (Fry, 2017[34]).

Les difficultés de mise en œuvre de la CRE ne se limitent toutefois pas à un seul secteur et les exemples donnés pour celui de l'habillement et la chaussure pourraient être élargis à d'autres, dont ceux couverts par les instruments sectoriels du devoir de diligence de l'OCDE, à savoir le Guide OCDE sur le devoir de diligence pour des chaînes d'approvisionnement responsables en minerais provenant de zones de conflit ou à haut risque, le Guide OCDE-FAO pour des filières agricoles responsables, et le Guide OCDE sur le devoir de diligence pour des chaînes d'approvisionnement responsables en minerais provenant de zones de conflit ou à haut risque.

Améliorer la protection de l'environnement

Les Principes directeurs demandent aux entreprises de tenir compte de la nécessité de protéger l'environnement, c'est-à-dire notamment : établir et entretenir des systèmes adaptés de gestion de l'environnement, évaluer et traiter les impacts environnementaux associés aux processus de production et aux produits et services de l'entreprise pendant leur cycle de vie, améliorer la performance environnementale, faire preuve de transparence en ce qui concerne les risques et les répercussions sur l'environnement. Les pouvoirs publics doivent définir clairement ce qui est attendu des entreprises à cet égard.

Les gouvernements MENA ont pris des mesures pour encourager la protection de l'environnement et des ressources naturelles. Plusieurs pays proposent des incitations fiscales ou des subventions pour les projets d'investissement destinés à améliorer la protection de l'environnement. Par exemple, laTunisie applique aux entreprises opérant dans le recyclage et le traitement de l'eau un taux d'impôt sur les sociétés inférieur de moitié au taux habituel, la Libye et l'Algérie accordent une exonération fiscale temporaire aux entreprises investissant pour préserver l'environnement et protéger les ressources naturelles. L'Égypte, la

Jordanie, l'Autorité palestinienne et la Tunisie offrent aussi des incitations fiscales ou financières en cas d'investissement dans les énergies renouvelables (voir le chapitre 7 sur les incitations à l'investissement).

Des progrès peuvent néanmoins encore être accomplis dans le domaine de la protection de l'environnement, comme en témoigne la place relativement basse occupée par plusieurs économies MENA dans le classement 2020 établi par l'université de Yale pour son indice de la performance environnementale, qui prend en compte la santé environnementale et la vitalité de l'écosystème de 180 pays. Il mesure à quel niveau se situe chaque pays par rapport à des objectifs environnementaux définis. La Jordanie (48) est le pays MENA le mieux classé, devant la Tunisie (71), le Liban (78), l'Algérie (84), l'Égypte (94) et le Maroc (100) (Yale Center for Environmental Law and Policy, 2018[35]). Les secteurs à fortes émissions de gas à effets de serre, tels que celui des combustibles fossiles et l'extraction minière, demeurent un moteur d'investissement important en Égypte, en Algérie, en Libye, au Maroc et en Tunisie.

Lutter contre la corruption

La lutte contre la corruption constitue un aspect important de la CRE. La corruption dissuade l'investissement, renforce les inégalités, mine la confiance et affaiblit l'État de droit. Il importe de mener d'autres réformes pour lutter contre la corruption dans les secteurs public et privé de la région MENA. Les pays examinés figurent dans la moitié inférieure des classements internationaux évaluant la perception de la corruption. Aucun d'entre eux n'obtient une « note de passage » dans l'indice de la perception de la corruption de Transparency International et à l'exception de la Jordanie, tous ont obtenu une note négative à l'indice de Contrôle de la Corruption de la Banque mondiale (voir le chapitre 11 sur l'intégrité, les progrès attendus dans la lutte contre la corruption et les défis à relever).

Promouvoir des actions cohérentes en matière de CRE

Bien qu'ils aient déjà pris des engagements importants dans le domaine de la CRE, les pays de la région MENA pourraient faire davatange pour promouvoir et appliquer les normes de CRE, notamment en élaborant un cadre global qui définisse les objectifs et les actions à mener (avec des plans d'action nationaux), en montrant l'exemple dans les activités publiques et sensibilisant davantage le milieu des affaires.

Les plans d'action nationaux peuvent renforcer la CRE

Les opérations des entreprises peuvent influer sur la société dans de nombreux domaines, dont les droits humains et les droits du travail, l'environnement, la lutte contre la corruption et les intérêts des consommateurs. Pour renforcer la cohérence entre les lois et l'action des pouvoirs publics en matière de CRE, de nombreux pays ont élaboré des plans d'action nationaux sur les entreprises et les droits de l'homme (PAN). Ils rassemblent les priorités en matière de politiques publiques et peuvent favoriser la coordination entre les différents organes publics. Les Nations Unies recommandent à tous les États de définir un PAN et de l'actualiser régulièrement (HCDH, 2020[36]).

Dans la région MENA, seuls le Maroc et la Jordanie ont adopté ou en cours d'élabortation d'un PAN. La Maroc a inclus un chapitre sur les entreprises et les droits humains dans son plan d'action national pour la démocratie et les droits de l'homme 2018-2022. Il encourage les entreprises à prendre des mesures favorables aux droits humains et présente des propositions pour sensibiliser davantage les entreprises à ce sujet et accroître leurs capacités en la matière. Les autorités prévoient d'élaborer un PAN à part entière et conforme aux normes internationales de CRE (Gouvernement du Maroc, 2018[37]).

La Jordanie a aussi inclus une section sur les entreprises et les droits humains dans son plan national globalpour les droits de l'homme 2016-2025. Elle s'engage à revoir la législation relative aux contrats de travail et à la constitution des syndicats et à appliquer des programmes de sensibilisation à la viabilité environmentale dans les secteurs privé et public (Gouvernement de Jordanie, 2016[38]). Les autorités ont déclaré avoir défini le plan en coopération avec les institutions de la société civile et les associations professionnelles, en respectant les meilleures pratiques internationales (Jordan Times, 2016[39]).

La mobilisation des parties prenantes est bien évidemment essentielle dans l'élaboration des PAN. Une plus grande participation de leur part à la conception et à la mise en œuvre des PAN permet de définir des actions mieux ciblées et plus efficaces. Il est indispensable de susciter l'adhésion d'une grande variété d'acteurs pour résoudre les problèmes complexes et systémiques qui peuvent être à l'origine des impacts négatifs résultantdes opérations des entreprises.

Les pouvoirs publics doivent appliquer la CRE à leurs propres activités économiques

Lorsqu'ils agissent en tant qu'acteurs économiques (employeur, acheteur, actionnaire ou gestionnaire des entreprises publiques), on attend des pouvoirs publics qu'ils se comportent de manière responsable et qu'ils montrent l'exemple en matière de CRE. C'est une question de cohérence et de crédibilité : les Etats ne doivent pas exiger moins des entreprises sous leur contrôle direct ou indirect que des entreprises privées.

Les entreprises publiques occupent une place fondamentale dans les économies MENA. Elles opèrent dans une large gamme de secteurs, tels que les industries extractives, le gaz et l'électricité, les télécommunications, la finance, les transports, ainsi que le secteur manufacturier et la promotion immobilière. Sur l'ensemble de la région MENA, l'État est actionnaire majoritaire dans plus d'un tiers des 100 plus grosses entreprises cotées en Bourse[12], et actionnaire minoritaire dans un autre tiers d'entre elles (OCDE, 2019[22]).

Il est essentiel de veiller à ce que les entreprises publiques opèrent dans le respect des bonnes pratiques de gouvernance et des principes de CRE pour favoriser leur contribution positive à la société et démontrer un engagement politique clair en faveur de la CRE. Les pays MENA pourraient envisager de renforcer les critères de CRE dans les mesures applicables aux entreprises publiques. Cela s'avère d'autant plus important que comme les entreprises privées, les entreprises publiques peuvent avoir des impacts négatifs sur les droits humains, l'environnement et la société. Dans la région, leurs répercussions peuvent concerner l'environnement, la santé et la sécurité, ainsi que le traitement des travailleurs.

Dans un premier temps, les gouvernements pourraient envisager de faire connaître de manière claire et transparente les politiques de CRE en place dans leurs entreprises publiques. Les Principes directeurs, les Lignes directrices sur la gouvernance des entreprises publiques définies par l'OCDE et les Principes directeurs de l'ONU fournissent un cadre complet et cohérent pour traiter de la question de la CRE dans les entreprises publiques (encadré 9.4) (OCDE, 2015[40]).

Outre leur rôle d'actionnaire dans les entreprises, les pouvoirs publics remplissent une fonction économique importante dans les marchés publics des biens, services et travaux publics. Dans l'ensemble de la région, les commandes publiques représentent environ 18 % du PIB (OCDE, 2016[41]). Utilisés de manière stratégique, les processus et politiques des marchés publics constituent un moyen important d'inciter à appliquer la CRE. Les pouvoirs publics pourraient utiliser les critères de CRE, tels que l'impact sur l'environnement ou les normes du travail, lors des appels d'offres, et sélectionner des partenaires qui suivent les normes de CRE. Plusieurs économies de la région MENA examinées ont pris des mesures pour intégrer des considérations non financières à leurs processus de passation des marchés. Le Maroc exige par exemple que les marchés publics respectent les règles de protection de l'environnement. En Tunisie, les règles de passation des marchés prévoient que les cahiers des charges des appels d'offres tiennent compte des aspects environnementaux et sociaux ainsiq que les ODD (OCDE, 2016[41]).

Encadré 10.3. Lignes directrices sur les entreprises publiques : dispositions relatives aux relations avec les parties prenantes et responsabilité des entreprises

Les Lignes directrices sur la gouvernance des entreprises publiques définies par l'OCDE présentent les normes de bonnes pratiques permettant d'accroître la coopération avec les parties prenantes dans les entreprises publiques. Le chapitre V, consacré aux relations avec les parties prenantes et à la responsabilité des entreprises, indique notamment les orientations suivantes :

L'État doit conduire une politique actionnariale prenant pleinement en compte les responsabilités des entreprises publiques vis-à-vis des parties prenantes et obliger les entreprises publiques à rendre compte des relations qu'elles entretiennent avec les parties prenantes. Toutes les attentes de l'État vis-à-vis des entreprises publiques en ce qui concerne la conduite responsable des entreprises doivent être clairement précisées.

- Les pouvoirs publics, l'entité actionnaire et les entreprises publiques elles-mêmes doivent reconnaître et respecter les droits des parties prenantes définis par la loi ou par des accords mutuels.
- Les entreprises publiques cotées ou les grandes entreprises publiques doivent rendre compte de leurs relations avec les parties prenantes, y compris, lorsque cela est souhaitable et faisable, avec les salariés, les créanciers et les communautés concernées.
- Les conseils d'administration des entreprises publiques doivent élaborer, appliquer, suivre et rendre publics les dispositifs de contrôle interne et les programmes ou mesures de déontologie et de conformité qui sont mis en place, y compris ceux qui concourent à la prévention de la fraude et de la corruption. Ceux-ci doivent s'inspirer des normes nationales en vigueur, être conformes aux engagements internationaux, et s'appliquer aux entreprises publiques et à leurs filiales.
- Les entreprises publiques doivent observer des normes strictes en matière de conduite responsable des entreprises. Les attentes de l'État sur ce plan doivent être portées à la connaissance du public et les mécanismes de mise en œuvre doivent être clairement établis.
- Les entreprises publiques ne doivent pas être utilisées pour financer des activités politiques. Les entreprises publiques ne doivent pas contribuer elles-mêmes au financement d'une campagne politique.

Source : (OCDE, 2015[40])

Renforcer les Points de contact nationaux dans la région MENA

Les Points de contacts nationaux (PCN) pour la conduite responsable des entreprises poursuivent un double mandat : assurer la promotion des Principes directeurs de l'OCDE et du guide du devoir de diligence, et traiter les affaires (appelées « circonstances spécifiques ») en tant que mécanisme de recours non-judiciaire. À ce jour, 50 États, tous adhérents aux Principes directeurs, dont l'Égypte, la Jordanie, le Maroc et la Tunisie, possèdent un PCN. Les pays adhérents aux Principes directeurs ont l'obligation de créer un PCN. Ils disposent d'une certaine souplesse dans la manière de procéder, sous réserve que le PCN respecte les critères fondamentaux exposés dans les Lignes directrices de procédure incluses dans les Principes directeurs (encadré 10.4) (OCDE, 2011[2]).

Les PCN peuvent nouer des relations avec les parties prenantes et impliquer ces dernières de multiples façons. L'organe principal des PCN multipartites comprend des représentants des parties prenantes, mais les autres types de PCN peuvent créer un conseil consultatif composé de représentants des parties prenantes qui leur apportera conseil et soutien. L'inclusion des parties prenantes dans la structure des PCN s'est révélée déterminante pour instaurer et entretenir des relations de confiance entre les PCN et les parties prenantes (OCDE, 2019[42]).

Encadré 10.4. Structures et critères des Points de contact nationaux

Les critères fondamentaux qui sont définis dans les Principes directeurs sont la visibilité, l'accessibilité, la transparence et la responsabilité (OCDE, 2011[2]). Ils énoncent aussi des principes d'orientation pour le traitement des circonstances spécifiques, à savoir l'impartialité, la prévisibilité, le caractère équitable et la compatibilité avec les Principes directeurs. Enfin, ils comprennent des critères supplémentaires concernant l'organisation pratique et le fonctionnement des PCN, et notamment :

- disposer des ressources humaines et financières suffisantes,
- instituer et entretenir des relations et un climat de confiance avec les partenaires sociaux et les parties prenantes,
- être dirigé par une personne expérimentée,
- collaborer et participer à des activités d'apprentissage mutuel avec d'autres PCN,
- rendre compte au Comité de l'investissement.

Dans la pratique, les pays adhérents aux Principes directeurs ont mis en place quatre types de structures de PCN :

- PCN unique : le PCN est composé d'une seule personne dans un ministère ou d'un groupe de personnes du même service, dans le même ministère ;
- PCN inter-organe: le PCN est composé de représentants de plusieurs ministères ou de plusieurs organes publics ;
- PCN multipartite : le PCN est composé de fonctionnaires et de représentants des parties prenantes.

PCN fondé sur des experts : le PCN est composé d'experts indépendants nommés par l'État.

Source : (OCDE, 2011[2]), (OCDE, 2011[43])

Le Tableau 10.2 présente l'organisation et les activités des PCN de la région en 2019. Les quatre PCN que compte la région MENA présentent des structures de trois modèles différents (organe unique, inter-organe et multipartite) et seul le PCN tunisien comprend des parties prenantes. Ce dernier a été recréé en 2018 après une période d'interruption et la composition de sa structure multipartite est toujours en cours, le processus d'invitation des organisations concernées n'étant pas terminé.

Les PCN sont situés dans une agence de promotion de l'investissement ou dans un ministère chargé de l'investissement ou des affaires économiques. La proximité de certains avec des portefeuilles de promotion de l'investissement a parfois suscité des questions sur la manière dont peut être perçue leur impartialité. Des parties prenantes se sont inquiétées de l'existence possible de conflits d'intérêts entre le PCN, qui a pour fonction de traiter les affaires, et une agence de promotion de l'investissement ou un ministère chargé de promouvoir l'investissement dans le pays (OCDE, 2019, p. 5[44]). Il est par conséquent important que les pouvoirs publics établissent une distinction claire entre le travail des PCN et les activités de promotion de l'investissement (voir le chapitre 6 pour des précisions sur les activités et les fonctions des agences de promotion de l'investissement de la région MENA).

Tableau 10.2. Organisation et activités des PCN de la région MENA

	Structure	Lieu	Site Web actif	Budget spécifique	Événements*	Affaires depuis l'adhésion	Rapports en ligne	Effectif	Personnel à plein temps	Rotation	Budget spécifique	Participation à des réunions de PCN	Examen par les pairs
Égypte	Organe unique, pas de conseil consultatif	Anciennement : Ministère de l'Investissement et de la coopération internationale	Non	Non	0	0	Non	0	0	Oui	Non	Oui	Non
Jordanie	Organe unique, pas de conseil consultatif	Agence de promotion de l'investissement	Non	n.d.	n.d.	0	Non	n.d.	n.d.	n.d.	n.d.	Non	Non
Maroc	Inter-organe, pas de conseil consultatif	Agence de promotion de l'investissement	Oui	Oui	16	4	Oui	2	0	Non	Oui	Oui	Non
Tunisie	Multipartite	Ministère du Développement, de l'investissement et de la coopération internationale	Non	Non	2	0	Non	2	1	Oui	Non	Oui	Pour 2022

Note : *Événements promotionnels organisés ou suivis en 2019. N.d. = non disponible
Source : rapports annuels des PCN et base de données des affaires de l'OCDE.

On constate que les PCN de la région, à l'exception de celui du Maroc, affichent un faible niveau d'activité. Comme cela a été indiqué, l'une de leurs missions principales est de diffuser et de promouvoir les Principes directeurs et les guides sur le devoir de diligence qui leur sont associés auprès des entreprises et des autres parties prenantes. Cela peut s'effectuer de nombreuses façons, telles que distribuer des supports promotionnels ou répondre aux questions du grand public sur la CRE. Pour optimiser leur action en matière de promotion, les PCN organisent aussi régulièrement des événements d'information ou de formation sur des thèmes de CRE ou animent des présentations dans le cadre d'événements de ce type proposés par d'autres acteurs. Par exemple, en février 2020, le PCN marocain a organisé un atelier d'information pour les professionnels du textile sur le Guide OCDE sur le devoir de diligence dans le secteur de l'habillement et de la chaussure (NCP for RBC Morocco, 2020[45]). Les autres PCN de la région sont en revanche restés plutôt inactifs concernant la promotion de leurs activités ces dernières années. Le nombre d'affaires dont ils se sont occupés est également très faible, seul le PCN marocain en a traité (4) depuis sa création.

Ce bas niveau d'activité peut s'expliquer en partie par le peu de ressources dont ils disposent. Alors que le PCN marocain possède un budget spécifique qui lui permet de maintenir un bon niveau d'activité, les autres PCN de la région doivent demander le financement de toutes leurs activités sur le budget du ministère ou de l'agence dont ils dépendent. La faiblesse des effectifs, le recours important à du personnel à temps partiel et la forte rotation du personnel ont été signalés par l'ensemble du réseau comme des problèmes susceptibles de restreindre l'activité des PCN. La rotation du personnel en particulier ne permet pas d'instaurer des relations de long terme avec les parties prenantes, nuit à la constitution d'une mémoire institutionnelle et diminue l'expertise des PCN, les nouveaux employés devant être formés pendant plusieurs mois avant d'être pleinement opérationnel.

Compte tenu du petit nombre d'affaires traitées par les PCN de la région MENA, il existe peu de données permettant d'analyser dans quelle mesure ils respectent les Principes directeurs lors du traitement des circonstances spécifiques (impartialité, caractère équitable et compatibilité avec les Principes directeurs). Concernant la prédictibilité, il convient de préciser que seul le PCN marocain a rendu publiques ses règles de procédures. Dans les autres PCN, les déclarants et les entreprises impliquées dans une affaire ne savent pas à l'avance comment sera traitée leur affaire, ce qui diminue la prédictibilité. Ainsi que cela a été indiqué plus haut, le fait que tous les PCN de la région se situent dans une agence de promotion de l'investissement ou un ministère chargé de l'investissement et des affaires économiques sans être clairement séparés du portefeuille de promotion de l'investissement peut grever la perception d'impartialité des éventuels déclarants.

Enfin, concernant la visibilité et la transparence, seul le PCN marocain possède un site Web actif à la pointe de la technologie[13]. Les autres PCN n'ont pas de site Web ou mettent très peu d'informations à disposition.

L'existence de ces difficultés étroitement liées entre elles (ressource, faible niveau d'activité, faibles effectifs, visibilité limitée, relations limitées avec les parties prenantes) n'est pas propre aux PCN de la région MENA, mais elle semble les toucher plus fortement, à l'exception notable du PCN marocain. Les pouvoirs publics devraient faire en sorte que les PCN disposent des ressources et du soutien nécessaires et que leur structure soit propice à gagner la confiance des parties prenantes (OCDE, 2019[44]).

Le renforcement des PCN pourrait prendre la forme d'une participation active à des activités d'apprentissage mutuel proposées par l'OCDE ou d'autres PCN ou de la conduite d'un examen par les pairs. L'Égypte et le Maroc ont assisté aux deux réunions du réseau PCN organisées à l'OCDE en 2019, la Tunisie à une, la Jordanie à aucune. Pour ce qui est des activités d'apprentissage mutuel proposées par les PCN eux-mêmes, le PCN marocain a organisé et accueilli un atelier d'apprentissage mutuel à Rabat en octobre 2019 sur la gestion des circonstances spécifiques dans le cadre des Principes directeurs de l'OCDE, co-animé par le Consensus-Building Institute (CBI), et a participé à plusieurs événements de ce type proposés par d'autres PCN. Les PCN égyptien et tunisien ont également suivi des événements d'apprentissage mutuel organisés par d'autres PCN, mais l'on ne dispose d'aucune donnée pour la Jordanie. Enfin, en 2017, le Secrétariat de l'OCDE et le PCN marocain ont mené une mission d'apprentissage entre pairs avec le PCN jordanien.

On observe une certaine volonté de la part des PCN de la région de participer à ces activités d'apprentissage mutuel, mais le manque de ressources (en particulier le budget de déplacement) peut les freiner. Jusqu'à présent, aucun PCN de la région n'a entrepris d'examen par les pairs, mais la Tunisie s'est engagée à faire examiner son PCN en 2022. En tant qu'adhérents aux Principes directeurs de l'OCDE, l'Égypte, la Jordanie, le Maroc et la Tunisie doivent prendre l'engagement de faire procéder à un examen par les pairs de leur PCN d'ici 2023.

Références

Al Qaisi, F. (2019), « Corporate social responsibility effect on firms financial performance in Jordan », *International Journal of Monetary Economics and Finance*, vol. 12/4, pp. 325-342, http://dx.doi.org/10.1504/IJMEF.2019.101942. [8]

Amnesty International (2020), *Les droits humains au Moyen-Orient et en Afrique du Nord : rétrospective 2019*, Amnesty International, Londres, https://www.amnesty.org/fr/documents/mde01/1357/2020/fr/ (consulté le 1 juin 2020). [24]

BIT (2017), « Purchasing practices and working conditions in global supply chains: Global Survey results », *INWORK Issue Brief* 10, https://www.ilo.org/wcmsp5/groups/public/---ed_protect/---protrav/---travail/documents/publication/wcms_556336.pdf. [32]

Bourse de Casablanca et Autorité Marocaine du Marché des Capitaux (2017), *Guide sur la Responsabilité Sociétale des Entreprises et le reporting ESG*, https://www.casablanca-bourse.com/BourseWeb/UserFiles/File/2017/Mai/Guide%20RSEESGVersion%20soumise%20consultation.pdf (consulté le 19 mai 2020). [17]

Busse, M., P. Nunnenkamp et M. Spatareanu (2011), « Foreign direct investment and labour rights: a panel analysis of bilateral FDI flows », *Applied Economics Letters*, vol. 18/2, pp. 149-152, http://dx.doi.org/10.1080/13504850903559500. [26]

Commission européenne (2015), *Le Commerce pour tous : vers une politique de commerce et d'investissement plus responsable*, https://trade.ec.europa.eu/doclib/docs/2015/october/tradoc_153879.pdf. [5]

Fry, E. (2017), « Can Levi's Make Life Better for Garment Workers? », *Fortune*, https://fortune.com/2017/09/08/levis-change-the-world/ (consulté le 13 octobre 2020). [34]

Gouvernement d'Égypte (2017), *Sustainable Development Strategy: Egypt Vision 2030*, https://mped.gov.eg/EgyptVision?lang=en. [19]

Gouvernement de Jordanie (2016), *Comprehensive National Plan for Human Rights: For the years 2016-2025*, http://jordanembassy.or.id/_2file_obj/pdf/Comprehensive-National-Plan-for-Human-Rights.pdf (consulté le 29 mai 2020). [38]

Gouvernement de Jordanie (2014), *Jordan 2025: A National Vision and Strategy*, http://inform.gov.jo/Portals/0/Report%20PDFs/0.%20General/jo2025part1.pdf (consulté le 29 mai 2020). [21]

Gouvernement du Maroc (2018), *Le plan d'action national en matière de démocratie et des droits de l'Homme (2018-2021)*, http://didh.gov.ma/fr/planification-et-suivi/politiques_publiques/le-plan-daction-national-en-matiere-de-democratie-et-des-droits-de-lhomme-2018-2021/ (consulté le 29 mai 2020). [37]

HCDH (2020), *State national action plans on Business and Human Rights*, Haut-Commissariat des Nations Unies aux droits de l'homme, https://www.ohchr.org/FR/Issues/Business/Pages/NationalActionPlans.aspx (consulté le 29 mai 2020). [36]

Jamali, D. (2017), *Comparative Perspectives on Global Corporate Social Responsibility*, IGI Global, Hershey PA, USA. [11]

Jordan Times (2016), « King urges full implementation of human rights plan », *Jordan Times*, https://www.jordantimes.com/news/local/king-urges-full-implementation-human-rights-plan (consulté le 29 mai 2020). [39]

Kucera, D. (2002), « Core labour standards and foreign direct investment », *International Labour Review*, vol. 141/1-2, pp. 31-69, http://dx.doi.org/10.1111/j.1564-913x.2002.tb00230.x. [27]

NCP for RBC Morocco (2020), *Séminaire de sensibilisation sur « Le devoir de diligence dans le secteur du textile et la chaussure »*, https://pcnmaroc.ma/fr/ncp-news/seminar-on-the-due-diligence-in-the-garment-and-footwear-sector-on-february-26th-2020/. [45]

OCDE (2020), *COVID-19 and responsible business conduct*, Les réponses de l'OCDE face au coronavirus (COVID-19), http://www.oecd.org/coronavirus/policy-responses/covid-19-and-responsible-business-conduct-02150b06/ (consulté le 20 juillet 2020). [9]

OCDE (2020), *Examens de l'OCDE des politiques de l'investissement : Égypte*, OCDE Paris. [4]

OCDE (2019), *Gouvernance d'entreprise dans la région MENA : Cadre d'action pour la compétitivité et la croissance*, Éditions OCDE, https://doi.org/10.1787/f3d4b47c-fr. [22]

OCDE (2019), *Guide for National Contact Points on Structures and Activities*, http://mneguidelines.oecd.org/Guide-for-National-Contact-Points-on-Structures-and-Activities.pdf. [42]

OCDE (2019), *Rapport annuel sur les Principes directeurs de l'OCDE à l'intention des entreprises multinationales 2018*, OCDE, http://mneguidelines.oecd.org/2018-Annual-Report-MNE-Guidelines-FR.pdf (consulté le 29 mai 2020). [6]

OCDE (2019), *Rapport d'étape sur les points de contact nationaux pour la conduite responsable des entreprises*, https://www.oecd.org/fr/rcm/documents/NCPs%20-%20CMIN(2019)7%20-%20FR%20.pdf. [44]

OCDE (2018), *Guide OCDE sur le devoir de diligence applicable aux chaînes d'approvisionnement responsables dans le secteur de l'habillement et de la chaussure*, Éditions OCDE, Paris, https://dx.doi.org/10.1787/9789264290648-fr. [10]

OCDE (2018), *Guide OCDE sur le devoir de diligence pour une conduite responsable des entreprises*, OCDE, Paris, https://www.oecd.org/fr/daf/inv/mne/Guide-OCDE-sur-le-devoir-de-diligence-pour-une-conduite-responsable-des-entreprises.pdf (consulté le 1 juin 2020). [25]

OCDE (2017), *Responsible business conduct for institutional investors: Key considerations for due diligence under the OECD Guidelines for Multinational Enterprises*, https://mneguidelines.oecd.org/RBC-for-Institutional-Investors.pdf. [7]

OCDE (2016), « Guide OCDE-FAO pour des filières agricoles responsables », https://www.oecd-ilibrary.org/agriculture-and-food/guide-ocde-fao-pour-des-filieres-agricoles-responsables_9789264264038-fr. [33]

OCDE (2016), *Stocktaking report on MENA Public Procurement Systems: MENA-OECD Network on Public Procurement*, OCDE, https://www.oecd.org/governance/ethics/Stocktaking_MENA_Public_Procurement_Systems.pdf (consulté le 19 mai 2020). [41]

OCDE (2015), *Cadre d'action pour l'investissement, Édition 2015*, Éditions OCDE, Paris, https://dx.doi.org/10.1787/9789264235441-fr. [1]

OCDE (2015), *Lignes directrices de l'OCDE sur la gouvernance des entreprises publiques, Édition 2015*, Éditions OCDE, Paris, https://dx.doi.org/10.1787/9789264244221-fr. [40]

OCDE (2013), *OECD Investment Policy Reviews: Jordan 2013*, Examens de l'OCDE des politiques de l'investissement, Éditions OCDE, Paris, https://dx.doi.org/10.1787/9789264202276-en. [12]

OCDE (2012), *Examens de l'OCDE des politiques de l'investissement : Tunisie 2012*, Examens de l'OCDE des politiques de l'investissement, Éditions OCDE, Paris, https://dx.doi.org/10.1787/9789264179431-fr. [13]

OCDE (2011), *Décision du Conseil sur les Principes directeurs de l'OCDE à l'intention des entreprises multinationales C/M(2011)11/PROV*, https://legalinstruments.oecd.org/fr/instruments/OECD-LEGAL-0307. [43]

OCDE (2011), *La Déclaration de l'OCDE et les Décisions sur l'investissement international et les entreprises multinationales, Édition 2011*, OCDE, Paris, https://www.oecd.org/fr/investissement/politiques-investissement/ladeclarationdelocdeetlesdecisions.htm (consulté le 12 mai 2020). [3]

OCDE (2011), *Les principes directeurs de l'OCDE à l'intention des entreprises multinationales, Édition 2011*, Éditions OCDE, Paris, https://www.oecd.org/fr/daf/inv/mne/2011102-fr.pdf (consulté le 12 mai 2020). [2]

OIT (2018), *Rapport intérimaire - Rapport No. 386, juin 2018 Cas n °3210 (Algérie) - Date de la plainte: 26-APR-16 - Active*, https://www.ilo.org/dyn/normlex/fr/f?p=1000:50002:0::NO:50002:P50002_COMPLAINT_TEXT_ID:3950204 (consulté le 19 mai 2020). [28]

OIT (2015), *Rapport définitif - Rapport No. 375, Juin 2015 Cas no 3025 (Égypte) - Date de la plainte 17 mai 13 - Clos*, https://www.ilo.org/dyn/normlex/fr/f?p=1000:50002:0::NO:50002:P50002_COMPLAINT_TEXT_ID:3241132 (consulté le 19 mai 2020). [29]

OIT (2012), *Cas no 2977 (Jordanie) - Date de la plainte: 22-mai-12*, https://www.ilo.org/dyn/normlex/fr/f?p=1000:50001:0::NO::P50001_COMPLAINT_FILE_ID:3074665:NO (consulté le 19 mai 2020). [30]

OIT (1919-2020), *Conventions et Recommandations de l'Organisation internationale du travail*, https://www.ilo.org/dyn/normlex/fr/ (consulté le 19 mai 2020). [31]

Ould Daoud Ellili, N. (2020), « Environmental, Social, and Governance Disclosure, Ownership Structure and Cost of Capital: Evidence from the UAE », *Sustainability*, vol. 12/18, p. 7706, http://dx.doi.org/10.3390/su12187706. [23]

Palestinian Authority (2016), *State of Palestine: 2017-22 National Policy Agenda*, http://planipolis.iiep.unesco.org/fr/node/6302 (consulté le 19 mai 2020). [20]

PRI, CFA Institute (2019), « ESG Integration in Europe, the Middle East and Africa: Markets, Practices and Data », https://www.cfainstitute.org/-/media/documents/survey/esg-integration-in-emea.ashx. [46]

S&P Dow Jones Indices (2020), « S&P/Hawkamah ESG Indices methodology ». [18]

SSE (2020), *Initiative pour des marchés boursiers durables*, https://sseinitiative.org/exchanges-filter-search/ (consulté le 19 mai 2020). [16]

Sustainable Square (2019), « The 2018 State of Sustainability and CSR in the MENA region », https://sustainablesquare.com/wp-content/uploads/2019/05/2018-STATE-OF-SUSTAINABILITY-AND-CSR-IN-THE-MENA-REGION.pdf. [14]

UNGC (2020), *Our Participants | UN Global Compact*, Pacte mondial des Nations Unies, https://www.unglobalcompact.org/what-is-gc/participants/search?utf8=%E2%9C%93&search%5Bkeywords%5D=&search%5Bsort_field%5D=&search%5Bsort_direction%5D=asc (consulté le 19 mai 2020). [15]

Yale Center for Environmental Law and Policy (2018), *Environmental Performance Index 2018*, https://epi.envirocenter.yale.edu/epi-report-2018/executive-summary (consulté le 19 mai 2020). [35]

Notes

[1] Les instruments de CRE de l'OCDE pour l'exercice du devoir de diligence sont : le Guide OCDE sur le devoir de diligence pour des chaînes d'approvisionnement responsables en minerais provenant de zones de conflit ou à haut risque, le Guide OCDE-FAO pour des filières agricoles responsables, le Guide OCDE sur le devoir de diligence pour un engagement constructif des parties prenantes dans le secteur extractif, le Guide OCDE sur le devoir de diligence pour des chaînes d'approvisionnement responsables dans le secteur de l'habillement et de la chaussure et le Guide de l'OCDE du devoir de diligence pour une conduite responsable des entreprises.

[2] Le Royaume-Uni est le septième plus gros investisseur dans les huit pays examinés en ce qui concerne les investissements sur site viergeprévus entre 2003 et 2019. Il est le plus gros investisseur étranger direct en Égypte en termes de flux d'IDE entrants.

[3] Outre les exemples cités, la directive européenne 2014/95/UE sur la publication d'informations non financières impose à certaines entreprises de publier des informations non financières et relatives à la diversité et les encourage à s'appuyer sur des cadres appropriés, tels que les Principes directeurs, pour les fournir. Voir : https://eur-lex.europa.eu/legal-content/EN/TXT/?uri=CELEX%3A32014L0095

[4] Pour une liste complète des accords euro-méditerranéens d'association, voir : https://eur-lex.europa.eu/legal-content/FR/TXT/?uri=LEGISSUM:r14104

[5] Pour une présentation globale des accords de libre-échange et des autres accords commerciaux, voir : https://trade.ec.europa.eu/doclib/docs/2006/december/tradoc_118238.pdf

[6] La Bourse égyptienne suit 8 indices : l'EGX30, EGX50 EWI, l'EGX20 Capped, l'EGX70, l'EGX100, le Banks Sector Index, le Nile Index et le S&P EGX ESG. Le choix de comparer le S&P EGX ESG et l'EGX100 s'explique par le fait que ce dernier comprend un plus large éventail d'entreprises, en termes de taille et de secteur, que les autres. Il regroupe en effet les entreprises de l'EGX30 et de l'EGX70. En outre, les 30 entreprises figurant dans le S&P EGX ESG sont également actuellement présentes dans l'EGX100. Le S&P EGX ESG tel qu'il est aujourd'hui pourrait donc être vu comme une sélection des 30 meilleures entreprises en termes de RSE parmi les 100 cotées dans l'EGX100. L'ESG30 peut être considéré comme

l'indice regroupant les 30 premières entreprises en termes de liquidité et d'activité sur les 100 de l'EGX100.

[7] L'étude a porté sur des entreprises des Émirats arabes unies, d'Arabie saoudite, d'Égypte, du Maroc, de Tunisie, d'Algérie, du Qatar, d'Oman, du Koweït, du Liban, de Bahreïn, de Jordanie, de Mauritanie, du Yémen, de Libye, d'Iraq, de l'Autorité palestinienne et du Soudan. Les résultats se fondent sur les réponses de 638 entreprises opérant dans 16 secteurs, dont 71 % d'entreprises cotées et 84 % d'entreprises publiques. Les secteurs représentés sont les suivants : finance et banque, manufacture, médias et télécommunications, alimentation et boissons, pétrole et gaz, tourisme, distribution, biens ménagers personnels, construction, santé, transport et logistique, services, automobile, produits chimiques, services aux collectivités et conglomérats.

[8] Pour davantage d'informations, voir : http://rse.cgem.ma/label-rse.php

[9] Pour davantage d'informations sur la Sustainable Stock Exchanges Initiative, voir : https://sseinitiative.org/stock-exchange/ase/

[10] L'étude a comparé plusieurs catégories de publication, dont celle d'informations non financières, des 50 plus grandes entreprises cotées sur 11 marchés MENA : Bahreïn, Égypte, Jordanie, Liban, Koweït, Maroc, Oman, Qatar, Arabie saoudite, Tunisie et EAU.

[11] Les neuf instruments internationaux fondamentaux relatifs aux droits de l'homme couvrent les droits civils, politiques, économiques, sociaux et culturels, les droits des enfants, les droits des personnes handicapées, l'élimination de la discrimination raciale et à l'égard les femmes, l'élimination de la torture et autres traitements cruels, inhumains ou dégradants, la protection des droits des travailleurs migrants et de leur famille et la protection contre les disparitions forcées. La liste complète des traités internationaux relatifs aux droits de l'homme est disponible sur la page : https://www.ohchr.org/FR/ProfessionalInterest/Pages/CoreInstruments.aspx

[12] Les chiffres concernant les entreprises cotées en Bourse détenues par des États dans la région MENA couvrent tous les pays de la région, soit l'Algérie, l'Autorité palestinienne, le Bahreïn, Djibouti, l'Égypte, l'Iraq, la Jordanie, le Koweït, le Liban, la Libye, la Mauritanie, le Maroc, Oman, le Qatar, l'Arabie saoudite, la Tunisie, les Émirats arabes unis et le Yémen (OCDE, 2019[22]).

[13] Voir https://www.pcnmaroc.ma/.

11 Le rôle de l'intégrité dans l'investissement durable

Ce chapitre étudie la manière dont l'adoption et la promotion, par les gouvernements de la région MENA et le secteur privé, de mesures contre la corruption et en faveur de l'intégrité peuvent contribuer à un investissement plus durable et, par conséquent, à un développement économique inclusif. Il examine le lien entre corruption, intégrité et investissement, et analyse les risques de corruption et leur occurrence à chaque étape du processus d'investissement. Pour faire avancer les initiatives en faveur de l'intégrité, les gouvernements de la région MENA devraient renforcer les liens entre les cadres et les stratégies d'investissement et de lutte contre la corruption à l'échelle nationale, et s'appuyer davantage sur les conventions et instruments internationaux contre la corruption. Le secteur privé a lui aussi un rôle essentiel à jouer dans ce combat.

Résumé et considérations intéressant l'action publique

Dans le domaine de l'investissement, renforcer l'intégrité revêt une importance considérable pour les économies de la région MENA. L'intégrité dans les affaires et la transparence sont essentielles pour attirer des investissements de qualité et favoriser le développement durable. Si les niveaux de perception de la corruption varient au sein de la région MENA, ils demeurent élevés, ce qui nuit à la confiance des investisseurs et à l'environnement des affaires. Ces dernières années, la corruption est peu à peu devenue une priorité des programmes de réforme dans la région : de nouvelles législations et stratégies nationales ont été élaborées dans un certain nombre d'économies, au Maroc et en Tunisie notamment, et des institutions spécialisées dans la lutte contre la corruption sont apparues, par exemple en Jordanie. La corruption reste néanmoins un problèmepersistant, comme l'ont montré les manifestations de masse au Liban et en Algérie durant l'année écoulée, et menace incontestablement la stabilité politique, le développement économique et la cohésion sociale des économies MENA.

Les gouvernements ont à leur disposition différentes options de politique publique et stratégies pour réduire la corruption à chaque étape du processus d'investissement. Cependant, la plupart des huit économies MENA étudiées dans le présent rapport (ci-après désignées « économies cibles » ou « économies examinées ») ont jusqu'à présent traité séparément les objectifs d'intégrité et d'investissement durable. Certains gouvernements mènent des politiques actives visant à promouvoir et faciliter l'investissement dans le but de créer des emplois, des recettes et une croissance productive, entre autres. Plusieurs des économies étudiées ont également renforcé leur arsenal juridique et institutionnel anti-corruption ces derniers temps. Toutefois, les liens entre intégrité et investissement durable requièrent l'adoption d'une approche plus globale tant au plan des politiques publiques qu'au niveau du cadre institutionnel. Les organismes chargés de l'investissement et de la lutte contre la corruption, ainsi que les responsables des politiques publiques, doivent se coordonner de façon plus étroite pour faire avancer leurs programmes respectifs de manière à ce qu'ils se renforcent mutuellement.

Les gouvernements de la région MENA pourraient s'appuyer davantage sur les instruments et normes de lutte anti-corruption adoptés à l'échelle régionale et internationale, et devraient veiller à la convergence progressive de leurs cadres réglementaires nationaux avec ces instruments. La Convention des Nations unies contre la corruption (CNUCC), ratifiée par l'ensemble des économies MENA étudiées, exige en particulier l'instauration d'une stratégie complète de prévention et de lutte anti-corruption. La Convention de l'OCDE sur la lutte contre la corruption d'agents publics étrangers dans les transactions commerciales internationales criminalise la corruption d'agents publics étrangers par des entreprises privées dans le cadre de transactions commerciales internationales, établissant des mécanismes solides propres à garantir et contrôler son application. Bien que les économies MENA étudiées ne soient pas partie à la Convention de l'OCDE contre la corruption, les dispositions de cette dernière peuvent guider les gouvernements dans leurs efforts de promotion de l'intégrité. En outre, ces dispositions affectent les entreprises étrangères présentes dans la région, qui doivent respecterles obligations que leur impose leur juridiction d'origine lorsqu'elles font des affaires à l'étranger. En mettant ces normes en application, les gouvernements de la région MENA montreront aux investisseurs locaux et internationaux qu'ils soutiennent des conditions de concurrence équitables pour toutes les entreprises.

Enfin, une culture de l'intégrité ne peut pas reposer uniquement sur des réglementations publiques : le secteur privé a lui aussi un rôle essentiel à jouer en prenant des mesures complémentaires, qui se renforcent mutuellement. Il est capital que les gouvernements de la région MENA intègrent le secteur privé dans la prévention de la corruption au travers de bonnes pratiquesdes affaires, de l'adoption d'une politique anti-corruption dédiée aux entreprises et de mesures visant à faire respecter ces dispositions. Le secteur privé a un rôle décisif à jouer dans l'amélioration de l'intégrité et de la responsabilité des entreprises afin de favoriser la confiance à l'égard de celles-ci. Il convient aussi de soutenir les initiatives multipartites existantes visant à promouvoir un environnement des affairessain, et d'envisager de nouvelles pistes innovantes de collaboration public-privé. En renforçant leurs cadres d'intégrité et en agissant de concert, entreprises et gouvernements peuvent manifester leur plein soutien en faveur d'un environnement propice aux affaires, dans le but d'accroître l'investissement dans la région MENA.

Considérations intéressant l'action publique

- Renforcer les liens entre les cadres d'intégrité et d'investissement à l'échelle nationale. Les organes de promotion de l'investissement et les organismes de lutte contre la corruption devraient concevoir des outils et des pratiques leur permettant de se coordonner et d'assurer une communication efficace de leurs objectifs communs. En matière d'efforts pour attirer les investissements, les objectifs pourraient être mieux intégrés aux stratégies anti-corruption. De même, les politiques d'investissement doivent faire de l'intégrité et de la bonne gouvernance une priorité à chaque étape du processus d'investissement.
- S'appuyer sur les conventions et les normes régionales et internationales, et sur les instruments qui y sont associés, dans la lutte contre la corruption. Les économies MENA gagnent à bien mettre en œuvre les instruments anti-corruption auxquels elles ont adhéré car elles envoient ainsi aux investisseurs étrangers un signal fort de convergence avec les normes internationales. En outre, d'autres instruments internationaux qu'elles n'ont pas encore adoptés peuvent aider à encourager des efforts nationaux de promotion de l'intégrité dans les transactions commerciales.
- Collaborer avec le secteur privé et promouvoir des initiatives multipartites pour favoriser l'intégrité dans les affaires. Gouvernements et entreprises ont une responsabilité partagée. Il est essentiel d'intégrer le secteur privé dans la prévention de la corruption au travers de bonnes pratiques commerciales, en particulier en renforçant les cadres de conformité à l'échelle des entreprises, et d'efforts collectifs visant à empêcher la corruption et à traiter les problèmes de sollicitation de pots-de-vin au sein des différents secteurs d'activité.

Investissement, intégrité et lutte contre la corruption

Défis et état des lieux dans la région MENA

Des estimations ont chiffré la corruption à 2.5 % environ du PIB mondial chaque année, une proportion équivalente à l'économie française (OCDE, 2017). Dans les pays en développement, la corruption représenterait quelque 10 % du coût total relatif à la conduite des affaires (UNPRI, 2016). La corruption sape la confiance des investisseurs, porte préjudice au bien être,entraîne une mauvaise affectation des ressources et peut avoir des retombées très négatives sur des services publics de base comme la santé ou les infrastructures. La corruption affecte le volume et l'efficacité des investissements, en augmentant les coûts de production et les incertitudes autour des projets, ce qui réduit les rendements et accroît les risques. Elle nuit également à la qualité des investissements, menaçant leur durabilité et leurs externalités positives en termes de croissance, d'innovation et d'avancées technologiques.

La lutte contre la corruption est une priorité des programmes de développement économique des économies MENA étudiées. Les études relatives à la région mettent en lumière l'ampleur de l'impact négatif de la corruption sur la croissance du PIB et les flux d'investissements directs étrangers (IDE) (Al-Khouri et Khalik, 2013; Awdeh et Hamadi, 2019). Il apparaît qu'une augmentation de l'intégrité dans les affaires dans les économies MENA améliore l'effet positif des IDE sur le développement économique, soulignant l'importance des synergies entre la lutte contre la corruption et la promotion d'IDE de qualité (Hakimi et Hamdi, 2017).

Si les niveaux d'intégrité sont variables au sein de la région, le tableau d'ensemble reste sombre en ce qui concerne les principaux indicateurs internationaux de corruption. En 2018 comme en 2019, aucune des économies MENA étudiées n'a dépassé 50 à l'Indice de perception de la corruption (IPC) de Transparency International (soit un score « passable », zéro indiquant une forte corruption et 100, une intégrité élevée) (2018a). Cet indice classe les économies selon la perception qu'ont des experts et chefs d'entreprise du degré de corruption de leur secteur public. De la même manière, toutes les économies de la région à l'exception de la Jordanie obtiennent un mauvais score à l'Indice de contrôle de la corruption de la Banque mondiale (Banque mondiale, 2020)

La Libye et, dans une moindre mesure, le Liban et l'Algérie, pâtissent d'un degré particulièrement élevé de perception de la corruption (Graphique 11.1). La Jordanie, la Tunisie et le Maroc, en revanche, font meilleure figure que leurs pairs. En termes d'évolution de la perception de la corruption au fil du temps, le Maroc et l'Égypte sont les économies qui ont vu leur score progresser le plus depuis 2007. De manière générale néanmoins, la perception de la corruption dans les économies MENA étudiées ne semble pas s'être sensiblement améliorée au cours de la décennie écoulée. Les récentes manifestations de grogne sociale qu'a connues la région, y compris dans des pays qui avaient été moins en proie aux mouvements sociaux de 2011, comme le Liban, en sont une bonne illustration. Ces mobilisations populaires expriment un mécontentement manifeste face à l'absence de possibilités économiques, à des gouvernements faibles qui ne rendent pas de comptes sur leur action, ainsi qu'à une corruption généralisée.

Graphique 11.1. Évolution des scores IPC par économie dans un échantillon de pays MENA (2007-2019)

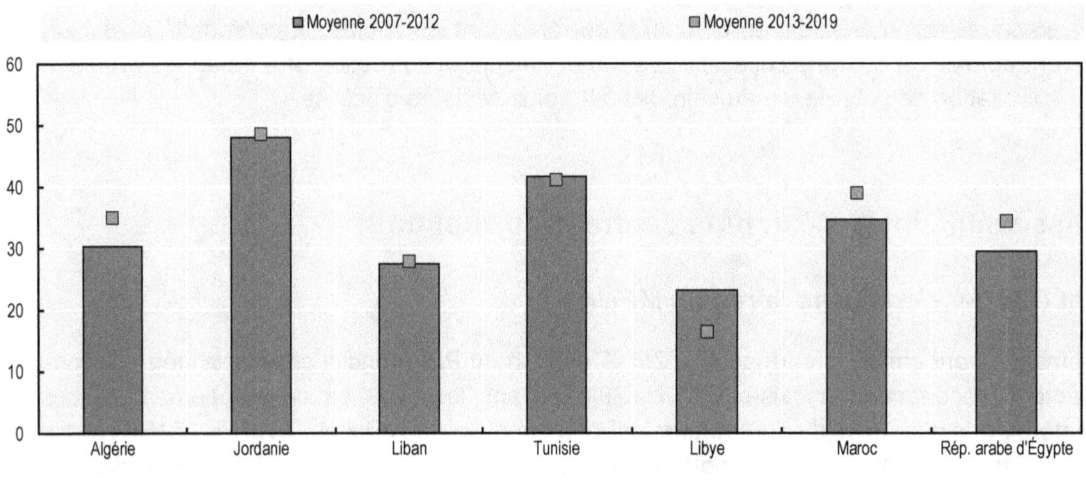

Note : La méthode utilisée par Transparency International pour établir l'IPC a été actualisée en 2012. En conséquence, les scores IPC antérieurs à 2012 ont été multipliés par 10 de façon à permettre une comparaison visuelle avec ceux des années suivantes. Il n'y a pas de score IPC disponible pour l'Autorité palestinienne.
Source : Chiffres des auteurs fondés sur les données de l'Indice de perception de la corruption de Transparency International.

En 2007, les membres de l'ASEAN et les économies MENA affichaient des niveaux comparables de perception de la corruption et, jusqu'en 2008, les premiers étaient même perçus comme plus corrompus, en moyenne, que les secondes (Graphique 11.2). Au cours des années suivantes, cette relation s'est cependant inversée, les entreprises et observateurs internationaux jugeant de plus en plus les pays de l'ASEAN moins corrompus que les économies MENA. Cette évolution est principalement attribuable à l'amélioration régulière des scores de l'ASEAN par rapport à la stagnation, voire à la dégradation dans certains cas, de ceux de la région MENA.

Graphique 11.2. Scores IPC moyens des économies de la région MENA et de l'ANASE (2007-2019)

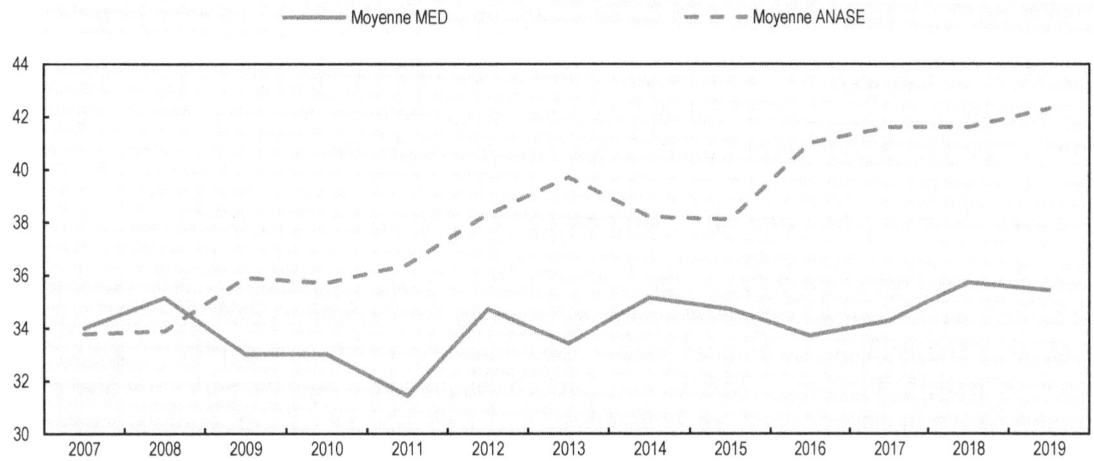

Note : La méthode utilisée par Transparency International pour établir l'IPC a été actualisée en 2012. En conséquence, les scores IPC antérieurs à 2012 ont été multipliés par 10 de façon à permettre une comparaison visuelle avec ceux des années suivantes. Il n'y a pas de score IPC disponible pour l'Autorité palestinienne.
Source : Calculs des auteurs fondés sur les données de l'Indice de perception de la corruption de Transparency International.

Accroître l'intégrité pour favoriser la confiance des investisseurs internationaux et maximiser l'impact positif des IDE sur l'économie constitue une priorité pour les gouvernements de la région MENA. La promotion de l'investissement durable et la lutte contre la corruption sont des processus qui se renforcent mutuellement et qui devraient être considérés comme tels par les responsables des politiques publiques chargés de l'investissement et de la lutte contre la corruption. Les gouvernements de la région MENA mènent des politiques actives visant à promouvoir et faciliter l'investissement dans le but de créer des emplois, des recettes et une croissance productive à l'échelle locale. Des agences de promotion des investissements (API) ont été mises en place pour attirer les investissements et mieux tirer profit de leurs avantages (chapitre 6). Un certain nombre d'économies de la région ont récemment adopté des stratégies visant à renforcer leur cadre anti-corruption et à promouvoir l'intégrité dans les affaires, et ont établi des organes anti-corruption dédiés.

Pour autant, les gouvernements ne traitent pas ces problèmes d'une manière globale et concertée. Ainsi, leurs efforts se cantonnent essentiellement à la législation pénale et anti-corruption nationale , au lieu de traiter le phénomène comme un frein au développement économique et aux investissements internationaux. À l'inverse, les stratégies de promotion de l'investissement dans la région ont davantage ciblé la création d'un cadre réglementaire propice aux affaires que le renforcement de l'intégrité dans ce domaine comme facteur d'amélioration du climat d'investissement. Comme indiqué ci-après, les risques de corruption peuvent se concrétiser à différentes étapes du processus d'investissement. Ceci, ainsi que les liens entre intégrité et investissement durable, appelle une approche globale et étendue à toutes les composantes du gouvernement, visant les cadres politique et institutionnel qui régissent l'intégrité et l'investissement.

La confiance dans le gouvernement, des institutions solides et efficaces, et une bonne gouvernance concourent toutes à accroître la confiance des investisseurs et le niveau d'intégrité perçu. Les chiffres de Transparency International (2019) font état d'une faible confiance dans les gouvernements de l'ensemble de la région MENA, malgré des disparités d'une économie à l'autre[1]. Les niveaux de confiance dans les institutions publiques sont particulièrement faibles au Liban et dans l'Autorité palestinienne, où 80 % et 50 % respectivement des sondés déclarent n'avoir que peu ou pas confiance dans le gouvernement, tandis qu'en Jordanie, ce niveau est plus bien élevé, 60 % des sondés disant avoir confiance dans le gouvernement.

L'efficacité, la qualité et les capacités institutionnelles sont également d'importants prérequis pour garantir des transactions commerciales saines et promouvoir l'intégrité. Des institutions solides sont non seulement essentielles au maintien d'un environnement des affaires prévisible et transparent, mais déterminent aussi l'augmentation des probabilités de détection, poursuites et prévention des affaires de corruption. Des données montrent que les réformes structurelles, dont la rationalisation des fonctions de l'État, le recours aux prix du marché et un environnement réglementaire sain, contribuent à une réduction substantielle de la corruption dans les économies en transition (Abed et Davoodi, 2000).

Les risques de corruption aux différents stades du processus d'investissement

Un investisseur peut recourir à la corruption pour entrer sur un marché étranger ; obtenir ou conserver un contrat public, une licence ou un dédouanement ; avoir accès à des matières premières ou à des devises ; ou bénéficier d'incitations ou d'avantages fiscaux spécifiques. Pour combattre et prévenir la corruption de la part d'investisseurs étrangers, il est donc important de comprendre à quel moment et de quelle manière les risques de corruption peuvent se concrétiser. Plusieurs stades du processus d'investissement international particulièrement exposés aux risques de corruption sont présentés ci-dessous.

L'entrée sur le marché

Lors de l'entrée sur un marché étranger, les investisseurs internationaux doivent se soumettre à un certain nombre de procédures administratives et contractuelles. Selon le type d'IDE concerné (investissement de création ou fusion-acquisition) et sa destination (géographique et sectorielle), il peut s'agir de procédures de sélection ou d'autorisation, de permis d'investissement, de l'enregistrement de l'entreprise, d'exigences de fonds propres, de dédouanement ou bien de procédures de marché public (encadré 11.1)

L'entrée sur le marché est une phase à haut risque du processus d'investissement. L'analyse par l'OCDE (2017) des données sur la corruption transnationale obtenues auprès des autorités répressives montre que 76 % des pots-de-vin considérés ont été versés à ce stade du processus et étaient liés aux formalités administratives. Plus précisément, 57 % visaient à s'assurer un marché public, 12 % à obtenir un dédouanement, 6 % à acquérir une licence ou un autre type d'autorisation et 1 % à disposer d'un visa de voyage. Parmi les agents publics ayant perçu des pots-de-vin, 11 % travaillaient pour les douanes, 3 % dans les marchés publics et 1 % pour les services de l'immigration.

Ces chiffres montrent à quel point il est important de rationaliser les règles d'entrée sur le marché afin qu'elles soient prévisibles et accessibles aux investisseurs étrangers (chapitre 4). La clarté et l'absence d'ambiguïté des règles et des contraintes en termes d'entrée sur le marché sont une condition requise pour réduire les risques de voir l'octroi de licences, de permis ou de marchés publics laissé à la discrétion des agents.

Dans les économies MENA étudiées, le cadre juridique de l'entrée des investisseurs étrangers sur le marché n'est pas toujours lisible et transparent. Souvent, des précisions concernant des mesures discriminantes ne sont pas disponibles en anglais ou donnent lieu à de longues listes, régulièrement actualisées, de secteurs ouverts, compliquant la compréhension des règles en vigueur par les investisseurs. Une approche plus transparente et prévisible consiste à établir une « liste négative » répertoriant les seuls secteurs ou sous-secteurs non autorisés, tous les autres projets d'investissement étrangers étant permis sans conditions discriminantes. Parmi les économies MENA étudiées, la Jordanie propose une liste de ce type, et la Tunisie et l'Algérie sont en train d'adopter cette approche.

La plupart de ces économies ont par ailleurs mis en place un système de « guichet unique » afin de réduire le nombre d'étapes nécessaires à la création d'une entreprise, et dans certains cas (par exemple, les centres de services aux investisseurs en Égypte), les procédures peuvent être effectuées en ligne. Ces initiatives devraient permettre de limiter les risques de corruption, même si l'on ne sait pas encore précisément dans quelle mesure ces guichets uniques (et portails en ligne) sont véritablement fonctionnels dans les économies MENA (chapitre 6).

Encadré 11.1. Étude de cas : la corruption à l'entrée sur un marché étranger dans le cadre d'un marché public

En 2016, la Cour de justice nationale espagnole a déclaré les entreprises espagnoles de transport et d'infrastructures Elecnor, Assignia et Rover Alcisa coupables de blanchiment d'argent et de corruption d'agents publics étrangers dans le cadre de leurs activités en Algérie. Par l'intermédiaire d'un vaste réseau criminel, les entreprises avaient versé quelque 3 millions d'euros de pots-de-vin à des fonctionnaires algériens afin d'obtenir l'octroi de projets de construction portant sur des rails de tramway et une usine de désalinisation dans le sud et le nord du pays, respectivement. Les versements étaient effectués depuis les Pays-Bas par une entreprise néerlandaise vers une société de conseil algérienne, ainsi que par un intermédiaire espagnol à l'aide de transferts Western Union vers des membres de la famille des agents algériens résidant en France.

Source : Transparency International (2018b).

Les procédures d'urgence mises en place par les gouvernements dans le contexte de la crise sanitaire et économique liée au COVID-19 ont accru les risques de corruption dans les marchés publics. De nombreux pays ont fait appel à ces procédures d'urgence pour contenir la propagation du virus ou, dans certains cas, pour importer des fournitures et matériels médicaux. Les données de l'OCDE montrent que le secteur de la santé concentre un grand nombre des cas de corruption transnationale récemment identifiés. D'autres risques et manquements potentiels à l'intégrité sont liés aux mesures économiques et budgétaires sans précédent prises face à la crise économique. Ces mesures pourraient donner lieu à des actes de corruption et représentent un test pour les systèmes de gestion financière publics. Les gouvernements devraient s'assurer que la gestion des plans de relance économique ne fait pas peser de menace sur l'intégrité publique et que ces plans produisent les résultats escomptés (OCDE, 2020).

La protection des droits de propriété

La protection des droits de propriété et d'utilisation des sols dans l'économie hôte est essentielle à la confiance des investisseurs internationaux. Les cas de corruption dans ce domaine peuvent consister en la sollicitation de pots-de-vin par des agents publics en échange de l'accès à des terres, ou en l'utilisation par les investisseurs de pratiques de corruption visant à s'assurer et conserver des droits de propriété.

La clarté et la prévisibilité juridiques, notamment contre les expropriations arbitraires, de même que la transparence en matière d'enregistrement et d'administration des terres (grâce, par exemple, à la tenue adéquate de registres publics), peuvent contribuer à limiter les risques de corruption en améliorant les asymétries d'information (chapitre 3). En outre, la distribution des terres selon des mécanismes de marché et une tarification fondée sur le marché, plutôt qu'au moyen de procédures centralisées accumulant les formalités administratives, peut réduire les risques de corruption en limitant les possibilités de décisions arbitraires de la part d'agents publics. À cet égard, la numérisation peut jouer un rôle particulièrement positif.

En ce qui concerne la configuration institutionnelle, une meilleure coordination et une répartition plus claire des responsabilités entre l'administration centrale et les autorités foncières locales peuvent améliorer la communication, le partage de connaissances et l'affectation des ressources (OCDE, 2015).

La fiscalité et les incitations à l'investissement

La collecte de l'impôt et l'octroi d'incitations sont particulièrement exposés aux risques de corruption, non seulement parce que leurs processus sont complexes et opaques, mais aussi en raison de l'ampleur des gains potentiels en jeu. Un niveau élevé de corruption va souvent de pair avec de faibles recettes fiscales (FMI, 2019b).

Des politiques mal conçues, un manque de transparence et la lourdeur de l'administration fiscale constituent autant de facteurs accroissant le risque de corruption dans le domaine fiscal. Une analyse transnationale laisse à penser que les autorités fiscales jouent un rôle important dans le contrôle de la corruption, les données montrant que plus la législation fiscale est complexe, plus le risque de corruption est élevé (FMI, 2019a). Des corrélations comparables apparaissent lorsque l'on recense le nombre d'impôts à payer, le temps consacré aux contrôles fiscaux et remboursements de TVA, et la charge administratives (en temps et en procédures). À l'inverse, une plus grande transparence fiscale et une plus forte numérisation des services publics sont des caractéristiques essentielles d'un environnement des affaires clair et sain (ibid.).

Le manque de transparence dans la conception et l'affectation des incitations à l'investissement constitue également le principal facteur de corruption à ce stade du cycle de vie des investissements (chapitre 7). Lorsque les conditions requises pour bénéficier de ces incitations ne sont pas claires, les autorités peuvent plus facilement faire usage de leur pouvoir discrétionnaire et les possibilités de corruption sont plus nombreuses. Pour éviter les abus, il est important de veiller à ce que les incitations fiscales et financières offertes aux investisseurs internationaux, ainsi que leurs critères d'octroi, soient clairs et précis, et de réduire au minimum les formulations vagues et les règles *ad hoc*. En outre, l'octroi d'incitations fondées sur la législation fiscale peut limiter les possibilités de corruption et la planification fiscale agressive par les entreprises internationales (Banque mondiale, 2017).

L'accès aux financements et aux devises, et le rapatriement des bénéfices

À l'instar des administrations publiques, les établissements bancaires des économies hôtes peuvent imposer de lourdes contraintes ou procédures bureaucratiques aux investisseurs en quête de prêts ou d'autres services financiers. L'accès aux devises peut également être difficile. Des conditions excessivement strictes et des règles peu claires en termes de contrôle des changes laissent une marge de décision discrétionnaire aux autorités, et peuvent donc favoriser le recours à la corruption. L'automatisation et l'usage des mécanismes et des prix du marché comme substituts au pouvoir discrétionnaire des autorités peuvent réduire ces risques.

Enfin, les investisseurs peuvent recourir à la corruption lors du rapatriement de capitaux ou de bénéfices, afin de surmonter les restrictions et les règles de contrôle des changes encore en vigueur dans un grand nombre d'économies MENA, d'éviter les règles de fixation des prix de transfert ou de se soustraire à l'impôt. Lorsque des flux financiers illicites sont en jeu (évasion fiscale, blanchiment d'argent, financement du terrorisme, etc.), les investisseurs peuvent proposer des pots-de-vin pour éviter d'être inquiétés. Ces risques peuvent être réduits au moyen de processus adéquats de contrôle et de respect des obligations fiscales, et d'une coopération avec les institutions financières et gouvernementales compétentes.

Options de politique publique pour renforcer le rôle de l'intégrité dans l'investissement durable

Les gouvernements ont à leur disposition différentes options de politique publique et stratégies pour réduire la corruption à chaque étape du processus d'investissement. Trois grandes approches peuvent être envisagées : renforcer les liens entre les cadres et stratégies d'investissement et de lutte contre la corruption à l'échelle nationale ; s'appuyer sur les conventions et normes internationales relatives à l'intégrité et les appliquer et assurer une convergence vers les conventions et bonnes pratiques internationales dans ce domaine ; enfin, tirer parti de la contribution essentielle du secteur privé à la lutte contre la corruption.

Renforcer les liens entre les cadres d'intégrité et d'investissement à l'échelle nationale

La lutte contre la corruption et la promotion de l'investissement durable constituent des priorités de politique publique mutuellement bénéfiques et devraient donc faire l'objet d'une approche globale. Les responsables des politiques publiques devraient par conséquent renforcer les liens entre les cadres juridiques et institutionnels en matière d'investissement et de lutte contre la corruption. Si ces liens existent parfois dans la région MENA, davantage d'efforts pourraient être déployés en ce sens.

En ce qui concerne le cadre juridique des investissements par exemple, les dispositions en matière d'intégrité sont insuffisamment intégrées aux législations sur l'investissement des huit économies considérées. L'Égypte est la seule des économies MENA étudiées à faire explicitement référence aux questions de corruption dans sa loi, qui dispose que tout projet d'investissement reposant sur des actes de corruption se voit privé des garanties et incitations prévues par la loi.

Par ailleurs, les stratégies nationales anti-corruption ne tiennent souvent pas compte des avantages économiques d'un climat des affaires exempt de corruption. Parmi les exceptions notables figurent la Stratégie nationale égyptienne de lutte anticorruption 2019-2022 et la Stratégie nationale marocaine de lutte anti-corruption 2017-2025, qui qualifient explicitement la corruption de menace pour l'attractivité de leur pays aux yeux des investisseurs internationaux. Les stratégies nationales peuvent être un moyen efficace d'inclure les investisseurs et les décideurs responsables de l'investissement dans lutte contre la corruption, notamment en termes de coopération interinstitutionnelle entre les organes nationaux actifs dans ces domaines, et entre les secteurs public et privé.

S'agissant de la coopération interinstitutionnelle, la stratégie marocaine confie au ministère de l'Industrie, du Commerce et de l'Économie verte et numérique la responsabilité de coordonner les projets relatifs à la numérisation de l'administration publique. De manière comparable, la Stratégie anti-corruption 2020-2022 proposée par l'Autorité palestinienne prévoit que le ministère de l'Économie nationale collabore avec la Commission anti-corruption dans l'application des codes de conduite de certaines institutions publiques, et renforce les règles relatives à la gouvernance d'entreprise (Palestinian Anti-Corruption Commission, 2020). Enfin, dans le cadre de la Stratégie tunisienne 2016-2020 de bonne gouvernance et de lutte contre la corruption, le ministère du Développement, de l'Investissement et de la Coopération internationale est coresponsable des activités relatives au renforcement des capacités du secteur privé et de la coopération avec ses homologues internationaux (Instance Nationale de la Lutte Contre la Corruption, 2019a).

Concernant le rôle du secteur privé, la Stratégie nationale marocaine de lutte contre la corruption lancée en 2016 comporte un programme spécifique en matière d'intégrité dans les affaires. La Confédération Générale des Entreprises du Maroc (CGEM) est chargée de la mise en œuvre des activités d'amélioration de la transparence dans le secteur privé, de la promotion de l'adhésion aux codes d'éthique et aux processus de certification de responsabilité sociale des entreprises, et de la réduction des possibilités de corruption liées au secteur privé (Commission Nationale Anti-Corruption, 2016). De la même manière, dans le cadre de la Stratégie nationale égyptienne de lutte anticorruption 2019-2022, le gouvernement s'engage à coopérer et se coordonner avec toutes les parties prenantes concernées, y compris le secteur privé et la société civile. À cet égard, un certain nombre d'activités relatives au renforcement des capacités de prévention et de lutte anti-corruption dans le secteur privé sont envisagées, dont des cours, des séminaires et le recours à des instruments facilitant l'accès aux informations utiles (Sub-Coordinating Committee, 2019).

Les stratégies tunisienne et jordanienne de lutte contre la corruption, elles aussi, prévoient et encouragent la coopération et le dialogue entre les secteurs public et privé. Dans la pratique, il s'agit pour ces secteurs, en Tunisie, de travailler ensemble à la préparation et à la mise en œuvre d'activités en faveur d'une bonne gouvernance et de l'intégrité dans les domaines de l'éducation, des sciences et de la culture, et, en Jordanie, de participer à des sessions de consultation régulières et structurées.

Au-delà des stratégies nationales, la région compte d'autres instances de coopération interinstitutionnelles entre les autorités responsables de l'investissement et de l'intégrité. En Égypte, l'Autorité de contrôle administratif (ACA), le principal organisme national de lutte anti-corruption, a soutenu l'agence de promotion de l'investissement, l'Autorité générale de l'investissement et des zones franches (GAFI), dans la mise en place de centres de services destinés aux investisseurs étrangers (ISC). Ces centres visent à réduire la corruption en simplifiant les procédures d'enregistrement et en limitant les contacts en face-à-face (ACA, 2015).

D'autres institutions ont opté pour une coopération structurée avec leurs contreparties, au travers d'accords ou de protocoles d'accord communs. C'est le cas entre le ministère palestinien de l'Économie nationale et la Commission palestinienne anti-corruption (Palestinian Anti-Corruption Commission, 2015), entre le ministère tunisien de l'Investissement et de la Coopération internationale et l'Instance tunisienne de lutte contre la corruption (Instance Nationale de Lutte Contre la Corruption, 2019b), et entre la Commission jordanienne pour l'intégrité et contre la corruption, la Zone économique spéciale d'Aqaba et la Chambre jordanienne de l'industrie (Jordan Integrity and Anti-Corruption Commission, 2018 ; 2019).

Conventions et normes internationales de lutte contre la corruption

Un certain nombre d'instruments ont été adoptés à l'échelle internationale comme au plan régional pour lutter contre la corruption et promouvoir l'intégrité. Si certains d'entre eux visent à favoriser de manière générale un environnement exempt de corruption, d'autres ciblent plus précisément la corruption dans les transactions commerciales internationales. Les gouvernements de la région MENA pourraient améliorer nettement leur image en tant que pays destinataires d'investissements durables en prouvant leur volonté de convergence vers les normes internationales. La partie suivante propose une vue d'ensemble des principales conventions anti-corruption internationales et régionales, ainsi que des instruments adéquats de l'OCDE en matière d'intégrité. L'encadré 11.2 analyse la manière dont les économies MENA ont commencé à intégrer des dispositions spécifiques anti-corruption dans leurs accords d'investissement internationaux, et le tableau 11.1 recense les mesures de politique publique prises par les économies MENA étudiées pour lutter contre la corruption et promouvoir l'intégrité.

Instruments internationaux

La Convention des Nations unies contre la corruption (CNUCC) est l'instrument international juridiquement contraignant le plus répandu dans la lutte contre la corruption. Elle est entrée en vigueur en 2005 et sa couverture – 187 parties, dont l'ensemble des économies de la région MENA, de l'UE et de l'OCDE – est quasiment universelle. Bien qu'elle ne cible pas explicitement les opérations d'investissement, la CNUCC établit une stratégie complète de prévention et de lutte anti-corruption dans une perspective multilatérale. Ses normes couvrent la corruption sous l'angle à la fois de l'offre et de la demande : dans le secteur public et dans le secteur privé. Son objectif déclaré est de promouvoir et renforcer les mesures de prévention et de lutte anti-corruption, de faciliter la coopération internationale et l'assistance technique, et de favoriser l'intégrité, la responsabilité et une bonne gestion des affaires publiques.

À cette fin, les parties à la Convention doivent adopter un certain nombre de mesures correspondant à un vaste champ de lutte anti-corruption, à savoir : la prévention, la criminalisation, la coopération internationale, le recouvrement d'avoirs, l'assistance technique et l'échange d'informations, et la mise en œuvre des dispositions. La Convention prévoit notamment l'obligation de criminaliser différentes infractions liées à la corruption (comme les pots-de-vin, le détournement de fonds, le blanchiment d'argent ou l'obstruction à la justice) et l'établissement d'organes nationaux indépendants anti-corruption. Son Article 5, en particulier, exige des gouvernements qu'ils disposent de stratégies de lutte contre la corruption.

Encadré 11.2. Promotion de l'intégrité dans les accords d'investissement internationaux : exemples dans les économies MENA

Certaines des économies MENA étudiées ont commencé à intégrer des dispositions spécifiques concernant la corruption dans leurs accords d'investissement internationaux (chapitre 5). S'il s'agit souvent de la réaffirmation d'engagements généraux à lutter contre la corruption (comme le préambule de l'Accord-cadre sur le commerce et l'investissement entre les États-Unis et la Libye), certaines dispositions vont plus loin, en introduisant des mécanismes de coopération internationaux ou en exigeant des parties contractantes qu'elles excluent de leurs procédures d'appel d'offres les investisseurs internationaux coupables de corruption.

L'Accord d'Association entre l'Union européenne et l'Algérie de 2002, par exemple, appelle à une coopération, sur la base des instruments juridiques internationaux pertinents, dans la lutte contre la corruption dans les transactions commerciales internationales, notamment en « prenant les mesures efficaces et concrètes contre toutes les formes de corruption, pots-de-vin et pratiques illicites de toute nature » et en « se prêtant assistance mutuelle dans les enquêtes pénales relatives à des actes de corruption » (Article 91). L'Accord encourage également l'assistance technique entre les deux parties « dans le domaine de la formation des agents et magistrats chargés de la prévention et de la lutte contre la corruption » (Article 91).

Des mesures comparables figurent à l'Article 18 de l'Accord de libre-échange entre le Maroc et les États-Unis de 2008 (en vigueur), qui appelle également les deux parties à déclarer non admissibles à participer aux marchés publics les investisseurs internationaux s'étant livrés à des actes de corruption (Article 9) et à encourager et appuyer les initiatives appropriées dans les instances internationales pertinentes (Article 18).

L'Accord de coopération et de facilitation en matière d'investissements entre le Maroc et le Brésil va encore plus loin dans le domaine de la coopération. Il engage les deux parties à améliorer la transparence de leurs activités dans la lutte contre la corruption et l'extorsion, à s'abstenir de se livrer à la corruption, à tenir des registres et des comptes précis, qui ne puissent pas servir à dissimuler des transactions illicites, et à adopter des mécanismes internes de prévention et de détection de la corruption. Pour assurer le respect de l'Accord, l'Article 14 établit un Comité conjoint chargé de surveiller la mise en œuvre des mesures.

Outre la CNUCC, la Convention de l'OCDE sur la lutte contre la corruption d'agents publics étrangers dans les transactions commerciales internationales (Convention de l'OCDE contre la corruption) est le premier et le seul instrument international à cibler spécifiquement la corruption sous l'angle de l'offre, c'est-à-dire le fait pour une entreprise de proposer (ou de promettre) des pots-de-vin à des agents publics, tels que définis dans la Convention. C'est aussi le seul instrument dans son genre visant tout particulièrement à lutter contre la corruption dans le commerce international, ce qui en fait un outil d'autant plus pertinent pour promouvoir l'intégrité dans les opérations d'IDE et le commerce international.

La Convention de l'OCDE contre la corruption (entrée en vigueur en 1999) a été signée à ce jour par 44 pays : l'ensemble des pays de l'OCDE ainsi que sept pays non membres. Les parties à la Convention conviennent de faire de la corruption des agents publics étrangers une infraction pénale en vertu de leurs lois, et de veiller à ce que ces infractions fassent l'objet d'enquêtes, de poursuites et de sanctions. Elles s'engagent à tenir responsables les individus et les entreprises s'étant livrés à la corruption d'agents publics étrangers. La Convention comporte un grand nombre de mesures de lutte anti-corruption, y compris un mécanisme d'évaluation par les pairs par le Groupe de travail de l'OCDE sur la corruption dans le cadre des transactions commerciales internationales (organe spécifique où tous les pays signataires sont représentés), qui est responsable du suivi et de la promotion de la mise en œuvre intégrale de la Convention.

Si aucun gouvernement de la région MENA n'a adhéré à la Convention, celle-ci a des implications non négligeables pour la région. De fait, les entreprises étrangères originaires de pays signataires et présentes dans une économie MENA doivent honorer les obligations fixées par leurs juridictions d'origine lorsqu'elles font des affaires à l'étranger. Cette contrainte semble, au fil du temps, avoir contribué à décourager l'offre internationale de pots-de-vin. Les recherches de l'OCDE montrent que les investisseurs des pays signataires de la Convention sont bien moins susceptibles d'investir dans des économies perçues comme présentant un haut niveau de corruption, car ils craignent d'être poursuivis dans leur pays d'origine (Blundell-Wignall et Roulet, 2017). Les conséquences sont importantes au vu du poids des entreprises de l'OCDE dans le commerce et l'investissement international, y compris dans la région MENA. En effet, les 44 pays signataires de la Convention couvrent au total 81 % des flux sortants d'IDE dans le monde et plus de 66 % des exportations mondiales (OCDE, 2018).

Instruments régionaux

La Convention arabe de lutte contre la corruption, établie à l'initiative de la Ligue des États arabes et entrée en vigueur en 2013, est un instrument juridique régional de soutien à la lutte internationale contre la corruption. Elle réunit 22 signataires, dont l'ensemble des économies MENA étudiées dans ce rapport. Elle vise à réprimer et prévenir la corruption par la promotion de la coopération des États arabes dans ce domaine. Ses dispositions sont comparables à celles de la CNUCC et incluent l'obligation de criminaliser certains actes de corruption, de promouvoir l'assistance technique et de garantir une coopération internationale y compris en matière de recouvrement des avoirs volés. La Convention établit également des outils de suivi, en particulier une Conférence des États parties, qui vise à échanger des informations, coopérer avec les instances internationales, examiner la mise en œuvre de ses dispositions et adopter des recommandations.

La Convention de l'Union africaine sur la prévention et la lutte contre la corruption est le principal instrument de l'Union africaine dans le combat anti-corruption. Elle fédère 49 signataires dont l'Algérie, l'Égypte, la Libye et la Tunisie. À l'instar des autres instruments internationaux cités, elle couvre divers aspects de la prévention et de la criminalisation de la corruption, le recouvrement d'avoirs et les mécanismes de mise en œuvre. Elle vise à lutter contre la corruption à la fois dans le domaine public et dans le secteur privé. À cette fin, elle exige des signataires qu'ils criminalisent la corruption et le détournement de fonds dans le secteur privé (mesures facultatives aux termes de la CNUCC). Un Conseil consultatif du Conseil exécutif de l'Union africaine est chargé du suivi de la Convention et doit présenter à intervalles réguliers des rapports sur les progrès accomplis par les signataires dans la mise en œuvre des dispositions. En outre, les États parties doivent eux-mêmes faire état chaque année de leurs avancées au Conseil consultatif.

Autres instruments de l'OCDE pour la promotion d'un environnement des affaires sain

Les Principes directeurs de l'OCDE à l'intention des entreprises multinationales énoncent un ensemble complet de normes internationales relatives à la conduite responsable des entreprises (chapitre 10). Les recommandations couvrent un grand nombre de domaines, dont les droits humains, les droits des travailleurs, l'environnement et lutte contre la corruption. La partie VII, notamment, est consacrée à la « Lutte contre la corruption, la sollicitation de pots-de-vin et d'autres formes d'extorsion » et souligne la responsabilité qu'ont les entreprises de pas offrir, promettre ou accorder des avantages indus, pécuniaires ou autres, à des agents publics ou à leurs partenaires commerciaux, ainsi que d'améliorer la transparence, la sensibilisation, le contrôle interne et l'évaluation des risques à cet égard.

Par ailleurs, les Principes pour renforcer l'intégrité dans les marchés publics, approuvés par les pays membres de l'OCDE en 2008 et fondés sur les meilleures pratiques des pays de l'OCDE et de ses partenaires, visent à améliorer l'intégrité à chaque étape du cycle des marchés publics, depuis l'évaluation des besoins jusqu'à la gestion des contrats, en passant par les paiements. Ces Principes répondent au niveau élevé de risque de corruption auquel sont exposées les procédures de marchés publics, comme indiqué précédemment.

Tableau 11.1. Vue d'ensemble des mesures de politique publique prises par les économies MENA étudiées pour lutter contre la corruption et promouvoir l'intégrité

	CNUCC	Convention de l'OCDE contre la corruption	Principes directeurs de l'OCDE à l'intention des entreprises	Convention de l'Union africaine sur la prévention et la lutte contre la corruption	Convention arabe de lutte contre la corruption	Législation nationale anti-corruption	Organe dédié à la lutte contre la corruption	Stratégie nationale de lutte contre la corruption
Algérie								
Égypte								
Jordanie				N/A				
Liban				N/A				
Libye								
Maroc								
Autorité palestinienne				N/A				
Tunisie								

Note : La couleur bleu indique l'adhésion à l'instrument ou l'existence de la législation, de l'organe ou de la stratégie. La couleur blanche indique la non-adhésion à l'instrument ou l'absence de législation, d'organe ou de stratégie. La couleur grise signifie qu'une stratégie est en cours d'élaboration, mais pas encore mise en application.
Source : Travail de l'auteur sur la base des mesures et instruments nationaux et internationaux.

Le rôle des entreprises : promouvoir des mesures robustes de conformité et des initiatives multipartites de prévention de la corruption

Les instruments internationaux susmentionnés ont conduit de nombreux pays à durcir leur législation anti-corruption pour réprimer et prévenir la corruption dans le secteur privé. Le secteur privé, à la fois en tant qu'acteur et victime de la corruption, mesure de plus en plus les retombées négatives de celle-ci sur sa santé économique, sa viabilité et sa stabilité à long terme. Il est donc essentiel de tenir compte du rôle et du potentiel du secteur privé dans la promotion de l'intégrité.

Des procédures robustes assurant le respect des règles anti-corruption sont nécessaires pour garantir que les entreprises puissent prévenir la corruption, en détecter les cas et y répondre, à la fois à l'échelle nationale et dans les affaires internationales. Un nombre croissant d'entreprises de l'UE et de l'OCDE investissant dans la région MENA mettent en place des systèmes de conformité anti-corruption solides, répondant aux normes internationales, dont le *Guide de bonnes pratiques de l'OCDE pour les contrôles internes, la déontologie et la conformité* (2009). Différents facteurs ont conduit les entreprises du secteur privé à concevoir des systèmes de prévention, détection et réaction au risque de corruption. Parmi ces facteurs figurent le risque de sanction et de réputation, ainsi que les exigences légales et réglementaires. Les entreprises de la région MENA doivent également être encouragées à respecter ces normes de conformité.

La mobilisation du secteur privé s'est également traduite par l'apparition d'actions collectives de lutte contre la corruption, qui voient diverses entreprises d'un même secteur ou domaine d'activité travailler ensemble à la promotion d'une meilleure intégrité dans les affaires, sur une base volontaire. Ces collaborations ont elles-mêmes conduit à l'instauration de normes communes et à la définition de règles équitables entre concurrents dans différents secteurs d'activité, dans le cadre d'une lutte collective contre la corruption. Certaines actions collectives lancées par des acteurs du secteur privé ont progressivement intégré des représentants des gouvernements et de la société civile, se muant en initiatives multipartites de promotion de l'intégrité.

De telles actions sont observées à travers le monde, y compris dans la région MENA. Au Maroc, des initiatives pilotes ont ainsi été lancées dans l'énergie, la santé et les transports, sous l'égide de la Confédération Générale des Entreprises du Maroc (CGEM) et conformément à la Stratégie nationale de lutte anti-corruption.

Un autre exemple d'action collective est l'Initiative du réseau égyptien pour l'intégrité, lancée en 2015 par l'Association des jeunes entreprises d'Égypte en partenariat avec la Fondation pour le Pacte mondial et le Pacte mondial des Nations Unies, afin d'encourager les PME égyptiennes à s'engager en faveur d'une amélioration de leurs pratiques anti-corruption (Egyptian Junior Business Association Integrity Network, 2018). Des initiatives comparables ont été observées dans d'autres économies de la région, notamment dans les secteurs de la finance et de la construction, et parmi les PME, en particulier en Égypte et en Tunisie, mais aussi en Libye.

Enfin, pour éviter des différends avec les investisseurs au sujet de conduites inappropriées des pouvoirs publics, de nombreux pays établissent des mécanismes de prévention qui promeuvent, aux premiers stades des différends en matière d'investissement, le dialogue et les formes alternatives de résolution des conflits avec les entreprises, y compris dans les affaires ayant trait à la corruption. Les gouvernements de la région MENA sont de plus en plus nombreux à mettre en place de tels mécanismes, au travers de systèmes d'alerte précoce et de services de suivi destinés aux investisseurs (chapitre 5). L'Égypte a établi un comité interministériel pour la résolution des différends liés à l'investissement, et son agence de promotion de l'investissement et des zones franches (GAFI) a mis en place un mécanisme de réclamation et de médiation pour traiter les plaintes des investisseurs ainsi que les différends entre investisseurs. La Commission jordanienne de l'investissement a elle aussi établi un mécanisme de réclamation destiné aux investisseurs.

Références

Abed, G. et H. Davoodi (2000), « Corruption, Structural Reforms and Economic Performance in the Transition Economies » *document de travail du FMI,* n° 00/132, https://www.imf.org/en/Publications/WP/Issues/2016/12/30/Corruption-Structural-Reforms-and-Economic-Performance-in-the-Transition-Economies-3697.

Al-Khouri, R. et M. Khalik (2013), « Does Political Risk Affect the Flow of Foreign Direct Investment into the Middle East North African Region? », *Journal of Global Business and Technology,* vol. 9, n° 2, pp. 47-59, http://search.ebscohost.com/login.aspx?direct=true&db=bth&AN=92620570&site=ehost-live.

ACA (2015), *Applied one stop shop to eradicate corruption,* Autorité de contrôle administratif, http://www.aca.gov.eg/english/News/ACANews/Pages/News29720152.aspx.

Awdeh, A. et H. Hamadi (2019), « Factors hindering economic development: evidence from the MENA countries », *International Journal of Emerging Markets*, vol. 14, n° 2, pp. 281-299, https://doi.org/10.1108/IJoEM-12-2017-0555.

Banque mondiale (2020), *Open Trade and Competitiveness Data - Control of Corruption*, https://tcdata360.worldbank.org/.

Banque mondiale (2018), *Des politiques publiques à l'épreuve des privilèges dans la région Moyen-Orient et Afrique du Nord*, http://documents1.worldbank.org/curated/en/404681545084070722/pdf/Privilege-Resistant-Policies-in-the-Middle-East-and-North-Africa.pdf.

Banque mondiale (2017), *Global investment competitiveness report 2017-2018: foreign investor perspectives and policy implications,* http://documents.worldbank.org/curated/en/169531510741671962/Global-investment-competitiveness-report-2017-2018-foreign-investor-perspectives-and-policy-implications.

Blundell-Wignall, A. et C. Roulet (2017), « Foreign direct investment, corruption and the OECD Anti-Bribery Convention », *Documents de travail de l'OCDE sur l'investissement international*, n° 2017/01, https://doi.org/10.1787/9cb3690c-en.

Commission d'intégrité et de lutte contre la corruption de Jordanie (2018), *Memorandum of Understanding Singed between the Integrity and Anti-Corruption Commission and Jordan Chamber of Industry,* http://jiacc.gov.jo/en/news/79/Memorandum-of-Understanding-Singed-between-the-Integrity-and-Anti-Corruption-Commission-and-Jordan-Chamber-of-Industry--.

Commission d'intégrité et de lutte contre la corruption de Jordanie (2018), *Memorandum of Understanding between Integrity and Anti-Corruption Commission and the Aqaba Authority*, http://jiacc.gov.jo/en/news/910/Memorandum-of-Understanding-between-Integrity-and-Anti-Corruption-Commission-and-the-Aqaba-Authority.

Commission nationale anti-corruption du Maroc (2016), *Stratégie nationale de lutte contre la corruption,* https://www.mmsp.gov.ma/uploads/file/Strategie_Nationale_de_lutte_Corruption_SNLCC_FR_2016.pdf.

Commission palestinienne de lutte contre la corruption (2020), هيئة مكافحة الفساد الفلسطينية, disponible à l'adresse : https://www.pacc.ps/strategy/.

Commission palestinienne de lutte contre la corruption (2015), هيئة مكافحة الفساد الفلسطينية., https://www.pacc.ps/Blog/Post/303.

Egyptian Junior Business Association Integrity Network (2018), *Implementing Collective Action Initiatives against Corruption in the Middle East and Africa,* https://www.baselgovernance.org/sites/default/files/2019-02/ini_collective-action_outcome-report_resized.pdf.

FMI (2019a), *Moniteur des finances publiques : Freiner la corruption,* https://www.imf.org/fr/Publications/FM/Issues/2019/03/18/fiscal-monitor-april-2019.

FMI (2019b), « Le coût de la corruption: La corruption entraîne une perte de recettes fiscales, mais elle a aussi un coût social », *Finances & Développement*, https://www.elibrary.imf.org/view/IMF022/26082-9781498316088/26082-9781498316088/26082-9781498316088_A008.xml.

Hakimi, A. et H. Hamdi (2017), « Does Corruption Limit FDI and Economic Growth? Evidence from MENA countries », *International Journal of Emerging Markets,* vol. 11, n° 3, pp. 550-571, https://doi.org/10.1108/IJoEM-06-2015-0118.

Instance nationale de lutte contre la corruption (2019a), *Plan d'action 2019-2020 de la Stratégie Nationale de Bonne Gouvernance et de la Lutte Contre la Corruption,* https://inlucc.com/wp-content/uploads/2020/11/plan_Action-v2-1.pdf.

Instance nationale de lutte contre la corruption (2019b), *La signature d'une convention de partenariat entre l'INLUCC et le ministère du Développement, de l'Investissement et de la Coopération internationale*, http://www.inlucc.tn/www.inlucc.tn/index.php?id=121&L=1&tx_ttnews%5Btt_news%5D=1682&cHash=6560008886b430e95aa46d6968df874d.

OCDE (2020), « Éviter la corruption et les pots-de-vin dans les réponses au COVID-19 et dans les mesures de relance », *Les réponses de l'OCDE face au coronavirus (COVID-19)*, Éditions OCDE, Paris, https://read.oecd-ilibrary.org/view/?ref=135_135772-unnhp1d50n&title=Eviter-la-corruption-et-les-pots-de-vin-dans-les-reponses-au-COVID-19-et-dans-les-mesures-de-relance.

OCDE (2020), Stocktaking Report on Immediate Public Procurement and Infrastructure Responses to COVID-19, Éditions OCDE, Paris, https://read.oecd-ilibrary.org/view/?ref=132_132982-9i47fud8xb&title=Stocktaking-Report-on-Immediate-Public-Procurement-and-Infrastructure-

Responses-to-COVID-19.

OCDE (2020), *Enseignements sur l'action collective contre la corruption : Le cas du Maroc,* Éditions OCDE, Paris, https://www.oecd.org/fr/sites/mena/competitivite/Enseignements-sur-action-collective-contre-la-corruption-le-cas-du-Maroc.pdf.

OCDE (2018), *Lutter contre l'infraction de corruption transnationale : La Convention sur la lutte contre la corruption et le Groupe de travail de l'OCDE sur la corruption*, http://www.oecd.org/fr/daf/anti-corruption/Lutter-contre-infraction-corruption-transnationale.pdf.

OCDE (2017), *OECD Business and Finance Outlook 2017*, Éditions OCDE, Paris, https://doi.org/10.1787/9789264274891-en.

OCDE (2015), *Cadre d'action pour l'investissement, édition 2015,* Éditions OCDE, Paris, http://dx.doi.org/10.1787/9789264208667-en.

OCDE (2014), *Rapport de l'OCDE sur la corruption transnationale : Une analyse de l'infraction de corruption d'agents publics étrangers*, Éditions OCDE, Paris, https://doi.org/10.1787/9789264226623-fr.

ONU (2000), *Le coût de la corruption*, Nations Unies, https://www.un.org/french/events/10thcongress/2088bf.htm.

PRI (2016), *Engaging on anti-bribery and corruption*, https://www.unpri.org/esg-issues/governance-issues/corruption.

Sous-Comité National de Coordination de la Prévention et de la Lutte Anti-Corruption (2019), *Stratégie nationale anti-corruption 2019-2022,* https://www.aca.gov.eg/arabic/AntiCorruption/Documents/FR%20National%20anti-corruption%20strategie-B-2.pdf.

Transparency International (2019a), *Indice de perception de la corruption 2019*, https://transparency-france.org/actu/indice-de-la-perception-de-la-corruption-2019-de-transparency-international-il-y-a-urgence-pour-la-france-a-relancer-la-lutte-contre-la-corruption/#.YBrUpZeSnGg.

Transparency International (2019b), *Global Corruption Barometer Middle East and North Africa 2019 - Citizens' Views and Experiences of Corruption,* https://www.transparency.org/files/content/pages/2019_GCB_MENA_Report_EN.pdf.

Transparency International (2018), *Exporting Corruption - Progress Report 2018: Assessing Enforcement of The OECD Anti-Bribery Convention,* https://www.transparency.org/whatwedo/publication/exporting_corruption_2018.

Notes

[1] Les chiffres ne sont disponibles que pour la Jordanie, le Maroc, l'Autorité palestinienne, le Liban et la Tunisie.

12 Politique d'investissement dans les contextes fragiles

Généralisées dans certaines parties de la région MENA, la fragilité et les crises diminuent la capacité de certains pays à attirer l'investissement. Ce chapitre s'intéresse à la façon dont les différentes dimensions de la fragilité affectent l'investissement dans les économies étudiées et présente des considérations de politique publique qui permettraient de lever les obstacles à l'attraction et à la rétention de l'IDE. Il étudie également les principaux déterminants de la fragilité et leur relation complexe avec l'IDE. La fragilité et les crises sont susceptibles de décourager les investisseurs internationaux ; or, l'IDE est une source essentielle de croissance et de financement pour renforcer la résilience dans les situations de fragilité.

Résumé et considérations intéressant l'action publique

Dans les économies étudiées de la région MENA, l'investissement direct étranger (IDE) peut constituer une source importante de financement et contribuer à la création d'emplois, au progrès technologique et au développement du secteur privé. Ce chapitre analyse les enjeux de fragilité auxquels sont confrontées certaines des économies étudiées et livre plusieurs considérations intéressant l'action publique visant à lever les obstacles à l'attraction et à la rétention d'investissements de qualité. Les niveaux de fragilité étant très variables d'un pays à l'autre de la région – plus élevés pour la Libye, la Syrie et l'Autorité palestinienne, croissants au Liban, les autres pays affichant davantage de stabilité – la mise en œuvre de ces considérations de politique publique serait amenée à varier en fonction des économies étudiées de la région MENA.

La fragilité est une notion multidimensionnelle qui affecte les économies étudiées de diverses façons, et à différents degrés. Si deux seulement des économies étudiées (la Libye et l'AP) figurent parmi les 57 contextes les plus fragiles selon le Cadre de l'OCDE sur la fragilité, tous les gouvernements font face, dans une certaine mesure, à des problématiques de fragilité[1]. Pour les économies étudiées, il ressort de l'analyse des cinq dimensions de la fragilité reconnues par l'OCDE que les plus manifestes sont les dimensions politique et sociétale, tandis que les dimensions économique, environnementale et de sécurité les affectent à des degrés divers.

De manière générale, la région MENA au sens large (Moyen-Orient et Afrique du Nord)[2] est l'une des plus fragiles au monde, juste derrière l'Afrique sub-saharienne, et ces risques en matière de sécurité et de fragilité peuvent irradier et affecter la perception des risques dans l'ensemble de la région. Dans l'histoire récente, la plupart des États de la région ont été confrontés à des problèmes tels que l'instabilité macroéconomique et politique, de forts mécontentements populaires, des déplacements forcés, et les conséquences économiques et sociales de la désertification et de la dégradation de l'environnement.

La relation entre fragilité et investissement est complexe. Parce qu'elle affecte la perception des risques et les perspectives de rendement des investisseurs étrangers, la fragilité peut avoir des répercussions importantes sur les apports d'IDE et sa rétention, et encourager sa concentration dans des enclaves très protégées, sans lien avec l'économie nationale. Même en l'absence de conflit ouvert, la fragilité représente un coût pour les investisseurs. A l'inverse, l'investissement peut aider à agir sur certains facteurs sous-jacents de la fragilité en procurant les sources de financement nécessaires et en contribuant à instaurer durablement un développement économique et social inclusif. Cependant, dans les pays MENA étudiés, l'IDE est fortement concentré dans les secteurs où les niveaux de productivité et d'emploi sont faibles, ce qui limite sa capacité à favoriser la résilience économique et sociale (chapitre 2). De plus, certains projets d'investissement peuvent exacerber les risques de fragilité, notamment lorsque les capacités de surveillance et d'application du droit sont limitées (chapitres 10 et 11).

Ceci étant dit, les politiques publiques et les investissements du secteur privé peuvent modifier la façon dont les risques de fragilité affectent ou non l'IDE, ainsi que l'ampleur des retombées de l'investissement sur la stabilité. L'analyse de la fragilité peut ouvrir des perspectives pour soutenir l'IDE ; les mesures appropriées dépendront de la nature et du niveau de fragilité dans un contexte donné, et doivent être conçues en ce sens. Une bonne compréhension de la fragilité permet également de mieux cerner les priorités, comme l'amélioration du cadre juridique de l'investissement et l'instauration d'une conduite responsable des entreprises (CRE), des points qui sont abordés dans d'autres chapitres.

Lors de la mise en œuvre de leurs mesures de politique publique, les États devraient privilégier les approches reflétant la complémentarité entre encouragement de l'investissement et promotion d'un développement résilient et inclusif et, suivant les cas, rechercher l'appui de partenaires au développement. Les outils d'atténuation des risques peuvent aider à remédier à certains des risques qui pèsent sur l'attraction de l'investissement. À cet égard, les approches de financement mixte et les assurances contre le risque politique fournies par des organismes publics et privés (des partenaires au développement aux agences de crédit à l'exportation) revêtent une pertinence certaine. De même, encourager l'établissement de liens entre les entreprises nationales et internationales et promouvoir l'intégrité et la conduite responsable des entreprises peut contribuer à réduire les risques et à doper la confiance des investisseurs (chapitres 8, 10 et 11). Dans les situations de fragilité, les États qui souhaitent soutenir l'IDE peuvent élaborer des stratégies sur mesure pour encourager l'investissement, notamment en procédant à un ciblage des investisseurs et des secteurs, mais également en privilégiant les mesures d'anticipation, et une communication, des services d'accompagnement et des mécanismes de règlement des différends efficaces (chapitre 6).

Considérations intéressant l'action publique

- Améliorer le climat global de l'investissement à travers le prisme de la fragilité, en ayant à l'esprit qu'attirer l'investissement et promouvoir un développement résilient et inclusif sont deux choses complémentaires. Les décideurs publics peuvent adopter des approches tenant compte des différentes dimensions de la fragilité et aligner leurs objectifs et leurs stratégies d'investissement sur les priorités du développement national, la résilience et l'inclusion. Envisager de faire appel à des partenaires au développement qui aideraient les gouvernements à aborder les liens entre IDE et fragilité sous un angle holistique.
- Faire de la stabilité juridique une priorité politique et poser les bases d'un cadre légal d'investissement de qualité. Il devient crucial de mettre en place des mesures de protection de l'investissement à la fois efficaces et transparentes pour répondre aux inquiétudes qu'ont les investisseurs vis-à-vis des pays exposés à la fragilité. Le cadre juridique international de l'investissement peut également offrir des garanties supplémentaires aux investisseurs, bien que l'on ait assisté à une recrudescence des violations pendant des périodes d'instabilité qui ont généré des litiges entre investisseurs et États aussi complexes que coûteux. La conscience de ces risques au niveau étatique, la coordination des institutions, la gestion des différends portant sur des investissements et la mise en place de mécanismes de prévention sont nécessaires pour traiter les questions sensibles et complexes de protection de l'investissement.
- Envisager l'adoption de mesures et d'outils qui contribueraient à atténuer les risques, réels et perçus, en matière d'investissement. Encourager l'établissement de liens commerciaux, l'intégrité et les conduites d'entreprise responsables est essentiel pour sécuriser les investisseurs étrangers, favoriser leur entrée et réduire l'incertitude tout en contribuant à un impact global positif sur l'économie et la société. D'autres outils peuvent être envisagés, comme des mécanismes de transfert des risques de type assurance contre le risque politique et financement de crédits à l'exportation, ou encore des approches de financement mixtes consistant à soutenir le financement privé par des garanties publiques, des partenariats public-privé, des prises de participation ou des instruments de dette.

La relation complexe entre fragilité et IDE

Parce qu'elle accroît les risques et les coûts pour les investisseurs internationaux, la fragilité peut les dissuader d'investir et limiter les apports d'IDE, le réinvestissement et la rétention des investisseurs. La fragilité est un phénomène multidimensionnel qui affecte les économies étudiées de diverses façons et dont certaines dimensions, notamment les dimensions politique et économique, semblent avoir plus d'incidence sur l'IDE.

Pourtant, même les économies très fragiles accueillent des investisseurs. Les interactions entre investissement et fragilité sont en fait complexes. Si l'IDE peut être un facteur important de développement et de stabilité, certains choix d'investissement semblent exacerber la fragilité et sont contraires aux CRE. Bien menées, les politiques publiques et les initiatives du secteur privé peuvent créer des opportunités d'investissement qui contribueront à la stabilité et à la résilience grâce à leurs retombées positives sur le plan technologique, du développement, et du capital humain.

Après une présentation du cadre utilisé par l'OCDE pour évaluer la fragilité, cette première section souligne la nécessité de tenir compte de la fragilité et résume les principaux enjeux de fragilité auxquels sont confrontées les économies étudiées et, plus largement, la région MENA.

La fragilité est multidimensionnelle et affecte les économies étudiées à des degrés divers

La fragilité peut se mesurer de différentes façons et a souvent été appréhendée, historiquement, à l'aune de la présence ou de l'absence de conflits. Aujourd'hui, elle est comprise plus largement comme un phénomène multidimensionnel regroupant des éléments qui affectent diversement l'ensemble des économies et des pays (encadré 12.1) (Desai et Forsberg, 2020[1]).

Il est important de souligner que la fragilité n'est plus perçue comme une notion binaire selon laquelle les pays seraient répartis en deux catégories, « fragiles » et « non fragiles ». L'OCDE la définit comme « la conjonction d'une exposition à des risques et d'une capacité insuffisante de la part de l'État, d'un système ou d'une communauté, à gérer, absorber ou atténuer ces risques. » (OCDE, 2021[2]). Avec cette définition, tous les pays et économies présentent une certaine forme de fragilité, à un degré ou un autre.

La fragilité peut avoir des conséquences négatives comme la violence, la pauvreté, les inégalités, les déplacements, et la dégradation de l'environnement et du contexte politique. Identifier ces risques avant même que les conséquences n'apparaissent peut aider les gouvernements et d'autres acteurs à soutenir la résilience et à améliorer le climat d'investissement.

Le Cadre de l'OCDE sur la fragilité mesure la fragilité sur une échelle d'intensité en tenant compte de plusieurs dimensions : économique, environnementale, politique, de sécurité et sociétale. En 2022, le cadre se verra ajouter une sixième dimension : le capital humain. Chaque dimension comprend 8 à 12 indicateurs, pour un total de 44, qui mesurent les risques de fragilité et la capacité d'adaptation dont les gouvernements font preuve pour gérer ou atténuer ces risques (Desai et Forsberg, 2020[1]). Cette méthodologie permet au cadre multidimensionnel de l'OCDE sur la fragilité de rendre compte des points de rencontre entre fragilité, risque et résilience, de situer les causes profondes de la fragilité dans chaque dimension et d'y apporter des remèdes au fil du temps.

Pour l'édition 2020 du cadre sur la fragilité, 175 pays ont été pris en compte[3]. Parmi les économies qui font l'objet de la présente étude, la Libye et l'Autorité palestinienne font partie des 57 pays et territoires (appelés contextes) les plus fragiles recensés dans *États de fragilité 2020* (OCDE, 2021[2]). Sur ces 57 contextes, 13 sont considérés comme extrêmement fragiles et 44 (dont la Libye et l'AP) comme « autres contextes fragiles ». Si la plupart des pays MENA étudiés ne figurent pas parmi ces 57 contextes, ils présentent tous des aspects de fragilité. L'analyse de la fragilité abordée ici et présentée dans l'annexe livre des enseignements utiles pour orienter les politiques dans les économies étudiées. Plusieurs événements récents, à l'instar de la crise économique et politique au Liban, ont mis en exergue des aspects supplémentaires de fragilité dans la région qui ne sont pas reflétés par ces données, issues pour la plupart de 2018. Ainsi, la crise économique et sanitaire liée au Covid-19 a exacerbé toutes les dimensions de la fragilité dans le monde et entraîné une hausse de l'insécurité alimentaire, des inégalités sociales (ONU Femmes, 2020[3] ; PNUD, 2020[4]), de la violence politique et du non-respect des normes et des standards, plus particulièrement dans les contextes fragiles (Edgell et al., 2020[5]). Dans le monde, on estime que 150 millions de personnes seront dans un état d'extrême pauvreté en 2021 (Banque mondiale, 2020[6]).

Encadré 12.1. La fragilité ne se réduit pas aux situations de conflit, aux performances économiques ou aux questions de gouvernance

L'analyse du Cadre de l'OCDE sur la fragilité révèle que les ressorts de la fragilité sont complexes et variés et ne s'arrêtent pas à la présence de conflits, à une mauvaise gouvernance ou à de piètres performances économiques. Ils recouvrent tout un éventail de facteurs qui exacerbent l'instabilité et minent le développement durable. Si la dimension économique est un facteur important de la fragilité, les données montrent que progresser sur l'échelle des revenus ne réduit pas nécessairement la fragilité ancrée, non plus que le seul renforcement des institutions du pays (OCDE, 2018).

Ainsi, alors que plus de 80 % des plus pauvres pourraient vivre dans des contextes fragiles d'ici à 2030, 30 des 57 économies couvertes par le rapport États de fragilité 2020 de l'OCDE sont classées dans la catégorie des pays à revenu intermédiaire. Qui plus est, tous les contextes fragiles ne connaissent pas de conflit actif, et certains n'en ont pas même connu récemment (OCDE, 2020). Enfin, parce qu'il n'existe pas de remède universel à la fragilité, les approches doivent tenir compte des types de fragilité caractérisant chaque contexte si elles veulent être efficaces.

Des interactions complexes entre fragilité et investissement

Pour les économies de la région MENA, l'IDE peut constituer une source importante de financement, de création d'emploi, de progrès technologique et de développement du secteur privé. Il peut également contribuer à atténuer la fragilité et à promouvoir un développement économique et social inclusif. Néanmoins, l'investissement privé ne doit pas être vu comme la panacée. En augmentant les coûts et l'exposition aux risques des investisseurs internationaux, la fragilité peut faire obstacle à des investissements durables et de qualité. Si les décideurs politiques ne tiennent pas compte des risques potentiels, les investissements ne suffiront pas à contribuer au développement et pourraient même exacerber la fragilité.

L'investissement peut aider à atténuer certains aspects de la fragilité

L'IDE peut jouer un rôle majeur en fournissant le financement nécessaire pour remédier à la fragilité dans ses différentes dimensions. C'est particulièrement vrai si l'on considère les contraintes macroéconomiques, le faible niveau de l'investissement privé national et, dans certains cas, la dépendance à l'APD de beaucoup d'économies.

La hausse de l'investissement étranger ne doit pas avoir pour seul effet d'augmenter les volumes de financement du secteur privé, mais doit également promouvoir la résilience économique et l'inclusion. La répartition de l'IDE selon les secteurs revêt donc une importance majeure ; en effet, l'IDE peut être à même de stimuler l'emploi, la productivité et les revenus à l'échelle locale et de faire progresser les objectifs sociaux, notamment s'il est dirigé vers des secteurs comme la santé, l'éducation et les services numériques. Sur la base de données issues de l'Indice de progrès social, qui mesure la santé sociale et environnementale des sociétés, une étude de Deloitte portant sur un échantillon de 132 pays (2015[7]) a identifié une relation positive entre le niveau d'IDE par habitant et le progrès social, même si la nature de cette relation est variable en fonction des pays et des secteurs. De plus, des relations relations de fournisseurs à clients avec l'économie locale, notamment avec les PME, peuvent renforcer la résilience économique en stimulant le développement du secteur privé.

Les États devraient donc s'attacher tout particulièrement à attirer les investissements dont l'impact sur le développement sera le plus élevé en ciblant les secteurs qui contribuent à former une main-d'œuvre compétente et en encourageant les retombées. Pour accroître leur impact pour l'économie d'accueil, les entreprises étrangères doivent en outre agir de manière responsable. Les données portant sur les activités du secteur privé dans les contextes les plus fragiles et ceux qui sont en proie à des conflits démontrent le bénéfice potentiel d'investissements responsables dans ces économies ; toutefois, cela présuppose que les entreprises prennent conscience qu'il est dans leur intérêt d'adapter leur fonctionnement pour gérer les risques induits par la fragilité et améliorer leur impact sur la société (WEF, 2016[8]). Une telle approche peut avoir des retombées positives tant pour les entreprises que pour les communautés locales et les États (*ibid.*).

Les situations de fragilité et de conflit peuvent limiter l'IDE et créer des enclaves d'IDE

Instabilité et conflits peuvent diminuer la confiance des investisseurs et aggraver des situations anciennes de fragilité économique et politique. C'est le cas, notamment, des économies qui affichent une fragilité relativement importante sur le plan de la sécurité, comme la Libye et l'AP (voir annexe 12.A). Sur la base de la classification du Groupe de la Banque mondiale des situations de fragilité et de conflit (FCS),[4] l'IFC (2019[9]) a ainsi pu établir que, même si le potentiel en matière d'IDE dans les FCS est moins élevé que dans les contextes plus stables du fait de l'étroitesse des marchés et des faibles niveaux d'échanges, les flux d'IDE seraient portés au moins au double de leur niveau actuel dans des conditions de paix et de stabilité.

Pourtant, la fragilité et les conflits, même sévères, n'affectent pas tous les investisseurs de la même manière, leur incidence variant suivant l'étape du cycle d'investissement et le secteur (Barry, 2018[10]). Par exemple, certains éléments laissent à penser que l'instabilité politique ou même les conflits ne dissuadent pas particulièrement l'IDE motivé par les ressources (notamment dans les industries extractives et à forte intensité de ressources naturelles). L'IDE dans les ressources naturelles est relativement peu sensible à l'instabilité politique (chapitre 2) et reste soutenu, dans la région, par quelques projets de grande envergure. L'analyse basée sur l'Indice de fragilité des États (Fragile States Index) du Fonds pour la paix a révélé que, parmi les pays présentant le plus haut niveau de fragilité, les pays dépendants des ressources affichaient les ratios IDE-PIB les plus élevés, et qu'ils étaient même supérieurs à la moyenne des pays à faible revenu et à revenu intermédiaire (Jensen, 2020[11]). Dans ces situations, outre les déterminants de l'investissement que sont la dotation en ressources naturelles et les prix des matières premières sur les marchés mondiaux, l'IDE motivé par les ressources est davantage susceptible d'être influencé par la mesure dans laquelle les installations de production et les infrastructures d'exportation peuvent être protégées contre les conflits actifs ou futurs, que ce soit par le biais d'installations de traitement offshore ou de mesures de sécurité onshore (Jensen, 2020[11] ; Agence multilatérale de garantie des investissements, 2011[12]).

Toutefois, même dans ces hypothèses, il arrive que les chiffres globalement positifs de l'IDE masquent son impact limité sur la résilience et le développement durable du fait de sa composition structurelle et sectorielle. Tandis que les perspectives d'emploi sont variées et peuvent être plus positives dans les minerais, les énergies renouvelables et l'agriculture, dans les faits, certains investissements dans les ressources naturelles, comme les mines et le pétrole, peuvent être à l'origine de véritables enclaves ne présentant que des liens réduits avec le reste de l'économie, et donc générer relativement peu d'emploi. Ce risque peut être aggravé si les investissements sont plus gourmands en capital qu'en main-d'œuvre (ce qui est le cas de la plupart des investissements dans les énergies), requièrent des formations spécialisées auxquelles la population locale n'a pas accès, et qu'ils ne nécessitent que peu d'apports venant de l'économie locale ou que les entreprises locales ne sont pas à même d'en devenir des fournisseurs (CNUCED, 2012[13] ; Cordes, Östensson et Toledano, 2016[14] ; Thompson, 2020[15]).

Même en l'absence de conflit, la fragilité est coûteuse pour les investisseurs

Parce qu'elle accroît les risques, réels ou perçus, la fragilité peut limiter les décisions d'investissement, les apports d'IDE et la rétention de l'IDE, même en l'absence de conflit actif. Des travaux ont montré que certains aspects de la fragilité étaient plus préjudiciables que d'autres pour l'investissement (Thompson, 2020[15]). Au-delà des perturbations économiques, le risque politique[5] peut intensifier les craintes des investisseurs, en raison par exemple d'un protectionnisme accru, d'un cadre réglementaire instable, de l'incertitude politique liée à la crise du Covid-19, ou de préoccupations tenant à la capacité des gouvernements à s'acquitter de leurs missions régaliennes et de leurs obligations contractuelles, ou à préserver la convertibilité des devises (Kher et Chun, 2020[16]). Les apports d'IDE semblent également influencés par des facteurs comme la qualité des institutions (Alfaro, Kalemlio-Ozcan et Volosovych, 2008[17]) et les niveaux élevés de corruption (Wei, 2000[18]).

La gestion et l'atténuation de ces risques au moyen, par exemple, d'une assurance contre le risque politique (voir ci-dessous) ont pour effet d'accroître le coût de l'activité. De fait, une étude mondiale consacrée aux investisseurs internationaux a démontré que le risque politique était le facteur le plus déterminant de leur entrée sur un marché (Kher et Chun, 2020[16]). Il peut s'agir de la crainte de changements politiques soudains, d'expropriations sans indemnisation, de non-respect de contrats, de traitements non équitables ou de mesures discriminatoires, de modifications réglementaires radicales (en ce qui concerne par exemple l'octroi d'autorisations, la fiscalité, les obligations environnementales, etc.), ou d'un manque de transparence.

Il ressort de travaux récents que l'investissement dans la région MENA est particulièrement sensible à la fragilité dans ses dimensions politiques et de sécurité (Caccia, Baleix et Paniagua, 2018[19] ; Dimitrova et Triki, 2018[20]). Une analyse quantitative indique en outre que l'accroissement du risque politique, pour ce qui est notamment des conflits et de la qualité des institutions, va de pair avec une hausse du coût des prises de participations pour les sociétés opérant dans la région MENA (Belkhira, Boubakrib et Griraa, 2017[21]).

Dans certains cas, les investissements peuvent exacerber les risques pour la stabilité qui doivent être gérés

Si les effets positifs de l'IDE sur la résilience et sur le développement économique et social sont importants, ils ne sont pas systématiques. L'investissement n'est pas un remède universel, et son impact positif sur le développement durable repose sur plusieurs facteurs, comme la qualité des politiques mises en œuvre, la solidité des institutions et la disponibilité de ressources humaines adéquates (Li et Tanna, 2019[22]). Lorsque les mécanismes étatiques de surveillance et de mise en application de la réglementation pêchent par leur faiblesse, l'IDE peut nuire à la stabilité, par exemple en raison de violences interethniques, de conditions de travail médiocres, de dégradation de l'environnement ou de terrain favorable à la corruption.

À travers le monde, les investissements ont parfois eu pour conséquence d'aggraver la fragilité, notamment dans des secteurs comme l'extraction. Ainsi, en Afrique sub-saharienne (Christensen, 2018[23]), les investissements miniers multiplient par deux le risque de manifestations et d'émeutes aux abords du site, un risque encore accru par la hausse du prix des produits de base ainsi que dans les environnements dans lesquels l'État ne participe pas aux négociations entre les sociétés minières et les communautés locales/du pays d'accueil. En République démocratique du Congo, même au cœur du conflit, la présence d'un site minier d'AngloGold Ashanti à proximité d'une opération de maintien de la paix a contribué à rassurer sur la reprise de l'exploration minière. Mais parce qu'elle avait pris des engagements envers des milices impliquées dans le conflit et qu'elle les avait rémunérées, la société a été accusée par Human Rights Watch de nourrir indirectement le conflit (Agence multilatérale de garantie des investissements, 2011[12]).

Suivant la politique gouvernementale et les mesures adoptées pour remédier à la fragilité, l'IDE pourra exacerber la fragilité ou, au contraire, renforcer les capacités d'adaptation. Des risques élevés en matière sociétale et de sécurité et des niveaux importants de chômage et d'instabilité sociale peuvent conduire les gouvernements à adopter, volontairement ou non, des comportements encore plus défavorables aux investisseurs et aggraver cet impact négatif (WEF, 2019[24]). Selon Christensen (2018[23]), le manque d'information peut également générer des attentes divergentes entre l'entreprise qui investit et la population locale, ce à quoi les gouvernements peuvent remédier par une transparence accrue ainsi qu'en confiant aux institutions une mission de médiation entre ces acteurs. Dans le cas du Liberia, grâce à une analyse géospatiale appuyée par la décision des gouvernements d'opter pour une approche de type « couloir de développement » qui a produit des effets de concentration et assuré la fourniture de biens publics, les concessions minières ont pu soutenir positivement la croissance économique et le développement dans les zones alentour malgré des niveaux de fragilité élevés (Bunte et al., 2018[25]).

Le risque bien réel que des investisseurs internationaux cherchent à tirer profit des défaillances de l'État a incité la communauté internationale à promouvoir la mise en place d'obligations de diligence et de conduite responsable des entreprises, notamment dans les secteurs sensibles (chapitre 10). Par exemple, le Guide de l'OCDE sur le devoir de diligence pour des chaînes d'approvisionnement responsables en minerais provenant de zones de conflit ou à haut risque formule des recommandations afin d'éviter que les entreprises contribuent à des conflits par leurs pratiques d'approvisionnement en minerais dans ces contextes. Il y a peu, ce guide a inspiré à l'UE des obligations de diligence pour les importateurs de minerais en provenance de zones à haut risque, qui sont entrées en vigueur en janvier 2021.[6]

Les cinq dimensions de la fragilité dans les économies étudiées

Parmi les économies étudiées, la Libye et l'AP font partie des contextes les plus fragiles recensés dans le rapport États de fragilité 2020 de l'OCDE. Alors qu'elle figurait dans le rapport États de fragilité 2018, l'Égypte a depuis amélioré sa résilience et réduit sa fragilité, et ce dans chacune des dimensions, à l'exception de celle de la sécurité. Sa fragilité politique et sociétale a d'ailleurs enregistré un recul notable (OCDE, 2021[2]).

Si l'on considère la fragilité régionale globale, la région MENA élargie, hors pays à revenu élevé[7], est l'une des régions du monde les plus fragiles, juste derrière l'Afrique sub-saharienne (OCDE, 2021[2]). Depuis son déclenchement en 2011, le conflit syrien a eu des répercussions économiques et politiques sans précédent dans la région et envoyé plus de 5.6 millions de réfugiés dans les pays voisins, dont le Liban et la Jordanie (HCR, 2020[26]). Cette situation est venue aggraver les fragilités préexistantes dans les pays d'accueil de ces réfugiés, principalement au Liban, qui a traversé une grave crise économique et politique en 2020.

Dans les économies cibles, y compris celles qui ne présentent que des niveaux faibles de fragilité, les responsables des politiques d'investissement doivent attacher une attention particulière à la fragilité. Ainsi, les aspects macroéconomiques qui sont symptomatiques de la fragilité de l'économie, comme des niveaux élevés d'endettement ou de dépendance à l'égard de l'aide, sont communs à plusieurs pays de la région. La grande majorité des gouvernements de la région ont connu l'instabilité politique, les déplacements forcés de populations, les conséquences économiques et sociales de la désertification et de la dégradation de l'environnement, et un fort mécontentement populaire. Sur le plan de la sécurité, toute flambée de violence ou survenue d'un conflit dans une autre partie de la région MENA peut détériorer la perception de l'ensemble de la région (Caccia, Baleix et Paniagua, 2018[19]). Sur la base du cadre multidimensionnel de l'OCDE, le graphique 12.1 présente un indicateur agrégé de la fragilité dans les économies étudiées. Les résultats pour l'Irak, la moyenne pour la région MENA (hors pays à revenu élevé) et la moyenne mondiale ont été ajoutés à des fins de comparaison.

Graphique 12.1. Une fragilité variable dans les économies étudiées

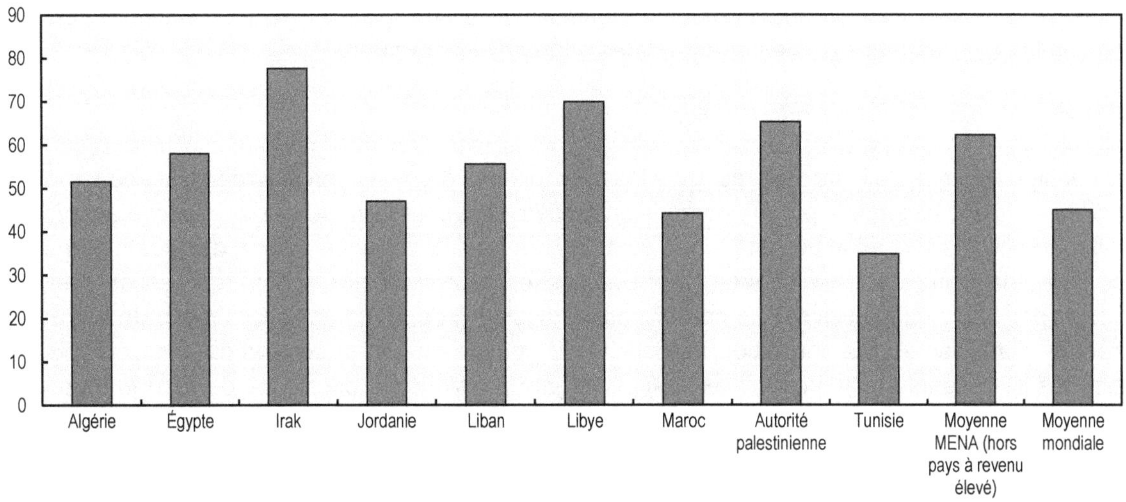

Note : cet indicateur est présenté sous forme d'échelle, 0 et 100 indiquant respectivement le niveau le plus bas et le plus élevé de fragilité. Les chiffres pour l'Irak, la moyenne pour la région MENA (hors pays à revenu élevé) et la moyenne mondiale ont été ajoutées à des fins de comparaison.
Source : Desai and Forsberg (2020). Données fournies directement aux auteurs.

Graphique 12.2. Les dimensions politique et sociétale sont les dimensions de la fragilité les plus manifestes dans les économies examinées

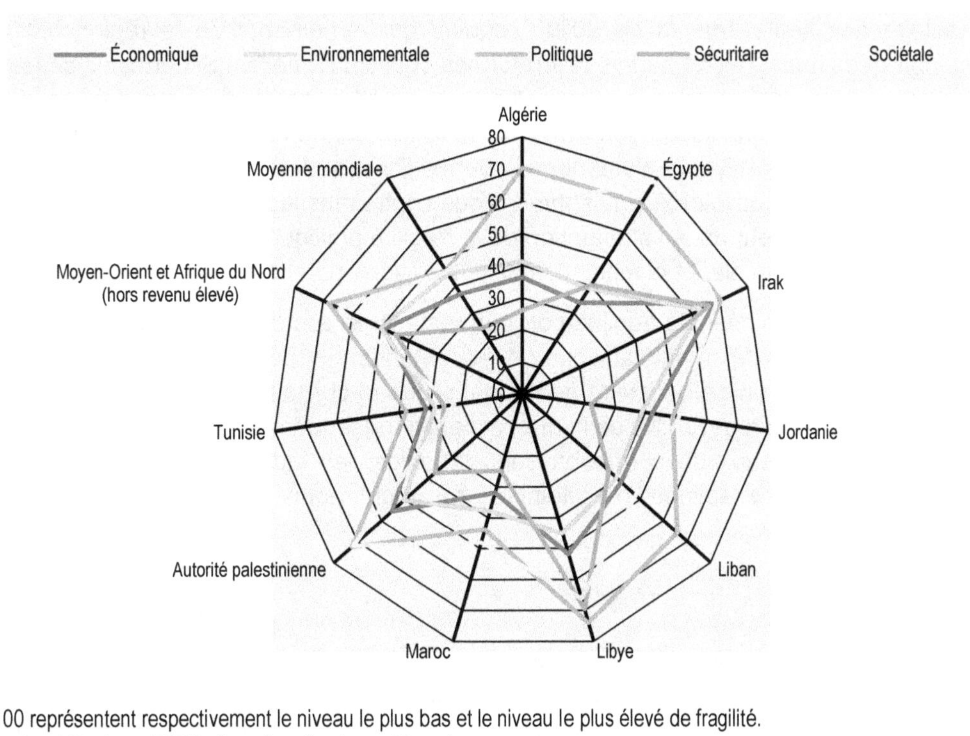

Note : 0 et 100 représentent respectivement le niveau le plus bas et le niveau le plus élevé de fragilité.
Source : *Desai and Forsberg (2020). Données directement fournies aux auteurs.*

Le cadre multidimensionnel de l'OCDE couvre les cinq dimensions connexes de la fragilité : économique, environnementale, politique, de sécurité et sociétale. Si chacune des économies étudiées est unique, l'analyse quantitative de l'OCDE indique que les dimensions de fragilité les plus manifestes dans les économies étudiées sont les dimensions politique et sociétale (graphique 12.2). Les sections ci-après s'intéressent plus en détail aux cinq dimensions de la fragilité et à leur pertinence pour les responsables des politiques d'investissement des économies examinées.

La dimension politique de la fragilité

La dimension politique de la fragilité recouvre les mécanismes de médiation des relations économiques et sociales mis en place par le pays, y compris en matière d'investissement, et leur capacité à renforcer la transparence et l'obligation de rendre des comptes. La fragilité politique affecte d'autres dimensions en ce qu'elle façonne les institutions qui sont essentielles pour soutenir un climat d'investissement de qualité et des sociétés inclusives. Au nombre des indicateurs de la dimension politique de la fragilité figurent le clientélisme et la corruption, l'efficacité du gouvernement, la séparation des pouvoirs, les contraintes qui pèsent sur le pouvoir exécutif, l'intégrité physique, la possibilité de faire entendre sa voix et l'obligation de rendre des comptes, ainsi que la présence des femmes au parlement. La fragilité politique peut être le signe d'un cadre légal et réglementaire instable pour l'investissement international et susceptible d'exposer les investisseurs à des risques supplémentaires.

La région MENA élargie affiche le niveau de fragilité politique le plus élevé de toutes les régions du monde (OCDE, 2021[2]), ce qui se reflète dans les données qui font état d'une confiance faible dans les gouvernements de la région. Au Liban et dans l'AP, par exemple, 80 % et 50 % des personnes ayant répondu à une enquête récente ont indiqué avoir une confiance nulle à faible dans le gouvernement (Transparency International, 2019[27]). La fragilité politique peut être la conséquence de facteurs endogènes, comme l'impossibilité de faire entendre sa voix et l'absence de redevabilité, les tensions sociales, le terrorisme et la faible qualité des institutions, ainsi que de facteurs exogènes comme l'existence de conflits dans les pays voisins.

Dans le sillage des soulèvements de 2011, certains gouvernements de la région ont vécu des transitions politiques majeures, et parfois des réformes constitutionnelles. Si certaines des économies examinées ont vu leur stabilité relative augmenter à cet égard, la stabilité politique ne se réduit pas à la stabilité et à la forte centralisation des États. Ainsi, le fonctionnement de la gouvernance régionale (comme l'existence et le niveau d'autonomie, ou l'efficacité des représentants élus au niveau infranational) ainsi qu'un pouvoir exécutif soumis à des contraintes législatives et judiciaires adaptées, peuvent jouer un rôle majeur dans l'atténuation de la fragilité politique en encourageant le pluralisme, la redevabilité à l'échelle locale, et la médiation dans les litiges potentiels.

Dans les économies examinées, la fragilité politique reste l'une des dimensions de la fragilité les plus prégnantes. En particulier, les manifestations de mécontentement populaire en Algérie, au Liban, en Égypte, au Maroc et en Tunisie ont clairement montré que la corruption généralisée et les inégalités territoriales d'un côté, et la redevabilité de l'autre, étaient intrinsèquement liées à la dimension politique de la fragilité. Si les niveaux de corruption sont variables, les indicateurs internationaux révèlent qu'aucune des économies examinées n'a atteint le « minimum requis » de 50/100 en termes d'intégrité (chapitre 11).

La dimension sociétale de la fragilité

La dimension sociétale de la fragilité reflète la vulnérabilité d'un pays aux risques touchant le capital social et la cohésion sociale, notamment au regard des inégalités et de l'accès à des opportunités, ainsi que la capacité des institutions à atténuer ces risques. La fragilité sociétale exacerbe l'exclusion économique, politique et sociale et contribue à aggraver la situation des communautés marginalisées.

À nouveau, pour cette dimension, la région MENA hors pays à revenu élevé est la région du monde qui présente le risque le plus important de fragilité (OCDE, 2021[2]). Le chômage des jeunes est particulièrement élevé dans la plupart des économies étudiées : 50 % en Libye, 41.6 % dans l'AP, 36 % en Tunisie, et 36 % en Jordanie (Banque mondiale, 2020[28]). De même, alors que le taux de chômage total est considéré comme relativement bas au Liban (6.3 %), il est trois fois plus élevé chez les jeunes (*ibid.*). Des niveaux de chômage élevés, notamment chez les jeunes et les femmes, constituent une menace majeure pour la cohésion sociale (ILOSTAT, 2020[29]). À l'échelle mondiale, la pauvreté et le manque d'opportunités socio-économiques sont particulièrement répandus parmi les populations déplacées à l'intérieur d'un pays et les réfugiés, que les économies étudiées accueillent dans des proportions importantes (OCDE, 2019[30]).

Le taux de jeunes sans emploi qui ne sont ni scolarisés, ni en formation (NEET) est supérieur dans la région MENA élargie à ceux observés dans les autres régions du monde (OCDE, 2018[31]). Les chiffres faibles en matière d'emploi des femmes et des NEET sont monnaie courante dans les économies étudiées, avec des taux de NEET supérieurs à 40 % pour les femmes en Égypte, en Jordanie et en Tunisie (Dimova, Elder et Stephan, 2016[32]).[8]

La dimension sociétale de la fragilité est également exacerbée par les faibles niveaux de protection sociale, un domaine dans lequel la moyenne des dépenses publiques s'établit tout juste à 1 % du PIB pour la région MENA élargie, contre 20 % pour les pays de l'OCDE (Banque mondiale, 2018[33]). L'insuffisance des filets de sécurité en matière sociale, couplée à une couverture générale faible et une informalité élevée suscitent de sérieuses préoccupations au regard de la pandémie actuelle et du choc économique qu'elle a engendré (encadré 12.2). La dimension sociétale de la fragilité influe à la fois sur la dimension économique de la fragilité et sur la stabilité politique : les mouvements populaires qui agitent la région mettent en exergue un mécontentement manifeste lié à des opportunités économiques et une inclusion socio-économique insuffisantes.

Encadré 12.2. La pandémie de Covid-19 exacerbe les dimensions de la fragilité

Même dans les économies qui ne connaissent que de faibles taux de contamination, les confinements et autres mesures mises en place ont eu des conséquences socio-économiques (ACAPS, 2020[34]). La pandémie et la récession mondiale qu'elle a provoquée ont d'ores et déjà exacerbé les risques et amoindri les capacités d'adaptation dans les dimensions économique, environnementale et sociétale de la fragilité :

- Dimension économique : l'extrême pauvreté est susceptible d'augmenter. Selon les estimations d'octobre du FMI, le produit intérieur brut (PIB) du contexte fragile moyen devrait afficher un recul de 4 % en 2020 (FMI, 2020[35]). Dans certains pays de la région MENA, les contractions économiques pourraient être beaucoup plus sévères, certaines estimations allant jusqu'à avancer une contraction de la croissance du PIB de 19-25 % au Liban et de 40-67 % en Libye, même si ces estimations sont à prendre avec prudence (Banque mondiale, 2020[36]).
- Dimension sociétale : les femmes et les enfants subiront ces effets de manière disproportionnée. Avant la pandémie, les spécialistes tablaient sur une baisse du taux de pauvreté extrême des femmes de 2.7 % entre 2019 et 2021. Or, les estimations actuelles suggèrent désormais une hausse de 9,4 % dans le sillage de la pandémie (ONU Femmes, 2020[3]). Les fermetures d'établissements scolaires ont privé d'école 384.5 millions d'enfants (à la mi-juillet), et beaucoup d'entre eux ont peu de chances d'y retourner (UNESCO, 2020[37] ; PNUD, 2020[4]).
- Dimension environnementale : l'insécurité alimentaire devrait augmenter. Des estimations récentes suggèrent que 83-132 millions de personnes dans le monde pourraient être touchées par la famine chronique d'ici à la fin de l'année (FAO, 2020[38]). Ainsi, en juillet, environ 9.6 millions de personnes étaient en situation de crise alimentaire ou soumises à des niveaux

plus graves d'insécurité alimentaire au Soudan, une proportion jamais encore observée dans l'histoire du pays (IPC, 2020[39]). Fin octobre, un enfant sur cinq des régions sud du Yémen souffrait de malnutrition sévère. Cette proportion, la plus élevée jamais enregistrée, résulte de la concomitance de plusieurs facteurs, à savoir un conflit violent, un déclin économique, un manque de financement de l'aide alimentaire, et l'impact du Covid-19 (FAO, UNICEF et PAM, 2020[40]).

Les confinements et les restrictions aux déplacements ont également des répercussions sur les dimensions politique et de sécurité de la fragilité. Il se pourrait par exemple que les mesures liées au Covid-19 violent certains principes et normes démocratiques encadrant les mesures d'urgence, ce qui risque d'induire un recul démocratique (Edgell et al., 2020[5]).

La dimension économique de la fragilité

La dimension économique de la fragilité rend compte de la vulnérabilité d'une économie face aux chocs et de sa capacité à les surmonter. Parmi les indicateurs de la dimension économique de la fragilité figurent la croissance du PIB, l'endettement, l'efficacité réglementaire, la dépendance vis-à-vis des ressources, l'éloignement économique et les mesures relatives au marché du travail. Un niveau élevé de fragilité économique affaiblit la capacité des ménages à sortir de la pauvreté et à améliorer leur situation socio-économique. La fragilité économique est étroitement liée aux enjeux sociaux et politiques.

Depuis 2011, la région élargie du Moyen-Orient connaît une stagnation de sa croissance. L'impact conjugué de la pandémie de Covid-19 et du choc des prix du pétrole a considérablement assombri les perspectives macroéconomiques, avec une contraction moyenne du PIB de 5.3 % prévue pour 2020 dans l'ensemble des économies étudiées à l'exception de la Libye et du Liban, où la croissance du PIB pourrait connaître une baisse exceptionnelle de, respectivement, -40 % et -19 % en 2020 sous l'effet de l'aggravation des dynamiques politique, sociale et de sécurité, même si ces prévisions doivent être considérées avec la plus grande prudence (Banque mondiale, 2020[36]). De même, les soldes budgétaires et les soldes des transactions courantes ont fortement chuté tant dans les pays importateurs que dans les pays exportateurs de pétrole en 2020, et devraient rester négatifs en 2021 (FMI, 2020[35]).

Toutes les économies étudiées connaissant de longue date des niveaux d'endettement élevés, la contraction économique actuelle représente une menace majeure pour la soutenabilité de la dette des économies qui présentent des niveaux d'endettement particulièrement élevés. C'est le cas du Liban qui, en mars 2020, s'est trouvé en défaut de paiement d'1.2 milliard USD d'euro-obligations et, dans une moindre mesure, de la Jordanie, dont la note financière est passée de stable à négative (FitchRatings, 2020[41]).

Plus généralement, le creusement des déficits va affaiblir la capacité des gouvernements à prendre des mesures de soutien pour la santé publique et les économies locales, alors que les sources de financement privé, y compris l'IDE et les envois de fonds, sont en baisse dans le monde entier. Dans des pays comme l'Algérie et la Libye, la dépendance vis-à-vis des ressources contribue à la fragilité économique en aggravant d'autres difficultés rencontrées par la région comme des taux d'inflation fluctuants, des taux de change à la baisse et des recettes publiques limitées. La forte dépendance vis-à-vis des revenus tirés du pétrole et du gaz contribue à générer des effets de rentes, à réduire la complexité économique et à ralentir la productivité, et limite la diversification économique et l'innovation (Malik, 2017[42]).

Pour certains pays, l'aide étrangère peut constituer un garde-fou financier supplémentaire ; mais la dépendance vis-à-vis de cette aide de l'AP, du Liban et de la Jordanie les expose à un risque en cas de coupes. Plusieurs pays de la région MENA sont également marqués par une faible qualité réglementaire, qui est définie comme l'incapacité des gouvernements à élaborer et mettre en œuvre des politiques robustes pour faire face à la fragilité économique. C'est le cas notamment de l'Algérie, de la Libye et de l'Égypte ainsi que, dans une moindre mesure, de la Tunisie et du Maroc (Banque mondiale, 2019[43]). Enfin, comme nous le signalions ci-dessus, les taux de chômage sont restés élevés dans la région (ILOSTAT, 2020[29]).

La dimension environnementale de la fragilité

La dimension environnementale de la fragilité a trait à la vulnérabilité d'un pays face aux risques climatiques et sanitaires qui affectent les conditions de vie des citoyens, ainsi qu'à l'existence d'institutions capables d'atténuer ces risques environnementaux et d'insécurité alimentaire. La fragilité environnementale peut nuire à la répartition des ressources, et accroître les inégalités ainsi que le risque de conflits.

Toutes les économies étudiées font face à des problèmes de désertification, de dégradation des sols et de rareté de l'eau résultant de leur situation géographique et de divers facteurs humains qui viennent exacerber ces phénomènes. Qui plus est, dans les économies étudiées, le changement climatique provoque une hausse des températures, une chute des précipitations, l'élévation du niveau de la mer, et des dommages économiques. Ainsi, 96 % du territoire de la Tunisie est menacé de désertification, et le coût global de la détérioration environnementale y est estimé à environ 2.5 % du PIB du pays (ITES, 2017[44]). Ces évolutions préoccupantes mettent en péril la sécurité alimentaire dans la région MENA élargie, où seules 5 % des terres sont cultivables, et où la production agricole totale devrait connaître une baisse de 21 % d'ici à la fin du siècle par rapport à l'année 2000 (OCDE/FAO, 2018[45]). La qualité et le niveau des nappes phréatiques, qui constituent la principale ressource hydrique de la région, se sont considérablement détériorés ces dernières années (Hamed et al., 2018[46]).

Plusieurs facteurs démographiques ainsi que l'urbanisation et l'industrialisation croissantes continueront à accroître la demande en eau, une ressource rare, ce qui pourrait peser sur la dynamique sociale et de sécurité. Certains éléments tendent déjà à indiquer que des régions densément peuplées comme le delta du Nil et les littoraux d'Algérie et du Maroc présentent des risques élevés de déplacements de populations pour raisons climatiques (OIM, 2015[47]). Autre problème généralisé, celui de la gestion des déchets, qui aggrave la pollution des sols, de l'eau et de l'air, et les risques que cela comporte pour la santé des populations locales. Les séries de manifestations qui se sont déroulées au Liban en 2015 pour protester contre l'incapacité du gouvernement à éliminer 20 000 tonnes de déchets dans et aux abords de la capitale sont un exemple parmi d'autres de l'instabilité sociale et du mécontentement populaire que peuvent déclencher ces problèmes environnementaux et sanitaires.

La dimension de sécurité de la fragilité

La dimension de sécurité de la fragilité englobe la vulnérabilité d'un pays face à la violence, à la criminalité et aux conflits, ainsi que l'existence d'institutions à même de les prévenir et de les atténuer. Cette dimension de sécurité peut causer des perturbations sociétales et économiques et nuire aux infrastructures et aux chaînes d'approvisionnement, des conséquences qui sont particulièrement préjudiciables aux investisseurs. L'insécurité peut porter atteinte à la cohésion et au capital social, provoquer des déplacements de masse et se solder par une tragédie humaine et personnelle pour des millions de personnes dans le monde.

La région MENA élargie, hors pays à revenu élevé, est la région du monde qui présente le plus haut niveau de fragilité sur le plan de la sécurité, et par une marge considérable (OCDE, 2021[2]). Dans la région, l'exposition aux conflits est passée de 6 % en 2007 à 19.4 % en 2017, et une personne sur cinq vit désormais à proximité directe d'un conflit (Corral et al., 2020[48]). Les soulèvements de 2011 se sont mués en conflits et violences intercommunautaires, qui ont fait un nombre de victimes considérable en Syrie, au Yémen, en Libye et en Irak.

Certaines économies examinées ont été particulièrement touchées par ces développements en matière de sécurité. Les conflits ont rompu des liens commerciaux, freiné l'investissement privé et durement touché le secteur du tourisme. Certaines études ont ainsi estimé que 24 % du ralentissement économique de la Tunisie entre 2011 et 2015 était dû à la crise libyenne (CESAO, 2017[49]). Le Liban, la Jordanie, l'Égypte et la Tunisie ont en outre dû faire face à un afflux massif de personnes en provenance de Syrie et de Libye causé par des déplacements forcés. Qui plus est, le terrorisme transnational continue de constituer, à des degrés divers, une menace réelle pour la plupart des économies étudiées, ce qui contraint les gouvernements à concentrer les dépenses publiques dans l'appareil sécuritaire du pays et crée un risque de sécurité pour les entreprises, dissuadant par là-même les investisseurs ou leur imposant de supporter le coût du recours à une sécurité privée. Dans la région, les conflits de territoire sont également source de tensions et d'instabilité, notamment dans l'AP et au Liban ainsi que, dans une mesure différente, au Maroc. Enfin, la contrebande et les trafics d'armes, de drogue, de pétrole et d'êtres humains du Sahel vers l'Algérie, le Maroc et la Libye, favorisés par les capacités limitées ou affaiblies des régions du sud, ont contribué historiquement à alimenter les réseaux de criminalité transnationale et les affrontements armés (Ralston, 2014[50]).

Considérations de politique publique visant à améliorer les retombées de l'investissement au regard de la fragilité

Malgré les difficultés exposées ci-dessus, des investissements directs étrangers peuvent être effectués, et certains sont de fait effectués, dans des contextes de fragilité, où ils peuvent aider à agir sur certains facteurs sous-jacents de la fragilité en procurant les sources de financement nécessaires et en contribuant à instaurer durablement un développement économique et social inclusif. L'impact de l'IDE dépend du degré et de la nature de la fragilité, ainsi que du niveau de conflit existant. Si les conflits découragent l'investissement, les situations d'après-conflit, qui réclament des efforts de reconstruction, peuvent en revanche attirer les investisseurs.

La manière dont les décideurs politiques peuvent intégrer l'analyse de la fragilité dans leurs politiques d'investissement mériterait des recherches plus approfondies ; toutefois, des données issues de la région et d'autres permettent de dégager des considérations de politique publique en vue d'attirer l'IDE et de renforcer son impact sur les différentes dimensions de la fragilité. Les gouvernements pourraient envisager des stratégies et des mesures nationales coordonnées avec des partenaires au développement pour gérer l'impact de la fragilité sur l'IDE, promouvoir des mesures et outils d'atténuation des risques, et mettre en place des mécanismes sur mesure pour encourager l'investissement. La mise en œuvre de ces politiques serait appelée à varier suivant les économies MENA étudiées, la fragilité les affectant de façons et à des degrés variables.

Améliorer l'environnement de l'investissement dans un contexte de fragilité

Vers une approche holistique de l'investissement, de la résilience et du développement inclusif

La complexité des interactions entre fragilité et investissement met en lumière la complémentarité entre développement inclusif et attraction d'investissements de qualité. L'OCDE (2019[51]) a analysé la mesure dans laquelle l'IDE peut influer sur certains aspects du développement durable et conclu à un impact positif important sur le développement économique et environnemental. Des travaux supplémentaires seront nécessaires pour comprendre pleinement la contribution de l'IDE aux ODD, mais il ressort d'ores et déjà de cette étude que le contexte institutionnel et politique est essentiel pour en déterminer les impacts potentiels, positifs ou négatifs, en matière économique, sociale et environnementale (*ibid.*). Ces enseignements suggèrent de privilégier les approches holistiques de l'investissement, de la résilience et du développement inclusif, où l'IDE serait évalué selon un cadre plus large tenant compte des priorités de politique publique du pays et de sa vision du développement à long terme. Dans certains contextes plus fragiles, cela impose d'améliorer les conditions-cadres parallèlement à la mise en œuvre d'initiatives plus directes destinées à accroître l'IDE.

Les stratégies de développement nationales peuvent donc constituer un précieux outil pour appuyer la croissance économique et attirer l'investissement, tout en intégrant les considérations de vulnérabilité et en renforçant la résilience sociétale. Par exemple, les efforts visant à développer les compétences des jeunes, des femmes et des réfugiés peuvent rendre l'environnement plus favorable à l'IDE (Purfield et al., 2018[52]). Dans ses stratégies, la région intègre progressivement des objectifs sociaux, à l'image de l'Égypte, dont la Vision 2030 mesure les progrès effectués en direction d'une croissance inclusive et durable en se basant sur l'augmentation de la participation des femmes au marché du travail ; ou comme la Jordanie, dont le programme *Jordanie 2025 : vision et stratégie nationales* allie des réformes réglementaires de la politique relative aux PME, et des programmes de formation et de réhabilitation visant à favoriser l'emploi des femmes et des jeunes. Mais les résultats par rapport aux objectifs sont mitigés, et un nouvel engagement à long terme s'impose pour concrétiser les ambitions d'inclusion.

Poser les bases légales et institutionnelles d'un cadre d'investissement solide

Dans les contextes les plus fragiles de la région, entreprendre des réformes sur le climat de l'investissement peut se révéler difficile, notamment lorsque l'accent est mis sur l'amélioration générale de la gouvernance ou le désamorçage de conflits (par exemple avec le Forum de dialogue politique libyen). En raison de la capacité limitée des États et de la marge de manœuvre politique réduite, il peut être nécessaire de donner la priorité aux mesures qui produiront les bénéfices les plus importants. Puis, à mesure que les économies sortent des situations de conflits et d'agitation, d'autres étapes peuvent être franchies par la voie de réformes institutionnelles et légales qui serviront de base à un cadre futur de l'investissement. Le projet Irak de l'OCDE livre quelques enseignements sur l'importance de concevoir ces réformes selon une approche sur mesure, souple et qui tienne compte des conflits (encadré 12.3).

Encadré 12.3. Promouvoir l'investissement dans un contexte de fragilité : Le projet Irak de l'OCDE

De 2007 à 2016, l'OCDE a soutenu les efforts du gouvernement irakien en vue d'améliorer son climat d'investissement. Ce projet a produit des résultats concrets, notamment : la modification de la Loi sur l'investissement de 2006 ; la fourniture de conseils sur les politiques publiques et le renforcement des capacités en ce qui concerne le cadre juridique de l'arbitrage et les accords bilatéraux d'investissement ; la formation de membres de commissions nationales et provinciales chargées de l'investissement à l'élaboration et à la présentation de supports promotionnels, au traitement des demandes de renseignements des investisseurs, et à la formulation d'opportunités d'investissement. Le projet a également constitué une plateforme unique et indépendante favorisant le dialogue public-privé et permis la participation de hauts décideurs publics irakiens aux réseaux régionaux du Programme MENA-OCDE pour la compétitivité.

Le projet a dû réagir et s'adapter aux réalités du travail d'un environnement fragile et touché par le conflit, avec des niveaux élevés de violence et d'insécurité, une profonde méfiance entre les différentes factions ethniques, religieuses et politiques du pays, la montée de l'auto-proclamé « État islamique » et la chute des prix du pétrole en 2014-15.

Le projet a en outre tiré cinq enseignements majeurs des Principes d'engagement international dans les États fragiles et les situations précaires :

- Ne pas nuire : le projet a veillé à ce que la sélection et la participation des parties prenantes irakiennes aux activités du projet n'engendrent pas de tensions politiques ou n'exacerbent pas des tensions existantes. Le projet a mené une analyse de sensibilité au conflit ainsi qu'une analyse des parties prenantes afin d'assurer une représentation large et équilibrée des parties prenantes et d'accroître l'acceptation, l'appropriation et donc l'impact du projet.
- Suivi continu et approche flexible : les priorités politiques pouvant évoluer rapidement dans les environnements fragiles, seule une approche flexible pouvait être à même de répondre aux demandes des parties prenantes, et d'apporter des solutions sur mesure qui permettent à la fois de produire des résultats et de préserver le soutien des donneurs. Le projet a procédé à des évaluations d'impact bisannuelles pour déterminer la pertinence des conseils donnés en matière de politique publique. Le donneur (l'Agence suédoise de développement et coopération internationale, SIDA) a assuré une approche de mise en œuvre flexible, avec des rééquilibrages fréquents et significatifs, notamment au regard de l'offensive menée en 2014 par l'État islamique et de ses conséquences désastreuses.
- Intégration de perspectives de développement transversales : dans un contexte fragile, les réformes en matière de politique économique sont également susceptibles d'affecter les objectifs politiques, de sécurité et de développement. En s'appuyant sur une bonne compréhension des dynamiques et sensibilités locales, le projet a analysé la façon dont ses activités interagissaient avec les questions de développement transversales comme la diminution de la pauvreté, l'intégration des sexes et la sensibilité aux conflits.
- Consultations fréquentes et appropriation du projet : dans un contexte fragile souvent caractérisé par la faiblesse des institutions, il est essentiel d'établir des relations fortes tant avec les différentes parties prenantes qu'avec les institutions. Le projet a bâti des relations avec les principales parties prenantes et fait le choix d'une approche inclusive pour renforcer le sentiment d'appropriation, ce qui s'est traduit par une confiance mutuelle et une communication fructueuse.
- Dialogue public-privé : le dialogue public-privé peut se révéler un outil puissant pour concevoir des réformes économiques de meilleure qualité, d'autant plus dans les contextes fragiles et touchés par des conflits où il peut renforcer la transparence, la qualité et l'efficacité des politiques publiques et ainsi contribuer à bâtir des systèmes plus résilients. Le projet a fait intervenir des parties prenantes irakiennes non publiques ainsi que des sociétés étrangères qui investissent en Irak.

Source : (OCDE, 2016[53])

Améliorer la stabilité juridique est l'une des priorités auxquelles les gouvernements devraient s'attaquer dans les situations de fragilité. La fragilité peut accroître le risque, réel ou perçu, d'expropriation, de non-respect des contrats et de restrictions au transfert de capitaux ce qui, par ricochet, peut conduire les investisseurs à retirer leurs investissements existants ou à renoncer à des investissements planifiés (Kher & Chun, 2020). Il peut être utile de procéder à des réformes en faveur d'un cadre d'investissement solide et transparent garantissant la non-discrimination, la juste indemnisation en cas d'expropriation, le rapatriement des bénéfices et les droits de propriété. Lors de la conception de ces dispositions, il est essentiel que les gouvernements prennent les mesures concrètes nécessaires pour assurer leur conformité avec les principes internationaux reconnus.

Les accords internationaux sur l'investissement (voir chapitre 5) peuvent offrir un niveau de sécurité supplémentaire aux investisseurs qui s'engagent dans des contextes fragiles en leur octroyant des protections qui viennent s'ajouter à celles du droit national[9]. Toutefois, une faible capacité de mise en œuvre, des événements imprévisibles, la vulnérabilité politique et sociétale et le manque de coordination des institutions peuvent amener à des violations involontaires dans les contextes fragiles (Kher et Chun, 2020[16]). Lors des troubles sociaux et politiques de 2011, la région a connu une recrudescence des conflits opposant investisseurs et États ; l'Égypte et la Libye ont ainsi été mis en cause dans, respectivement, 24 et 16 affaires recensées d'arbitrage international (CNUCED, 2020[54]).

La mise en œuvre et l'application effectives des réformes visant à renforcer la stabilité juridique dans les contextes fragiles sont tout aussi importantes. Cela impose de créer des organes chargés de la conception et de la mise en œuvre des politiques d'investissement, et d'assurer leur coordination. Par exemple, la Libye, l'AP et le Liban ne disposent toujours pas d'un cadre institutionnel suffisant pour traiter les litiges impliquant des investisseurs (chapitre 5). Globalement, dans les contextes dans lesquels les capacités de surveillance et de mise en application de l'État sont insuffisantes et les institutions faibles, la politique d'investissement se trouve morcelée entre diverses institutions et agences, ce qui peut encore accroître le risque d'inefficacité et d'incohérence.

Les acteurs du développement peuvent soutenir le développement du secteur privé et contribuer à améliorer l'environnement de l'investissement dans les contextes fragiles

Dans les contextes fragiles, les partenaires au développement peuvent aider à améliorer l'environnement de l'investissement, tant par le biais d'une coopération technique, par exemple dans le domaine de la gestion et de la prévention des conflits en matière d'investissement (ex. le mécanisme de règlement des différends relatifs aux investissements de la Banque mondiale) que par la prise d'engagements financiers à l'appui du développement du secteur privé. Dans la région MENA, le développement du secteur privé en vue de faciliter la résilience politique, sociétale et économique est un élément central de l'approche des donneurs. Plusieurs conférences (comme la conférence de Londres sur la Syrie de 2016, les conférences de Bruxelles sur la Syrie et la région de 2017 et 2018, la conférence du Koweït sur l'Irak de 2018, et la conférence en soutien au peuple libanais de 2020) ont permis de prendre des engagement financiers pour soutenir les pays qui avaient besoin d'une aide à la reconstruction post-conflit (Irak et Syrie) ou qui faisaient face à un afflux important de réfugiés (Jordanie) sous la forme de ce que l'on a appelé des « pactes » (encadré 12.4).

Plus généralement, les acteurs du développement procurent un soutien financier croissant aux contextes les plus fragiles dont les capacités et les sources de financement sont limitées. Ces dernières années, le financement des contextes les plus fragiles a atteint des volumes sans précédent : ainsi, en 2018, les apports des donneurs bilatéraux aux 57 contextes les plus fragiles couverts par le Cadre de l'OCDE sur la fragilité ont atteint un montant record de 76 milliards USD.

Encadré 12.4. La gestion de la crise des réfugiés dans le cadre du pacte pour la Jordanie

En 2016, avec l'appui de la communauté internationale, le gouvernement jordanien s'est engagé à améliorer les conditions de vie, les perspectives et la résilience des réfugiés syriens et des citoyens jordaniens, ainsi qu'à soutenir l'économie.

Les trois objectifs du pacte pour la Jordanie sont les suivants : a) transformer la crise des réfugiés en opportunité pour attirer de nouveaux investissements, s'ouvrir au marché de l'UE et créer de l'emploi pour les Jordaniens et les réfugiés syriens ; b) rétablir la résilience des communautés d'accueil grâce à un financement adéquat ; et c) soutenir les besoins de financement macroéconomiques de la Jordanie au cours des trois années suivantes, dans le cadre d'un nouveau programme du FMI.

Le gouvernement a créé des permis de travail spécifiques pour les réfugiés syriens employés dans 18 nouvelles zones économiques spéciales (ZES). Les sociétés établies et opérant dans ces ZES ont pu bénéficier de prêts concessionnels octroyés par la Banque mondiale et d'un accès préférentiel au marché de l'UE, à condition de recruter au moins 15 % de leur main-d'œuvre parmi les réfugiés syriens (décision de l'UE sur l'assouplissement des règles d'origine). En parallèle, le gouvernement jordanien s'est engagé à améliorer son climat d'investissement afin d'attirer l'investissement national et international par la promotion, la facilitation et la refonte de sa réglementation commerciale et de délivrance d'autorisations aux entreprises.

Toutefois, les résultats ont été limités. En février 2019, seules 16 entreprises avaient fait une demande d'enregistrement aux fins d'activités d'exportation dans le cadre du programme préférentiel de l'UE, avec un avis favorable pour 13 d'entre elles. Au total, ce sont 280 Syriens qui ont été employés, un chiffre dérisoire rapporté aux 300 000 réfugiés syriens en âge de travailler enregistrés en Jordanie. Les principaux obstacles qui ont été avancés sont les salaires peu attractifs qui ont cours dans les ZES ainsi que le faible niveau des IDE de création.

Cette expérience a toutefois eu le mérite de montrer que les populations déplacées pouvaient être vues comme un atout plutôt qu'un fardeau, et a été renouvelée dans d'autres contextes (notamment en Éthiopie). Elle offre également un exemple innovant de conception des politiques publiques en vue de renforcer la résilience sociale tout en créant de nouvelles possibilités d'investissement et d'accès au marché.

Source : (Dettoni, 2019[55]); (Ali Slimane et al., 2020[56]); (Banque mondiale, 2016[57]); (Gouvernement de la Jordanie, 2016[58]); (Barbelet, Hagen-Zanker et Mansour-Ille, 2018[59]).

Atténuer les risques induits par la fragilité pour les investisseurs

Financement mixte et mécanismes de transfert des risques

Sans pour autant remplacer des réformes d'ampleur du climat d'affaires, plusieurs instruments concrets et temporaires peuvent prémunir les investisseurs contre des risques spécifiques, notamment le risque politique. En font partie les dispositifs de financement mixte et les mécanismes de transfert des risques tels que les crédits à l'exportation et les assurances contre le risque politique. Néanmoins, ces outils ne sont pas une panacée et sont surtout efficaces s'ils viennent en accompagnement, et non en remplacement, de réformes politiques (Basile et Neunuebel, 2019[60]). Ils requièrent en outre une analyse au cas par cas intégrant des considérations de fragilité ainsi que des protections et un suivi adéquats. Sans l'implication des institutions publiques, ou en se focalisant uniquement sur les succès aisément remportés à court terme, c'est la fragilité à long terme qui pourrait être exacerbée (Williams, Burke et Wille, 2014[61]).

L'OCDE définit le financement mixte comme l'utilisation stratégique du financement du développement pour mobiliser des financements additionnels à l'appui du développement durable dans les pays en développement. Le financement mixte peut prendre des formes diverses, comme des garanties publiques, des PPP, des instruments de dette, des prises de participations, ou encore des investissements innovants à impact social (Basile et Neunuebel, 2019[60]). Selon les statistiques officielles de l'OCDE, le financement privé mobilisé par des interventions de donneurs officiels s'est élevé à 48.4 milliards USD en 2018, avec une grande concentration dans les marchés émergents (OCDE, 2020[62]). Près des deux tiers de ce montant ont été mobilisés dans l'infrastructure économique et les services financiers, principalement par le truchement de garanties, de prêts syndiqués et d'investissements directs dans des sociétés et des sociétés ad hoc (SPV) (*ibid.*).

Dans les contextes fragiles, le financement mixte peut catalyser l'investissement en transférant certains des risques qui pesaient sur les investisseurs. Au total, en 2016, 15 des plus grandes institutions de financement du développement (IFD) ont investi 1.3 milliard USD dans des contextes fragiles. Un tiers de ce montant provient de l'IFC (2019[9]), qui s'est engagée à porter la part de ses investissements dans les contextes fragiles et les pays à faible revenu à 40 % d'ici à 2030. Enfin, 12 % de l'encours du portefeuille de garanties de la MIGA ont favorisé des contextes fragiles, ce qui représente 2.7 milliards USD.

Les approches de financement mixte ont connu un regain d'intérêt au cours des dix dernières années, y compris par le biais de fonds et de facilités dédiés. Sur la base de données tirées d'une enquête récente de l'OCDE sur les fonds et facilités de financement mixte, qui a porté sur 198 fonds et facilités de financement mixte gérés par des organismes tant publics que privés, environ 74.5 milliards USD d'actifs sont actuellement sous gestion dans le monde. Sur ce montant, on estime qu'environ 2.7 milliards USD concernent les économies examinées, dont la majorité (1.5 milliard USD) cible l'Égypte (Dembele, Vilalta et Bangun, à paraître[63]).

Les institutions de financement du développement (IFD), les partenaires au développement et les agences de crédit à l'exportation (ACE) peuvent soutenir les investisseurs avec des financements et des instruments d'atténuation des risques. Les IFD atténuent généralement les risques, réels ou perçus, de l'investissement privé effectué à des conditions commerciales ou quasi commerciales (Miyamoto et Chiofalo, 2015[64]). Les IFD proposent différents outils, comme un soutien financier et technique aux sociétés privées (ex. services de préparation de projet), y compris aux investisseurs étrangers, ou la mobilisation d'investissements privés pour des activités menées dans un objectif de développement. Parmi les instruments figurent des prêts à long terme, des prises de participations, des financements et garanties mezzanines (totaux ou partiels) ainsi que des investissements dans des banques locales ou des prêts de rétrocession à des sociétés privées (*ibid.*) Le Groupe de la Banque du développement islamique (IsDBG) livre un exemple éloquent d'IFD active, à travers ses 57 pays actionnaires, dans la région MENA élargie, ce qui inclut l'ensemble des économies étudiées. La Société islamique pour l'assurance des investissements et des crédits à l'exportation (SIACE), membre de l'IsDBG, propose une assurance contre le risque politique (ARP) qui couvre des points comme le transfert et la convertibilité des devises, l'expropriation, les guerres et les troubles civils. Dans l'objectif de faciliter l'IDE, l'assurance risque-pays de la SIACE protège les investissements sous forme de prises de participations ou non, à condition qu'ils soient conformes à la charia.

Pour aider à mobiliser l'investissement privé dans les contextes fragiles, les partenaires au développement peuvent également proposer un éventail d'outils de transfert des risques. Ainsi, le Mécanisme d'aide aux économies fragiles et touchées par un conflit (CAFEF) mis en place par la MIGA octroie à des projets sélectionnés des garanties couvrant une première tranche de pertes. Ces garanties protègent les prêts, les prises de participations et les gains futurs contre la non-convertibilité des devises, les restrictions au transfert, l'expropriation, les violations de contrats, la guerre et les troubles civils. En 2010, l'IFC a ajouté la fragilité à ses domaines de priorité stratégique et mis en place une unité de coordination pour les États fragiles et touchés par des conflits. Dans la région MENA, l'IFC réalise des investissements et propose des services de conseil à des investisseurs privés internationaux ainsi qu'à des institutions publiques à travers son Initiative pour les États touchés par les conflits en Afrique. Ainsi, Scatec Solar ASA, un producteur d'énergie solaire indépendant coté à la bourse d'Oslo, a obtenu auprès de la MIGA, en mars 2020, des garanties pour ses prises de participations dans six centrales solaires égyptiennes. Ces garanties couvrent 90 % des investissements effectués par Scatec Solar, pour des durées allant jusqu'à 15 ans, contre les risques de restrictions aux transferts et de non-convertibilité.

Quant aux agences de crédit à l'exportation (ACE), il s'agit d'institutions financières, privées ou publiques, qui soutiennent les exportateurs nationaux par le biais de financements commerciaux à court terme, sous la forme de crédits, d'assurances ou de garanties, ou de financements à long terme spécifiques au projet (par ex. dans des infrastructures). Le soutien des ACE des pays de l'OCDE est coordonné par l'Arrangement sur les crédits à l'exportation bénéficiant d'un soutien public et le Groupe de travail sur les crédits à l'exportation bénéficiant d'un soutien public et sur les garanties de crédit, qui fournissent un cadre important pour la fixation des taux d'intérêt minimaux, les frais de risque et les conditions maximales de remboursement, et élaborent des normes environnementales et anti-corruption.

De manière générale, et malgré la grande diversité des options disponibles, la pénétration des mécanismes d'atténuation des risques dans la région semble relativement faible et pourrait être renforcée. Un rapport récent de l'Agence Américaine de Financement pour le Développement International (DFC) note que, malgré le risque élevé pour les entreprises étrangères dans certains contextes MENA, des outils comme l'assurance contre le risque politique sont largement sous-exploités (OPIC, 2019[65]). D'après le rapport, à la question de savoir pourquoi ils n'avaient pas souscrit d'assurance contre le risque politique, les investisseurs ont répondu soit qu'ils n'avaient pas suffisamment confiance dans le niveau de risque garanti pour se porter sur de tels instruments, soit que le coût de la couverture était trop élevé, soit qu'ils n'avaient pas connaissance de cette possibilité (*ibid.*), ce qui suggère que des efforts de promotion et de facilitation des dispositifs d'atténuation des risques pourraient, dans une certaine mesure, être utiles.

Encourager l'établissement de liens entre les sociétés étrangères et les entreprises du pays

Le renforcement des liens entre les investisseurs internationaux et les entreprises nationales peut également jouer un rôle crucial dans l'atténuation des risques pour les investisseurs. Les liens avec les entreprises locales dans les chaînes d'approvisionnement du pays peuvent atténuer les risques d'exploitation grâce à leur connaissance du contexte local et à leur plus grande tolérance au risque (Banque mondiale, 2018[66]). Pour atténuer les risques politiques dans les marchés émergents, les investisseurs internationaux privilégient le plus souvent les stratégies de co-entreprises ou d'alliances avec des entreprises locales (AMGI, 2014[67]). Mais dans les contextes fragiles, ces stratégies peuvent être particulièrement difficiles à mettre en œuvre pour les investisseurs, qui se heurtent à l'insécurité, à la fragmentation du marché, au manque de liens intersectoriels ou à des pôles d'activité insuffisamment développés (*ibid.*). À cet égard, les API peuvent jouer un rôle majeur dans l'élaboration de stratégies ou de programmes qui seraient spécifiquement axés sur des secteurs stratégiques et attractifs (chapitre 8).

L'établissement de liens entre les multinationales et les entreprises locales, et plus particulièrement les PME, a également pour effet de créer de l'emploi et des opportunités de formation, de développer le capital humain et de favoriser les transferts de connaissances et de technologies. Dans le cas de la Libye, l'OCDE (2016[68]) a analysé le rôle central qu'ont joué les PME dans la reconstruction du pays, étudié le cadre national existant et formulé des recommandations pour ouvrir la voie à la reprise d'après-conflit, une fois la situation stabilisée.

Promouvoir l'intégrité et la conduite responsable des entreprises

Pour les investisseurs internationaux, les risques de gouvernance, la corruption en particulier, constituent une menace majeure sur les plans financier, juridique et de la réputation (chapitre 11). La corruption, les capacités limitées de l'État et la faiblesse des mécanismes de suivi et de mise en œuvre ont pour effet de réduire les flux entrants d'IDE (Wei, 2000[18]). Des études spécifiques à la région ont révélé que l'intégrité renforçait l'impact positif de l'IDE sur le développement économique (Hakimi et Hamdi, 2017[69]). Du côté des investisseurs, des pratiques responsables des entreprises peuvent améliorer le climat d'investissement dans les contextes fragiles grâce à des obligations de rendre des comptes et à une transparence accrue, notamment dans les secteurs sensibles comme les secteurs financier et de l'extraction (chapitre 10). Dans les économies MENA étudiées, seule l'API marocaine donne la priorité aux investisseurs qui ont de bons antécédents en matière de CRE (chapitre 6).

Développer des stratégies de promotion de l'investissement adaptées à la fragilité

Penser en termes de secteurs

Pour la promotion de l'IDE dans les contextes fragiles, penser en termes de secteurs peut aider à réaliser deux objectifs concurrents : identifier et mettre à profit les avantages comparatifs d'une économie, et soutenir des secteurs spécifiques en respectant les stratégies de développement, de reconstruction et de résilience, ainsi que les besoins de la population et des entreprises. Par exemple, des travaux suggèrent que l'IDE dans des secteurs comme les infrastructures, l'énergie, l'agroalimentaire, le commerce de détail et les services sociaux peut contribuer à consolider la paix et offre souvent des retours sur investissement élevés (WEF, 2016[8]). Dans les situations d'après-conflit, les données indiquent que le bâtiment est, avec les services, le secteur qui affiche la croissance la plus rapide (Banque mondiale, 2018[66]). La promotion de l'IDE dans les infrastructures peut intensifier et soutenir les efforts de reconstruction après un conflit ou une catastrophe, tout en renforçant les liens avec les marchés régionaux et mondiaux (encadré 12.5). Ainsi, les projets de reconstruction du port de Beyrouth, couplés à une réforme du secteur portuaire libanais, constituent une opportunité de stimuler le commerce et la croissance économique.

Encadré 12.5. Des infrastructures pour attirer l'IDE tout en stimulant la diversification et la connectivité

Dans plusieurs des économies étudiées, la fragilité soumet les infrastructures existantes à des tensions supplémentaires et vient encore compliquer la réalisation d'investissements nécessaires pour améliorer la connectivité avec l'économie mondiale (chapitre 9). La faiblesse des infrastructures, et notamment les coupures prolongées d'électricité et les pénuries d'eau, sont source de difficultés importantes pour les entreprises dans les contextes fragiles (IFC, 2019[9]). Ainsi, dans l'AP, des entreprises ont fait état de pertes dues à des coupures d'électricité supérieures à un cinquième de leurs ventes annuelles (*ibid.*). En Libye, la guerre civile a affecté la disponibilité des services d'infrastructure comme l'approvisionnement en eau de la population ; au Liban, l'électricité arrive au deuxième rang des obstacles que rencontrent les sociétés, et la qualité des infrastructures y est parmi les plus faibles au monde (BERD, BEI et Banque mondiale, 2016[70]).

Les projets d'infrastructure, que ce soit dans les secteurs des transports, de l'énergie, de l'eau ou des télécommunications, revêtent une importance capitale dans les contextes d'après-crise pour répondre aux besoins de reconstruction et de réhabilitation, fournir les services les plus essentiels aux réfugiés et soutenir la résilience des communautés d'accueil par le développement économique et la création d'emplois (OCDE, 2018[71] ; Rubaba et al., 2015[72]). Ils sont également déterminants pour assurer la continuité et la viabilité des voies commerciales reliant le pays aux marchés régionaux et mondiaux.

En Égypte par exemple, le gouvernement a lancé un certain nombre de projets d'envergure pour accroître la résilience économique grâce à une meilleure participation aux chaînes de valeur mondiales. Le pays a ainsi investi plus de 335 milliards USD dans les infrastructures immobilière, des transports et de l'énergie (Flanders Investment & Trade, 2018[73]). L'Égypte a également doublé sa capacité de production d'électricité au cours des six dernières années, et est maintenant en situation de surplus d'électricité (Magdy, 2020[74]). En Jordanie, l'afflux de plus de 1.3 million de réfugiés en provenance de Syrie a soumis ses infrastructures, notamment d'approvisionnement en eau, à une pression significative. Le programme *Jordanie 2025 : vision et stratégie nationales* reconnaît le rôle essentiel que les infrastructures sont appelées à jouer pour permettre la transformation et la résilience économiques portées par le développement des exportations (Harake, 2019[75]). De fait, la Jordanie entend devenir une plateforme logistique régionale, notamment pour ce qui est des réseaux d'électricité et de transport.

Comme nous l'avons vu précédemment, dans la région, la majorité de l'IDE est dirigée vers les secteurs à forte intensité capitalistique et qui contribuent peu à la productivité et à la création d'emploi, pourtant essentiels pour une croissance économique durable. Entre 2003 et 2019, la majeure partie des investissements de création dans les économies étudiées est allée à des projets immobiliers et de construction (35 %) et aux industries extractives (26 %). Si l'investissement dans le secteur manufacturier a augmenté ces dernières années, il attire une proportion relativement faible de l'investissement mondial dans les économies étudiées, et cette proportion est encore plus faible pour le secteur des services. Ainsi, depuis 2003, en Libye, seuls 5 % des investissements de création ont profité au secteur manufacturier (chapitre 2).

Les gouvernements et les API de la région sont conscients de la nécessité de diversifier l'économie et de privilégier les investissements dans des secteurs plus productifs et plus gourmands en main-d'œuvre. Dans les économies examinées, toutes les API, à une exception près, donnent la priorité aux investissements dans certains secteurs (chapitre 6). Par exemple, le Programme national de politique de l'Autorité palestinienne inclut l'objectif d'attirer l'IDE dans certains secteurs prioritaires à savoir la construction, le tourisme, l'agriculture et les TIC. Évaluer la compétitivité de l'économie en tenant compte des impératifs tenant à la fragilité constituerait un point de départ tout à fait pertinent pour cibler des secteurs ou des projets spécifiques (Whyte et Griffin, 2014[76]).

Cibler les investisseurs

La promotion d'investissements adaptés à des pays très fragiles peut être soutenue par une stratégie ciblant des investisseurs spécifiques qui sont davantage susceptibles de s'engager dans ce type de contexte. Elle pourrait s'adresser à des investisseurs qui ont déjà une expérience des contextes fragiles et la capacité de gérer les risques potentiels qui y sont associés, ou à des investisseurs qui étaient présents avant la période d'instabilité et pourraient être enclins à se réengager (Whyte et Griffin, 2014[76]). Les investisseurs des pays voisins ou issus de la diaspora sont également susceptibles d'avoir une connaissance et une compréhension adéquates du contexte national et d'exploiter leurs réseaux, ou de s'en constituer pour, potentiellement, tirer parti de chaînes de valeur insuffisamment exploitées. S'ils opèrent souvent à plus petite échelle, ils peuvent également établir des liens commerciaux plus forts avec l'économie locale. De premières données suggèrent par exemple que, dans les contextes fragiles, les investisseurs sont plus susceptibles de venir d'autres pays en développement que de pays développés affichant une plus grande stabilité (Basile et Neunuebel, 2019[60]).

Cibler les régions

L'identification de zones géographiques affichant des niveaux de sécurité relativement plus élevés et permettant aux investisseurs d'opérer de manière sécurisée dans des contextes très fragiles est considérée comme une stratégie potentiellement pertinente, à condition d'être temporaire (Banque mondiale, 2018[66]). Les zones économiques spéciales (ZES), les zones franches et les pôles industriels sont de plus en plus fréquents dans de nombreux pays en développement. Ils peuvent contribuer à neutraliser en partie les effets d'un climat d'affaires moins favorable par ailleurs, en offrant un traitement ou des services différenciés aux investisseurs, par exemple au moyen de mesures d'incitation fiscale ou administrative, ou de meilleures infrastructures que dans le reste du pays. La création de zones est souvent le reflet du besoin de compenser l'impact négatif d'un protectionnisme dur visant les importations ou de difficultés d'accès à des territoires sûrs sous le régime intérieur (OCDE, 2020[77]).

Mais dans les contextes fragiles, l'impact des stratégies axées sur des zones est mitigé. Tandis que certaines zones attirent l'IDE et contribuent à stimuler les importations, les bénéfices escomptés sur le plan du développement économique ne sont pas forcément positifs, ni systématiques, et dépendent largement du climat des affaires local. Autre point, plus problématique : elles peuvent créer des distorsions de concurrence entre les sociétés présentes dans la zone et celles situées à l'extérieur, et comportent le risque de créer des enclaves économiques. Elles ont également un coût en réduisant les recettes publiques, puisque les mesures d'incitation dont bénéficient les entreprises, et plus particulièrement les exemptions de l'impôt sur les sociétés, viennent rogner l'assiette fiscale. Une analyse approfondie de l'impact des ZES dans les contextes fragiles de la région MENA sur l'attraction de l'investissement et les activités des entreprises (ex. la zone économique spéciale de Tripoli au Liban, ou la zone libre de Misrata en Libye) permettrait d'en tirer des enseignements et de dégager des bonnes pratiques.

Dans certaines économies, l'implication des API dans les mécanismes de promotion et de facilitation peut également aider à orienter l'investissement vers des régions spécifiques (voir chapitre 6). Les API peuvent contribuer à libérer les opérations à l'échelle infrarégionale dans les grands pays, diriger l'investissement vers des zones plus sûres dans les économies touchées par des conflits, équilibrer le développement économique sur le territoire et faciliter le dialogue avec les communautés locales. Par exemple, l'Irak a constitué un réseau de 15 Commissions provinciales pour l'investissement dont certaines sont spécifiquement tournées vers l'attraction de l'investissement (OCDE, 2016[53]).[10] Cependant, une fois de plus, la prudence s'impose. La faiblesse potentielle des capacités des institutions locales et le manque de coordination au niveau central peuvent compliquer les procédures administratives et accroître les coûts de transaction ainsi que les risques de corruption.

Annexe 12.A. Dimensions de la fragilité dans les économies étudiées

Les dimensions de la fragilité varient fortement en fonction des économies étudiées. Le graphique 12.A.1 de l'annexe compare les scores de fragilité des économies de la région MENA aux moyennes mondiale et de la région MENA élargie (hors pays à revenu élevé). L'analyse de la fragilité se fonde sur 44 indicateurs tirés de sources tierces et indépendantes, dont 8-12 indicateurs pour chacune des cinq dimensions de la fragilité. Ces indicateurs sont agrégés à l'aide d'une analyse en composantes principales. Cette méthodologie ainsi que les différents indicateurs sont présentés plus en détail dans (2021[2]) et sur la plateforme *States of Fragility* à l'adresse http://www3.compareyourcountry.org/states-of-fragility/overview/0/.

Graphique d'annexe 12.A.1. Dimensions de la fragilité dans les économies MENA étudiées

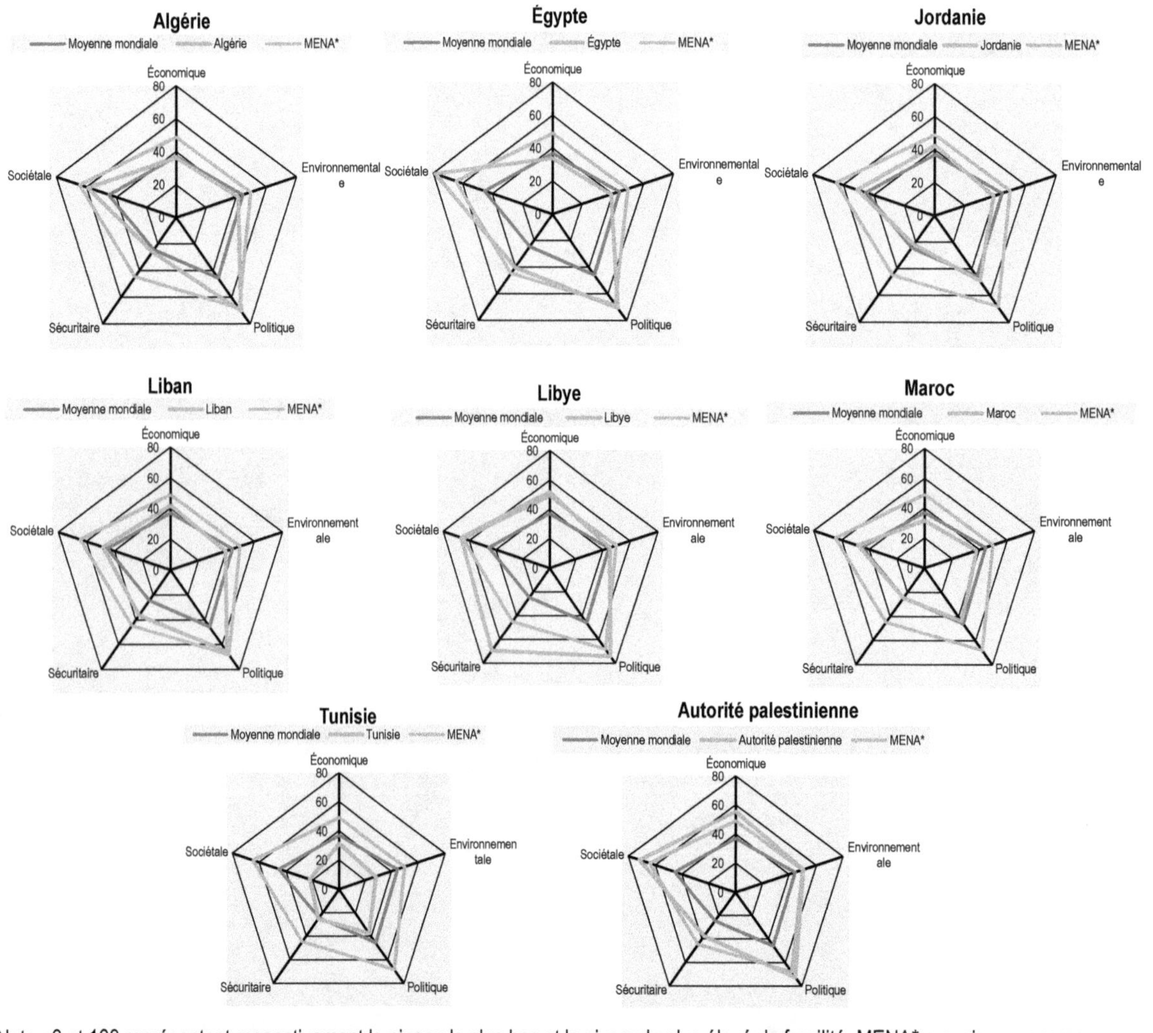

Note : 0 et 100 représentent respectivement le niveau le plus bas et le niveau le plus élevé de fragilité. MENA* renvoie aux scores moyens pour la région Moyen-Orient et Afrique du Nord, à l'exclusion des pays à revenu élevé de la région.
Source : *Desai and Forsberg (2020). Données fournies directement aux auteurs.*

Références

ACAPS (2020), *Covid-19 Government Measures Dataset*, ACAPS, https://www.acaps.org/covid-19-government-measures-dataset. [34]

Agence multilatérale de garantie des investissements (2011), *World Investment and Political Risk 2010*, Banque mondiale, Washington DC, http://hdl.handle.net/10986/2538. [12]

Alfaro, L., S. Kalemlio-Ozcan et V. Volosovych (2008), « Why doesn't capital flow from rich to poor countries? An empirical investigation », *The Review of Economics and Statistics*, vol. 90/2, pp. 347-368, https://www.jstor.org/stable/40043150. [17]

Ali Slimane, M. et al. (2020), *De nouvelles opportunités économiques pour les Jordaniens et les réfugiés syriens*, https://blogs.worldbank.org/fr/arabvoices/new-economic-opportunities-jordanians-and-syrian-refugees. [56]

AMGI (2014), *World Investment and Political Risk 2013*, AMGI, Groupe de la Banque mondiale, http://dx.doi.org/doi:10.1596/978-1-4648-0039-9. [67]

Banque mondiale (2020), *Chômage, total (% de la population) (estimation modélisée OIT)*, https://donnees.banquemondiale.org/indicateur/SL.UEM.TOTL.ZS?. [28]

Banque mondiale (2020), *Commercer Ensemble : Vers une relance de l'intégration de la région Moyen-Orient et Afrique du Nord à l'ère post-Covid*, Banque mondiale. [36]

Banque mondiale (2020), *La pandémie de COVID-19 risque d'entraîner 150 millions de personnes supplémentaires dans l'extrême pauvreté d'ici 2021*, https://www.banquemondiale.org/fr/news/press-release/2020/10/07/covid-19-to-add-as-many-as-150-million-extreme-poor-by-2021. [6]

Banque mondiale (2019), *Worldwide Governance Indicators*, https://info.worldbank.org/governance/wgi/Home/Reports. [43]

Banque mondiale (2018), *Global Investment Competitiveness Report 2017/2018: Foreign Investor Perspectives and Policy Implications*, Banque mondiale, http://dx.doi.org/doi:10.1596/978-1-4648-1175-3. [66]

Banque mondiale (2018), *The State of Social Safety Nets*, Banque mondiale, http://dx.doi.org/doi:10.1596/978-1-4648-1254-5. [33]

Banque mondiale (2016), *Un prêt de 300 millions de dollars pour améliorer les possibilités d'emploi des Jordaniens et des réfugiés syriens*, https://www.banquemondiale.org/fr/news/press-release/2016/09/27/300-million-to-improve-employment-opportunities-for-jordanians-and-syrian-refugees. [57]

Barbelet, V., J. Hagen-Zanker et D. Mansour-Ille (2018), *The Jordan Compact: Lessons learnt and implications for future refugee compacts*, https://data2.unhcr.org/en/documents/download/61932. [59]

Barry, C. (2018), « Peace and conflict at different stages of the FDI lifecycle », *Review of International Political Economy*, vol. 25/2, https://doi.org/10.1080/09692290.2018.1434083. [10]

Basile, I. et C. Neunuebel (2019), *Blended Finance in Fragile Contexts: Opportunities and risks*, Éditions OCDE. [60]

Belkhira, M., N. Boubakrib et J. Griraa (2017), « Political risk and the cost of capital in the MENA region », *Emerging Markets Review*, vol. 33, pages 155-172, https://www.sciencedirect.com/science/article/pii/S1566014116301832?via%3Dihub. [21]

BERD, BEI et Banque mondiale (2016), *What's Holding Back the Private Sector in MENA? Lessons from the Enterprise Survey*, Banque mondiale. [70]

Bunte, J. et al. (2018), « Natural resource sector FDI, government policy, and economic growth: Quasi-experimental evidence from Liberia », *World Development*, vol. 107, pp. 151-162, https://doi.org/10.1016/j.worlddev.2018.02.034. [25]

Caccia, F., J. Baleix et J. Paniagua (2018), « FDI in the MENA Region: Factors that Hinder or Favour Investments in the Region », *Annuaire IEMed de la Méditerranée 2018*, https://www.iemed.org/publicacions-fr/historic-de-publicacions/anuari-de-la-mediterrania-fr/anuari-iemed-de-la-mediterrania-2018?set_language=fr. [19]

CESAO (2017), *Impact of the Libyan crisis on the Tunisian economy: An estimation of the macroeconomic and fiscal impacts of the Libyan crisis on the Tunisian economy*, https://www.unescwa.org/publications/impact-libyan-crisis-tunisian-economy. [49]

Christensen, D. (2018), « Concession Stands: How Mining Investments Incite Protest in Africa », *International Organization*, vol. vol. 73/n° 1, Winter 2019, pp. 65 - 101, https://doi.org/10.1017/S0020818318000413. [23]

CNUCED (2020), *Investment Dispute Settlement Navigator*, https://investmentpolicy.unctad.org/investment-dispute-settlement/country/119/libya/respondent. [54]

CNUCED (2012), *Extractive industries: Optimizing Value Retention in Host Countries*, Conférence des Nations Unies sur le commerce et le développement (CNUCED), Genève, https://unctad.org/en/PublicationsLibrary/suc2012d1_en.pdf. [13]

Cordes, K., O. Östensson et P. Toledano (2016), *Employment from mining and agricultural investments: How much myth, how much reality?*, Columbia Center on Sustainable Investment, Columbia University, http://ccsi.columbia.edu/files/2014/11/Employment-impact-mining-and-ag-Executive-summary-CCSI-2016.pdf. [14]

Corral, P. et al. (2020), *Fragility and Conflict: On the Front Lines of the Fight against Poverty*, Banque mondiale, https://openknowledge.worldbank.org/handle/10986/33324. [48]

Deloitte (2015), *Foreign Direct Investment and Inclusive Growth: The impacts on social progress*, https://www2.deloitte.com/bd/n/pages/about/pages/about-deloitte/articles/fdi-and-inclusive-growth.html. [7]

Dembele, F., D. Vilalta et V. Bangun (à paraître), *Blended Finance Funds and Facilities: 2020 Survey Results*, Édition OCDE, Paris. [63]

Desai, H. et E. Forsberg (2020), *Multidimensional Fragility in 2020*, Éditions OCDE, Paris, https://www.oecd-ilibrary.org/docserver/b4fbdd27-en.pdf?expires=1606489083&id=id&accname=ocid84004878&checksum=76A4C8D3131FD832F80C3F8D2A543C92. [1]

Dettoni, J. (2019), *Can free zones fix the global refugee crisis?*, https://www.fdiintelligence.com/article/75843. [55]

Dimitrova, A. et D. Triki (2018), « Does state fragility matter for foreign direct investment? Evidence from Southern and Eastern Mediterranean countries », *Management Decision*, vol. 56/8, pp. 1787-1803, https://doi.org/10.1108/MD-03-2017-0252. [20]

Dimova, R., S. Elder et K. Stephan (2016), *Labour market transitions of young women and men in the Middle East and North Africa*, BIT, https://www.ilo.org/wcmsp5/groups/public/---ed_emp/documents/publication/wcms_536067.pdf. [32]

Edgell, A. et al. (2020), *Pandemic Backsliding: Democracy During Covid-19 (PanDem), Version 4*, Varieties of Democracy Institute, http://www.v-dem.net/en/our-work/research-projects/pandemic-backsliding/. [5]

FAO (2020), *L'état de la sécurité alimentaire et de la nutrition dans le monde*, Organisation pour l'alimentation et l'agriculture, Rome, Italie, http://www.fao.org/3/ca9692fr/online/ca9692fr.html. [38]

FAO, UNICEF et PAM (2020), *Malnutrition surges among young children in Yemen as conditions worsen*, Organisation des Nations Unies pour l'alimentation et l'agriculture/Fonds des Nations Unies pour l'enfance/ Programme alimentaire mondial, https://reliefweb.int/report/yemen/malnutrition-surges-among-young-children-yemen-conditions-worsen. [40]

FitchRatings (2020), , https://www.fitchratings.com/research/sovereigns/fitch-revises-jordan-outlook-to-negative-affirms-at-bb-08-05-2020. [41]

Flanders Investment & Trade (2018), *Megaprojects in Egypt*, https://www.flandersinvestmentandtrade.com/export/sites/trade/files/market_studies/2018%20-%20Egypt%27s%20Mega%20Projects.pdf. [73]

FMI (2020), *Perspectives de l'économie mondiale (octobre 2020)*, Fonds monétaire international, Washington DC, https://www.imf.org/fr/Publications/WEO/Issues/2020/09/30/world-economic-outlook-october-2020. [35]

Gouvernement de la Jordanie (2016), *The Jordan Compact: A New Holistic Approach between the Hashemite Kingdom of Jordan and the International Community to deal with the Syrian Refugee Crisis*, https://reliefweb.int/report/jordan/jordan-compact-new-holistic-approach-between-hashemite-kingdom-jordan-and. [58]

Hakimi, A. et H. Hamdi (2017), « Does corruption limit FDI and economic growth? Evidence from MENA countries », *International Journal of Emerging Markets*, vol. 12/3, pp. 550-571, https://doi.org/10.1108/IJoEM-06-2015-0118. [69]

Hamed, Y. et al. (2018), « Climate impact on surface and groundwater in North Africa: a global synthesis of findings and recommendations », *Euro-Mediterranean Journal for Environmental Integration*, vol. 3/25, https://doi.org/10.1007/s41207-018-0067-8. [46]

Harake, W. (2019), *Strategic assessment: The 2019 Project Pipeline for Jordan And Investment Opportunltles*, Banque mondiale, http://documents1.worldbank.org/curated/en/445051554135426057/pdf/Strategic-Assessment-The-2019-Project-Pipeline-for-Jordan-and-Investment-Opportunities.pdf. [75]

HCR (2020), *Syrian Regional Refugee Response*, https://data2.unhcr.org/fr/situations/syria. [26]

IFC (2019), *Generating Private Investment in Fragile and Conflict-Affected Areas*, IFC, Washington DC, https://www.ifc.org/wps/wcm/connect/07cb32dd-d775-4577-9d5f-d254cc52b61a/201902-IFC-FCS-Study.pdf?MOD=AJPERES&CVID=mzeJewf. [9]

ILOSTAT (2020), *Statistiques internationales du travail*, https://ilostat.org/. [29]

IPC (2020), *Sudan: IPC Acute Food Insecurity Analysis June – December 2020 : Issued in July 2020*, Integrated Food Security Phase Classification, https://reliefweb.int/report/sudan/sudan-ipc-acute-food-insecurity-analysis-june-december-2020-issued-july-2020. [39]

ITES (2017), *Revue stratégique de la sécurité alimentaire et nutritionnelle en Tunisie*, http://www.onagri.nat.tn/uploads/Etudes/securite%20alimentaire.pdf. [44]

Jensen, L. (2020), *Foreign Direct Investment And Growth In Fragile And Conflict Affected Countries*, Programme des Nations Unies pour le développement, New York, https://www.undp.org/content/undp/en/home/librarypage/transitions-series/foreign-direct-investment-and-growth-in-fragile-and-conflict-aff.html. [11]

Kher, P. et D. Chun (2020), *Policy Options to Mitigate Political Risk and Attract FDI*, Banque mondiale, Washington, DC, https://openknowledge.worldbank.org/handle/10986/34380?locale-attribute=fr. [16]

Li, C. et S. Tanna (2019), « The impact of foreign direct investment on productivity: New evidence for developing countries », *Economic Modelling*, vol. 80/C, pp. 453-466, https://doi.org/10.1016/j.econmod.2018.11.028. [22]

Magdy, M. (2020), *Egypt in Talks Over Plan to Sell Power to Europe and Africa*, https://www.bloomberg.com/news/articles/2020-09-07/egypt-in-talks-over-plan-to-sell-surplus-power-to-europe-africa. [74]

Malik, A. (2017), *Rethinking the Rentier Curse*, Brill Publishers. [42]

Miyamoto, K. et E. Chiofalo (2015), « Official Development Finance for Infrastructure: Support by Multilateral and Bilateral Development Partners », http://dx.doi.org/10.1787/5jrs3sbcrvzx-en. [64]

OCDE (2021), *États de fragilité 2020*, Éditions OCDE, Paris, https://dx.doi.org/10.1787/0d344c87-fr. [2]

OCDE (2020), *Montants mobilisés auprès du secteur privé*, https://www.oecd.org/fr/cad/financementpourledeveloppementdurable/normes-financement-developpement/mobilisation.htm. [62]

OCDE (2020), *OECD Investment Policy Reviews: Egypt 2020*, Examens de l'OCDE des politiques de l'investissement, Éditions OCDE, Paris, https://dx.doi.org/10.1787/9f9c589a-en. [77]

OCDE (2019), *FDI Qualities Indicators: Measuring the sustainable development impacts of investment*. [51]

OCDE (2019), *Financing for refugee situations*, https://www.oecd-ilibrary.org/development/financing-refugee-situations_02d6b022-en?mlang=fr. [30]

OCDE (2018), *États de fragilité 2018*, https://doi.org/10.1787/9789264308916-fr. [71]

OCDE (2018), *Youth Engagement and Empowerment: In Jordan, Morocco and Tunisia*, https://www.oecd.org/mena/governance/youth-engagement-and-empowerment-report.pdf. [31]

OCDE (2016), *Promoting Investment in a Fragile Context: The OECD Iraq Project*, MENA-OECD Competitiveness Programme, https://www.oecd.org/mena/competitiveness/2016_06_Project_Insight_final.pdf. [53]

OCDE (2016), *SMEs in Libya's Reconstruction: Preparing for a Post-Conflict Economy*, Objectif développement, Éditions OCDE, Paris, https://dx.doi.org/10.1787/9789264264205-en. [68]

OCDE/FAO (2018), *Perspectives agricoles de l'OCDE et de la FAO 2018- 2027*, Éditions OCDE, https://doi.org/10.1787/agr_outlook-2018-fr. [45]

OIM (2015), *Europe and Africa*, https://environmentalmigration.iom.int/europe-and-africa. [47]

ONU Femmes (2020), *From insights to action: Gender equality in the wake of COVID-19*, ONU Femmes, https://reliefweb.int/report/world/insights-action-gender-equality-wake-covid-19. [3]

OPIC (2019), *The challenge of mitigating political risk for investments in MENA*, https://www.dfc.gov/sites/default/files/2019-08/middle_east_insurance_review_may_2010_opic.pdf. [65]

PNUD (2020), *COVID-19 and human development: assessing the crisis, envisioning the recovery*, http://hdr.undp.org/sites/default/files/covid-19_and_human_development_0.pdf. [4]

Pohl, J. (2018), *Societal benefits and costs of International Investment Agreements: A critical review of aspects and available empirical evidence*, Éditions OCDE, Paris, https://dx.doi.org/10.1787/e5f85c3d-en. [78]

Purfield, C. et al. (2018), *Opportunités pour tous : Croissance et inclusion au Moyen-Orient et en Afrique du Nord*, FMI, https://www.imf.org/en/Publications/Departmental-Papers-Policy-Papers/Issues/2018/07/10/Opportunity-for-All-Promoting-Growth-and-Inclusiveness-in-the-Middle-East-and-North-Africa-45981. [52]

Ralston, L. (2014), *Trafficking and Fragility in West Africa*, Groupe de la Banque mondiale, https://openknowledge.worldbank.org/handle/10986/20638. [50]

Rubaba, A. et al. (2015), *Infrastructure in Conflict-Prone and Fragile Environments Evidence from the Democratic Republic of Congo*, Banque mondiale, https://openknowledge.worldbank.org/handle/10986/22005. [72]

Thompson, C. (2020), *States of Fragility: Financing in fragile contexts*, http://www3.compareyourcountry.org/states-of-fragility/report/0/. [15]

Transparency International (2019), *Global Corruption Barometer Middle East and North Africa 2019 - Citizens' Views and Experiences of Corruption*, https://www.transparency.org/files/content/pages/2019_GCB_MENA_Report_EN.pdf. [27]

UNESCO (2020), *Éducation : de la fermeture des établissements scolaires à la reprise*, https://fr.unesco.org/covid19/educationresponse. [37]

WEF (2019), *The Middle East and North Africa Risks Landscape*, http://www3.weforum.org/docs/WEF_MENA_Risks_Briefing_Paper.pdf. [24]

WEF (2016), *Responsible Investment in Fragile Contexts*, http://www3.weforum.org/docs/GAC16_Responsible_Investment_Fragile_Context.pdf. [8]

Wei, S. (2000), « How taxing is corruption on international investors? », *The Review of Economics and Statistics*, vol. 82/1, pp. 1-11, http://dx.doi.org/DOI:10.2307/2646667. [18]

Whyte, R. et C. Griffin (2014), *Promoting Foreign Investment in Fragile and Conflict-Affected Situations*, Groupe de la Banque mondiale, https://openknowledge.worldbank.org/handle/10986/20432. [76]

Williams, G., A. Burke et C. Wille (2014), *Development Assistance and Approaches to Risk in Fragile and Conflict Affected States*, https://www.oecd.org/dac/conflict-fragility-resilience/docs/2014-10-30%20Approaches%20to%20Risk%20FINAL.pdf. [61]

Notes

[1] Le cadre de l'OCDE sur la fragilité, qui fait l'objet d'une publication bisannuelle, analyse les données de 175 pays, dont les économies étudiées, au regard des cinq dimensions de la fragilité. Le rapport *États de fragilité* dresse le profil des 57 pays les plus fragiles à l'échelle mondiale. Pour consulter la dernière version du rapport, voir (OCDE, 2021[2]).

[2] Cette analyse ne couvre pas les économies à revenu élevé de la région MENA. La liste des pays inclus dans la région MENA correspond aux classifications retenues par le Groupe de la Banque mondiale, disponibles au lien suivant : World Bank Country and Lending Groups – World Bank Data Help Desk.

[3] Le cadre reflète la diversité des contextes affectés par la fragilité. De plus amples informations sur les différentes dimensions et ce qu'elles mesurent ainsi que sur la méthodologie employée pour élaborer les États de fragilité sont disponibles sur la plateforme *States of Fragility* accessible depuis le lien suivant : http://www3.compareyourcountry.org/states-of-fragility/report/0/.

[4] Le Groupe de la Banque mondiale analyse la fragilité différemment de l'OCDE en s'intéressant principalement aux pays présentant des niveaux élevés de fragilité institutionnelle et sociale ainsi qu'aux pays en proie à des conflits violents, déterminés en fonction du nombre de morts liées au conflit

par rapport à la population totale. Pour de plus amples informations, voir : Classification of Fragile and Conflict-Affected Situations (worldbank.org)

[5] Le risque politique est le risque que des décisions gouvernementales, des événements ou des conditions affectent de manière significative la rentabilité d'un investissement ou d'une décision économique. Au nombre des risques politiques figurent l'expropriation, les manquements contractuels, la non-convertibilité et les restrictions au transfert de devises, les modifications réglementaires, le terrorisme, la guerre, les troubles civils, et le non-respect d'obligations financières souveraines. Certains risques politiques peuvent être couverts par des garanties ou des instruments d'assurance spécifiques. Pour approfondir la question, voir Kher et Chun (2020[16]) à l'adresse https://openknowledge.worldbank.org/handle/10986/34380.

[6] Voir le Règlement (UE) 2017/821 du Parlement européen et du Conseil du 17 mai 2017 fixant des obligations liées au devoir de diligence à l'égard de la chaîne d'approvisionnement pour les importateurs de l'Union qui importent de l'étain, du tantale et du tungstène, leurs minerais et de l'or provenant de zones de conflit ou à haut risque, qui est disponible ici : https://eur-lex.europa.eu/legal-content/EN/TXT/?uri=CELEX%3A32017R0821.

[7] La présente étude ainsi que l'ensemble de l'analyse du Cadre sur la fragilité de l'OCDE excluent de la région MENA les pays à revenu élevé. La liste des pays inclus dans la région MENA correspond aux classifications retenues par le Groupe de la Banque mondiale, disponibles au lien suivant : World Bank Country and Lending Groups – World Bank Data Help Desk.

[8] Valeurs selon les derniers données disponibles : Égypte (2014), Jordanie (2015), Liban (2015), AP (2015), Tunisie (2015).

[9] Toutefois, le bénéfice réel des accords sur l'investissement visant à accroître les flux entrants d'IDE est mis en doute depuis quelques années (Pohl, 2018[78]).

[10] La Commission nationale pour l'investissement (CNI) coordonne 15 CPI dans le centre et le sud de l'Irak, qui font office d'API régionales. Les CPI sont des organes indépendants compétents pour leur province. La loi sur l'investissement confère aux CPI le pouvoir d'octroyer des autorisations d'investissement, de planifier des projets, de promouvoir le climat d'investissement dans la province et d'établir des antennes dans leur juridiction.

www.ingramcontent.com/pod-product-compliance
Lightning Source LLC
LaVergne TN
LVHW080647011026
849160LV00014B/1349